# AMPLIAÇÃO DA COMPETÊNCIA DA JUSTIÇA DO TRABALHO

## 5 ANOS DEPOIS

*Textos do 2º Seminário Nacional*

LUCIANO ATHAYDE CHAVES
MARIA DE FÁTIMA COÊLHO BORGES STERN
FABRÍCIO NICOLAU DOS SANTOS NOGUEIRA

organizadores

# AMPLIAÇÃO DA COMPETÊNCIA DA JUSTIÇA DO TRABALHO

## 5 ANOS DEPOIS

*Textos do 2º Seminário Nacional*

Dados Internacionais de Catalogação na Publicação (CIP)
(Câmara Brasileira do Livro, SP, Brasil)

Ampliação da competência da justiça do trabalho :
5 anos depois : textos do 2º Seminário
Nacional / Luciano Athayde Chaves, Maria de
Fátima Coêlho Borges Stern, Fabrício Nicolau
dos Santos Nogueira, organizadores.
— São Paulo : LTr, 2009.

ISBN 978-85-361-1440-8

1. Competência (Justiça do trabalho) — Brasil
2. Justiça do trabalho — Brasil I. Chaves, Luciano
Athayde. II. Stern, Maria de Fátima Coêlho Borges.
III. Nogueira, Fabrício Nicolau dos Santos.

09-10089                                    CDU-347.98:331(81)

Índice para catálogo sistemático:

1. Brasil : Competência : Justiça do trabalho :
   Direito    347.98:331(81)

© Todos os direitos reservados

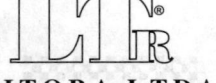

**EDITORA LTDA.**

*Rua Jaguaribe, 571 — CEP 01224-001 — Fone (11) 2167-1101*
*São Paulo, SP — Brasil — www.ltr.com.br*

# SUMÁRIO

APRESENTAÇÃO ......................................................................................................... 9

## EMENDA CONSTITUCIONAL 45: Divergências e convergências entre os Tribunais Superiores

Otavio Britto Lopes ..................................................................................................... 13
Wolney de Macedo Cordeiro ..................................................................................... 17

## RELAÇÕES DE TRABALHO:
### Competência e Direito Material

Mauricio Godinho Delgado ....................................................................................... 53
Antonio Fabrício de Matos Gonçalves ..................................................................... 60
Edilton Meireles de Oliveira Santos ......................................................................... 73

## EXECUÇÃO DAS CONTRIBUIÇÕES PREVIDENCIÁRIAS

Célio Rodrigues da Cruz ............................................................................................ 87
Guilherme Guimarães Feliciano ............................................................................... 107

## QUESTÕES SINDICAIS

Alexandre Teixeira de Freitas Bastos Cunha .......................................................... 121
Marthius Sávio Cavalcante Lobato ........................................................................... 140
Ricardo José Macedo de Britto Pereira .................................................................... 151

## A ADMINISTRAÇÃO PÚBLICA E A JUSTIÇA DO TRABALHO

Fábio Leal Cardoso ..................................................................................................... 163
Florivaldo Dutra de Araújo ....................................................................................... 173
José Antônio Ribeiro de Oliveira Silva .................................................................... 187

## TEMAS DE EXECUÇÃO TRABALHISTA

| | |
|---|---:|
| *Érico Zeppone Nakagomi* | 199 |
| *José Aparecido dos Santos* | 223 |
| *Marcos Neves Fava* | 242 |

## TUTELA EFETIVA FRENTE AOS ACIDENTES DE TRABALHO

| | |
|---|---:|
| *Walmir Oliveira da Costa* | 249 |
| *Helder Santos Amorim* | 258 |
| *Sebastião Geraldo de Oliveira* | 271 |

# APRESENTAÇÃO

Passados cinco anos da promulgação da Emenda Constitucional 45, muitos foram e ainda são os desafios para a concretização integral da ampliação da competência da Justiça do Trabalho.

Conquanto se possa esperar que a nova arquitetura do art. 114 da Constituição Federal, por sua extensão e multiplicidade de matérias, fosse objeto de progressiva assimilação, fenômeno próprio da ciência jurídica, o tempo vem demonstrando a necessidade de um aprofundamento das reflexões sobre o tema, com o fito de se imprimir a máxima efetividade do novo comando constitucional, mais próximo e consentâneo com os propósitos da reforma do Poder Judiciário.

Por isso, os avanços e os retrocessos da competência material da Justiça do Trabalho, notadamente a partir da promulgação da EC 45, passaram a integrar o rol de preocupações da Anamatra e de outras entidades, forte no propósito de se construir uma Justiça do Trabalho sempre mais próxima dos temas sociais e do mundo do trabalho.

Essa preocupação resultou em ações concretas destinadas à sensibilização para a nova dicção do art. 114 da Carta Magna. Destaca-se a realização do 2º Seminário Nacional sobre a Ampliação da Competência da Justiça do Trabalho — 5 anos depois, nos dias 15 a 17 de abril do ano em curso, organizado pela Anamatra, ainda na gestão do colega Cláudio Montesso, em parceira com as outras entidades que lidam com o mundo do trabalho. Segue-se ao seminário a edição do presente livro, contendo manifestações dos painelistas que estiveram presentes no encontro, em especial aquelas que dizem diretamente com o problema da competência.

Desse conclave, ficou evidenciado, por exemplo, que a ampliação da competência não trouxe um assoberbamento de porte aos magistrados e servidores da Justiça do Trabalho, ao Ministério Púbico do Trabalho nem aos advogados trabalhistas, como se esperou inicialmente. As novas demandas vêm sendo enfrentadas com galhardia, sem falar nos esforços de reestruturação dos quadros funcionais, plasmados nas diversas leis de ampliação de cargos de magistrados e servidores aprovados no período recente.

Esperamos que o leitor aproveite o trabalho desenvolvido cuidadosamente pelos painelistas e pelos coordenadores do seminário, gerando o seu engajamento definitivo na densificação de uma interpretação do tema capaz de habilitar a jurisdição trabalhista para os novos desafios sociais.

Brasília, dezembro de 2009.

*Luciano Athayde Chaves*
Presidente da Anamatra

*Maria de Fátima Coêlho Borges Stern*
Secretária-Geral

*Fabrício Nicolau dos Santos Nogueira*
Diretor de Formação e Cultura

**EMENDA CONSTITUCIONAL N. 45:** Divergências
e convergências entre os Tribunais Superiores

**Painelistas:** Otávio Britto Lopes
Wolney de Macedo Cordeiro

# DEGRAVAÇÃO DA PARTICIPAÇÃO DO PAINELISTA

*O Sr. Otávio Brito Lopes*[*]

O Ministério Público brasileiro precisa encontrar formas de se aproximar da sociedade, em especial da parcela inorganizada, que mais necessita de tutela. Não podemos ficar inertes, aguardando as demandas trazidas ao Órgão por parte da sociedade. O Ministério Público não pode se restringir a reagir às demandas que batem à sua porta ou que são apresentadas pela mídia. É preciso entender que grande parte da sociedade não tem acesso aos serviços básicos, que dizer do acesso ao Ministério Público.

O Ministério Público do Trabalho, no desempenho de sua missão constitucional, enfrenta as suas dificuldades, e necessita de parcerias para exercer bem o seu papel, com vistas a servir à sociedade com efetividade, eficiência e transparência. E no exercício de nossa missão o Judiciário é um parceiro essencial. O Judiciário e o Ministério Público, como diz com sabedoria o Ministro Rider Nogueira de Brito, são irmãos siameses. A defesa da sociedade pelo Ministério Público não pode prescindir de um Poder Judiciário moderno, independente e afinado com os valores sociais. E estar afinado com os mais caros valores da sociedade é extremamente difícil. Falo isto porque, como membro do Ministério Público do Trabalho, ao qual cabe representar a sociedade, vislumbro tal dificuldade. Primeiro, é preciso identificar onde está a sociedade? Segundo, como captar e entender os verdadeiros anseios sociais? Terceiro, qual sociedade defendemos, apenas a parcela organizada, que é extremamente eclética, ou a parcela inorganizada, que é quase desconhecida do Ministério Público?

Quando dizemos que agimos de ofício em grande parte da nossa atuação, na realidade estamos nos iludindo, porque atuar "de ofício", atualmente, significa ação provocada pela mídia, cujas manifestações, nem sempre isentas, nos conduzem a uma reação.

---

(*) Procurador-Geral do Trabalho no biênio 2007-2009, Coordenador da Coordenadoria Nacional de Promoção da Igualdade de Oportunidades e Eliminação da Discriminação no Trabalho (Coordigualdade) no período de agosto de 2003 a agosto de 2007.

O certo é que raramente agimos de ofício, e a conseqüência é que uma grande parcela da sociedade não é atendida pelo Ministério Público, seja a parcela organizada que não nos conhece, seja a parcela inorganizada, que de tão carente, não nos alcança.

Não olvidemos que praticamente 50% dos trabalhadores brasileiros estão no chamado "mercado informal", sem qualquer tipo de proteção legal ou institucional.

Como nós vamos defender os interesses dessa grande massa de trabalhadoras e trabalhadores? Esse é o grande desafio das instituições democráticas, em especial do Ministério Público do Trabalho.

Em busca de caminhos e respostas, realizamos no Ministério Público do Trabalho, pela primeira vez em nossa história e pela primeira vez no Ministério Público da União, o planejamento estratégico, procurando ouvir todos os procuradores e servidores para tentar descobrir exatamente onde devemos agir e o que devemos fazer para atender a sociedade naquilo que ela espera de nós, o Ministério Público do Trabalho.

O planejamento estratégico do Ministério Público do Trabalho trouxe muitas novidades, apontou caminhos (estratégias), definiu objetivos e metas, além de indicar que devemos ser de fato um órgão pró-ativo, capaz de atender às demandas sociais em suas mais variadas vertentes.

A partir de um planejamento estratégico pudemos instituir programas de ação e projetos próprios com foco em resultados concretos e exercendo nossa função de articuladores sociais, muitas vezes deixada de lado.

Como articuladores sociais, precisamos deixar o conforto dos gabinetes e buscar uma maior aproximação com a sociedade, exigindo dos demais organismos estatais o cumprimento das políticas públicas, essenciais à resolução de uma série de questões sociais, como, *v.g.*, o combate ao trabalho infantil. Precisamos nos envolver com a população e ajudar a parcela inorganizada a se organizar e a buscar os seus direitos, a pressionar mesmo o poder público, com todas as cautelas para que não nos tornemos entes políticos partidários.

Não podemos deixar que a omissão do legislador infraconstitucional torne letra morta o comando da Constituição Federal. Devemos abraçar o desafio de garantir-lhe a máxima efetividade, exigindo judicial ou extrajudicialmente a concretização dos direitos fundamentais da classe trabalhadora.

A competência da Justiça do Trabalho precisa ser compreendida a partir da idéia matriz de que os direitos dos trabalhadores (conceito amplo) são direitos sociais, amparados pela Constituição. A verdade, infelizmente, é que o trabalho humano ainda é considerado como algo de menor importância, e a legislação trabalhista, em geral, como uma legislação de pouca importância ou complexidade mínima. Esse menoscabo pelo trabalho, pode ser melhor explicado por sociólogos e historiadores, o que nos cabe é reconhecer que tal fenômeno existe. Não são poucas as decisões, inclusive do STF, que dão ao trabalho uma importância menor que ao capital e dedicam à Justiça do Trabalho um preconceito nem sempre oculto.

É bem provável que desses sentimentos decorra a tendência de restringir a competência material da Justiça do Trabalho, o que verificamos até com certa facilidade em diversas decisões recentes do STJ e do STF.

A competência da Justiça do Trabalho deve ser interpretada a partir do comando constitucional, e não de velhos paradigmas. O direito do trabalho é muito mais que o direito do empregado celetista, a EC 45 não deixa margem a quaisquer dúvidas.

Não há cidadania plena com amplo acesso ao Poder Judiciário em um País onde o trabalhador se vê obrigado a recorrer a órgãos jurisdicionais diferentes, estaduais e/ou federais, para se socorrer das violações a seus direitos básicos.

O trabalho humano e os conflitos decorrentes são julgados ora na Justiça Comum estadual, ora na Justiça do Trabalho, ora na Justiça Federal. Trata-se de um verdadeiro absurdo, ou, como diria o Ministro Gilmar Mendes, um manicômio judiciário.

Vejamos a questão criminal. Os crimes contra a organização do trabalho: temos a Justiça Federal e a Justiça Estadual decidindo, e o divisor de águas é a natureza individual ou coletiva do bem tutelado. Nada mais artificial e complicado. Pergunto: qual o sentido prático desse tipo de diferenciação? Nenhum que seja minimamente razoável, apenas mais um fator de dúvidas e discussões desnecessárias e improdutivas.

Vamos nos concentrar agora em outro aspecto deste emaranhado jurídico, a interpretação que vem sendo dada ao inciso I do art. 114 da Constituição Federal, atingindo frontalmente uma área de atuação do MPT onde nós temos lutado muito para moralizar o serviço público. Vivemos em um país em que os cargos públicos ainda são oferecidos aos apadrinhados; os empregos públicos são oferecidos aos cabos eleitorais como moeda de troca nas campanhas. A Justiça do Trabalho vinha, de forma célere, conseguindo resolver este problema. Relevantes resultados já tinham sido alcançados em Estados da Federação nos quais não se tinha sequer notícia do último concurso público ou — mais grave ainda — se tinha a notícia de que nunca havia sido realizado um concurso público. Nesse tipo de cenário, com a atuação do MPT e a resposta rápida do Judiciário Trabalhista os concursos públicos passaram a representar a porta de ingresso em empregos e cargos públicos.

O princípio do concurso público tem que ser analisado, na realidade, como princípio da democratização do acesso aos cargos e empregos públicos. Trata-se de um princípio republicano que confere a todos igualdade de oportunidade no acesso a esses cargos e empregos.

Não obstante todos os valores republicanos protegidos pela ação eficiente do Ministério Público do Trabalho e resposta célere da Justiça do Trabalho, o que estamos vendo é a suspensão das ações em sede de reclamações perante do STF, com prejuízo para a sociedade.

A questão da competência não pode ser esgrimida no cotidiano forense como entrave à concretização dos princípios constitucionais.

TEXTO DO PAINELISTA ALUSIVO À SUA PARTICIPAÇÃO

# A EMENDA CONSTITUCIONAL N. 45/2004 — DIVERGÊNCIAS E CONVERGÊNCIAS ENTRE OS TRIBUNAIS SUPERIORES[*]

*Wolney de Macedo Cordeiro*[**]

## 1. DELIMITAÇÃO DO TEMA

O processo de compreensão da evolução dos institutos jurídicos não é simples nem instantâneo, pois pressupõe a visualização ampla e abrangente dos seus efeitos na estrutura sociopolítica. As grandes mudanças legislativas muitas vezes são mal compreendidas ou subestimadas por razões eminentemente ideológicas, ou ainda por causa de uma natural resistência às mudanças.

Esse processo de assimilação, por outro lado, é essencial perante o Poder Judiciário que, em última análise, imprime os verdadeiros contornos da evolução legislativa. Ao debruçar-se sobre a norma jurídica, em especial a de natureza constitucional, o intérprete não se limita a identificar seus aspectos formais e intrínsecos, mas também a enaltecer seu principal ponto de contato com a realidade e a efetividade[1].

O papel do Judiciário, em especial dos Tribunais Superiores, é essencial para a concretização dos novos institutos jurídicos criados pela atuação le-

---

[*] Texto utilizado para a participação no painel do *2º Congresso Nacional sobre a Ampliação da Competência da Justiça do Trabalho — 05 anos depois*, realizado nos dias 15, 16 e 17 de abril de 2009, em Belo Horizonte-MG.
[**] Juiz do Trabalho da 13ª Região, mestre em Direito, Professor do UNIPÊ/Centro Universitário de João Pessoa e da ESMAT/PB.
[1] Muito embora tenha como alvo o sistema do *Common Law*, as lições de Ronald Dworkin são essenciais para que se compreenda a importância da interpretação como meio de tornar concretos e viáveis os comandos normativos: "... a ideia de interpretação não pode servir como descrição geral da natureza ou veracidade das proposições de Direito, a menos que seja separada dessas associações com significado ou intenção do falante. Do contrário torna-se simplesmente uma versão da tese positivista de que as proposições de Direito descrevem decisões tomadas por pessoas ou instituições no passado. Se a interpretação deve formar a base de uma teoria mais diferente e mais plausível a respeito das proposições de Direito, devemos desenvolver uma descrição mais abrangente do que é interpretação." (In: *Uma questão de princípio*. São Paulo: Martins Fontes, 2000. p. 220).

gislativa. A tônica imposta pelas Cortes Superiores é, sem sombra de dúvidas, determinante para fixar a extensão das alterações no ordenamento jurídico. Observando o fenômeno sob a ótica de aprimoramento das balizas ideológicas da sociedade, uma jurisprudência restritiva pode significar o obscurecimento de inovações legislativas profundas.

O papel exercido pelo Poder Judiciário na amplificação dos efeitos das inovações legislativas é, portanto, no âmbito do Estado Democrático, essencial para a concretização de um meio social equilibrado e apto a promover a Justiça Social. No sentido contrário, uma atuação reducionista do judiciário significa o sufocamento e a inibição das conquistas referendadas pelo Legislativo. Não se trata aqui de discutir a ideia de ativismo judiciário, mas sim de realçar o papel da magistratura, em especial dos Tribunais Superiores, na construção do Direito.

O realce do papel desempenhado pelo Poder Judiciário pode ser bem exemplificado pela análise da concretização dos efeitos da Emenda Constitucional n. 45, de 08 de dezembro de 2004. Demonstraremos, de forma analítica, a maneira pela qual os Tribunais Superiores, no âmbito da construção de uma jurisprudência ainda em evolução, estão concretizando os postulados trazidos pela Reforma do Poder Judiciário. Tendo em vista as dimensões de nosso trabalho, enfrentaremos apenas uma das facetas mais relevantes da mencionada reforma, ou seja, a ampliação da competência da Justiça do Trabalho.

Buscaremos estabelecer as premissas fundamentais da EC n. 45/2004 e realçar entre esses postulados básicos a preponderância das medidas de ampliação da estrutura de competência do Judiciário Trabalhista. No passo seguinte, buscaremos aquilatar a visão dos Tribunais em relação ao postulados e demonstrar, em alguns casos, o comprometimento das linhas ideológicas básicas endereçadas pelo constituinte derivado. Finalmente, tentaremos explicitar as diretrizes para a criação dos meios de estabelecer, de maneira sistêmica, a distribuição das funções jurisdicionais, após a reforma do Judiciário.

## 2. DO ARCABOUÇO IDEOLÓGICO FUNDAMENTAL TRAZIDO PELA EMENDA CONSTITUCIONAL N. 45/2004

A identificação do arcabouço ideológico formatado pela Emenda Constitucional n. 45/2004 não implica, necessariamente, na sua respectiva valoração. Não nos interessa, nesse estudo em particular, analisar os acertos ou desacertos da alteração constitucional, mas sim realçar a profundidade das mencionadas alterações. Ademais, essa análise qualitativa envolve elementos sociopolíticos que, certamente, ultrapassam os limites e os objetivos do presente trabalho.

De toda forma, é relevante destacar, preliminarmente, que a Reforma do Judiciário representou uma alteração constitucional multifacetada, em que inúmeros aspectos relacionados com a organização e o funcionamento dos órgãos jurisdicionais sofreram modificações estruturais. Como não é possível isolar uma linha mestra das modificações, podemos simplesmente identificar os principais fundamentos ideológicos da reforma constitucional objeto de nosso estudo. Nesse sentido, mediante uma análise sistêmica do texto da emenda, podemos identificar os seguintes fundamentos[2]: a) relativização da autonomia administrativa dos Tribunais e criação de órgãos de controle do Poder Judiciário; b) fortalecimento do papel da jurisprudência como elemento de regulação direta dos conflitos sociais; c) preponderância dos Tratados Internacionais em matéria de direitos fundamentais; d) reconhecimento da efetividade do processo como princípio constitucional; e) ampliação da competência da Justiça do Trabalho.

Esses aspecto fundamentais obviamente não exaurem a reforma do Poder Judiciário promovida pela EC n. 45/2004, todavia são capazes de demonstrar a magnitude das mudanças promovidas no sistema constitucional brasileiro. Com efeito, diante dessa visão panorâmica, podemos afirmar que as mudanças foram estruturais e incidiram, inclusive, sobre os paradigmas regulatórios da Constituição vigente. Dos cinco fundamentos da reforma, entretanto, apenas a ampliação da competência da Justiça do Trabalho não foi integralmente recepcionada pela jurisprudência dos Tribunais Superiores. Como veremos adiante, todos os demais aspectos citados anteriores foram referendados como alterações fundamentais do estamento constitucional. No caso da ampliação da competência laboral, não houve o reconhecimento explícito por parte dos órgãos jurisdicionais de superposição, seja por falta de enfrentamento específico da temática seja por ausência de um olhar constitucional[3] sobre o tema.

Façamos, portanto, a análise das quatro características fundamentais acima citadas.

- Enfraquecimento da autonomia administrativa dos Tribunais e criação de órgãos de controle do Poder Judiciário.

A Constituição Federal de 05 de outubro de 1988 representou um significativo avanço na conquista de um Poder Judiciário forte e independente,

---

(2) Essa enumeração está longe de ser taxativa, pois os efeitos da chamada Reforma do Judiciário foram amplos e abrangentes. De toda forma, os cinco fundamentos transcritos nos permitem uma visão geral dos efeitos da EC n. 45/2004 perante o nosso sistema constitucional de regulação do Poder Judiciário.
(3) Mais adiante esclareceremos a correta acepção do termo *olhar constitucional*, essencial para a fundamentação do nosso trabalho.

mediante o afastamento de todo o entulho autoritário e intervencionista da Constituição de 1967[(4)]. Assim, originalmente, o texto constitucional preconizava a autonomia absoluta do Poder Judiciário (art. 99) e dos Tribunais em questões administrativas, financeiras, orçamentárias e funcionais. Tratava-se, portanto, de conquista ímpar na história da Justiça brasileira, portadora de um passado de subserviência administrativo-financeira ao Executivo.

A EC 45/2004, obviamente, não modificou essa autonomia, mas mitigou o seu exercício institucionalizando órgãos de controle externo dos Tribunais. Assim, a criação do Conselho Nacional da Justiça (CF, art. 103-B) e do Conselho Superior da Justiça do Trabalho (CF, art. 111-A, § 2º, II), além da constitucionalização definitiva do Conselho da Justiça Federal (CF, art. 105, II), modificaram severamente o panorama da Carta Política de 1988. Assim, o ideário montado orginalmente foi sensivelmente alterado, mediante a inserção de sistema de controle não jurisdicional dos órgãos do Poder Judiciário. Mitigou-se, portanto, de forma incisiva, o postulado da autonomia administrativa dos Tribunais, reinante até então no texto constitucional.

Nas vezes em que o Supremo Tribunal Federal foi instado a se manifestar sobre a profundidade de tais modificações, foi enfático ao declarar a relevância e a importância dos novos regramentos trazidos pela Emenda n. 45/2004. Tais pronunciamentos se repetem e, de fato, concretizam uma série de declarações da mais importante Corte do país no sentido de referendar uma alteração fundamental da Carta Política.

• Fortalecimento do papel da jurisprudência como elemento de regulação direta dos conflitos.

A jurisprudência, no sistema judiciário brasileiro, sempre exerceu um papel secundário na regulação dos conflitos sociais, sendo, normalmente, relegada a uma posição de mera referência na aplicação da lei. Assimilando a tradicional postura do modelo jurídico romano-germânico, os nossos julgados nunca exerceram um papel direto de regulação dos conflitos.

O panorama construído, trazido pela EC n. 45/2004, significou uma ruptura drástica do sistema judicial brasileiro quanto aos limites de atuação da jurisprudência. Embora o processo de mudança tenha sido precedido por diversos posicionamentos doutrinários de modificações na legislação infraconstitucional, a consagração operou-se por meio da Reforma do Judiciário que reconheceu dois novos institutos: a súmula vinculante (CF, art. 103-A) e a necessidade de repercussão geral das questões constitucionais discutidas no recurso extraordinário (CF, art. 102, § 3º).

---

(4) É relevante ressaltar que, após a EC n. 001, de 17 de outubro de 1969, verificou-se um claro enfraquecimento do Poder Judiciário, mediante a hipertrofia de uma executivo representativo de um governo autoritário e centralizador. As infindáveis incursões no âmbito do Poder Judiciário tornavam letra morta o fundamento da separação dos Poderes.

Os dois novos institutos alteraram o sistema recursal, na medida em que impõem, de um lado, uma verdadeira normatividade a certos julgados do Supremo Tribunal Federal, de outro admitem uma verdadeira jurisdição seletiva, atribuindo à Corte Superior a possibilidade de, discricionariamente, eleger as matérias que demandam uma intervenção jurisdicional específica.

- Preponderância dos Tratados Internacionais em matéria de direitos fundamentais.

No que concerne ao Direito Internacional Público, a Reforma do Judiciário consagrou a ruptura da visão do relacionamento do Direito Interno com a ordem internacional. Muito embora o texto original da Carta Política de 1988 já dispusesse acerca da aceitação dos tratados internacionais sobre direitos fundamentais (CF, art. 5º, § 2º), abriu-se a possibilidade de inserção direta de tais mandamentos no âmbito do ordenamento constitucional.

Vê-se, portanto, que a postura adotada pelo legislador constituinte derivado, ocasionou uma nova e fulgurante visão do Direito Internacional Público, mediante o reconhecimento de seu *status* constitucional (CF, art. 5º, § 3º). Assimilou-se, por conseguinte, a supremacia da garantia transnacional das regras asseguradoras dos direitos fundamentais universais e o ideário de um ordenamento jurídico único. Essa postura, portanto, consagrou a verdadeira universalização dos direitos humanos mediante a submissão da ordem constitucional às normas de Direito Internacional.

- Reconhecimento da efetividade do processo como princípio constitucional.

Talvez a mais emblemática de todas as modificações constitucionais trazidas pela EC n. 45/2004 tenha sido a inserção do inciso LXXVIII ao art. 5º do texto vigente. Inseriu-se a garantia da efetividade do processo como direito fundamental, ao assegurar-se "...a razoável duração do processo e os meios que garantam a celeridade de sua tramitação". Nesse sentido, ampliou-se a noção de acesso ao Poder Judiciário mediante a imposição de conduta proativa do Estado no que tange a uma prestação jurisdicional concretamente efetiva e rápida.

O conceito de efetividade do processo, antes construído apenas no terreno infraconstitucional, passou a ser admitido dentro do amplo espectro dos direitos e garantias individuais. Evoluiu-se, portanto, para dirigir ao Estado comando concreto e objetivo no sentido de implementar medidas legais, jurisdicionais e administrativas para possibilitar uma tramitação processual apta a produzir resultados efetivos e em tempo razoável.

A garantia inserta no art. 5º, LXXVIII, portanto, agrega-se de maneira fundamental em nossa ordem jurídica, alterando substancialmente os paradigmas vigentes no período anterior à EC n. 45/2004.

Todos esse quatro aspectos fundamentais da EC n. 45/2004 foram reconhecidos como alterações paradigmáticas pela jurisprudência do Supremo Tribunal Federal. Observa-se, inclusive, após a adoção desses novos parâmetros, um verdadeira mudança de rumos na linha ideológica dos julgados proferidos pela Corte Suprema.

O primeiro pronunciamento do Supremo Tribunal Federal em relação às grandes alterações promovidas pela EC n. 45/2004 incidiu sobre a limitação da autonomia administrativa dos Tribunais. Nesse aspecto, no julgamento da ADI n. 3.367-DF, questionou-se a constitucionalidade do art. 103-B que instituiu o Conselho Nacional de Justiça como órgão de controle administrativo-financeiro do Poder Judiciário. No exercício do controle concentrado de constitucionalidade, o Supremo declarou, de forma expressa, a possibilidade de instituição de órgão de controle não jurisdicional sobre todos os órgãos do Poder Judiciário[5]. Reconheceu, portanto, explicitamente,

---

(5) O julgado daquela Adin está assim ementado:
1. AÇÃO. Condição. Interesse processual, ou de agir. Caracterização. Ação direta de inconstitucionalidade. Propositura antes da publicação oficial da Emenda Constitucional n. 45/2004. Publicação superveniente, antes do julgamento da causa. Suficiência. Carência da ação não configurada. Preliminar repelida. Inteligência do art. 267, VI, do CPC. Devendo as condições da ação coexistir à data da sentença, considera-se presente o interesse processual, ou de agir, em ação direta de inconstitucionalidade de Emenda Constitucional que só foi publicada, oficialmente, no curso do processo, mas antes da sentença. 2. INCONSTITUCIONALIDADE. Ação direta. Emenda Constitucional n. 45/2004. Poder Judiciário. Conselho Nacional de Justiça. Instituição e disciplina. Natureza meramente administrativa. Órgão interno de controle administrativo, financeiro e disciplinar da magistratura. Constitucionalidade reconhecida. Separação e independência dos Poderes. História, significado e alcance concreto do princípio. Ofensa a cláusula constitucional imutável (cláusula pétrea). Inexistência. Subsistência do núcleo político do princípio, mediante preservação da função jurisdicional, típica do Judiciário, e das condições materiais do seu exercício imparcial e independente. Precedentes e Súmula 649. Inaplicabilidade ao caso. Interpretação dos arts. 2º e 60, § 4º, III, da CF. Ação julgada improcedente. Votos vencidos. São constitucionais as normas que, introduzidas pela Emenda Constitucional n. 45, de 8 de dezembro de 2004, instituem e disciplinam o Conselho Nacional de Justiça, como órgão administrativo do Poder Judiciário nacional. 3. PODER JUDICIÁRIO. Caráter nacional. Regime orgânico unitário. Controle administrativo, financeiro e disciplinar. Órgão interno ou externo. Conselho de Justiça. Criação por Estado-membro. Inadmissibilidade. Falta de competência constitucional. Os Estados-membros carecem de competência constitucional para instituir, como órgão interno ou externo do Judiciário, conselho destinado ao controle da atividade administrativa, financeira ou disciplinar da respectiva Justiça. 4. PODER JUDICIÁRIO. Conselho Nacional de Justiça. Órgão de natureza exclusivamente administrativa. Atribuições de controle da atividade administrativa, financeira e disciplinar da magistratura. Competência relativa apenas aos órgãos e juízes situados, hierarquicamente, abaixo do Supremo Tribunal Federal. Preeminência deste, como órgão máximo do Poder Judiciário, sobre o Conselho, cujos atos e decisões estão sujeitos a seu controle jurisdicional. Inteligência dos art. 102, *caput*, inc. I, letra "r", e § 4º, da CF. O Conselho Nacional de Justiça não tem nenhuma competência sobre o Supremo Tribunal Federal e seus ministros, sendo esse o órgão máximo do Poder Judiciário nacional, a que aquele está sujeito.

a ruptura do sistema de garantia absoluta da autonomia administrativo-financeira dos órgãos do Poder Judiciário, significando, portanto, uma severa e importante quebra de um paradigma anteriormente construído.

Quanto ao fortalecimento do papel da jurisprudência, ressalte-se a rapidez nas proposições dos regulamentos infraconstitucionais correspondentes. Assim, pouco tempo após a promulgação da EC n. 45/2004, os projetos, de iniciativa do próprio Supremo Tribunal Federal, relativos ao procedimento de elaboração das chamadas súmulas vinculantes e da repercussão geral da matéria constitucional debatida os recursos extraordinários foram aprovados resultando nas Leis ns. 11.417/2006 e 11.418/2006. Muito embora não se tenha notícia de questionamentos efetivos sobre os dispositivos constitucionais e dos regramentos infraconstitucionais citados, a implementação dos dois institutos pela Suprema Corte tem-se operado com muita veemência. Nesse sentido, no pouco tempo de vigência da Lei n. 11.417/2006[6], já foram editadas catorze súmulas vinculantes[7], havendo ainda outras tantas em fase de debates e elaboração. O mesmo se diga em relação à repercussão geral que já vem sendo utilizada de maneira diuturna como requisito de admissibilidade do recursos extraordinários.

Trata-se, portanto, de mais um aspecto em que houve a chancela de uma alteração paradigmática no que concerne à atuação do Poder Judiciário em

---

5. PODER JUDICIÁRIO. Conselho Nacional de Justiça. Competência. Magistratura. Magistrado vitalício. Cargo. Perda mediante decisão administrativa. Previsão em texto aprovado pela Câmara dos Deputados e constante do Projeto que resultou na Emenda Constitucional n. 45/2004. Supressão pelo Senado Federal. Reapreciação pela Câmara. Desnecessidade. Subsistência do sentido normativo do texto residual aprovado e promulgado (art. 103-B, § 4º, III). Expressão que, ademais, ofenderia o disposto no art. 95, I, parte final, da CF. Ofensa ao art. 60, § 2º, da CF. Não ocorrência. Arguição repelida. Precedentes. Não precisa ser reapreciada pela Câmara dos Deputados expressão suprimida pelo Senado Federal em texto de projeto que, na redação remanescente, aprovada de ambas as Casas do Congresso, não perdeu sentido normativo. 6. PODER JUDICIÁRIO. Conselho Nacional de Justiça. Membro. Advogados e cidadãos. Exercício do mandato. Atividades incompatíveis com tal exercício. Proibição não constante das normas da Emenda Constitucional n. 45/2004. Pendência de projeto tendente a torná-la expressa, mediante acréscimo de § 8º ao art. 103-B da CF. Irrelevância. Ofensa ao princípio da isonomia. Não ocorrência. Impedimentos já previstos à conjugação dos arts. 95, § único, e 127, § 5º, II, da CF. Ação direta de inconstitucionalidade. Pedido aditado. Improcedência. Nenhum dos advogados ou cidadãos membros do Conselho Nacional de Justiça pode, durante o exercício do mandato, exercer atividades incompatíveis com essa condição, tais como exercer outro cargo ou função, salvo uma de magistério, dedicar-se a atividade político-partidária e exercer a advocacia no território nacional. (ADI 3367, Relator(a): Min. CEZAR PELUSO, Tribunal Pleno, julgado em 13.04.2005, DJ 17-03-2006 PP-00004 EMENT VOL-02225-01 PP-00182 REPUBLICAÇÃO: DJ 22-09-2006 PP-00029). (Negrito não constante do original)

(6) De conformidade com o seu art. 11, entrou em vigor em 19 de março de 2007.

(7) Algumas delas, a exemplo da Súmula Vinculante n. 04, de duvidoso alcance social.

matéria jurisprudencial. A normatividade dos julgados e a seletividade recursal eram tradicionalmente características do *common law*[8] e, por força da EC n. 45/2004, acabaram por se incorporar de maneira fundamental em nossa ordem constitucional novas dimensões para a jurisprudência.

Especificamente quanto à preponderância das normas internacionais em matéria de direitos fundamentais, é relevante mencionar que a matéria não é nova dentro de nosso texto constitucional. Originalmente, a Carta Política de 1988 já previa a possibilidade de convivência dos direitos e garantias preconizados pelo art. 5º com outros estabelecidos por meio de tratados internacionais (art. 5º, § 2º). A mudança paradigmática residiu na possibilidade da integração direta e impositiva ao ordenamento constitucional, consoante preceito estampado no art. 5º, § 3º, este sim incluído por meio da EC n. 45/2004.

A jurisprudência do Supremo Tribunal Federal tem sido pródiga em realçar a aplicação desses novos preceitos à regulação das questões internas. Nesse sentido, é a orientação jurisprudencial relacionada com a possibilidade de prisão do depositário infiel, especialmente à luz do art. 5º, LXVII. Nesse particular, adotou a Suprema Corte o posicionamento consistente na impossibilidade de prisão civil do depositário infiel, por força de vedação explícita contida no Pacto de San José da Costa Rica[9].

---

(8) O caráter regrador da jurisprudência é característica marcante no sistema do *Common Law*, levando os Tribunais ao estabelecimento de uma série de julgados condutores do regulamento das relações sociais. Nesse sentido é a lição de Guido Fernando Silva Soares: *"Nos EUA como na Inglaterra (e, diga-se, nos demais direitos pertencentes à família da Common Law) o ponto fulcral dos sistema é a denominada* doctrine of stare decisis, *também chamada* doctrine of precedents. *Diga-se que a melhor tradução para* doctrine, *no presente contexto, seria* regra *e portanto* doctrine of precedents *seria, em português, 'regra do precedente'.* Precedent *é a única ou várias decisões de um* appellate court, *órgão coletivo de segundo grau, que obriga sempre o mesmo tribunal ou os juízes que lhe são subordinados"* (In: *Common Law* — Introdução do direito dos EUA. São Paulo: Revista dos Tribunais, 1999. p. 40).
(9) Entre dezenas de outros, o julgado a seguir transcrito demonstra o posicionamento unívoco do Supremo Tribunal Federal acerca do tema.
EMENTA: HABEAS CORPUS. SALVO-CONDUTO. PRISÃO CIVIL. DEPOSITÁRIO JUDICIAL. DÍVIDA DE CARÁTER NÃO ALIMENTAR. IMPOSSIBILIDADE. ORDEM CONCEDIDA. 1. O Plenário do Supremo Tribunal Federal firmou a orientação de que só é possível a prisão civil do "responsável pelo inadimplemento voluntário e inescusável de obrigação alimentícia" (inciso LXVII do art. 5º da CF/88). Precedentes: HCs 87.585 e 92.566, da relatoria do ministro Marco Aurélio. 2. A norma que se extrai do inciso LXVII do art. 5º da Constituição Federal é de eficácia restringível. Pelo que as duas exceções nela contidas podem ser aportadas por lei, quebrantando, assim, a força protetora da proibição, como regra geral, da prisão civil por dívida. 3. O Pacto de San José da Costa Rica (ratificado pelo Brasil — Decreto 678 de 6 de novembro de 1992), para valer como norma jurídica interna do Brasil, há de ter como fundamento de validade o § 2º do art. 5º da Magna Carta. A se contrapor, então, a qualquer norma ordinária originariamente brasileira que preveja a prisão civil por dívida. Noutros termos: o Pacto de San José da Costa Rica, passando a ter

Finalmente, é imperioso destacar a assimilação feita pela jurisprudência da Corte Maior em relação à garantia da duração razoável do processo (art. 5º, LXXVIII). De fato, a construção dos conceitos de efetividade e de instrumentalidade do processo não é novidade no panorama jurídico brasileiro[10], tendo sido enunciado por inúmeros doutrinadores e, em alguns aspectos, assimilado pela própria jurisprudência. A grande novidade reside na explicitação promovida pele texto constitucional vigente. Nesse sentido, há previsão expressa e inequívoca quanto a um direito fundamental a uma prestação jurisdicional concreta e efetiva[11]. Essa norma obriga não só a atividade legiferante, como também a atuação jurisdicional norteando todos os trâmites processuais na busca de solução rápida e concreta dos conflitos. Nesse aspecto a jurisprudência do Supremo Tribunal Federal adotou tese explícita, reafirmando a concretude do princípio enunciado no art. 5º, LXXVIII quando do processamento letárgico das ações penais[12].

---

como fundamento de validade o § 2º do art. 5º da CF/88, prevalece como norma supralegal em nossa ordem jurídica interna e, assim, proíbe a prisão civil por dívida. Não é norma constitucional — à falta do rito exigido pelo § 3º do art. 5º —, mas a sua hierarquia intermediária de norma supralegal autoriza afastar regra ordinária brasileira que possibilite a prisão civil por dívida. 4. No caso, o paciente corre o risco de ver contra si expedido mandado prisional por se encontrar na situação de infiel depositário judicial. 5. Ordem concedida. (HC 94013, Relator(a): Min. CARLOS BRITTO, Primeira Turma, julgado em 10.02.2009, DJe-048 DIVULG 12-03-2009 PUBLIC 13-03-2009 EMENT VOL-02352-02 PP-00267)
(10) É de se destacar, nesse particular, a lição de Cândido Rangel Dinamarco ao esclarecer o verdadeiro alcance do acesso à Justiça: *"Para a plenitude do acesso à justiça importa remover os males resistentes à universalização da tutela jurisdicional e aperfeiçoar internamente o sistema, para que seja o mais rápido e mais capaz de oferecer soluções justas e efetivas. É indispensável que o Juiz cumpra em cada caso o dever de dar efetividade ao direito, sob pena de o processo ser somente um exercício improdutivo de lógica jurídica."*(In: Instituições de direito processual civil. v. 01. 2. ed. São Paulo: Malheiros, 2002. p. 114).
(11) O caráter fundamental dos princípios constitucionais de efetividade do processo é bem realçado pelo escólio de Carlos Aberto Alvaro de Oliveira: *"Outro fator relevante é a própria adoção de princípios e sua constitucionalização, fenômeno que se iniciou após o término da Segunda Guerra Mundial. A anterior tramitação fechada e minúcia regulamentadora das atuações processuais (excesso de formalismo) dos códigos processuais, formados em período autoritário ou informados por ideologia dessa espécie, servia ao fim de controle da jurisdição e dos agentes forenses pelo centro do poder político, diminuindo a participação democrática dos sujeitos de direito. Tudo veio a mudar com a emergência de princípios, considerados nessa nova perspectiva como direitos fundamentais, que podem e devem ter lugar de destaque na aplicação prática do direito, sobrepondo-se às simples regras infraconstitucionais."*(In: Do formalismo no processo civil — proposta de um formalismo valorativo. 3. ed. São Paulo: Saraiva, 2009. p. 92/93)
(12) Destaca-se o seguinte julgado que retrata a posição hegemônica da Corte nesse particular.
E M E N T A: "HABEAS CORPUS" — PROCESSO PENAL — PRISÃO CAUTELAR — EXCESSO DE PRAZO — INADMISSIBILIDADE — OFENSA AO POSTULADO CONSTITUCIONAL DA DIGNIDADE DA PESSOA HUMANA (CF, ART. 1º, III) — TRANSGRESSÃO À GARANTIA DO DEVIDO PROCESSO LEGAL (CF, ART. 5º, LIV) — CARÁTER EXTRAORDINÁRIO DA PRIVAÇÃO CAUTELAR DA LIBERDADE INDIVIDUAL — UTILIZAÇÃO, PELO MAGISTRADO, DE CRITÉRIOS INCOMPATÍVEIS COM A JURISPRUDÊNCIA DO

As situações acima abordadas são capazes de demonstrar de maneira clara e inequívoca como fundamentais foram as modificações trazidas pela EC n. 45/2004. Da mesma forma é possível se identificar um comportamento padrão adotado pelo Supremo Tribunal Federal quanto ao tema, adotando uma

SUPREMO TRIBUNAL FEDERAL — SITUAÇÃO DE INJUSTO CONSTRANGIMENTO CONFIGURADA — PEDIDO DEFERIDO. O EXCESSO DE PRAZO NÃO PODE SER TOLERADO, IMPONDO-SE, AO PODER JUDICIÁRIO, EM OBSÉQUIO AOS PRINCÍPIOS CONSAGRADOS NA CONSTITUIÇÃO DA REPÚBLICA, O IMEDIATO RELAXAMENTO DA PRISÃO CAUTELAR DO INDICIADO OU DO RÉU. — Nada pode justificar a permanência de uma pessoa na prisão, sem culpa formada, quando configurado excesso irrazoável no tempo de sua segregação cautelar (RTJ 137/287 — RTJ 157/633 — RTJ 180/262-264 — RTJ 187/933-934), considerada a excepcionalidade de que se reveste, em nosso sistema jurídico, a prisão meramente processual do indiciado ou do réu. — **O excesso de prazo, quando exclusivamente imputável ao aparelho judiciário — não derivando, portanto, de qualquer fato procrastinatório causalmente atribuível ao réu — traduz situação anômala que compromete a efetividade do processo, pois, além de tornar evidente o desprezo estatal pela liberdade do cidadão, frustra um direito básico que assiste a qualquer pessoa: o direito à resolução do litígio, sem dilações indevidas (CF, art. 5º, LXXVIII) e com todas as garantias reconhecidas pelo ordenamento constitucional, inclusive a de não sofrer o arbítrio da coerção estatal representado pela privação cautelar da liberdade por tempo irrazoável ou superior àquele estabelecido em lei. — A duração prolongada, abusiva e irrazoável da prisão cautelar de alguém ofende, de modo frontal, o postulado da dignidade da pessoa humana, que representa — considerada a centralidade desse princípio essencial (CF, art. 1º, III) — significativo vetor interpretativo, verdadeiro valor-fonte que conforma e inspira todo o ordenamento constitucional vigente em nosso País e que traduz, de modo expressivo, um dos fundamentos em que se assenta, entre nós, a ordem republicana e democrática consagrada pelo sistema de direito constitucional positivo. Constituição Federal (Art. 5º, incisos LIV e LXXVIII). EC 45/2004.** Convenção Americana sobre Direitos Humanos (Art. 7º, ns. 5 e 6). Doutrina. Jurisprudência. — O indiciado e o réu, quando configurado excesso irrazoável na duração de sua prisão cautelar, não podem permanecer expostos a tal situação de evidente abusividade, sob pena de o instrumento processual da tutela cautelar penal transmudar-se, mediante subversão dos fins que o legitimam, em inaceitável (e inconstitucional) meio de antecipação executória da própria sanção penal. Precedentes. A PRISÃO CAUTELAR CONSTITUI MEDIDA DE NATUREZA EXCEPCIONAL. — A privação cautelar da liberdade individual reveste-se de caráter excepcional, somente devendo ser decretada em situações de absoluta necessidade. A prisão decorrente de decisão de pronúncia, para legitimar-se em face de nosso sistema jurídico, impõe — além da satisfação dos pressupostos a que se refere o art. 312 do CPP (prova da existência material do crime e presença de indícios suficientes de autoria) — que se evidenciem, com fundamento em base empírica idônea, razões justificadoras da imprescindibilidade dessa extraordinária medida cautelar de privação da liberdade do indiciado ou do réu. — A questão da decretabilidade da prisão cautelar. Possibilidade excepcional, desde que satisfeitos os requisitos mencionados no art. 312 do CPP. Necessidade da verificação concreta, em cada caso, da imprescindibilidade da adoção dessa medida extraordinária. Precedentes. A PRISÃO CAUTELAR NÃO PODE SER UTILIZADA COMO INSTRUMENTO DE PUNIÇÃO ANTECIPADA DO INDICIADO OU DO RÉU. — A prisão cautelar não pode — e não deve — ser utilizada, pelo Poder Público, como instrumento de punição antecipada daquele a quem se imputou a prática do delito, pois, no sistema jurídico brasileiro, fundado em bases democráticas, prevalece o princípio da liberdade, incompatível com punições sem processo e inconciliável com condenações sem defesa prévia. A prisão decorrente de decisão de pronúncia — que não deve ser confundida com a prisão penal — não objetiva infligir punição àquele que sofre a sua decretação, mas destina-se, considerada a função cautelar que lhe é inerente,

postura proativa diante das alterações paradigmáticas promovidas no texto constitucional. Essa mesma postura, entretanto, não se tem observado na mensuração dos limites da ampliação da competência da Justiça do Trabalho, por meio da alteração do vigente art. 114.

Esse posicionamento, em muitos casos, pode ser atribuído à própria ausência de pronunciamento explícito da Supremo quanto a tais questões. Nesse caso, conforme veremos posteriormente, a formação jurisprudencial sobre o alcance da ampliação da competência da Justiça do Trabalho tem sido feita, em sua grande maioria, pelo Superior Tribunal de Justiça e, em algumas situações, pelo próprio Tribunal Superior do Trabalho. A postura restritiva na assimilação da real amplitude do art.114 é motivada, na maioria dos casos, pela falta de um olhar constitucional sobre o tema e uma tentativa de interpretar os novos dispositivos da Carta Política à luz de critérios formulados no ambiente infraconstitucional. Passados quase cinco anos da promulgação da EC n. 45/2004, infelizmente, vislumbramos uma verdadeira miopia de alguns Tribunais Superiores em relação ao tema da competência da Justiça do Trabalho.

## 3. DIMENSÕES DA AMPLIAÇÃO DA COMPETÊNCIA DA JUSTIÇA DO TRABALHO: A NECESSIDADE DE SE DESPERTAR O OLHAR CONSTITUCIONAL

A utilização da expressão ampliação da competência da Justiça do Trabalho para designar o conjunto de alterações promovidas no art. 114 da

---

a atuar em benefício da atividade estatal desenvolvida no processo penal. A GRAVIDADE EM ABSTRATO DO CRIME NÃO CONSTITUI FATOR DE LEGITIMAÇÃO DA PRIVAÇÃO CAUTELAR DA LIBERDADE. — A natureza da infração penal não constitui, só por si, fundamento justificador da decretação da prisão cautelar daquele que sofre a persecução criminal instaurada pelo Estado. Precedentes. AUSÊNCIA DE DEMONSTRAÇÃO, NO CASO, DA NECESSIDADE CONCRETA DE DECRETAR-SE A PRISÃO CAUTELAR DO PACIENTE. — Sem que se caracterize situação de real necessidade, não se legitima a privação cautelar da liberdade individual do indiciado ou do réu. Ausentes razões de necessidade, revela-se incabível, ante a sua excepcionalidade, a decretação ou a subsistência da prisão meramente processual. PRISÃO CAUTELAR E POSSIBILIDADE DE EVASÃO DO DISTRITO DA CULPA. — A mera possibilidade de evasão do distrito da culpa — seja para evitar a configuração do estado de flagrância, seja, ainda, para questionar a legalidade e/ou a validade da própria decisão de custódia cautelar — não basta, só por si, para justificar a decretação ou a manutenção da medida excepcional de privação cautelar da liberdade individual do indiciado ou do réu. — A prisão cautelar — qualquer que seja a modalidade que ostente no ordenamento positivo brasileiro (prisão em flagrante, prisão temporária, prisão preventiva, prisão decorrente de decisão de pronúncia ou prisão motivada por condenação penal recorrível) — somente se legitima, se se comprovar, com apoio em base empírica idônea, a real necessidade da adoção, pelo Estado, dessa extraordinária medida de constrição do "status libertatis" do indiciado ou do réu. Precedentes. (HC 95464, Relator(a): Min. CELSO DE MELLO, Segunda Turma, julgado em 03.02.2009, DJe-048 DIVULG 12-03-2009 PUBLIC 13-03-2009 EMENT VOL-02352-03 PP-00466) (O negrito não consta do original)

Constituição Federal não poderia ter sido mais feliz. Com efeito, o desdobramento do *caput* original do texto em nove incisos não significou apenas uma modificação no rol de matérias submetidas à apreciação do Judiciário Trabalhista, mas sim uma alteração profunda nos paradigmas até então vigentes.

A análise da evolução histórica das Constituições brasileiras desde 1946 demonstra que, por diversas ocasiões, o rol de competência de Justiça do Trabalho foi objeto de alterações. Seja agregando novas matérias, ou mesmo subtraindo determinadas ações, houve muitas modificações na abordagem constitucional do tema. Assim, a primeira disposição específica acerca da competência da Justiça Laboral era expressa ao elencar os litígios envolvendo empregados e empregadores e excluía, de forma explícita, as ações relacionadas aos acidentes de trabalho, além de preconizar a possibilidade, nos termos da lei ordinária, do exercício do poder normativo[13].

Com o advento da Constituição de 1967, houve a manutenção das linhas básicas estatuídas pela Carta Política anterior, inclusive preservando praticamente a mesma redação[14]. Entretanto, o ressurgimento da Justiça Federal, extinta após a promulgação da Constituição de 1946, excluiu da Justiça do Trabalho a competência para o julgamento das ações envolvendo servidores celetistas da União Federal, das suas autarquias e das empresas públicas. O texto emendado em 1969 manteve a mesma estrutura de delimitação da competência da Justiça do Trabalho.

A Carta Política de 05 de outubro de 1988 pouco modificou na estrutura fundamental da distribuição de competência da Justiça do Trabalho, apenas incluiu os entes de direito público interno e externo, consoante redação clara preconizada pelo *caput* do art. 114. Posteriormente, por meio da EC n. 20/1998, agregou-se nova atribuição, consistente na execução das contribuições previdenciárias incidentes sobre as condenações trabalhistas[15]. O texto

---

(13) Art. 123 — Compete à Justiça do Trabalho conciliar e julgar os dissídios individuais e coletivos entre empregados e empregadores, e as demais controvérsias oriundas de relações do trabalho regidas por legislação especial.
§ 1º — Os dissídios relativos a acidentes do trabalho são da competência da Justiça ordinária.
§ 2º — A lei especificará os casos em que as decisões, nos dissídios coletivos, poderão estabelecer normas e condições de trabalho.
(14) Art 134 — Compete à Justiça do Trabalho conciliar e julgar os dissídios individuais e coletivos entre empregados e empregadores e as demais controvérsias oriundas de relações de trabalho regidas por lei especial.
§ 1º — A lei especificará as hipóteses em que as decisões nos dissídios coletivos, poderão estabelecer normas e condições de trabalho.
§ 2º — Os dissídios relativos a acidentes do trabalho são da competência da Justiça ordinária.
(15) A redação do antigo § 3º do art. 114 da Constituição Federal, era a seguinte:
§ 3º Compete ainda à Justiça do Trabalho executar, de ofício, as contribuições sociais previstas no art. 195, I, *a*, e II, e seus acréscimos legais, decorrentes das sentenças que proferir.

de 1988 também retirou a menção explícita às ações acidentárias e reformou o art. 109, I, a fim de conferir coerência na relação das matérias afeitas à competência da Justiça do Trabalho.

Todos esses fluxos e influxos relativos às ações submetidas ao Judiciário trabalhista, entretanto, não alteraram o núcleo ideológico básico eleito desde a Constituição de 1946, ou seja, a relação de emprego. Nesse sentido, ao longo de quase seis décadas de integração do Poder Judiciário, a Justiça do Trabalho teve sua competência disciplinada com a observância do paradigma da relação jurídica entre empregado e empregador. O advento da EC n. 45/2004 alterou, entre outros, o paradigma de distribuição da competência, centrando as regras em uma visão amplificada do trabalho humano em suas diversas facetas[16].

Essa mudança de rumo é inegável e se agregou como uma das modificações fundamentais promovidas pela Reforma do Judiciário. Muito embora a atuação legiferante em relação à estruturação do Poder Judicial tenha sido tímida para alguns, ela acabou modificando aspectos fundamentais no regramento constitucional. Nesse sentido, descuidar-se dessa constatação

---

(16) Essa constatação não é nova no panorama jurídico brasileiro. Muito embora alguns julgados tenha desdenhado dessa constatação óbvia, o fato é que houve uma larga convergência doutrinária no sentido de identificar a quebra do paradigma de distribuição da competência da Justiça do Trabalho. Nesse sentido, é a lição de Estêvão Mallet: *"Deixa a Justiça do Trabalho de ter principal competência, à vista da mudança em análise, o exame dos litígios relacionados com o contrato de trabalho, para julgar os processos associados ao trabalho de pessoa natural em geral. Daí que agora lhe compete apreciar também as ações envolvendo a atividade de prestadores de serviços, tais como corretores, médicos, engenheiros, arquitetos ou outros profissionais liberais, além de transportadores empreiteiros, diretores de sociedade anônima sem vínculo de emprego, representantes comerciais, consultores etc., desde que desenvolvida a atividade diretamente por pessoa natural."* (Apontamentos sobre a competência da Justiça do Trabalho após a Emenda Constitucional n. 45. In: Coutinho, Grijalbo Fernandes e FAVA, Marcos Neves (Org.). *Justiça do trabalho: competência ampliada.* São Paulo: LTr/Anamatra, 2005. p. 70-91-72). Não menos incisiva é a lição de Reginaldo Melhado: *"Com a Emenda n. 45 criou-se uma nova arquitetura conceitual e deu-se fim ao binômio competência (dissídios entre trabalhadores e empregadores). O fim de 'personalizar' própria velha competência dicotômica implica em que a partir de agora qualquer litígio oriundo da relação de trabalho seja da competência da justiça especializada. Deu-se fim ao dilema das personagens da relação jurídica da cena processual."* (In: *Metamoforse do capital e do trabalho — Relações de poder, reforma do judiciário e competência da Justiça Laboral.* São Paulo: LTr, 2006. p. 182). Não menos incisivo é o escólio de João Oreste Dalazen, elaborado logo após a promulgação da reforma: *"Percebe-se ainda do novo teor do art. 114 da Constituição Federal que a Justiça do Trabalho revelou-se merecedora de confiança do Congresso Nacional, pois lhe atribuiu competência para julgar lides de natureza diversa que tenham o trabalho como fundamento. Em essência, a nova redação prestada pela EC n. 45/2004 ao art. 114 da Constituição Federal convolou a Justiça do Trabalho no juízo natural para o qual devem convergir todos os conflitos decorrentes do trabalho pessoal prestado a outrem, subordinado ou não, assim como diversas lides conexas decorrentes da execução de um contrato de emprego."* (COUTINHO, Grijalbo Fernandes e FAVA, Marcos Neves (Org.). *Nova competência da Justiça do Trabalho.* São Paulo: LTr/Anamatra, 2005. p. 148-178).

pode trazer sérios prejuízos na construção exegética do arcabouço competencial da Justiça do Trabalho, criando um clima de severa insegurança entre os integrantes da sociedade.

Alguns posicionamentos do Tribunais Superiores na matéria (em alguns casos, demonstrando um inescondível preconceito em relação ao Judiciário Trabalhista) negam-se em analisar a distribuição da competência sem se dar conta das características constitucionais da enumeração elencada no art. 114 da vigente Carta Política. Essa assertiva pode até parecer irracional, pois como pode interpretar uma norma contida na Constituição sem impor-lhe a qualidade de constitucional? Basta que sejam utilizados critérios infraconstitucionais para limitar os efeitos nas normas contidas nas Carta Política.

Com efeito, o enfrentamento exegético das normas disciplinadoras da competência da Justiça do Trabalho é feito sem aquilo que poderíamos chamar de olhar constitucional. Essa expressão (à qual não tenho a pretensão de conferir contornos acadêmicos) resume a necessidade de se buscar, no próprio ambiente constitucional, os elementos necessários para a compreensão dos textos contidos na Carta Política. Significa abstrair-se das construções formuladas no panorama infraconstitucional, que muitas vezes limitam ou mesmo aniquilam temas consagrados constitucionalmente[17].

---

(17) A necessidade da imunização do texto constitucional de outros fluxos normativos é tema de profunda preocupação entre os constitucionalistas e demais operadores do Direito. Não se trata, portanto, de fenômeno específico da aferição da competência da Justiça do Trabalho, mas sim presente em todos os campos de aplicação da Constituição. É nesse sentido o posicionamento de Juarez de Freitas: *"Para preservar a abertura e a unidade, o juiz constitucional deve, de modo precípuo, realizar, ousadamente, quando for o caso, as mutações necessárias em virtude do correto aproveitamento da flexibilidade da Carta (convém recordar as lições de Story). Se me permite a imagem, a Constituição é o coração jurídico do país. Sendo assim, quanto menos intervenções invasivas houver (dimanantes do exercício do poder de emenda), tanto melhor para semelhante coração institucional. De fato, parece inquestionável que cada reforma constitucional funciona como um processo invasivo, motivo suficiente para asseverarmos que é extremamente preferível, ao menos a médio prazo, que o intérprete atue como o atualizador ou o reformador, por excelência, do texto constitucional, dele extraindo as ricas e extraordinárias possibilidades inerentes à indeterminação voluntária da maior parte dos seus conceitos e de suas categorias."* (O intérprete e o poder de dar vida à Constituição: preceitos de exegese constitucional. In: GRAU, Eros Roberto e GUERRA FILHO, Willis Santiago (Orgs.). *Direito constitucional* — estudos em homenagem a Paulo Bonavides. São Paulo: Malheiros, 2001. p. 226-248. A linha de raciocínio é travada por Lênio Luiz Streck ao abordar a questão relacionada à hermenêutica constitucional, especialmente no que concerne à efetivação dos preceitos trazidos pela Constituição de 05 de outubro de 1988: *"O sentido da Constituição não pode continuar velado (isto porque, passados mais de treze anos de sua promulgação, grande parte de seu texto continua inefetivo, portanto, não descoberto). Por isto, para interpretar a Constituição (entendida como o novo, o estranho, o sinistro), é necessário, primeiro, tornar transparente a própria situação hermenêutica para que o estranho ou diferente (sinistro) do texto possa fazer-se valer antes de tudo, isto é, sem que os nossos pré-juízos não esclarecidos exerçam aí sua despercebida dominação e assim escondam o específico do texto. A inautenticidade, enfim, os pré-juízos não esclarecidos perdem-se*

De fato, o que se verificou nos anos imediatamente posteriores à promulgação da EC n. 45/2004 foi uma tentativa, quase insana, de apego ao passado e a conceitos ausentes no ordenamento constitucional. Diante da ausência de tais paradigmas no próprio texto constitucional, os saudosistas do velho modelo de distribuição da competência passaram a utilizar os critérios montados no arcabouço infraconstitucional para dar o lineamento ao novo art. 114. Essa persistência em evitar o olhar constitucional da competência da Justiça do Trabalho estabeleceu situações verdadeiramente paradoxais e afastadas da realidade sócio-jurídica vigente.

O mais grave dessa posição de resistência é o ferimento ao próprio texto constitucional, pois, ao se negar a construção de um novo paradigma para o tema inserto no art. 114, alguns posicionamentos jurisprudenciais acabam por descaracterizar a própria finalidade trazida pela EC n. 45/2004. O mais cruel de todo esse debate, entretanto, é o fato de que essa postura restritiva só foi adotada em relação ao tema específico da ampliação da competência laboral, tendo, quanto aos outros temas fundamentais da reforma, os Tribunais Superiores sido extremamente receptivos e proativos.

Demonstraremos, portanto, à luz dos pronunciamentos dos Tribunais Superiores, especialmente do Superior Tribunal de Justiça como a análise do tema demanda cada vez mais um olhar constitucional, sob pena de um severo comprometimento dos avanços promovidos pela reforma do Poder Judiciário.

## 4. A CONSTATAÇÃO DA FALTA DO OLHAR CONSTITUCIONAL PERANTE A JURISPRUDÊNCIA DOS TRIBUNAIS SUPERIORES

### 4.1. Delimitação dos objetivos da análise

A análise detalhada e pormenorizada de todos os aspectos da ampliação da competência da Justiça do Trabalho é tarefa que transcende aos tímidos limites do presente trabalho. A prodigalidade das ações que circundam o fenômeno trabalho é de tal monta que, praticamente, se revela impossível

---

*no quotidianamente, no impessoal, na repetição continuada daquilo que 'sempre-tem-sido'. Não podemos esquecer, como diz Gadamer, que toda compreensão começa com o fato de que algo nos interpela."* (In: *Jurisdição constitucional e hermenêutica* — uma nova crítica do direito. Porto Alegre: Livraria do Advogado, 2002. p. 190-191). Observe-se que a citação de Streck, embora se refira à interpretação do texto da Constituição de 05 de outubro de 1988 pode muito bem ser transposta para intenso debate acerca das dimensões da ampliação da competência da Justiça do Trabalho, promovida pela EC n. 45/2004. Os *pré-juízos* estabelecidos diante da repetição do texto anterior permitiram a continuidade de uma visão restritiva e denegatória das eloquentes e fundamentais alterações promovidas no art. 114.

uma sistematização mais simplificada do temário. Nesse sentido, procederemos a uma análise por amostragem dos principais temas trazidos pelos incisos do art. 114, procurando identificar os principais aspectos relacionados à falta de uma visão mais efetiva das mudanças trazidas pela EC n. 45/2004.

O universo da nossa análise parte, inicialmente, do Superior Tribunal de Justiça, órgão constitucional incumbido de resolver os conflitos de competência envolvendo ramos diferenciados do Poder Judiciário (CF, art. 105, I, *d* )[18]. Na realidade grande parte da jurisprudência acerca do tema tem sido formulada por aquela Corte Superior, sendo a aferição de tais julgados imprescindível para o correto dimensionamento do tema.

A aferição da jurisprudência do Tribunal Superior do Trabalho, embora em muitos casos sem identificar uma posição unívoca sobre os temas de competência, também é fundamental para a correta apreensão do fenômeno.

Por último, o mais importante de toda a análise recai sobre a jurisprudência do Supremo Tribunal Federal, obviamente a Corte adequada para conferir o verdadeiro alcance da norma constitucional. Poderemos constatar que, ao contrário do que se possa imaginar, a jurisprudência da Suprema Corte ainda não nos conferiu pronunciamento definitivo sobre a maior parte das situações enfeixadas pelo art. 114 da CF.

Passemos ao enfrentamento da tema, observando, entretanto, a análise em função dos incisos I, II, III e VI do art. 114.

### 4.2. *Conflitos oriundos da relação de trabalho (CF, art. 114, I)*

O inciso I do art. 114 foi o primeiro a obter do Supremo Tribunal Federal um pronunciamento específico. Nesse sentido, após o julgamento da ADI 3.395-DF[19] firmou-se a premissa de que o termo relação de trabalho não

---

(18) É imperioso destacar o fato de que a resistência quanto à adoção de novos paradigmas para a fixação da competência da Justiça do Trabalho é fenômeno também presente neste segmento do Poder Judiciário. De fato, a formação de uma jurisprudência, como veremos mais adiante, reticente quanto à matéria no âmbito do Superior Tribunal de Justiça, só se operou em virtude da iniciativa de muito Juízes do Trabalho de Primeiro Grau de provocar conflitos negativos de competência. Em sentido contrário é o movimento da sociedade, especialmente dos advogados, de confiarem o ajuizamento das demandas relacionadas ao trabalho à Justiça Laboral.

(19) A questão foi, inicialmente, resolvida por meio de decisão liminar do Ministro Nelson Jobim, vazada nos seguintes termos:
DESPACHO: A ASSOCIAÇÃO DOS JUÍZES FEDERAIS DO BRASIL — AJUFE — propõe a presente ação contra o inciso I do art. 114 da CF, na redação dada pela EC n. 45/2004. Sustenta que no processo legislativo, quando da promulgação da emenda constitucional, houve supressão de parte do texto aprovado pelo Senado. 1. CÂMARA DOS DEPUTADOS.

incluía os servidores públicos titulares de relação jurídico-administrativa com o Poder Público. Manteve-se, por conseguinte, o posicionamento firmado

Informa que a Câmara dos Deputados, na PEC n. 96/92, ao apreciar o art. 115, "aprovou em dois turnos, uma redação que ganhou um inciso I..." (fls. 4 e 86). Teve tal dispositivo a seguinte redação: "Art. 115. Compete à Justiça do Trabalho processar e julgar: I — as ações oriundas da relação de trabalho, abrangidos os entes de direito público externo e da administração pública direta e indireta da União, dos Estados, do Distrito Federal e dos Municípios." 2. SENADO FEDERAL. A PEC, no Senado Federal, tomou número 29/200. Naquela Casa, a Comissão de Constituição, Justiça e Cidadania manifestou-se pela divisão da "... proposta originária entre (a) texto destinado à promulgação e (b) texto destinado ao retorno para a Câmara dos Deputados" (Parecer 451/04, fls. 4, 177 e 243). O SF aprovou tal inciso com acréscimo. O novo texto ficou assim redigido: "Art. 114. Compete à Justiça do Trabalho processar e julgar: I — as ações oriundas da relação de trabalho, abrangidos os entes de direito público externo e da administração pública direta e indireta da União, dos Estados, do Distrito Federal e dos Municípios, EXCETO OS SERVIDORES OCUPANTES DE CARGOS CRIADOS POR LEI, DE PROVIMENTO EFETIVO OU EM COMISSÃO, INCLUÍDAS AS AUTARQUIAS E FUNDAÇÕES PÚBLICAS DOS REFERIDOS ENTES DA FEDERAÇÃO" (fls 4 e 280). Informa, ainda, que, na redação final do texto para promulgação, nos termos do parecer n. 1.747 (fl. 495), a parte final acima destacada foi suprimida. Por isso, remanesceu, na promulgação, a redação oriunda da CÂMARA DOS DEPUTADOS, sem o acréscimo. No texto que voltou à CÂMARA DE DEPUTADOS (PEC. 358/2005), o SF fez constar a redação por ele aprovada, com o referido acréscimo (Parecer 1748/04, fls. 502). Diz, mais, que a redação da EC n.45/2004, nesse inciso, trouxe dificuldades de interpretação ante a indefinição do que seja "relação de trabalho". Alega que há divergência de entendimento entre os juízes trabalhistas e os federais, "... ausente a precisão ou certeza, sobre a quem coube a competência para processar as ações decorrentes das relações de trabalho que envolvam a União, quando versem sobre servidores ocupantes de cargos criados por lei, de provimento efetivo ou em comissão, incluídas as autarquias e fundações públicas." (fl. 7). Em face da alegada violação ao processo legislativo constitucional, requer liminar para sustar os efeitos do inciso I do art. 114 da CF, na redação da EC n. 45/2004, com eficácia 'ex tunc', ou que se proceda a essa sustação, com interpretação conforme (fl. 48). 3. DECISÃO. A CF, em sua redação dispunha: "Art. 114. Compete à Justiça do Trabalho conciliar e julgar os dissídios individuais e coletivos entre trabalhadores e empregadores, abrangidos os entes de direito público externo e da administração pública direta e indireta dos Municípios, do Distrito Federal, dos Estados e da União, e, na forma da lei, outras controvérsias decorrentes da relação de trabalho, bem como os litígios que tenham origem no cumprimento de suas próprias sentenças, inclusive coletivas." O SUPREMO, quando dessa redação, declarou a inconstitucionalidade de dispositivo da L. 8.112/90, pois entendeu que a expressão "relação de trabalho" não autorizava a inclusão, na competência da Justiça trabalhista, dos litígios relativos aos servidores públicos. Para estes o regime é o "estatutário e não o contratual trabalhista" (CELSO DE MELLO, ADI 492). Naquela ADI, disse mais CARLOS VELLOSO (Relator): "Não com referência aos servidores de vínculo estatutário regular ou administrativo especial, porque o art. 114, ora comentado, apenas diz respeito aos dissídios pertinentes a trabalhadores, isto é, ao pessoal regido pela Consolidação das Leis do Trabalho, hipótese que, certamente, não é a presente. " O SF, quando após o acréscimo referido acima e não objeto de inclusão no texto promulgado, meramente explicitou, na linha do decidido na ADI 492, o que já se continha na expressão "relação de trabalho", constante da parte inicial do texto promulgado. A REQUERENTE, porque o texto promulgado não contém o acréscimo do SF, sustenta a inconstitucionalidade formal. Entendo não ser o caso. A não

antes mesmo da promulgação da EC n. 45/2004, no sentido de limitar a competência da Justiça do Trabalho aos servidores tipicamente celetistas[20].

---

inclusão do enunciado acrescido pelo SF em nada altera a proposição jurídica contida na regra. Mesmo que se entendesse a ocorrência de inconstitucionalidade formal, remanesceria vigente a redação do *caput* do art. 114, na parte que atribui à Justiça trabalhista a competência para as "relações de trabalho" não incluídas as relações de direito administrativo. Sem entrar na questão da duplicidade de entendimentos levantada, insisto no fato de que o acréscimo não implica alteração de sentido da regra. A este respeito o SUPREMO tem precedente. Destaco do voto por mim proferido no julgamento da ADC 4, da qual fui relator: "O retorno do projeto emendado à Casa iniciadora não decorre do fato de ter sido simplesmente emendado. Só retornará se, e somente se, a emenda tenha produzido modificação de sentido na proposição jurídica. Ou seja, se a emenda produzir proposição jurídica diversa da proposição emendada. Tal ocorrerá quando a modificação produzir alterações em qualquer dos âmbitos de aplicação do texto emendado: material, pessoal, temporal ou espacial. Não basta a simples modificação do enunciado pela qual se expressa a proposição jurídica. O comando jurídico — a proposição — tem que ter sofrido alteração." Não há que se entender que Justiça trabalhista, a partir do texto promulgado, possa analisar questões relativas aos servidores públicos. Essas demandas vinculadas a questões funcionais a eles pertinentes, regidos que são pela Lei n. 8.112/90 e pelo direito administrativo, são diversas dos contratos de trabalho regidos pela CLT. Leio GILMAR MENDES, há "Oportunidade para interpretação conforme à Constituição sempre que determinada disposição legal oferece diferentes possibilidades de interpretação, sendo algumas delas incompatíveis com a própria Constituição. ... Um importante argumento que confere validade à interpretação conforme à Constituição é o princípio da unidade da ordem jurídica ..." (*Jurisdição constitucional*, São Paulo: Saraiva, 1998. p. 222/223). É o caso. A alegação é fortemente plausível. Há risco. Poderá, como afirma a inicial, estabelecerem-se conflitos entre a Justiça Federal e a Justiça Trabalhista, quanto à competência desta ou daquela. Em face dos princípios da proporcionalidade e da razoabilidade e ausência de prejuízo, concedo a liminar, com efeito 'ex tunc'. Dou interpretação conforme ao inciso I do art. 114 da CF, na redação da EC n. 45/2004. Suspendo, *ad referendum*, toda e qualquer interpretação dada ao inciso I do art. 114 da CF, na redação dada pela EC n. 45/2004, que inclua, na competência da Justiça do Trabalho, a "... apreciação de causas que ... sejam instauradas entre o Poder Público e seus servidores, a ele vinculados por típica relação de ordem estatutária ou de caráter jurídico-administrativo". Publique-se. Brasília, 27 de janeiro de 2005. Ministro NELSON JOBIM Presidente."
O plenário do Supremo Tribunal Federal referendou a decisão e, finalmente, julgou definitivamente a ADI por meio a seguinte ementa:
INCONSTITUCIONALIDADE. Ação direta. Competência. Justiça do Trabalho. Incompetência reconhecida. Causas entre o Poder Público e seus servidores estatutários. Ações que não se reputam oriundas de relação de trabalho. Conceito estrito desta relação. Feitos da competência da Justiça Comum. Interpretação do art. 114, inc. I, da CF, introduzido pela EC 45/2004. Precedentes. Liminar deferida para excluir outra interpretação. O disposto no art. 114, I, da Constituição da República, não abrange as causas instauradas entre o Poder Público e servidor que lhe seja vinculado por relação jurídico-estatutária. (ADI 3395 MC, Relator(a): Min. CEZAR PELUSO, Tribunal Pleno, julgado em 05.04.2006, DJ 10-11-2006 PP-00049 EMENT VOL-02255-02 PP-00274 RDECTRAB v. 14, n. 150, 2007, p. 114-134 RDECTRAB v. 14, n. 152, 2007, p. 226-245).
(20) Precedente composto no julgamento da ADI 492, em face da Lei n. 8.112/90, cuja ementa é a seguinte:
CONSTITUCIONAL. TRABALHO. JUSTIÇA DO TRABALHO. COMPETÊNCIA. AÇÕES DOS SERVIDORES PÚBLICOS ESTATUTÁRIOS. C.F., ARTS. 37, 39, 40, 41, 42 E 114. LEI N. 8.112,

Na situação acima, portanto, há declaração explícita do Supremo acerca da amplitude do termo relação de trabalho, apenas no que concerne aos liames firmados perante o Poder Público. Embora se possa discordar da formulação procedida pela Corte Constitucional, o fato é que a matéria foi objeto de uma análise do tema sob o prisma eminentemente constitucional, sem uma declaração restritiva ao termo relação de trabalho.

O problema, entretanto, não apresenta a mesma solução quando olhamos o tema sob a ótica das relações privadas, campo principal de atuação da Justiça do Trabalho. Nessa seara, não se vislumbra qualquer pronunciamento expresso do Supremo Tribunal Federal, que se limitou a analisar o tema à luz dos limites expostos inicialmente pela ADI 3.395-DF. A amplitude da expressão, no seu prisma privado, é dada pela jurisprudência do Superior Tribunal de Justiça que, infelizmente, recusa-se em analisar a temática à luz das características intrínsecas do art. 114, I.

Nesse sentido, é emblemático o entendimento corporificado pela Súmula n. 363[21] daquela Corte que exclui da competência da Justiça do Trabalho para o julgamento da ação de cobrança de honorários ajuizada por profissional liberal, portanto, pessoa física. Ora, a orientação afasta a possibilidade de se vindicar o cumprimento de condições contratuais firmadas em uma típica relação de trabalho. É relevante dissecarmos os julgados que deram origem ao verbete e concluirmos por sua total inadequação com os termos do texto constitucional vigente. Nesse sentido, a orientação jurisprudencial sumulada firmou-se nas seguintes premissas: a) relação de trabalho exaure-se na relação empregatícia, esta sim de competência da Justiça do Trabalho[22];

---

DE 1990, ART. 240, ALINEAS "D" E "E". I — SERVIDORES PÙBLICOS ESTATUTÁRIOS: DIREITO A NEGOCIAÇÃO COLETIVA E A AÇÃO COLETIVA FRENTE A JUSTIÇA DO TRABALHO: INCONSTITUCIONALIDADE. LEI N. 8.112/90, ART. 240, ALINEAS "D" E "E". II — SERVIDORES PÚBLICOS ESTATUTÁRIOS: INCOMPETENCIA DA JUSTIÇA DO TRABALHO PARA O JULGAMENTO DOS SEUS DISSIDIOS INDIVIDUAIS. INCONSTITUCIONALIDADE DA ALÍNEA "e" DO ART. 240 DA LEI N. 8.112/90. III — AÇÃO DIRETA DE INCONSTITUCIONALIDADE JULGADA PROCEDENTE. (ADI 492, Relator(a): Min. CARLOS VELLOSO, Tribunal Pleno, julgado em 12.11.1992, DJ 12-03-1993 PP-03557 EMENT VOL-01695-01 PP-00080 RTJ VOL-00145-01 PP-00068).
O mais relevante dessa Ação Direta de Inconstitucionalidade reside no fato de que o texto primitivo da Lei n. 8.112/90 (Estatuto dos Servidores Públicos Federais) previa a competência para o julgamento dos litígios envolvendo servidores públicos estatutários.
(21) Súmula 363 — Compete à Justiça estadual processar e julgar a ação de cobrança ajuizada por profissional liberal contra cliente.
(22) CONFLITO DE COMPETÊNCIA. AÇÃO DE COBRANÇA. PRESTAÇÃO DE SERVIÇOS. REDAÇÃO DE MATÉRIAS JORNALÍSTICAS. FREE LANCER. JUSTIÇA COMUM ESTADUAL. 1. A Segunda Seção desta Corte tem entendimento pacificado no sentido de que o pedido e a causa de pedir definem a natureza da lide. Assim, na espécie, **não se verifica a pretensão autoral de lhe ser reconhecido vínculo empregatício ou o recebimento de verbas trabalhistas**. Ao contrário, busca o recebimento da importância correspondente

b) a relação jurídica enfeixada pelo profissional liberal é regida por norma de natureza civil, portanto alheia à competência da Justiça do Trabalho[23].

As premissas acima são absolutamente equivocadas, não apenas no que se refere à sua construção[24], mas também em sua inserção no sistema de

---

pelos serviços prestados. 2. Conflito conhecido para declarar competente o Juízo de Direito do Juizado Especial Cível de Joinville — SC, suscitado. (CC 46562/SC, Rel. Ministro FERNANDO GONÇALVES, SEGUNDA SEÇÃO, julgado em 10.08.2005, DJ 05.10.2005 p. 159)
(23) CONFLITO DE COMPETÊNCIA. ARBITRAMENTO DE HONORÁRIOS. RELAÇÃO JURÍDICA DE NATUREZA CIVIL. COMPETÊNCIA DA JUSTIÇA ESTADUAL INALTERADA PELA EC 45/2004.
1. Discute-se a competência para julgamento de ação de arbitramento de honorários referentes aos serviços prestados em ação de cobrança de valores devidos a título de FGTS. 2. Ao dar nova redação ao art. 114 da Carta Magna, a EC 45/2004 aumentou de maneira expressiva a competência da Justiça Laboral, passando a estabelecer, no inciso I do retrocitado dispositivo, que compete à Justiça do Trabalho processar e julgar "as ações oriundas da relação de trabalho, abrangidos os entes de direito público externo e da administração pública direta e indireta da União, dos Estados, do Distrito Federal e dos Municípios". 3. Entretanto, a competência para julgamento de causas como a dos autos não foi atraída para a Justiça do Trabalho. **Isso porque a demanda em questão possui natureza unicamente civil e se refere a contrato de prestação de serviços advocatícios, celebrado entre profissionais liberais e seus clientes, razão pela qual a relação jurídica existente entre os autores e os réus não pode ser considerada como de índole trabalhista.** 4. Conflito conhecido para declarar a competência do Juízo de Direito da 3ª Vara Cível da Comarca de Mogi Guaçu/SP, o suscitado. (CC 52719/SP, Rel. Ministra DENISE ARRUDA, PRIMEIRA SEÇÃO, julgado em 11.10.2006, DJ 30.10.2006, p. 214)
(24) Há uma forte convergência doutrinária no sentido de se reconhecer a relação de trabalho como gênero, do qual a relação empregatícia é espécie. Aliás, nunca houve maiores problemas nessa perspectiva, aceita de forma quase unânime pela doutrina há muitas décadas. Nesse sentido é a vetusta lição de Orlando Gomes: *"A todo aquele que presta serviço pode-se designar pela expressão genérica de trabalhador. O termo empregado deve ser reservado para quem trabalha em virtude de uma contrato de trabalho. Assim, trabalhador é gênero de que empregado é espécie."* (In: Curso de direito do trabalho. 10. ed. Rio de Janeiro: Forense, 1987. p. 98). Mesmo sentido, embora por meio de texto bem mais recente, é dado por Arnaldo Süssekind, ao afirmar que: *"...a relação de trabalho é gênero do qual a relação de emprego é uma das espécies, pois abrange também outros contratos, com os de prestação de serviços por trabalhadores autônomos, empreiteiras de lavor, mandato para empreender determinada atividade em nome do mandante, representação comercial atribuída à pessoa física, contratos de agenciamento e de corretagem."* (As relações individuais e coletivas na reforma do Poder Judiciário. In: COUTINHO, Grijalbo Fernandes e FAVA, Marcos Neves (Orgs.). Justiça do trabalho: competência ampliada. São Paulo: LTr/Anamatra, 2005. p. 15-31. Observe-se, por outro lado, que a tipificação da relação de trabalho como gênero capaz de englobar todos as pessoas físicas que oferecem, por alguma razão, a força de trabalho, a outrem é orientação presente em todos os ordenamentos jurídicos, como concepção praticamente universal. Nesse sentido, é a lição tradicional de Guillermo Cabanellas de Torres: *"Trabaladores son sólo las personas físicas, ya que las personas jurídicas o abstractas no pueden ejecutar por si una prestación de servicios, sino que necesitan valerse de aquéllas...Entre la nasa inmensa de los trabajadores considerados en su dimensión máxima, surge una clasificación fundamental por la modalidad de ejercio y por el régimen jurídico que determina; la misma es la de trabajadores independientes y trabajadores dependientes o subordinados."* (In: Compendio de derecho laboral. Tomo I . 4. Ed. Buenos Aires: Heliasta, 2001. p. 266).

competência preconizado pelo art. 114. Inicialmente, vê-se uma clara distinção, feita pelo próprio texto constitucional, entre relação de trabalho e a relação de emprego. Até por meio de uma análise estritamente formal, vê-se que o legislador constituinte derivado fez uso sistêmico do termo relação de trabalho quando quis dar um sentido mais amplo para a distribuição da competência e relação de emprego para ofertar um sentido mais restritivo. Assim, se o inciso I referiu-se expressamente ao termo relação de trabalho, no inciso VII, do mesmo artigo, reportou-se ao termo empregadores como forma de limitar a competência. Mesma postura de limitação foi procedida em relação ao conflitos sindicais (inciso III), na medida em que se utilizou novamente a expressão empregadores. Ora, o empregador é um dos titulares da relação de emprego, a utilização da expressão, portanto, serviu para, em determinadas situações, limitar a abrangência da expressão relação de trabalho.

O outro equívoco na construção da ideia da Súmula n. 363 do Superior Tribunal de Justiça consiste em reconhecer, como critério fixador da competência, a natureza do direito material utilizado para disciplinar a relação jurídica. Ora, não é esse aspecto infraconstitucional que pode determinar o alcance dos preceitos contidos na carta política. As categorias do Direito federal são determinadas de forma discricionária pelo legislador e não pertencem, salvo para fins de determinação da competência legiferante (CF, art. 22), ao panorama constitucional. Ao estabelecer, de forma apriorística, a competência para o enfrentamento de determinada relação jurídica, a natureza ou qualidade da norma regulatória respectiva não é elemento determinante para concretizar a respectiva regra.

Note-se, por outro lado, que essa é a posição tradicionalmente defendida pelo Supremo Tribunal Federal, na medida em que afasta dos critérios fixadores da competência a natureza da norma a ser aplicada ao caso concreto[25].

---

(25) Esse debate encontra-se pacificado no âmbito do Supremo Tribunal Federal há quase duas décadas. O aresto abaixo transcrito revela posicionamento, ainda em vigor, na Supremo Corte e utilizado para dirimir controvérsias atuais acerca da competência da Justiça do Trabalho.
JUSTIÇA DO TRABALHO: COMPETÊNCIA: CONST., ART. 114: AÇÃO DE EMPREGADO CONTRA O EMPREGADOR, VISANDO À OBSERVÂNCIA DAS CONDIÇÕES NEGOCIAIS DA PROMESSA DE CONTRATAR FORMULADA PELA EMPRESA EM DECORRÊNCIA DA RELAÇÃO DE TRABALHO. 1. COMPETE À JUSTIÇA DO TRABALHO JULGAR DEMANDA DE SERVIDORES DO BANCO DO BRASIL PARA COMPELIR A EMPRESA AO CUMPRIMENTO DA PROMESSA DE VENDER-LHES, EM DADAS CONDIÇÕES DE PREÇO E MODO DE PAGAMENTO, APARTAMENTOS QUE, ASSENTINDO EM TRANSFERIR-SE PARA BRASÍLIA, AQUI VIESSEM A OCUPAR, POR MAIS DE CINCO ANOS, PERMANECENDO A SEU SERVIÇO EXCLUSIVO E DIRETO. 2. A DETERMINAÇÃO DA COMPETÊNCIA DA JUSTIÇA DO TRABALHO NÃO IMPORTA QUE DEPENDA A SOLUÇÃO DA LIDE DE QUESTÕES DE DIREITO CIVIL, MAS SIM, NO CASO, QUE A PROMESSA DE CONTRATAR, CUJO ALEGADO CONTEÚDO E O FUNDAMENTO DO PEDIDO, TENHA SIDO FEITA EM RAZÃO DA RELAÇÃO DE EMPREGO, INSERINDO-SE NO CONTRATO DE TRABALHO. (CJ 6959, Relator(a): Min.

Obviamente, adotando essa premissa, a Corte Suprema privilegia os critérios constitucionais para determinação da competência, desconhecendo, portanto, as características intrínsecas da lide. Com efeito, a jurisdição é una e a divisão entre os diversos órgãos jurisdicionais decorre de necessidades derivadas da política jurisdicional. O magistrado, ao exercer a jurisdição não se compartimentaliza em determinado ramo da regulação jurídica, mas sim atua, nos limites de sua fatia competencial, mediante a aplicação de todo o ordenamento. Retirar a competência da Justiça do Trabalho para o julgamento de determinada ação apenas porque foram aplicadas normas de Direito Civil, significa criar o critério obtuso e míope de fixação da competência.

O mais importante nesse debate, entretanto, não são as imprecisões técnicas das premissas fixadas na edificação da Súmula n. 363 do Superior Tribunal de Justiça, mas sim a usurpação dos critérios constitucionais para a solução do problema apresentado. Vê-se, por conseguinte, a falta de um olhar constitucional sobre o tema e uma hipervalorização dos critérios infraconstitucionais. De fato, foram abandonados os elementos trazidos pelo constituinte derivado e privilegiados conceitos e estruturas não mais vigentes em nossa Carta Política[26]. Essas estruturas argumentativas têm sido utilizadas com muita frequência pelo Superior Tribunal de Justiça quando da apreciação de conflitos de competência acerca das ações oriundas da relação de trabalho e, mesmo corporificando uma afronta direta ao norte jurisprudencial do Supremo e da própria tessitura da Constituição, acabaram por prevalecer.

Na esteira do entendimento firmado pela Súmula n. 363 do Superior Tribunal de Justiça, o Tribunal Superior do Trabalho inclina-se nitidamente no sentido de afastar a incidência do inciso I das relações de trabalho não subordinadas[27]. Os critérios adotados pela mais alta Corte trabalhista são os

---

CELIO BORJA, Relator(a) p/ Acórdão: Min. SEPÚLVEDA PERTENCE, TRIBUNAL PLENO, julgado em 23.05.1990, DJ 22-02-1991 PP-01259 EMENT VOL-01608-01 PP-00115)
(26) Trata-se de um exemplo emblemático na noção de *pré-juízo* indutor e condicionador da interpretação do texto constitucional, conforme ideia de Lênio Streck transcrita na nota 14 deste trabalho.
(27) Nesse sentido é a ementa do Tribunal Superior do Trabalho a seguir transcrita que, inclusive, faz referência explícita à Súmula 363 do Superior Tribunal de Justiça.
..............
INCOMPETÊNCIA DA JUSTIÇA DO TRABALHO — AÇÃO DE COBRANÇA — HONORÁRIOS ADVOCATÍCIOS — PRECEDENTES DO STJ BAIXADOS NA CONFORMIDADE DO ART. 105, INCISO I, ALÍNEA -d-, DA CONSTITUIÇÃO, DOS QUAIS RESULTOU A EDIÇÃO DA SÚMULA N. 363 DAQUELA CORTE. I — A competência da Justiça do Trabalho, embora tenha sido ampliada com o advento da Emenda Constitucional n. 45/2004, que deu nova redação ao art. 114 da Carta Magna, não abrange as ações em que a lide consiste na cobrança de honorários advocatícios contratuais, mesmo que esses tenham sido acertados no âmbito do Processo do Trabalho. II — É que a relação jurídica entre o mandatário e o mandante não traz subjacente a pretendida relação de trabalho, e sim a de delegação de poderes para a prática de atos ou administração de interesses. Ou, como dispõe o art. 653

mesmos do verbete acima preconizado e, por consequência incorrem nas mesmas contradições acima apontadas. Todavia, em relação ao Tribunal Superior do Trabalho há um dado adicional a ser mensurado, pois, em outros pronunciamentos aquele órgão julgador deixou expresso e inequívoco o fato de que a nova redação do art. 114, I, retirou o núcleo relação de emprego como elemento determinante da competência. Tal posicionamento foi adotado em diversos julgados em que se discutiu a competência da Justiça do Trabalho para o processamento de demandas em face da Caixa Econômica Federal acerca de liberação dos depósitos do Fundo de Garantia do Tempo de Serviço[28].

## 4.3. Conflitos relacionados com exercício do direito de greve (CF, art. 114, II)

Até a promulgação da EC n. 45/2004, não existia qualquer regramento constitucional atribuindo à Justiça do Trabalho a competência para apreciar

---

do Código Civil de 2002, — Opera-se o mandato quando alguém recebe de outrem poderes para, em seu nome, praticar atos ou administrar interesses. III — O art. 667 daquele código, a seu turno, dispõe que — O mandatário é obrigado a aplicar toda sua inteligência habitual na execução do mandato, e a indenizar qualquer prejuízo causado por culpa sua ou daquele a quem substabelecer, sem autorização, poderes que devia exercer pessoalmente —. IV — Tendo por norte a norma do art. 692 do Código Civil de 2002, de que se aplicam ao mandato judicial, supletivamente, as normas contempladas naquele código, extrai-se a conclusão de que, quer se trate de procuração *ad negotia*, quer de procuração *ad judicia*, sabendo-se que a procuração, a teor do art. 653 do mesmo código, é o instrumento do mandato, não se divisa o pressuposto da relação de trabalho de que trata o inciso I do art. 114 da Constituição, identificando-se a relação jurídica como sendo estritamente de natureza civil. V — Nesse sentido tem-se orientado a jurisprudência do Superior Tribunal de Justiça, no julgamento de conflitos de competência envolvendo o objeto deste recurso, dela resultando a edição da Súmula n. 363 daquela Corte. VI — Recurso conhecido e desprovido. ( RR — 1416/2006-006-02-00.6 , Relator Ministro: Antônio José de Barros Levenhagen, Data de Julgamento: 18.03.2009, 4ª Turma, Data de Publicação: 07.04.2009)
(28) Os julgados do Tribunal Superior do Trabalho deixam clara a tese do alargamento dos limites do termo *relação de trabalho* constante da CF, art.114, I.
AGRAVO DE INSTRUMENTO EM RECURSO DE REVISTA. COMPETÊNCIA MATERIAL DA JUSTIÇA DO TRABALHO. FGTS. ALVARÁ. Evidenciada a afronta ao art. 114, I, da Constituição Federal, dá-se provimento ao Agravo de Instrumento para determinar o processamento do Recurso de Revista. RECURSO DE REVISTA. DA COMPETÊNCIA DA JUSTIÇA DO TRABALHO. ART. 114, I, CF — EMENDA CONSTITUCIONAL N. 45/2004. EXPEDIÇÃO DE ALVARÁ JUDICIAL PARA SAQUE DOS DEPÓSITOS NA CONTA VINCULADA DO TRABALHADOR. 1- Inscreve-se na competência material da Justiça do Trabalho apreciar pretensão de ex-empregado para expedição de alvará judicial para fins de saque dos depósitos do FGTS junto à CAIXA ECONÔMICA FEDERAL — CEF, tendo em vista a vinculação do pleito a uma relação de emprego, espécie da relação de trabalho de que cogita o art. 114, inciso I, da Constituição Federal de 1988, com a redação da Emenda Constitucional n. 45/04. 2- O núcleo central para a determinação da nova competência material da Justiça do Trabalho, desde o advento da EC n. 45/04, está na circunstância de o pedido e a causa de pedir emanarem de uma relação de trabalho,

litígios decorrentes da greve[29]. Diante da falta de regramento mais específico, todos os demais conflitos subjacentes da greve estariam situados fora dos limites da competência trabalhista.

A redação do inciso II do art. 114 da Constituição Federal, entretanto, fez com que esse panorama sofresse uma severa modificação. Desvinculado de qualquer manifestação acerca da relação de emprego, o constituinte derivado outorgou à Justiça do Trabalho a função de apreciar todo e qualquer litígio decorrente do exercício do direito de greve. Vê-se, portanto, que agora se apresenta norma direta e específica tratando das ações relacionadas com a greve e suas consequências jurídicas. Não se trata mais de uma simples decorrência residual do parâmetro geral de competência da Justiça do Trabalho, mas sim de norma constitucional concreta e efetiva dispondo acerca da distribuição da jurisdição no sistema judicial brasileiro.

Embora a temática se apresente de maneira clara e objetiva, não demandando maiores requintes hermenêuticos do que a mera interpretação gramatical, mais uma vez a postura reducionista do Superior Tribunal de Justiça aflora de maneira avassaladora. Esse sentimento de intransigência diante das inovações trazidas pela EC n. 45/2004 fica muito clara na resolução dos conflitos de competência envolvendo os interditos proibitórios manejados para garantir o acesso de trabalhadores e de clientes durante os movimentos grevistas. Em tais conflitos, a posição reiterada do Superior Tribunal de Justiça sempre foi no sentido de, mesmo diante da redação da CF, art. 114, II, rejeitar a competência da Justiça do Trabalho para conhecer de tais conflitos, sob o fundamento de que as normas aplicáveis para o processamento de tais conflitos seriam de Direito Civil e não de Direito do Trabalho[30].

---

ainda que não entre os respectivos sujeitos. Superada a vinculação de tal competência meramente aos dissídios entre empregado e empregador. 3- Cancelamento da Súmula 176 do TST (IUJ-RR-619.872/00, DJ-26.8.2005). Recurso de Revista conhecido e provido. (RR — 507/2006-011-01-40.0 , Relatora Ministra: Maria de Assis Calsing, Data de Julgamento: 06.08.2008, 4ª Turma, Data de Publicação: 22.08.2008)
AGRAVO DE INSTRUMENTO EM RECURSO DE REVISTA. COMPETÊNCIA DA JUSTIÇA DO TRABALHO. A Justiça do Trabalho é competente para dirimir controvérsias decorrentes de relação de trabalho referentes ao Fundo de Garantia do Tempo de Serviço — FGTS, ainda que não se reporte a dissídio entre empregado e empregador. Interpretação do art. 114 da Constituição Federal, com alteração conferida pela Emenda Constitucional n. 45/04 e cancelamento da Súmula n. 176 deste Tribunal. Agravo de instrumento a que se nega provimento. ( AIRR — 1539/2005-013-06-40.7 , Relator Ministro: Pedro Paulo Manus, Data de Julgamento: 24.09.2008, 7ª Turma, Data de Publicação: 26.09.2008)
(29) A matéria era tratada pela Lei n. 7.783/89 (Lei de greve) que, no seu art. 8º, determinava a competência da Justiça do Trabalho para a análise da *procedência* do movimento paredista.
(30) As duas ementas a seguir transcritas revelam claramente a posição trilhada pelo Superior Tribunal de Justiça acerca do tema, com especial destaque para a insistência em analisar a temática da competência sob o prisma de argumentos infraconstitucionais.

Vivencia-se, portanto, mais um episódio em que a norma constitucional teve o seu alcance reduzido ou limitado em função de critérios forjados especificamente no ambiente infraconstitucional. Ou seja, a visão da competência da Justiça do Trabalho, jungida ao núcleo da relação de emprego, permaneceu inalterada e imutável, mesmo diante da eloquente alteração do texto constitucional. Felizmente, a providencial atuação do Supremo Tribunal Federal[31], nesse particular adotando posicionamento já consolidado naquela Corte, afastou a concepção reducionista ao minimizar a natureza do direito debatido e valorizar o conteúdo da competência relacionada no texto da Carta Política. Sendo assim, firmou-se, na Suprema Corte, o entendimento con-

---

AGRAVO REGIMENTAL. EM VIRTUDE DA FALTA DE ARGUMENTOS NOVOS, MANTIDA A DECISÃO ANTERIOR. GREVE. INTERDITO PROIBITÓRIO. AGÊNCIAS BANCÁRIAS. LIVRE FUNCIONAMENTO. ACESSO DE FUNCIONÁRIOS E CLIENTES. NATUREZA POSSESSÓRIA. QUESTÃO DE DIREITO PRIVADO E NÃO DE NATUREZA TRABALHISTA. ENTENDIMENTO DESTA CORTE. INCIDÊNCIA DA SÚMULA 83.
I — Não tendo a parte apresentado argumentos novos capazes de alterar o julgamento anterior, deve-se manter a decisão recorrida. II — **O caso em análise é de ação de interdito proibitório, intentada por um banco, porque poderá ter a posse de suas agências turbada por um movimento grevista. Matéria eminentemente de cunho civil.** Incidência da Súmula 83/STJ. Agravo improvido. (AgRg no Ag 801.134/DF, Rel. Ministro SIDNEI BENETI, TERCEIRA TURMA, julgado em 25.11.2008, DJe 19.12.2008). O negrito não consta do original.
CONFLITO DE COMPETÊNCIA. GREVE. INTERDITO PROIBITÓRIO. AGÊNCIAS BANCÁRIAS. LIVRE FUNCIONAMENTO. ACESSO DE FUNCIONÁRIOS E CLIENTES. NATUREZA POSSESSÓRIA. QUESTÃO DE DIREITO PRIVADO E NÃO DE NATUREZA TRABALHISTA.
1. A natureza da demanda determina a competência em razão da matéria, vale dizer, há que se verificar o pedido e a causa de pedir para saber qual o juízo competente. **2. O caso em análise é de ação de interdito proibitório, intentada por um banco, porque poderá ter a posse de suas agências turbada por um movimento grevista. Matéria eminentemente de cunho civil. 3. Conflito de Competência conhecido para declarar competente o Juízo de Direito da 2ª Vara Cível de Petrópolis — RJ, suscitado.** (CC 92.507/RJ, Rel. Ministro FERNANDO GONÇALVES, SEGUNDA SEÇÃO, julgado em 26.03.2008, DJe 01.04.2008)
(31) CONSTITUCIONAL. COMPETÊNCIA JURISDICIONAL. JUSTIÇA DO TRABALHO X JUSTIÇA COMUM. AÇÃO DE INTERDITO PROIBITÓRIO. MOVIMENTO GREVISTA. ACESSO DE FUNCIONÁRIOS E CLIENTES À AGÊNCIA BANCÁRIA: "PIQUETE". ART. 114, INCISO II, DA CONSTITUIÇÃO DA REPÚBLICA. JURISPRUDÊNCIA DO SUPREMO TRIBUNAL FEDERAL. COMPETÊNCIA DA JUSTIÇA DO TRABALHO. 1. "A determinação da competência da Justiça do Trabalho não importa que dependa a solução da lide de questões de direito civil" (Conflito de Jurisdição n. 6.959), bastando que a questão submetida à apreciação judicial decorra da relação de emprego. 2. Ação de interdito proibitório cuja causa de pedir decorre de movimento grevista, ainda que de forma preventiva. 3. O exercício do direito de greve respeita a relação de emprego, pelo que a Emenda Constitucional n. 45/2003 incluiu, expressamente, na competência da Justiça do Trabalho conhecer e julgar as ações dele decorrentes (art. 114, inciso II, da Constituição da República). 4. Recurso extraordinário conhecido e provido para fixar a competência da Justiça do Trabalho.
(RE 579648, Relator(a): Min. MENEZES DIREITO, Relator(a) p/ Acórdão: Min. CÁRMEN LÚCIA, Tribunal Pleno, julgado em 10.09.2008, REPERCUSSÃO GERAL — MÉRITO DJe-043 DIVULG 05-03-2009 PUBLIC 06-03-2009 EMENT VOL-02351-08 PP-01534)

sistente na assimilação da competência da Justiça do Trabalho para o processamento dos interditos proibitórios relacionados com o exercício do direito de greve.

A linha jurisprudencial do Supremo Tribunal Federal, entretanto, não se apresentou fiel à interpretação do inciso II, pois ainda vincula, como elemento definidor da competência, a ocorrência da relação de emprego. Note-se, que a questão é tratada em dispositivo autônomo, absolutamente desapegado do inciso I, resultando assim uma verdadeira limitação do texto constitucional. Logo, pela análise do texto constitucional, a greve, enquanto fenômeno autônomo e presente em todos os tipos de relações de trabalho subordinado, gera efeitos, independentemente da tessitura do vínculo jurídico de seus participantes. Afigura-se, portanto, artificial e, com a devida vênia, desprovido de constitucionalidade o pronunciamento que vincula a competência da Justiça do Trabalho aos movimentos grevistas dos empregados celetistas, remetendo à Justiça Comum a prerrogativa para a aferição jurídica da greve dos servidores públicos.

### 4.4. Conflitos sindicais (CF, art. 114, III)

O novo inciso III do art. 114 da Constituição Federal corrigiu um equívoco de décadas ao atribuir à Justiça do Trabalho a competência para julgar as ações envolvendo conflitos sindicais. A nova competência envolve não apenas os conflitos intersindicais de representatividade, mas também qualquer litígio que, relacionado com as relações sindicais, envolva sindicatos, trabalhadores e empresas. Na verdade, apresentava-se paradoxal criar um ramo especializado da Justiça para tratar de questões relacionadas ao trabalho e deixar a Justiça Comum com a atribuição de apreciar as demandas de natureza sindical. Infelizmente, essa concepção paradoxal e atentatória aos pressupostos mínimos de política judiciária levou décadas para ser corrigida.

Inicialmente, não foram vivenciados debates mais intensos quanto ao tema, sendo assimilada de maneira mansa e pacífica a competência da Justiça do Trabalho para o julgamento de ações cujo objeto fosse a disputa da representação sindical, bem como qualquer outra questão relacionada ao Direito Sindical, inclusive aquelas sobre as eleições e deliberações internas. Entretanto, mais uma vez houve uma nefasta imbricação de conceitos que resultou em interpretações restritivas do texto constitucional.

Assim, vem se firmando perante alguns Tribunais, em especial perante o Superior Tribunal de Justiça o entendimento pelo qual a competência inserida no âmbito do inciso III do art. 114 da Constituição Federal não engloba os sindicatos de servidores públicos[32]. Logo, diante de uma demanda de direito sindical a fixação da competência do órgão jurisdicional deveria passar, obrigatoriamente, pela análise da natureza jurídica do vínculos mantidos pelos integrantes das entidades sindicais respectivas. Nessa linha de raciocínio, se o litígio sindical gravita em torno de sindicato representativo de servidores públicos, com base no entendimento construído pela ADI n. 3.395-DF, a ação seria processada perante a Justiça Comum.

Mais uma vez nos deparamos com a adoção de critérios fora do texto constitucional e resultantes de uma limitação inexistente na proposta do constituinte derivado. Com efeito, a natureza jurídica do liame dos sindicalizados não interfere na estrutura organizacional respectiva. A Constituição Federal estatui as bases da organização sindical brasileira para todas as categorias de forma indistinta (CF, art. 8º), inclusive admitindo a organização dos empregadores. Quando se reporta aos servidores públicos, de maneira lacônica, apenas reconhece o direito à sindicalização (CF, art. 37, VI), sem estabelecer qualquer tipo de distinção concernente à forma de sindicalização. Vê-se, por conseguinte, que nunca existiu qualquer tipo de correlação no panorama da organização sindical com o vínculo jurídico de seus integrantes. Trata-se, mais uma vez, de uma imposição clara de critérios estritamente infraconstitucionais e baseados em uma realidade anterior à interpretação de um dispositivo constitucional atual.

Acrescente-se que a adoção do critério referendado pela jurisprudência do Superior Tribunal de Justiça causará uma série de problemas de índole

---

(32) Acompanha esse entendimento a seguinte ementa do Superior Tribunal de Justiça: CONFLITO POSITIVO DE COMPETÊNCIA. JUSTIÇA ESTADUAL E JUSTIÇA DO TRABALHO. AÇÕES DE RITO ORDINÁRIO MOVIDAS POR SINDICALIZADOS REGIDOS POR REGIME ESTATUTÁRIO CONTRA SINDICATO DE SERVIDORES PÚBLICOS MUNICIPAIS. ELEIÇÃO DE REPRESENTANTES SINDICAIS. CONEXÃO. REUNIÃO DOS PROCESSOS NA JUSTIÇA ESTADUAL. INEXISTÊNCIA DE RELAÇÃO DE TRABALHO.
1. No caso dos autos, entre as duas ações em comento há inquestionável laço de conexão, determinado pela identidade de objeto, pois ambas as ações — de pedidos antagônicos — versam sobre a regularidade ou não de um mesmo processo eleitoral de entidade sindical. Impõe-se, portanto, a reunião dos processos, a fim de evitar julgamento conflitante (CPC, art. 105). 2. O STF, ao apreciar medida cautelar na ADIn n. 3.395 (Min. Cézar Peluso, DJ de 10.11.06), referendou medida liminar que, interpretando o inciso I do art. 114 da CF/88, excluiu da competência da Justiça do Trabalho as causas envolvendo entidades de Direito Público e seus respectivos servidores, submetidos a regime estatutário. 3. A mesma orientação deve ser adotada na interpretação do inciso III do art. 114 da CF, que atribui à Justiça do Trabalho competência para processar e julgar as demandas "entre sindicatos, entre sindicatos e empregadores e entre sindicatos e trabalhadores". Tal norma de competência não se aplica a demandas entre sindicato e seus sindicalizados, quando estes são regidos por normas estatutárias de direito administrativo. 4. Conflito conhecido e declarada a competência do Juízo de Direito da 3ª Vara Cível da Comarca de Campos dos Goytacazes — RJ para ambas as ações. (CC 95.868/RJ, Rel. Ministro TEORI ALBINO ZAVASCKI, PRIMEIRA SEÇÃO, julgado em 13.08.2008, DJe 01.09.2008)

prática na distribuição da competência. Imaginemos a hipótese em que há litígio sobre eleição sindical de sindicato representativo de categoria profissional diferenciada (CLT, art. 511, § 3º). Acrescente-se a essa situação hipotética, a existência de profissionais sindicalizados com vínculo com o Poder Público e com a iniciativa privada. Nesse caso, a quem competiria o julgamento da ação de impugnação eleitoral: Justiça do Trabalho ou Justiça Comum? O critério formatado pela jurisprudência vigente, por se afastar das balizas constitucionais, não nos oferece uma resposta adequada para o problema.

### 4.5. Das ações de indenização de danos materiais e morais decorrentes da relação de trabalho (CF, art. 114, VI)

Em matéria de debates acerca da competência da Justiça do Trabalho, dois grandes temas monopolizaram os meios jurídicos após a edição da EC n. 45/2004: as ações envolvendo servidores públicos e as relacionadas com acidentes de trabalho. O primeiro obteve pronunciamento expresso do Supremo Tribunal Federal por meio da ADI 3.395-DF, muito embora os desdobramentos dessa decisão ainda não tenham se consolidado. Quanto ao segundo tema, após sérias hesitações da Suprema Corte, consolidou-se, em julgamento histórico do Conflito de Competência n. 7.204, a competência (ao nosso ver natural) da Justiça do Trabalho de julgar as ações decorrentes de acidentes de trabalho[33].

---

(33) EMENTA: CONSTITUCIONAL. COMPETÊNCIA JUDICANTE EM RAZÃO DA MATÉRIA. AÇÃO DE INDENIZAÇÃO POR DANOS MORAIS E PATRIMONIAIS DECORRENTES DE ACIDENTE DO TRABALHO, PROPOSTA PELO EMPREGADO EM FACE DE SEU (EX-)EMPREGADOR. COMPETÊNCIA DA JUSTIÇA DO TRABALHO. ART. 114 DA MAGNA CARTA. REDAÇÃO ANTERIOR E POSTERIOR À EMENDA CONSTITUCIONAL N. 45/04. EVOLUÇÃO DA JURISPRUDÊNCIA DO SUPREMO TRIBUNAL FEDERAL. PROCESSOS EM CURSO NA JUSTIÇA COMUM DOS ESTADOS. IMPERATIVO DE POLÍTICA JUDICIÁRIA. Numa primeira interpretação do inciso I do art. 109 da Carta de Outubro, o Supremo Tribunal Federal entendeu que as ações de indenização por danos morais e patrimoniais decorrentes de acidente do trabalho, ainda que movidas pelo empregado contra seu (ex-)empregador, eram da competência da Justiça comum dos Estados-Membros. 2. Revisando a matéria, porém, o Plenário concluiu que a Lei Republicana de 1988 conferiu tal competência à Justiça do Trabalho. Seja porque o art. 114, já em sua redação originária, assim deixava transparecer, seja porque aquela primeira interpretação do mencionado inciso I do art. 109 estava, em boa verdade, influenciada pela jurisprudência que se firmou na Corte sob a égide das Constituições anteriores. 3. Nada obstante, como imperativo de política judiciária — haja vista o significativo número de ações que já tramitaram e ainda tramitam nas instâncias ordinárias, bem como o relevante interesse social em causa —, o Plenário decidiu, por maioria, que o marco temporal da competência da Justiça trabalhista é o advento da EC 45/04. Emenda que explicitou a competência da Justiça Laboral na matéria em apreço. 4. A nova orientação alcança os processos em trâmite pela Justiça comum estadual, desde que pendentes de julgamento de mérito. É

Infelizmente, o mencionado julgamento não foi capaz de estabelecer as diretrizes gerais de incidência do preceito contido na CF, art. 114, VI. Mesmo com o eloquente reconhecimento da extensão e da autoridade da referida norma, a jurisprudência do Superior Tribunal de Justiça tem buscado conferir uma interpretação restritiva e dissonante com os demais preceitos da reforma. A ilustração desse equivocado ponto de vista está na Súmula n. 366 do Superior Tribunal de Justiça[34]. Ignorando solenemente as disposições contidas no texto constitucional, o mencionado verbete fixou a absurda premissa de que a morte do trabalhador implicaria na alteração substancial da regra preconizada pelo texto constitucional.

Para os fins de nosso estudo é relevante a pesquisa sobre os principais fundamentos que levaram à produção da esdrúxula Súmula. Mais uma vez nos deparamos com uma completa falta de uma visão constitucional sobre o tema e a adoção de critérios e referenciais não mais existentes em nosso ordenamento jurídico. Um dos julgados lastreadores da Súmula ora analisada[35] toma como parâmetro definidor da competência a inexistência de rela-

---

dizer: as ações que tramitam perante a Justiça comum dos Estados, com sentença de mérito anterior à promulgação da EC 45/04, lá continuam até o trânsito em julgado e correspondente execução. Quanto àquelas cujo mérito ainda não foi apreciado, hão de ser remetidas à Justiça do Trabalho, no estado em que se encontram, com total aproveitamento dos atos praticados até então. A medida se impõe, em razão das características que distinguem a Justiça comum estadual e a Justiça do Trabalho, cujos sistemas recursais, órgãos e instâncias não guardam exata correlação. 5. O Supremo Tribunal Federal, guardião-mor da Constituição Republicana, pode e deve, em prol da segurança jurídica, atribuir eficácia prospectiva às suas decisões, com a delimitação precisa dos respectivos efeitos, toda vez que proceder a revisões de jurisprudência definidora de competência *ex ratione materiae*. O escopo é preservar os jurisdicionados de alterações jurisprudenciais que ocorram sem mudança formal do Magno Texto. 6. Aplicação do precedente consubstanciado no julgamento do Inquérito 687, Sessão Plenária de 25.08.99, ocasião em que foi cancelada a Súmula 394 do STF, por incompatível com a Constituição de 1988, ressalvadas as decisões proferidas na vigência do verbete. 7. Conflito de competência que se resolve, no caso, com o retorno dos autos ao Tribunal Superior do Trabalho. (CC 7204, Relator(a): Min. CARLOS BRITTO, Tribunal Pleno, julgado em 29.06.2005, DJ 09-12-2005 PP-00005 EMENT VOL-02217-2 PP-00303 RDECTRAB v. 12, n. 139, 2006, p. 165-188 RB v. 17, n. 502, 2005, p. 19-21 RDDP n. 36, 2006, p. 143-153 RNDJ v. 6, n. 75, 2006, p. 47-58)

(34) Súmula 366. *Compete à Justiça estadual processar e julgar ação indenizatória proposta por viúva e filhos de empregado falecido em acidente de trabalho.*

(35) A ementa abaixo transcrita é um dos julgados lastreadores da edição da Súmula 366 do Superior Tribunal de Justiça. Destaque-se, no caso em análise, a insistência em determinar a competência em função da pessoa do empregado e não na previsão constitucional expressa e autônoma para conhecimento da lesão de direito específica.

PROCESSUAL CIVIL. CONFLITO NEGATIVO DE COMPETÊNCIA. JUSTIÇA ESTADUAL E JUSTIÇA DO TRABALHO. ACIDENTE DE TRABALHO. MORTE DO EMPREGADO. AÇÃO DE INDENIZAÇÃO PROPOSTA PELA ESPOSA E PELOS FILHOS DO FALECIDO. DANOS MORAIS E PATRIMONIAIS. AUSÊNCIA DE RELAÇÃO DE TRABALHO (ART. 114, VI, DA CF). RELAÇÃO JURÍDICO-LITIGIOSA DE NATUREZA CIVIL. COMPETÊNCIA DA JUSTIÇA COMUM.

ção de emprego do cônjuge sobrevivente e dos demais sucessores. Vincula-se, portanto, a competência para o julgamento da ação acidentária ao núcleo determinante da relação de emprego, quando o texto constitucional apenas vincula a competência ao dano ocorrido em face da relação empregatícia. A prevalecer essa visão restritiva do texto, desapareceria a competência da Justiça do Trabalho para o processamento da ação dos sucessores do empregado na busca das obrigações decorrentes do contrato de trabalho do *de cujus*, hipótese jamais aventada por nosso ordenamento jurídico[36].

Deparamo-nos, novamente, com uma conduta de limitação e restrição ao conteúdo da norma constitucional, mediante a inserção de pressuposto existente, tão somente, no âmbito infraconstitucional. Ressalte-se, por outro lado, que esse entendimento jurisprudencial não vem sendo acolhido pelo Tribunal Superior do Trabalho que, mediante reiterados julgados, tem rechaçado a tese limitadora contida na Súmula n. 366 do Superior Tribunal de Justiça[37]. O mais grave da questão revela-se da análise da própria jurispru-

---

1. *In casu*, a autora, na condição de esposa do empregado vitimado, busca e atua em nome próprio, perseguindo direito próprio, não decorrente da antiga relação de emprego e sim do acidente do trabalho. 2. Competência determinada pela natureza jurídica da lide, relacionada com o tema da responsabilidade civil. 3. Conflito conhecido para declarar competente o Tribunal de Justiça do Estado de São Paulo, o suscitado. (CC 84766/SP, Rel. MIN. CARLOS FERNANDO MATHIAS (JUIZ CONVOCADO DO TRF 1ª REGIÃO), PRIMEIRA SEÇÃO, julgado em 14.05.2008, DJe 23.06.2008)

(36) Frise-se, nesse particular, a existência de norma infraconstitucional estabelecendo a simplificação no tratamento da vocação hereditária dos sucessores do trabalhador falecido para fins de recebimento de haveres trabalhistas (Lei n. 6.858, de 24 de novembro de 1980). Não consta na jurisprudência, tampouco na doutrina, qualquer tipo de manifestação de inconformismo quanto a essa temática, mesmo diante da antiga redação do art. 114 da Constituição anterior à EC n. 45/2004.

(37) São abundantes os julgados do Tribunal Superior do Trabalho acerca da matéria, devendo ser citado, apenas como exemplo, o seguinte aresto:
RECURSO DE REVISTA — PRELIMINAR DE COMPETÊNCIA DA JUSTIÇA DO TRABALHO — ACIDENTE DE TRABALHO COM ÓBITO — INDENIZAÇÃO POR DANO MORAL — AÇÃO MOVIDA POR SUCESSORES. O art. 114 da Constituição da República, em seu inciso IV, dispõe que compete a esta Justiça Especializada processar e julgar as ações de indenização por dano moral ou patrimonial decorrentes da relação de trabalho. Portanto, é incontroversa a competência da Justiça do Trabalho para julgar ação de indenização por dano moral e material provenientes de infortúnio do trabalho pelo empregado (*ex vi* Súmula 392 do TST). Ademais, esta Corte tem pacificado entendimento no sentido de que a competência material assim consolidada não sofre alteração na hipótese de, falecendo o empregado, o direito de ação for exercido pelos seus sucessores. Por conseguinte, a transferência dos direitos sucessórios deve-se à norma do art. 1784 do Código Civil de 2002, a partir da qual os sucessores passam a deter legitimidade para a propositura da ação, em razão da transmissibilidade do direito à indenização, por não se tratar de direito personalíssimo do *de cujus*, dada a sua natureza patrimonial, mantida inalterada a competência material do Judiciário do Trabalho, em virtude de ela remontar ao acidente de que fora vítima o ex-empregado. Não conhecido. PRELIMINAR DE ILEGITIMIDADE DE PARTE — SEGUNDA RECLAMADA — APLICA-

dência do Supremo Tribunal Federal que, em nenhum momento, chegou a adotar a tese limitadora sustentada pela Súmula em comento[38].

Pelo panorama apresentado anteriormente, poderíamos continuar a analisar dezenas de outras situações que demonstram os desencontros dos Tribunais Superiores na formação de uma jurisprudência unívoca e clara acerca da ampliação da competência da Justiça do Trabalho. A continuidade da análise, entretanto, seria contraproducente na medida em que a amostragem acima apresentada já é suficiente para delimitar o problema e identificar as principais causas das oscilações ideológicas. Ademais, conforme já alertávamos no início da exposição, as situações trazidas pela ampliação da competência da Justiça do Trabalho conduzem a um número quase infinito de variáveis, cujo estudo suplanta, e muito, o objeto da presente pesquisa.

## 5. SISTEMATIZAÇÃO CONCLUSIVA DOS ASPECTOS DISSONANTES NA JURISPRUDÊNCIA DO TRIBUNAIS SUPERIORES EM MATÉRIA DE AMPLIAÇÃO DA COMPETÊNCIA DA JUSTIÇA DO TRABALHO

O objeto da análise da ampliação da competência da Justiça do Trabalho, promovida pela EC n. 45/2004, conforme alertávamos no item anterior, não

---

ÇÃO DA SÚMULA 126 DO TST — Matéria eminentemente fática e probatória, o que atrai a aplicação da Súmula 126 do TST. Não conhecido. HONORÁRIOS ADVOCATÍCIOS — Na Justiça do Trabalho, a condenação ao pagamento de honorários advocatícios resulta dos estritos termos da Lei n. 5.584/70, conforme entendimento cristalizado na Súmula 219 do TST: — Na Justiça do Trabalho, a condenação em honorários advocatícios, nunca superiores a 15%, não decorre pura e simplesmente da sucumbência, devendo a parte estar assistida por sindicato da categoria profissional e comprovar a percepção de salário inferior ao dobro do mínimo legal, ou encontrar-se em situação econômica que não lhe permita demandar sem prejuízo do próprio sustento ou da respectiva família —. Conhecido e provido. ( RR — 529/2006-118-15-00.1 , Relator Ministro: Carlos Alberto Reis de Paula, Data de Julgamento: 17.12.2008, 3ª Turma, Data de Publicação: 27.02.2009)
(38) Nesse sentido, merece destaque o seguinte julgado do Supremo Tribunal Federal. AGRAVO REGIMENTAL EM RECURSO EXTRAORDINÁRIO. CONSTITUCIONAL. COMPETÊNCIA EM RAZÃO DA MATÉRIA. INDENIZAÇÃO POR DANOS MORAIS E PATRIMONIAIS, DECORRENTES DE ACIDENTE DO TRABALHO. AÇÃO AJUIZADA OU ASSUMIDA PELOS DEPENDENTES DO TRABALHADOR FALECIDO. COMPETÊNCIA DA JUSTIÇA ESPECIAL. Compete à Justiça do Trabalho apreciar e julgar pedido de indenização por danos morais e patrimoniais, decorrentes de acidente do trabalho, nos termos da redação originária do art. 114 c/c inciso I do art. 109 da Lei Maior. Precedente: CC 7.204. Competência que remanesce ainda quando a ação é ajuizada ou assumida pelos dependentes do trabalhador falecido, pois a causa do pedido de indenização continua sendo o acidente sofrido pelo trabalhador. Agravo regimental desprovido. (RE 503043 AgR, Relator(a): Min. CARLOS BRITTO. Primeira Turma, julgado em 26.04.2007, DJe-028 DIVULG 31.05.2007 PUBLIC 01.06.2007 DJ 01.06.2007 PP-00057 EMENT VOL-02278-06 PP-01170 RDECTRAB v. 14, n. 156, 2007, p. 81-84)

tem tomado uma postura unívoca perante a sociedade. A existência de oscilações e de decisões contraditórias compromete, de forma contundente, o processo de concretização das normas inseridas no âmbito do vigente art. 114 da Carta Política.

Tal hesitação gera um universo de incertezas e um embate desnecessário entre os diversos órgãos jurisdicionais de primeiro e de segundo graus e, consequentemente, um número excessivo de conflitos de competência. A falta de uma dimensão verdadeiramente constitucional quanto ao tema da competência gera um ambiente extremamente favorável a confrontações absolutamente desnecessárias, principalmente diante das evidências do texto constitucional acerca de uma efetiva e concreta ampliação quantitativa e qualitativa do arcabouço competencial da Justiça do Trabalho.

Com a finalidade de sistematizar as conclusões do presente debate, bem como para possibilitar uma visão mais objetiva do problema, podemos elencar as seguintes conclusões derivadas dos debates conduzidos nesta pesquisa.

### 5.1. Recusa do reconhecimento do surgimento de novos critérios constitucionais para a fixação da competência da Justiça do Trabalho

Conforme exposto, até com certa insistência, no presente trabalho verifica-se uma postura dos Tribunais Superiores, em especial do Superior Tribunal de Justiça, de reconhecer que a ampliação da competência promovida pela EC n. 45/2004 não foi apenas quantitativa, mas sim qualitativa. Os critérios básicos para a fixação da competência da Justiça do Trabalho, existentes desde a Constituição de 1946, foram modificados substancialmente com a reforma do Poder Judiciário.

Os critérios de fixação da competência por intermédio do núcleo ideológico da relação de emprego foram literalmente banidos do texto constitucional, com uma nítida e expressa capilarização da competência em função do fenômeno trabalho, no seu sentido mais amplo. Tal premissa tem sido solenemente ignorada pelo Tribunais resultando em soluções artificiais e contraditórias acerca de temas essenciais para a gestão dos conflitos sociais baseados no trabalho.

### 5.2. Recusa no reconhecimento da ampliação da competência da Justiça do Trabalho, promovida pela EC n. 45/2004, como alteração fundamental das características do Poder Judiciário brasileiro

Afirmamos, ao longo de toda a exposição, que a EC n. 45/2004 representou modificações fundamentais na estrutura do Poder Judiciário. Mesmo tida por alguns como tímida, é fato inconteste que a mencionada reforma trouxe novas categorias e características para a estrutura do Poder Judiciário brasileiro. Vimos que, entre essas modificações estruturais do Poder Judiciário, a única que não teve reconhecimento explícito e inequívoco dos Tribunais foi a ampliação da competência da Justiça do Trabalho.

A recusa na percepção de fundamentalidade dessa ampliação resulta no tensionamento do embate ideológico da atuação da Justiça do Trabalho, com fortes reflexos na criação de um ambiente desfavorável para a solução dos conflitos derivados do trabalho. Ao abandonar a visão de profundidade das modificações constitucionais sobre o tema, a formação da jurisprudência perde o seu norte principal e acaba por produzir verdadeiros impasses na delimitação do alcance da norma de competência.

### 5.3. Utilização de critérios alheios ao ambiente constitucional para a formação da jurisprudência acerca da ampliação

Ao serem abandonados os atributos da fundamentalidade da ampliação da competência da Justiça do Trabalho, os critérios de interpretação do art. 114 da Constituição passam a utilizar elementos estranhos ao próprio texto constitucional. Opta-se por interpretar a Constituição sob a ótica de elementos construídos no ambiente infraconstitucional. Nesse caso, a postura hermenêutica não é apenas de enfraquecimento do sistema de determinação da competência da Justiça do Trabalho, mas sim de relativização de todo o sistema constitucional.

O desprezo pelos critérios elaborados no ambiente da Carta Política tem, portanto, um efeito mais abrangente e pernicioso do que se pode imaginar, pois compromete a própria tessitura do sistema constitucional. Negar a interpretação do art. 114 sob a ótica dos elementos estritamente constitucionais, desfalca o sistema judiciário brasileiro de uma regra de distribuição de competência eleita de forma clara e inequívoca pelo legislador constituinte derivado.

### 5.4. Falta de adoção de critérios hermenêuticos sistêmicos na visualização dos efeitos da ampliação da competência

A partir da renegação da fundamentalidade da ampliação da competência da Justiça do Trabalho e da existência de novos critérios para a sua distribuição, as técnicas hermenêuticas utilizadas pelos Tribunais abandonam o aspecto sistêmico da organização das matérias. O enfrentamento isolado e estanque dos incisos do art. 114 inibe a criação de uma visão ampla do competência e conduz, inexoravelmente, a uma jurisprudência restritiva e reducionista do fenômeno.

Ao se abandonar a visão sistêmica do art. 114 possibilita-se o surgimento de decisões discrepantes e contraditórias, além de se eliminar a possibilidade do estabelecimento de um norte jurisprudencial determinante sobre o tema. Essa conclusão pode muito bem ser ilustrada pelas divergências fundamentais existentes, especialmente, no que concerne ao Superior Tribunal de Justiça.

### 5.5. Delimitação de institutos jurídicos estranhos e ofensivos ao sistema constitucional estabelecido

A recusa na observação sistêmica da ampliação da competência da Justiça do Trabalho e de sua fundamentalidade possibilita uma percepção restritiva dos institutos jurídicos inseridos no texto constitucional. Essa delimitação reducionista dos institutos jurídicos ligados ao trabalho, como por exemplo o sistema de organização sindical, afasta a norma constitucional de sua real e concreta finalidade. Possibilita, pois, que sejam construídas conclusões jurisprudenciais alheias à realidade ontológica de cada instituto e aniquila a pretensão de formar um conjunto de decisões coerentes entre si.

A falta de encadeamento lógico na percepção dos institutos resulta, portanto, no esvaziamento das proposições e na superficialidade das conclusões. Conduz-se, mais uma vez, à imprecisão e ao paradoxo das conclusões jurisprudenciais.

Essas conclusões, entretanto, não têm a pretensão de apresentar uma estrutura pronta e acabada para a construção jurisprudencial da ampliação da competência da Justiça do Trabalho. Busca-se, tão somente, criar um ambiente propício para o debate do tema que, infelizmente, acabou sendo influenciado por percepções ultrapassadas e desprovidas de lógica.

## RELAÇÕES DE TRABALHO:
### Competência e Direito Material

**Painelistas:** Mauricio Godinho Delgado
Antonio Fabrício de Matos Gonçalves
Edilton Meireles de Oliveira Santos

- Direitos Fundamentais nas Relações de Trabalho e modelo de regulação das relações não empregatícias
- Competência da Justiça do Trabalho para os litígios oriundos e decorrentes das relações de trabalho. Trabalho autônomo. Relações de Consumo. Honorários profissionais

# DEGRAVAÇÃO DA PARTICIPAÇÃO DO PAINELISTA

*O Sr. Mauricio Godinho Delgado*[*]

Bom dia a todos. Meus cumprimentos especiais aos caríssimos participantes desta mesa e meus agradecimentos aos organizadores do evento, que são as nossas associações representativas, a ANAMATRA, AMATRA 3, ANPT, Associação dos Advogados Trabalhistas, OAB, e todas as demais entidades participantes, Escolas Judiciais, Escola Nacional da Magistratura, TRT de Minas Gerais. De maneira que quero agradecer, sendo muita honra estar aqui, tendo um sabor muito especial porque, obviamente, esta é a minha terra. Para todo mineiro este é o centro do universo; comigo não é diferente.

Eu jamais deixarei de atender um convite dos meus colegas de Minas Gerais, especialmente de Belo Horizonte, que é a minha cidade adotiva de coração. Quero dizer também da minha alegria de poder participar com os colegas juízes, procuradores, advogados e demais profissionais da área jurídica, há vários professores, mestrandos, pessoas que também tenho grande ligação, pessoal e afetiva. Quero dizer aqui que é um prazer muito grande participar.

Como integrante do evento, quero aprender muito também, embora minha participação seja curta. Nesse sentido, Sr. Presidente, quero ajudar para que haja espaço para as perguntas: eu não vou passar de vinte minutos. Eu coloquei o relógio aqui na frente, porque acho que é muito importante essa participação dos colegas. Então, vou me ater a vinte minutos, dando uma contribuição para que sobre tempo para as perguntas, ainda que corra um grande risco com isso.

O tema trazido, "A Nova Competência da Justiça do Trabalho — Emenda n. 45/2004", é tema que nos remete a uma reflexão sobre o papel do Judiciário

---

[*] Ministro do Tribunal Superior do Trabalho. Mestre em Ciência Política. Doutor em Direito pela Universidade Federal de Minas Gerais.

na democracia. Esse papel foi enfatizado a partir da Constituição de 1988: o sistema judiciário, o Ministério Público, particularmente o Ministério Público do Trabalho, a Advocacia, todos jamais tiveram papel tão importante no sistema institucional brasileiro, principalmente na democracia brasileira. A responsabilidade do sistema judicial, o qual engloba essas três grandes instituições, é muito grande, e essa responsabilidade naturalmente vem sendo cumprida, embora possa ser muito ainda aperfeiçoada. Parece-me que boa parte dos problemas que as nossas instituições têm, hoje, não passam mais — ao contrário do que muito se diz — pela iniciativa do Parlamento, mas boa parte dos problemas passa, sim, pela interpretação conferida pela ordem jurídica pelo Judiciário. Se o Judiciário não se harmonizar a interpretações que assegurem efetividade à ordem constitucional, os problemas não serão solucionados, os avanços serão frustrados.

Temos uma Constituição que tem um projeto de Estado de Bem-estar Social muito bem definido; embora haja problemas tópicos aqui e ali, trata-se de um projeto claro de construção de um Estado de Bem-estar Social no país. Em função desse projeto é que o Judiciário se tornou tão importante, o Ministério Público se tornou tão importante e a Advocacia também. Isso muitas vezes não tem se refletido nas interpretações jurisprudenciais. Se a jurisprudência não perceber essa linha de direcionamento e atuação da Constituição, evidentemente que não há reforma legislativa que possa aperfeiçoar o país. A jurisprudência não pode ser um dos obstáculos à concretização da bela matriz constitucional hoje vigorante.

Nesse processo de interpretação parece-me fundamental que a jurisprudência passe a dar valor efetivo aos princípios. Os princípios são realmente normativos, tal concepção é conquista de mais de sessenta anos na história jurídica e na cultura jurídica ocidental. É preciso que se passe, de fato, a reconhecer aos princípios efetiva força normativa. Não é tolerável mais que vejamos certo modestíssimo artigo de lei, certo modestíssimo parágrafo ou inciso de texto de lei inviabilizando, esterilizando, frustrando comandos firmes, lógicos, transparentes, diretos de toda uma gama impressionante de princípios jurídicos constitucionais, tal como diuturnamente ainda temos assistido em certas decisões jurisprudenciais. Notem que graves problemas enfrentados pela República desde 1989 não são solucionados exatamente porque o Judiciário insiste em dar validade a certos insensatos e corporativistas preceitos infraconstitucionais que vicejam em situação de manifesta agressão a diversos princípios-regras da Constituição.

O Judiciário é fundamental na democracia; grande parte das grandes decisões no mundo ocidental que foram fundamentais no desenvolvimento dos povos civilizados foram decisões do Judiciário. Na democracia, o poder político parlamentar tem um relevância exponencial, porém, de maneira geral, o Direito é muito mais amplo do que a simples construção parlamentar.

Além disso, no regime de império da Constituição, esta, evidentemente, há de prevalecer sobre o labor mais cotidiano de construção e divulgação normativas infraconstitucionais. As leis, é claro, como se sabe, devem ser lidas em conformidade com a Carta Magna — e não o inverso. Temos uma Constituição extremamente rica em princípios, além de regras e institutos jurídicos, todos com caráter normativo. Ela tem um sistema de organização das instituições muito claro, lógico, progressista. Porém o que instiga e viabiliza o bom funcionamento de tais instituições são, em boa medida, adequadas e lógicas decisões judiciais, na linha do espírito da Constituição — sob pena de as instituições não aperfeiçoarem seu funcionamento, ou o fazerem somente após décadas de retardo e sofrimento.

Dessa maneira, vejo que o tema da "competência judicial" passa por essa visão do papel do Judiciário. Não se trata aqui de defender algo que se tem colocado, às vezes, com ar de crítica e certo menosprezo, que seria o ativismo judicial. Não se trata disso. A expressão ativismo judicial muitas vezes é utilizada para se criticar um juiz que, na verdade, determina o cumprimento da Constituição. É curioso isso. Quando o juiz dá uma decisão absolutamente contrária à Constituição vigorante, por sobrevalorizar a força de modestíssimo preceito contido em artigo, inciso ou alínea de lei ordinária, sua conduta não é chamada de "ativismo judicial". Há, aqui, no fundo, inegável jogo de palavras, dissimulando seu conteúdo real. O decisivo em um Estado Democrático de Direito, como o nosso, é cumprir a Constituição, além das demais normas jurídicas infraconstitucionais, estas sempre em conformidade com a Carta Magna.

Este é o quadro geral em que situo a Constituição da República, desde seu texto original de 1988 até a matriz normativa relativamente ajustada pelas diversas emendas constitucionais que recebeu nestes 20 anos, inclusive as emendas mais próximas de nossa Justiça do Trabalho. Os critérios compreensivos acima expostos também atuam, é claro, com respeito às Emendas n. 24/1999 e 45/2004, as duas emendas que mais de perto atingiram a estrutura e a dinâmica da Justiça do Trabalho.

A Constituição da República determinou a construção de um Estado de Bem-estar Social e, embora este ainda esteja longe de se realizar, temos de reconhecer que algumas das instituições fundamentais para tal projeto foram bem consumadas, como é o caso da Justiça do Trabalho e do Ministério Público do Trabalho. Hoje temos praticamente a presença da jurisdição, a presença da estrutura da Justiça do Trabalho em todas as regiões do país, em todos os Estados federativos seguramente e, praticamente, em todos os municípios. Eu me arrisco a dizer que não há mais no Brasil exemplo — se houver é meramente residual, isso num país de mais de oito milhões de quilômetros quadrados de extensão territorial — exemplo de Juiz de Direito exercendo jurisdição trabalhista. Ou seja, hoje o exercício da jurisdição trabalhista é feito, portanto, por uma instituição especializadíssima, que somos nós, a Justiça do Trabalho com a Advocacia Trabalhista e o Ministério Público do Trabalho no contexto desse sistema. Ora, não há dúvida de que o "princípio do juiz natural" diz respeito também a um magistrado com formação especializada bastante para bem compreender a relevância e a especificidade das lides colocadas a seu exame; no Direito do Trabalho isso passa presença do Juiz do Trabalho exercendo a jurisdição que lhe é própria.

Parece-me que qualquer interpretação normativa que coloque no âmbito da Justiça Comum Estadual ou da Justiça Federal, se fosse o caso, uma matéria nitidamente trabalhista no sentido clássico, embora havendo Juizado Trabalhista no mesmo âmbito territorial, será interpretação que não só afronta a Constituição em sua lógica, em seu texto expresso do art. 114, I, que fala da competência explícita para relações de trabalho (conceito mais largo que necessariamente abarca a relação de emprego), como será interpretação que desrespeita o princípio constitucional basilar do "juiz natural". Não há sentido de que toda a organização judicial construída pela Constituição, baseada na especialização de conhecimento e de vivência, seja desprezada mediante esforço interpretativo notoriamente artificial. É evidente que a magistratura da Justiça Federal e a da Justiça Estadual são altamente preparadas, especializadas em suas constitucionais áreas de competência; mas também é notório que, desde 05.10.1988 toda e qualquer relação de emprego foi colocada estritamente sob o âmbito da competência judicial trabalhista. Não há qualquer justificativa consistente para se realizar, por artifícios interpretativos, a quebra de semelhante sistema especializado instituído pela Carta de 1988. Por que estamos tratando desse tópico aparentemente superado há décadas? É aspecto que está assentado desde 1946 e só foi eliminado no curto período da ditadura militar pelo texto constitucional espúrio de 1967, no caso das empresas federais, sociedades de economia mista ou empresas públicas.

Desde 1988 retornou-se à lógica constitucional prevalecente, ou seja, tratando-se de relação de emprego, a Justiça do Trabalho é a competente para conhecer, conciliar e julgar o litígio. Quer isso dizer que a a circunstância de o trabalhador falecer não muda a natureza da relação jurídica de direito material, a respeito da qual surgiu o litígio e que foi regulada, na essência, pelo Direito do Trabalho. A morte não altera a história do passado, não modifica a relação jurídica ocorrida entre trabalhador e empregador. A morte do trabalhador não desloca, evidentemente, a competência para conhecer, conciliar e julgar a lide trabalhista para a Justiça Comum Estadual. A morte do sujeito obreiro provoca a extinção de seu contrato de emprego, provoca o surgimento de uma relação de sucessão de pessoas na vida civil, enseja debate sobre a legitimidade vinculada aos antigos interesses do empregado falecido, além de outros aspectos conexos. Mas, obviamente, não transfere a competência para examinar a relação de emprego para outro ramo do Judiciário, mantendo-se, é evidente, a competência judicial trabalhista firmada pela Constituição.

Essa interpretação jurisprudencial recém-destacada, propondo a retirada da competência da Justiça do Trabalho para examinar relações de emprego típicas, parece-me realmente inaceitável, verdadeira regressão ao período pré-1946, um retorno à pior experiência do regime autoritário de 1964/85 e sua feição constitucional discriminatória de 1967/69. Cabe retomar-se a ponderação reflexiva, institucional e constitucional neste aspecto, pacificando-se, com tranquilidade, a manutenção da competência judicial trabalhista para toda e qualquer relação de emprego, ainda que se trate de lide proposta pela viúva ou herdeiros do empregado falecido.

No tocante à expressão "relação de trabalho", contida no inciso I do novo art. 114, é indubitável que houve ampliação da competência judicial trabalhista pela EC n. 45/2004. É muito clara a intenção constitucional de estender a competência da Justiça do Trabalho no inciso I para algo mais amplo do que a relação de emprego. Nessa medida, em princípio, regra geral, todas as relações de trabalho se enquadram na competência da Justiça do Trabalho: relações de trabalho autônomo, relações de trabalho eventual, relações de trabalho ainda que reguladas por diploma jurídico específico estranho ao Direito do Trabalho e próprio do Direito Civil. Embora existam debates na jurisprudência, especialmente a respeito da ocorrência ou não de exceções a essa ampliação, a regra geral da Carta Magna tem sido firmemente aceita: de modo geral, relações de trabalho não empregatícias encontram-se sob o âmbito da competência de nossa Justiça Especializada desde dezembro de 2004.

A grande questão está na presença ou não de exceções; existiriam exceções ou não a essa ampliação inegável da competência da Justiça do Trabalho?

Vejo basicamente duas exceções, não mais do que apenas duas. É claro que a vida real pode nos ensinar que haveria uma terceira exceção, mas, neste instante, passados quase cinco anos da Emenda n. 45, somente vejo basicamente duas exceções. No Brasil é muito perigoso se falar em exceções, porque temos uma tradição de transformar a exceção em algo mais importante do que a regra geral, ela se torna, comumente, mais ampla do que a regra geral. Mas neste tema constitucional percebo apenas duas exceções: a primeira já foi reconhecida pelo Supremo Tribunal Federal, é aquela referente às relações estatutárias dos servidores públicos com as pessoas jurídicas de direito público respectivas, servidores públicos sob efetivo regime jurídico administrativo. O Supremo já definiu essa questão, como se sabe. A verdade é que se trata de escolha: as duas interpretações seriam razoáveis, quer pela competência da Justiça do Trabalho, quer pela manutenção da competência da Justiça Estadual e, no caso dos servidores públicos federais, Justiça Federal. Porém compreendo a diferenciação de competências feita pela tradição constitucional brasileira, separando realmente as relações de caráter público das demais relações de caráter contratual privado, ainda que regidas por uma entidade pública, eventualmente, se ela optar pelo Regime

Celetista. Por que essa diferenciação estaria mantida? Porque a natureza da atuação do Estado, conforme sabemos, é muito diferente da atuação privada; e esta distinção é ainda mais pronunciada em um Estado de Bem-Estar Social, como aquele que a Constituição quer instaurar e tornar efetivo. Caso o Estado faça uma escolha — que me parece manifestamente equivocada —, e opte por um regime privatístico, como é o regime da CLT, não resta dúvida nenhuma de que a competência é trabalhista. Entretanto se o Estado faz opção pelo regime público, que lhe é próprio, sendo regime jurídico fortemente singular, estabelecendo relações estritamente estatutárias, a respectiva relação jurídica passa ao largo das relações contratuais, tendo caráter público, com regras e princípios sumamente diversos. Trata-se, assim, de lógica estruturalmente diversa, daí a tradição de se manter essas lides no quadro da competência dos ramos judiciais inerentes à área administrativa, seja a Justiça Estadual, seja a Justiça Federal. Temos de reconhecer que o Direito do Trabalho e sua lógica e princípios específicos são claramente inadequados para a área pública, por inúmeras razões, sendo, desse modo, compreensível que a Constituição tenha tido a intenção de não unificar tais esferas judiciais. Vejo, assim, certa densidade no tratamento constitucional tradicional dessa questão. Portanto, não critico a decisão do Supremo, vejo que ela faz parte de uma tradição que não foi rompida com a Emenda Constitucional n. 45.

O que me parece inaceitável nesse contexto é o alargamento desmesurado desta primeira exceção, de modo a que passe a abranger também as relações irregulares estabelecidas pelas entidades estatais. Aqui, sim, a competência é trabalhista, já que o regime trabalhista é o gênero de contratação do labor de pessoas físicas no país: se o próprio Estado não cumpre a ordem jurídica e não realiza o vínculo nos moldes estatutários específicos, passa a se equiparar ao contratante particular, submetendo-se às regras trabalhista correntes. Tal alargamento parece-me uma regressão a algo semelhante ao "regime especial" da Constituição autocrática de 1967 e sua lamentável emenda de 1969. Ou seja, se o Estado, que tem o privilégio de estabelecer e gerir um regime jurídico próprio, regime atado às suas peculiaridades, abre mão disso e comete notória irregularidade, o vínculo jurídico nasce e se desenvolve, imperativamente, sob o manto da regra geral de contratações de trabalho na República, que é a regra geral trabalhista — respeitadas, é clara, as consequências da não observância do requisito constitucional do concurso público. Vejo, portanto, com muita ressalva essa nova tendência interpretativa de se estender a exceção relativa ao correto regime administrativo para situações relacionadas a contratações irregulares pelo Poder Público.

A segunda exceção que vejo — e termino aqui — são as relações de consumo. As relações de consumo parecem-me que constitucionalmente estão afastadas da Justiça do Trabalho. É claro que não há um texto expresso nessa direção, mas a Constituição trabalha com sistemas e no sistema judicial é muito clara a ênfase na matéria do consumidor e sua delegação à competência da Justiça Comum Estadual, inclusive nos juizados cíveis especializados em todo o país. Aliás, a Constituição é que criou o Direito Consumerista no Brasil, determinando, imediatamente, às Justiças Estaduais que instituíssem um sistema específico para as relações de consumo, juizados específicos para isso. Ora, a Constituição é um conjunto normativo harmônico, um todo coerente e lógico; evidentemente que temos de ler e compreender a conjugação desse conjunto. Então, se a relação jurídica central enfocada for do tipo consumerista, ainda que no seu interior haja prestação de labor por pessoa física, não há como se deslocar a competência, nesses casos, para a Justiça do Trabalho, cindindo-se o exame judicial entre a Justiça Comum Estadual e a Justiça Federal Especializada. Isso não seria, evidentemente, lógico, coerente, harmônico — essa linha interpretativa iria ferir, de toda maneira, a intenção constitucional de estruturar juizados cíveis especializados em relações de consumo. Vejam que neste caso dos vínculos consumeristas, incide o critério jurídico científico da principalidade *versus* acessoriedade para se conseguir realizar o correto enquadramento jurídico da relação. Trabalho é realidade presente em diversas instâncias da vida humana e social: o trabalho está em praticamente tudo, afinal. Claro que está presente no cotidiano das relações matrimoniais ou relações estáveis conjugais, por exemplo, e nem por isso fraciona-se a relação jurídica, para fins de deslocar a competência para exame da Justiça do Trabalho. Se a Constituição determina competir à Justiça Comum Estadual o exame das relações de consumo, quer ela dizer que, mesmo havendo em seu interior, na sua consumação prática, na sua maneira de se concretizar, certa relação de trabalho, o conjunto fático e jurídico será examinado pelo mesmo Juízo, que é, constitucionalmente, a Justiça Comum Estadual. O pensamento constitucional é manter a lógica do funcionamento do sistema. Além do aspecto institucional, operativo e instrumental já mencionado, há que se enfatizar que as tutelas dos dois ramos jurídicos comparados são radicalmente diferentes, direcionadas a sujeitos em posição radicalmente diferente: no Direito Consumerista a tutela pode incidir contra o prestador e em benefício do tomador, com enfoque antitético ao assumido pelo Direito do Trabalho. Ora, considerado também este aspecto, não seria prudente, racional, proporcional, eficiente, fazer a junção de competências. A Constituição é sábia, pois, como se percebe.

Isso significa, segundo nosso pensamento, a existência de duas únicas estritas exceções, dentro de um quadro amplo de alargamento da competência judicial para "relações de trabalho", independentemente do direito material regente da respectiva relação fático-jurídica. Seja a relação de trabalho regida pelo Direito Empresarial, antigo Direito Comercial, seja pelo Direito Civil, suas lides passaram para a competência da Justiça do Trabalho, ressalvadas essas duas estritas exceções. Assim, tentando cumprir meu prazo, com pequena perda de dois a três minutos, aqui encerro minha fala. Agradeço a todos.

# DEGRAVAÇÃO DA PARTICIPAÇÃO DO PAINELISTA

*O Sr. Antonio Fabrício de Matos Gonçalves*[*]

Minhas saudações igualitárias nas palavras do Professor Paulo Bonavides a meus colegas circunstantes de mesa e a todos e todas presentes. É uma satisfação muito grande estar neste Congresso da ANAMATRA, justamente pelo significado que tem hoje a atuação dos juízes do trabalho no Brasil.

A ANAMATRA vem atuando de forma política no melhor sentido do termo, lutando contra leis de terceirizações, lutando em favor da Emenda Constitucional n. 45, sendo propositiva, participando do Congresso Nacional, e por isso muito me alegra e me enriquece estar neste Congresso, fazendo parte dessa mesa, dessa abertura do segundo dia, porque sou um grande admirador desse trabalho. Eu queria dizer mais uma coisa: é a segunda vez no Brasil que se faz um congresso em que advogados, juízes e procuradores estão participando de forma interativa, igualitária, na divisão dos temas, na escolha dos palestrantes. A primeira vez foi num seminário da ANAMATRA, em São Paulo, no ano passado, um seminário em relação aos acidentes de trabalho. E hoje, pela segunda vez, aqui, a Associação de Advogados Trabalhistas, Associação dos Procuradores do Trabalho juntamente com a ANAMATRA, que capitaneia esse evento. Então, em nome do Dr. Cláudio Montesso, da Dra. Fátima Stern, queria parabenizar esse trabalho e em nome dos advogados trabalhistas dizer do grande avanço que têm sido esses seminários. No Brasil, não temos um instituto como o IBDFAM que congrega juízes, procuradores, promotores, como eles fazem no Direito de Família, mas hoje temos esses eventos em que igualitariamente participam procuradores, juízes e advogados. Parabéns por fazerem essa abertura e essa junção. Muito obrigado.

O tema é muito extenso, porque vai tratar do trabalho como direito fundamental e vai tratar da competência do Direito do Trabalho, das tutelas e, principalmente, da Emenda n. 45. Quem esteve aqui ontem talvez pudesse chamar esse seminário de "A Redução da Competência da Justiça do

---

[*] Diretor da Associação Brasileira de Advogados Trabalhistas — Professor da PUC-Minas — Mestre em Direito do Trabalho.

Trabalho", porque é disso que estamos tratando, em certa medida. Com cinco anos de existência da emenda, faz-se um seminário para essa avaliação, para saber quais foram os pontos que trouxeram efetividade para aplicação na Justiça do Trabalho e os pontos que, ao longo do tempo, estão sendo deixados de ser aplicados pelo juiz do trabalho, como disse o Mestre e Professor Mauricio Godinho. A competência veio e, agora, o entendimento de outros Tribunais vem fazendo com que essa competência diminua. Essa é uma das razões desse debate e desse seminário.

No tema proposto, o Trabalho como Direito Fundamental, há uma evolução do trabalho na Constituição que é bastante conhecida, mas quis ressaltar que o trabalho passa ou perpassa por toda a Constituição da República. O trabalho está nos princípios da República Federativa do Brasil, e quando a Constituição diz quais são os fundamentos do Estado Democrático de Direito, está lá a dignidade da pessoa humana e os valores sociais do trabalho, inciso I[1]; depois, no inciso V, Dos Direitos e Garantias Fundamentais[2], vêm de novo várias conjunções que chegam ao trabalho, como o exercício de qualquer função, ofício ou profissão, atendidas as qualificações profissionais; a liberdade de associação, que ninguém poderá ser compelido a associar ou permanecer associado e, mais do que isso ainda, hoje, o que é um direito fundamental e está insculpido e eu tentarei fazer essa conexão, que é a duração razoável do processo como direito fundamental.

Hoje, com a Emenda n. 45, temos a possibilidade, o que não existia anteriormente a ela, de o fato de pessoas que tinham relações de trabalho procurarem a Justiça do Trabalho e esta se dava por incompetente, porque a Constituição limitava a sua competência, remetendo essas ações para outros órgãos do Judiciário, e o jurisdicionado ficar no meio dessa história sem ter o

---

(1) *CRFB/88, art. 1º A República Federativa do Brasil, formada pela união indissolúvel dos Estados e Municípios e do Distrito Federal, constitui-se em Estado Democrático de Direito e tem como fundamentos:*
*[...]*
*III — a dignidade da pessoa humana;*
*IV — os valores sociais do trabalho e da livre iniciativa.*
(2) *CRFB/88, art. 5º Todos são iguais perante a lei, sem distinção de qualquer natureza, garantindo-se aos brasileiros e aos estrangeiros residentes no País a inviolabilidade do direito à vida, à liberdade, à igualdade, à segurança e à propriedade, nos termos seguintes:*
*[...]*
*XIII — é livre o exercício de qualquer trabalho, ofício ou profissão, atendidas as qualificações profissionais que a lei estabelecer;*
*[...]*
*XVII — é plena a liberdade de associação para fins lícitos, vedada a de caráter paramilitar;*
*[...]*
*XX — ninguém poderá ser compelido a associar-se ou a permanecer associado;*
*[...]*
*LXXVIII — a todos, no âmbito judicial e administrativo são assegurados a razoável duração do processo e os meios que garantam a celeridade da sua tramitação.*

atendimento. Hoje, se alguém tem uma demanda trabalhista e procura a Justiça do Trabalho e não é atendido como relação de emprego, o que vai acontecer é que, se houver pedido alternativo, a própria Justiça do Trabalho vai julgar esse processo, o que traz uma economia, uma celeridade, uma efetivação da chamada garantia de uma duração razoável do processo. Então, a Emenda n. 45 traz isso no art. 5º e faz da Justiça do Trabalho essa conexão de atender mais pessoas, de incluir mais pessoas, de tornar mais célere e abranger uma quantidade maior de trabalhadores, não só aqueles que deveriam ter a sua relação de emprego. Acho que é essa a grande função da conjugação da celeridade, da duração razoável do processo, com a questão da Emenda n. 45.

Continuando, ainda, a importância que o constituinte deu para não termos dúvidas de que o trabalho é direito fundamental, está no art. 170, na Ordem Econômica, pois esta é fundada na valorização do trabalho, e nos seus incisos vêm: a propriedade privada, a livre concorrência e a busca do pleno emprego[3]. Ainda, na Ordem Social, vem como base o primado do trabalho como objeto do bem-estar e da justiça social[4]. Então, não tenhamos dúvida de que o trabalho é direito fundamental, que a constitucionalização desse processo tem o escopo da efetividade do acesso, tanto individual, quanto coletivo[5]. Aí, passo a citar o Desembargador Carlos Henrique Bezerra Leite, um texto que ele trouxe da revista da ANAMATRA, que diz: "É preciso que as inteligências tenham como norte a efetivação do acesso individual, em meta individual dos fracos e vulneráveis, como consumidores, trabalhadores,

---

(3) *CRFB/88, art. 170. A ordem econômica, fundada na valorização do trabalho humano e na livre iniciativa, tem por fim assegurar a todos existência digna, conforme os ditames da justiça social, observados os seguintes princípios:*
[...]
*II — propriedade privada;*
[...]
*IV — livre concorrência;*
[...]
*VIII — busca do pleno emprego.*
(4) *CRFB/88, art. 193. A ordem social tem como base o primado do trabalho, e como objetivo o bem-estar e a justiça sociais.*
(5) "*A constitucionalização do processo, que tem por escopo a efetividade do acesso, tanto individual quanto coletivo, ao Poder Judiciário brasileiro caracteriza-se [...] em suma, como 'direito constitucional aplicado', e o acesso à Justiça passa a ser, a um só tempo, em nosso ordenamento judicial, direito humano e fundamental.*
[...]
*É direito humano, porque previsto em tratados internacionais de direitos humanos e tem por objeto a dignidade, a liberdade, a igualdade e a solidariedade entre as pessoas humanas, independentemente de origem, raça, cor, sexo, crença, religião, orientação sexual, idade ou estado civil.* (LEITE, Carlos Henrique Bezerra. O acesso à Justiça como direito humano e fundamental. In: *Revista trabalhista*: direito e processo. Ano I, v. 1, n. 1 (jan./mar. 2002) Brasília: ANAMATRA; Rio de Janeiro: Forense)

crianças, adolescentes, idosos, os excluídos em geral, não apenas do aparelho judiciário, e a democratização das decisões, mas, sobretudo, uma ordem jurídica justa"[6].

Então, o trabalho é direito humano, reconhecido nos tratados internacionais e a Justiça do Trabalho está com essa nova competência, com uma responsabilidade maior do que a que tinha, como foi dito ontem aqui na mesa por alguns juízes, do legislador à Justiça do Trabalho, porque sabem que a Justiça do Trabalho entrega a prestação jurisdicional. A pessoa pode não saber escrever o nome, pode, às vezes, não saber o seu nome correto, como alguns juízes várias vezes já tiveram a oportunidade de perguntar à pessoa e ela dizer um nome que não correspondia, porque ela não sabia corretamente o seu próprio nome, mas ele sabe ir à Justiça do Trabalho, sabe buscar seus direitos trabalhistas e sabe da entrega da prestação jurisdicional.

Então, não é por acaso que a competência da Justiça do Trabalho foi ampliada e entregue essas novas competências, algumas que sempre deveriam ter estado na Justiça do Trabalho. Para que possamos entender, em linhas gerais, essa competência, fiz uma busca em todas as Constituições Brasileiras, de forma bem rápida e sucinta, sobre a evolução da Justiça do Trabalho, a partir de Getúlio Vargas. Em 1932, as Comissões Mistas de Conciliação foram criadas e as Juntas de Conciliação e Julgamento, que tratavam de órgãos administrativos sem caráter jurisdicional, porém com a atribuição de impor solução aos conflitos, partes envolvidas, e não tinham competência para executar as suas próprias decisões, sempre tinham de acabar na Justiça Comum.

Depois, no ano de 1937, houve a criação de 79 Juntas; somente empregados e sindicalizados podiam ir às Juntas[7]. Isso queria dizer que a sindicalização seria estimulada dessa maneira, mas afastava grande parte dos trabalhadores que não podiam ir à Justiça do Trabalho, e os demais trabalhadores tinham de se dirigir à Justiça Comum[8]. Aí, o termo

---

(6) LEITE, Carlos Henrique Bezerra. O acesso à Justiça como direito humano e fundamental. In: *Revista trabalhista*: direito e processo. Ano I, v. 1, n. 1 (jan./mar. 2002) Brasília: ANAMATRA; Rio de Janeiro: Forense.
(7) Os demais trabalhadores deveriam propor as suas demandas na Justiça Comum. A citada discriminação foi rejeitada por uma decisão do Supremo Tribunal Federal, ante o conteúdo dos arts. 122 e 139, respectivamente, das Constituições Federais de 1934 e 1937.
(8) *"Para a solução dos conflitos trabalhistas, o Governo Provisório de Getúlio Vargas criou dois organismos básicos:*
*a) Comissões Mistas de Conciliação (Decreto n. 21.396, de 12.5.1932) [...]*
*b) Juntas de Conciliação e Julgamento (Decreto n. 22.132, de 25.11.1932) para os conflitos individuais. Tratava-se de órgãos administrativos, sem caráter jurisdicional, porém com a atribuição de impor a solução do conflito para as partes envolvidas. Não tinha competência para executar as próprias decisões. As execuções de seus julgados competiam aos Procuradores do Departamento Nacional do Trabalho perante a Justiça Comum. E sempre era possível, na fase de execução, que a matéria acabasse*

competência só vai aparecer na Constituição de 1946, que fala que a partir desta Constituição será usada a expressão "competência", no art. 123, que competia à especializada conciliação de julgamentos[9]. Então, essa evolução vai se dar e vamos ver que o que acontece com a Emenda n. 45 não aconteceu de 1934 até hoje. O aumento dessa competência com a Emenda n. 45, por isso essa evolução histórica que faço, não foi dado em nenhuma outra Constituição, não foi dada essa ampliação em nenhum momento. Então, em 67, haverá a criação, a possibilidade dos quintos constitucionais; em 88, vai acontecer que a competência não é trazida de forma integral. Vem o art. 114 trazendo a competência que deveria ser toda da Justiça do Trabalho, talvez porque disseram aqui ontem, e o que o Professor Maurício já escreveu, que, às vezes, pensam que a Justiça do Trabalho, por ser especializada, poderia ser uma Justiça menor e que não poderia receber essas competências. Mas a Emenda n. 45 vai trazer para a Justiça do Trabalho a maior competência que já foi dada a ela. Apresento, neste momento, duas passagens: uma do Professor Antonio Álvares que fala que a Emenda n. 45 é a principal norma jurídica do Direito do Trabalho, depois da CLT, e representa uma tentativa inédita no sistema jurídico brasileiro de reunir o trabalho humano todo em uma unidade de julgamento[10]. Aí, o Professor Maurício diz que a Emenda

---

*sendo rediscutida na Justiça Comum. [...] Até o ano de 1937, houve a criação de setenta e nove Juntas. Somente os empregados sindicalizados detinham o jus postulandi nas Juntas (forma de estímulo à sindicalização). Os demais trabalhadores deveriam propor as suas demandas na Justiça Comum. A citada discriminação foi rejeitada por uma decisão do Supremo Tribunal Federal, ante o conteúdo dos arts. 122 e 139, respectivamente, das Constituições Federais de 1934 e 1937.*

*Do ponto de vista constitucional, a Justiça do Trabalho foi estabelecida, como órgão administrativo (integrante do Poder Executivo Federal, vinculada ao Ministério do Trabalho), pela Constituição Federal de 1934 (art. 122) nos seguintes termos: 'Para dirimir as questões entre empregadores e empregados, regidas pela legislação social, fica instituída a Justiça do Trabalho, à qual não se aplica o disposto no Capítulo IV do Título I. [...]'.*

*Na Carta Política de 1937, houve a manutenção da criação da Justiça do Trabalho como órgão administrativo, 'para dirimir os conflitos oriundos das relações entre empregadores e empregados, reguladas na legislação social, é instituída a Justiça do Trabalho, que será regulada em lei e à qual não se aplicam as disposições desta Constituição relativas à competência, ao recrutamento e às prerrogativas da Justiça comum' (art. 139)". (CAVALCANTE, Jouberto de Quadros Pessoa e JORGE NETO, Francisco Ferreira. Direito processual do trabalho — Tomo I. 3. ed. Rio de Janeiro: Editora Lumen Juris, 2007. p. 14/15)*

(9) *"A partir da Constituição de 1946 passa a ser utilizada a expressão 'competência', dispondo o art. 123 que competia à Especializada a conciliação e julgamento dos dissídios individuais e coletivos entre empregadores e empregados e as demais controvérsias oriundas das relações de trabalho sob regência de legislação especial, destacando, ainda, que as lides relativas a acidentes de trabalho competiam à Justiça Comum (§ 1º ).[...]"* (GONÇALVES VIEIRA, Ana Carolina. Relação de trabalho: a busca do alcance da expressão contida no inciso I do art. 114 da Constituição da República de 1988. In: MEDEIROS, Benizete Ramos de. (coord.) *A emenda constitucional n. 45/2004: uma visão crítica pelos advogados trabalhistas.* São Paulo: LTr, 2006. p. 16)

(10) *"A EC n. 45/04 é a principal norma jurídica de nosso Direito do Trabalho depois da CLT. Representa uma tentativa inédita, nos sistemas jurídicos atuais, de reunir o trabalho humano em uma única jurisdição, quando se manifeste numa relação jurídica. O Direito Comparado não dá mostras desta realização, nem*

Constitucional n. 45 finalmente afastou a dúvida competencial, ainda percebida nos anos de 88 por certas correntes jurisprudenciais, firmando de vez a competência da Justiça do Trabalho[11]. Então, essa ampliação material da Justiça do Trabalho foi muito festejada; ela veio como uma luta das associações, uma luta dos advogados trabalhistas, porque é bom que se lembre que nos anos de 98, 99, falava-se em extinção da Justiça do Trabalho. É bom que se lembre que a Justiça do Trabalho foi ameaçada de virar Varas da Justiça Federal, por exemplo, e a Emenda n. 45 é uma contrarreação a essa política que fará com que essa ampliação seja muito bem-vinda pela Justiça do Trabalho. Aí, o que acontece é que essa competência veio e hoje estamos analisando a redução da mesma.

O Supremo Tribunal Federal, em duas oportunidades, e eu trouxe a redação da ementa, diz que nas causas entre o Poder Público e seus servidores, as ações não se reputam oriundas das relações — é engraçado o fundamento —, e que o

---

*ela se põe como objetivo do legislador de outros povos cultos. Tudo está começando conosco, daí a importância da norma que o legislador agora coloca em nossas mãos."* (SILVA, Antônio Álvares da. *Pequeno tratado da nova competência trabalhista.* São Paulo: LTr, 2005. p. 11)

(11) *"A Emenda Constitucional n. 45/2004, finalmente, afastou dúvida competencial ainda percebida nos anos seguintes a 1988 em certas correntes jurisprudenciais, firmando, de vez, o poder jurisdicional da Justiça do Trabalho. É o que se passa com os 'mandados de segurança, habeas corpus e habeas data, quando o ato questionado envolver matéria sujeita à sua jurisdição' (art. 114, IV). É o que se verifica também quanto às 'ações de indenização por dano moral ou patrimonial, decorrentes da relação de trabalho'. Na mesma direção — embora aqui nenhuma dúvida fosse pertinente existir — a competência da Justiça do Trabalho para julgar as 'ações que envolvam exercício do direito de greve' (art. 114, II) e os 'conflitos de competência entre órgãos com jurisdição trabalhista, ressalvado o disposto no art. 102, I, o' (art. 114, V).*
*O avanço político, cultural, institucional e jurídico trazido pela nova emenda constitucional, no plano dos dispositivos ora citados, é simplesmente manifesto. Por meio do alargamento da competência da Justiça do Trabalho a Carta Magna passa a reconhecer, indubitavelmente, a existência de um sistema institucional justrabalhista, como instrumento voltado à busca da efetividade do Direito do Trabalho. Conforme já explicitado, a competência judicial especializada é elemento decisivo à existência e articulação de todo um sistema institucional voltado a buscar eficácia social (efetividade) para o ramo jurídico trabalhista. Esta busca de efetividade justifica-se em face da constatação de constituir o Direito do Trabalho a mais ampla, eficiente e democrática política social já construída nas sociedades capitalistas em favor das mais largas camadas populacionais. No Brasil, esse sistema institucional estaria integrado, à luz do exposto, pela Justiça do Trabalho, Ministério Público do Trabalho, Ministério do Trabalho e Emprego (em especial, auditoria fiscal trabalhista), a par dos sindicatos e empresas, na sociedade civil. Por esta razão é que se afirmou ter a correta competência do ramo judicial especializado crucial importância para a consecução das ideias basilares de democracia e justiça social no Brasil.*
*Na presente medida, isto é, no instante em que concentrou na Justiça do Trabalho a competência para conhecer e julgar lides nucleares e conexas que tenham fulcro na relação de emprego, a nova emenda constitucional fez despontar sua face progressista, democrática e direcionada à busca da justiça social. Um sistema justrabalhista racional, eficiente e interconectado é, sem dúvida, alavanca imprescindível para a conquista da efetividade do Direito do Trabalho no país."* (DELGADO, Mauricio Godinho. As duas faces da nova competência da Justiça do Trabalho. In: *Revista LTr.* 69-01/43 V. 69, n. 01, Janeiro de 2005)

conceito estrito dessa relação não seria competência, e o Supremo, como disse o Professor Mauricio, já superou essa questão, essa ação direta de constitucionalidade relatada pelo Ministro Peluzzo[12].

Temos de lembrar que foi dito aqui ontem também que, quando se reparte ou se amplia competência, ampliam-se poderes, justamente porque haverá mais ações e a reivindicação de mais recursos. O que não pode haver é o aumento de competência, aumento de trabalho e falta de aumento da estrutura, o que fará com que os juízes do trabalho adoeçam, porque as pessoas trabalham cada vez mais e que essa estrutura não venha, como diz o Professor Calheiros Bomfim[13]. O receio dele no surgimento da Emenda n. 45 é que a Justiça do Trabalho pudesse morrer por sufocamento e que aí se tivesse uma nova tese, não distinção da Justiça do Trabalho, mas uma morte por sufocamento; e isso estamos vendo: que a ampliação da competência tem de vir com essa ampliação.

---

(12) *"EMENTA: INCONSTITUCIONALIDADE. Ação direta. Competência. Justiça do Trabalho. Incompetência reconhecida. Causas entre o Poder Público e seus servidores estatutários. Ações que não se reputam oriundas de relação de trabalho. Conceito estrito desta relação. Feitos da competência da Justiça Comum. Interpretação do art. 114, inc. I, da CF, introduzido pela EC 45/2004. Precedentes. Liminar deferida para excluir outra interpretação. O disposto no art. 114, I, da Constituição da República, não abrange as causas instauradas entre o Poder Público e servidor que lhe seja vinculado por relação jurídico-estatutária."* (STF — ADI-MC 3395 / DF — Tribunal Pleno — Rel. Min. Cezar Peluso — DJ 10.11.2006) Recentemente, o STF declarou a incompetência da Justiça do Trabalho para a solução das lides entre servidor temporário e Administração Pública, consagrando a extensão do entendimento prolatado na ADI 3.395/6 DF.
*"Reclamação constitucional. Autoridade de decisão proferida pelo Supremo Tribunal Federal: art. 102, inciso I, alínea l, da Constituição da República. Medida Cautelar na Ação Direta de Inconstitucionalidade n. 3.395.* **Contratação temporária de servidores públicos: art. 37, inciso IX, da Constituição da República. Ações ajuizadas por servidores temporários contra a administração pública: competência da Justiça Comum. Causa de pedir relacionada a uma relação jurídico-administrativa.** *(...) O Supremo Tribunal Federal decidiu no julgamento da Medida Cautelar na Ação Direta de Inconstitucionalidade n. 3.395 que 'o disposto no art. 114, I, da Constituição da República, não abrange as causas instauradas entre o Poder Público e servidor que lhe seja vinculado por relação jurídico-estatutária'. Apesar de ser da competência da Justiça do Trabalho reconhecer a existência de vínculo empregatício regido pela legislação trabalhista, não sendo lícito à Justiça Comum fazê-lo, é da competência exclusiva desta o exame de questões relativas a vínculo jurídico-administrativo. Se, apesar de o pedido ser relativo a direitos trabalhistas, os autores da ação suscitam a descaracterização da contratação temporária ou do provimento comissionado, antes de se tratar de um problema de direito trabalhista a questão deve ser resolvida no âmbito do direito administrativo, pois para o reconhecimento da relação trabalhista terá o juiz que decidir se teria havido vício na relação administrativa a descaracterizá-la. No caso, não há qualquer direito disciplinado pela legislação trabalhista a justificar a sua permanência na Justiça do Trabalho."* (Rcl 4.489-AgR, Rel. p/ o ac. Min. Cármen Lúcia, julgamento em 21-8-08, *DJE* de 21-11-08). No mesmo sentido: Rcl 4.012-AgR e Rcl 4.054-AgR, Rel. p/ o ac. Min. Cármen Lúcia, julgamento em 21-8-08, *DJE* de 21-11-08) (g.n.)
(13) *"A propósito do impacto da ampliação da competência no volume de questões da Justiça do Trabalho, o Presidente do Tribunal Regional do Trabalho da 1ª Região, desembargador Ivan Rodrigues Alves, estimou que tal medida aumentará em quatro vezes o trabalho dos juízes.*
[...]

Outra coisa que fiz questão de trazer foi a redução da competência penal, porque a medida cautelar em ação direta de inconstitucionalidade trouxe que a competência criminal da Justiça do Trabalho, ações penais, a liminar deferida, não atribuem à Justiça do Trabalho competência para processar e julgar[14].

Então, são dois pontos que o Supremo já trabalhou em relação à diminuição da competência da Justiça do Trabalho. Quanto ao conceito de relação de trabalho que está proposto dentro do tema, e que o Professor Maurício trabalha com amplitude e só com duas limitações[15], também comungamos com essa ideia da amplitude do conceito da relação de trabalho. Nas próprias palavras do Professor Maurício, é evidente que a palavra trabalho, embora ampla, tem uma questionada delimitação, refere-se ao dispêndio de energia humana. Diz ainda no final: " (...) e, em outra síntese, o conjunto de atividades produtivas ou criativas que o homem exerce para atingir determinado fim". Então, o conceito de relação do trabalho é amplo e exclui, concordo, as relações de consumo. Num livro também organizado pelo Professor Maurício Godinho no mestrado da PUC — Minas, há um conceito dizendo: "Buscando conceituar a expressão de relação de trabalho,

---

*Teme-se que tão fundas e abrangentes inovações, verdadeiro salto de etapas, provoquem o caos na Justiça do Trabalho, desaparelhada até para enfrentar suas atuais atribuições. A maneira mais segura de inviabilizar uma reforma é amplia-la em demasia, torná-la excessivamente abrangente. E, como adverte Eduardo Couture, o tempo se vinga daquilo que se faz sem sua colaboração.*
*A reforma do Judiciário foi concebida e efetivada com escopo principal de possibilitar sua agilização, como, aliás, se deduz do preceito (CF, art. 5º, LXXVIIII) dispondo que 'a todos, no âmbito judicial e administrativo, são assegurados a razoável duração do processo e os meios que garantam a celeridade de sua tramitação'. Mas como tudo indica, na Justiça do Trabalho, a reforma produzirá resultados diversos, tornando-a mais complexa e morosa."* (BOMFIM, Benedito Calheiros. Reforma da legislação trabalhista e garantia dos direitos conquistados. In: MEDEIROS, Benizete Ramos de. (coord.) *A emenda constitucional n. 45/2004:* uma visão crítica pelos advogados trabalhistas. São Paulo: LTr, 2006. p. 44/46).
(14) "Competência criminal. Justiça do Trabalho. Ações penais. Processo e julgamento. Jurisdição penal genérica. Inexistência. Interpretação conforme dada ao art. 114, I, IV e IX, da CF, acrescidos pela EC n. 45/2004. Ação direta de inconstitucionalidade. Liminar deferida, com efeito, *ex tunc*. O disposto no art. 114, I, IV e IX, da Constituição da República, acrescidos pela Emenda Constitucional n. 45, não atribui à Justiça do Trabalho competência para processar e julgar ações penais." (ADI 3.684-MC, Rel. Min. Cezar Peluso, julgamento em 1º.02.07, DJE de 03.08.07)
(15) "A primeira expressão (relação de trabalho) tem caráter genérico: refere-se a todas as relações jurídicas caracterizadas por terem sua prestação essencial centrada em uma obrigação de fazer consubstanciada em labor humano. Refere-se, pois, a toda modalidade de contratação de trabalho humano modernamente admissível. [...]
Evidentemente que a palavra trabalho, embora ampla, tem uma inquestionável delimitação: refere-se a dispêndio de energia pelo ser humano, objetivando resultado útil (e não dispêndio de energia por seres irracionais ou pessoa jurídica). Trabalho é a atividade inerente à pessoa humana, compondo o conteúdo físico e psíquico dos integrantes da humanidade. É, em síntese, o conjunto de atividades, produtivas ou criativas, que o homem exerce para atingir determinado fim." (DELGADO, Maurício Godinho. *Curso de direito do trabalho.* 8. ed. São Paulo: LTr, 2009. p. 265/266)

o vínculo jurídico estabelecido entre uma pessoa física, o prestador, e outra pessoa física, o tomador, através do qual obriga o primeiro prestar trabalho em favor do segundo, excluída de qualquer situação que envolva o consumo, portanto, a não incidência do Código de Defesa do Consumidor"[16]. Então, o afastamento das questões das relações de consumo, quando o consumidor está para buscar a Justiça do Trabalho, justamente por causa desse afastamento.

Mas, essa nova competência trouxe para a Justiça do Trabalho muitos outros trabalhadores e, talvez — fiz uma busca no Decreto n. 3.048, da Previdência Social, que traz a descrição de quem seriam os trabalhadores autônomos, só para ilustrar quais mais trabalhadores puderam vir à Justiça do Trabalho — o condutor autônomo, aquele que exerce atividade auxiliar, o trabalhador associado, o membro do conselho[17]. Todas as vezes que essas

---

(16) GONÇALVES VIEIRA, Ana Carolina. Relação de trabalho: a busca do alcance da expressão contida no inciso I do art. 114 da Constituição da República de 1988. *In:* MEDEIROS, Benizete Ramos de. (coord.) *A emenda constitucional n. 45/2004:* uma visão crítica pelos advogados trabalhistas. São Paulo: LTr, 2006. p. 16

(17) *"Art. 9º São segurados obrigatórios da previdência social as seguintes pessoas físicas:*
[...]
*V — como contribuinte individual: (Inciso e alíneas com redação dada pelo Decreto n. 3.265, de 29.11.99)*
Redação anterior
*V — como equiparado a trabalhador autônomo, entre outros:*
[...]
*j) quem presta serviço de natureza urbana ou rural, em caráter eventual, a uma ou mais empresas, sem relação de emprego;*
*l) a pessoa física que exerce, por conta própria, atividade econômica de natureza urbana, com fins lucrativos ou não; (Redação dada pelo Decreto n. 3.265, de 29.11.99)*
[...]
*§15. Enquadram-se nas situações previstas nas alíneas "j" e "l" do inciso V do caput, entre outros: (Redação dada pelo Decreto n. 3.265, de 29.11.99)*
Redação anterior
*§ 15. São trabalhadores autônomos, entre outros*
*I — o condutor autônomo de veículo rodoviário, assim considerado aquele que exerce atividade profissional sem vínculo empregatício, quando proprietário, co-proprietário ou promitente comprador de um só veículo;*
*II — aquele que exerce atividade de auxiliar de condutor autônomo de veículo rodoviário, em automóvel cedido em regime de colaboração, nos termos da Lei n. 6.094, de 30 de agosto de 1974;*
*III — aquele que, pessoalmente, por conta própria e a seu risco, exerce pequena atividade comercial em via pública ou de porta em porta, como comerciante ambulante, nos termos da Lei n. 6.586, de 6 de novembro de 1978;*
*IV — o trabalhador associado a cooperativa que, nessa qualidade, presta serviços a terceiros;*
*V — o membro de conselho fiscal de sociedade por ações;*
*VI — aquele que presta serviço de natureza não contínua, por conta própria, a pessoa ou família, no âmbito residencial desta, sem fins lucrativos;*
*VII — o notário ou tabelião e o oficial de registros ou registrador, titular de cartório, que detêm a delegação do exercício da atividade notarial e de registro, não remunerados pelos cofres públicos, admitidos a partir de 21 de novembro de 1994;*

pessoas estiverem em situação irregular de trabalho e achem que devam procurar um amparo para os seus direitos, vão se dirigir à Justiça do Trabalho. Num livro organizado pelo Professor Márcio Túlio Viana, que fala dos trabalhadores sem trabalho, sem direitos, há uma autora chamada Luciana Mazzini[18], que traz os chamados casos de fronteira. Isso é muito interessante. Olha o que veio e o que a Justiça do Trabalho agora não pode mais se furtar e tem de analisar, é a questão do cabeleireiro, do chapa, mesmo quando não tiver relação de emprego, do corretor de imóveis, mesmo quando não tiver relação de emprego, do médico, do motorista, do pedreiro, do taxista, do trabalhador em domicílio, do vendedor.[19] Antes, quando eles iam à Justiça do Trabalho, esta podia não ser competente, porque não era relação de emprego, mas agora, com a Emenda n. 45, a Justiça do Trabalho tem de dar uma solução, que seja o pagamento das verbas do vendedor externo, que seja dessa aplicação.

Por fim, os honorários profissionais, o último ponto do tema. Ontem, o Dr. Wolney fez uma exposição transversal pelos temas e disse quais foram os fundamentos que geraram o que ele chamou de famigerada Súmula 363. A

---

*VIII — aquele que, na condição de pequeno feirante, compra para revenda produtos hortifrutigranjeiros ou assemelhados;*
*IX — a pessoa física que edifica obra de construção civil;*
*X — o médico residente de que trata a Lei n. 6.932, de 7 de julho de 1981; (Redação dada pelo Decreto n. 4.729, de 9.06.2003)*
*XI — o pescador que trabalha em regime de parceria, meação ou arrendamento, em embarcação com mais de seis toneladas de arqueação bruta, ressalvado o disposto no inciso III do § 14; (Redação dada pelo Decreto n. 4.032, de 26.11.2001)*
*Redação anterior*
*X — o médico-residente de que trata a Lei n. 6.932, de 7 de julho de 1981, com as alterações da Lei n. 8.138, de 28 de dezembro de 1990;*
*XI — o pescador que trabalha em regime de parceria, meação ou arrendamento, em barco com mais de duas toneladas brutas de tara; e*
*XII — o incorporador de que trata o art. 29 da Lei n. 4.591, de 16 de dezembro de 1964;*
*XIII — o bolsista da Fundação Habitacional do Exército contratado em conformidade com a Lei n. 6.855, de 18 de novembro de 1980; e (Inciso acrescentado pelo Decreto n. 3.265, de 29.11.99)*
*XIV — o árbitro e seus auxiliares que atuam em conformidade com a Lei n. 9.615, de 24 de março de 1998; (Inciso acrescentado pelo Decreto n. 3.265, de 29.11.99)*
*XV — o membro de conselho tutelar de que trata o art. 132 da Lei n. 8.069, de 13 de julho de 1990, quando remunerado; (Inciso acrescentado pelo Decreto n. 4.032, de 26.11.2001)*
*XVI — o interventor, o liquidante, o administrador especial e o diretor fiscal de instituição financeira de que trata o § 6º do art. 201. (Inciso acrescentado pelo Decreto n. 4.032, de 26.11.2001)"*
(18) VIANA, Márcio Túlio (coord.) Direito do trabalho e trabalho sem direitos. Belo Horizonte: Editora Mandamentos, 2008.
(19) *"Há relação de trabalho sempre que não houver subordinação e o trabalho for autodeterminado. O trabalho, na maioria quase absoluta de sua ocorrência social, se presta a um destinatário. [...] A — pessoa que trabalha — vincula-se a B — pessoa física ou jurídica (aqui compreendida o Estado) — que recebe o trabalho, estabelecendo entre eles uma relação: ARB, em que A é o trabalhador, B o receptor do trabalho, ou seja, o empregador, e R é a relação entre ambos. O Direito capta esta relação — ARB — e lhe dá as consequências jurídicas que entender conveniente.*

Súmula diz: "Compete à Justiça Estadual processar e julgar ação de cobrança ajuizada por profissionais liberais contra o cliente". O que mais impressiona quando fazemos a busca dos precedentes que geraram essa Súmula são os argumentos do Superior Tribunal de Justiça para a vinda dessa Súmula. Eles trabalham o tempo inteiro no não enquadramento da competência da Justiça do Trabalho, nem mesmo com a ampliação da sua cobrança de honorários, porque não se enquadram nos arts. 2º e 3º da CLT. Continuam a falar de relação de emprego, justificam a inexistência da competência da Justiça do Trabalho por não existência de relação de emprego[20]. E no teor de um

---

*Se há uma relação, se esta relação é de trabalho e se há uma lei atribuindo as controvérsias dela oriundas à Justiça do Trabalho, como negar-lhe competência para julgá-la diante da expressa previsibilidade constitucional?*
Assim o bombeiro, o carpinteiro, o empreiteiro que trabalham em residências ou firmas, sem ser empregado. Do mesmo modo os profissionais liberais: o médico, o dentista, o advogado etc., estão necessariamente numa relação de trabalho com seus clientes, porque se contacta com eles por meio de uma relação de trabalho. Na Justiça do Trabalho, discutirão seus honorários." (SILVA, Antônio Álvares. Ob. cit. p. 93/94)
(20) *"VOTO*
*O EXMO. SR. MINISTRO TEORI ALBINO ZAVASCKI (Relator):*
*1. O art. 114 da CF, com a redação dada pela EC 45/2004, atribui à Justiça do Trabalho a competência para processar e julgar 'ações oriundas da relação de trabalho' (inciso I) e 'outras controvérsias decorrentes da relação de trabalho, na forma da lei' (inciso IX). Não se enquadra nessas hipóteses a ação de execução aqui tratada. Com efeito, a relação jurídica que se estabelece entre as partes, e da qual decorre a cobrança de honorários profissionais, é disciplinada pelo direito civil e não pela legislação trabalhista. Isso porque, entre os sujeitos dessa relação jurídica não há vínculo trabalhista, nem qualquer espécie de relação de trabalho. Assim, é da Justiça Comum e não da Justiça do Trabalho a competência para processar a ação de execução de honorários profissionais previstos em contrato de prestação de serviços advocatícios.*
*[...]*
*Assiste razão, nesse contexto, ao parecer do Subprocurador-Geral da República, Dr. Antônio Fonseca, que opinou pela competência da Justiça Estadual (fls. 28-31):*
*'O conflito, na verdade, decorre da interpretação dada à expressão outras controvérsias decorrentes da relação de trabalho, que existe tanto na redação anterior do art. 114 quanto na atual, trazida com a Emenda Constitucional n. 45. A CLT, que regula as relações individuais e coletivas de trabalho, define em seus arts. 2º e 3º o que seja empregador e empregado:*
*[...]*
*Diante dos conceitos pode-se concluir que a relação oriunda de contrato de mandato firmado com profissional liberal (com discussão sobre honorários profissionais) não possui os requisitos da subordinação, da habitualidade e do pagamento de salário.*
*Portanto, não se caracteriza como uma relação trabalhista.'[...]"* (STJ — Corte Especial — CC. N. 93.055 — MG (2008/0003258-9) — Rel. Min. Teori Albino Zavascki — DJE 07.04.2008)
Em análise aos conflitos de competência que motivaram a edição da Súmula 363, STJ, parte dos processos são anteriores à EC n. 45, ou seja, afirmam a competência da Justiça Comum quando prevalecia o entendimento que a competência da Justiça do Trabalho resumia-se à relação de emprego. Os demais processos, após a edição da EC, resumem-se a retratar o texto dos antigos acórdãos, como fundamento. Mesmo o conflito de competência que contou com voto vencido, não obstante o bem formulado voto vencido da Ministra Nancy, a decisão prevalecente baseou-se nos antigos e superados pilares dos demais conflitos de competência. Trata-se de flagrante desconhecimento da legislação trabalhista e total desprestígio com o Direito do Trabalho.

dos votos, aí vêm votos e sessões de julgamentos em que alguns ministros foram relatores, como Humberto Gomes de Barros, Castro Meira, Teori Zavascki; todos esses julgados foram levando à criação dessa Súmula. Destaque-se o argumento: "Com efeito, a relação jurídica que se estabelece entre as partes da qual decorre a cobrança de honorários profissionais é disciplinada pelo Direito Civil e não pela Legislação Trabalhista, isso porque entre os sujeitos dessa relação não há vínculo empregatício". Há um total desprezo pela Emenda n. 45, há um total desprezo pela ampliação da competência e para a mudança do novo paradigma que se estabelece na relação de trabalho e não somente entre empregado e empregador, nem na questão de ser matéria, se for dessa maneira, estaremos reduzindo a possibilidade de usar a Lei do Representante Comercial quando ele não receber os seus direitos, quando ele não receber o seu aviso prévio. Isso aqui desprestigia a Emenda n. 45 e a competência da Justiça do Trabalho. Esses argumentos reduzem a competência da Justiça do Trabalho.

Por fim, para balizar essas discussões, eu trouxe um dos enunciados da Jornada da ANAMATRA, o Enunciado 23, que diz: "Competência da Justiça do Trabalho. Ação de cobrança de honorários. Ausência de relação de consumo. A Justiça do Trabalho é competente para julgar ações de cobrança de honorários advocatícios, desde que ajuizada por advogado na condição de pessoa natural, eis que o labor do advogado não é prestado em relação de consumo, em virtude de lei, peculiaridades próprias, ainda que fosse por relação consumista não afasta o conceito de trabalho abarcado pelo art. 114". Então, esse enunciado da ANAMATRA é um dos argumentos para a manutenção da competência da execução de honorários na Justiça do Trabalho. Mas o que mais me alegrou foi que, após a edição da Súmula n. 363 pelo Superior Tribunal de Justiça, existem dezenas, centenas de jurisprudências dos Tribunais Regionais no Brasil que continuam se dando por competentes para a execução de honorários profissionais, sejam eles de advogados, sejam de médicos, sejam de engenheiros, entendendo essa relação como uma relação de trabalho e não como uma relação de consumo.

Por último, eu trouxe dois julgados, um do TST[21], imediatamente antes da Súmula, e um do Tribunal da 3ª Região, da relatoria do Dr. Manoel

---

(21) *"RECURSO DE REVISTA. COMPETÊNCIA DA JUSTIÇA DO TRABALHO PARA PROCESSAR E JULGAR AÇÕES DE COBRANÇA DE HONORÁRIOS ADVOCATÍCIOS. Com a promulgação da EC 45/2004, o art. 114, IX, da Constituição Federal passou a instituir à Justiça do Trabalho a competência para processar e julgar outras controvérsias decorrentes das relações de trabalho. Ou seja, ampliou-se a competência da Justiça Laboral, para dirimir questões que antes se restringiam a questões de trabalho contra empregadores para questões de todo prestador, contra todo tomador do trabalho da pessoa física. Nesse contexto, abrange, portanto, o caso em apreço onde, por meio de contrato de mandato conferido em ação trabalhista, este demandante, após patrocinar aquela causa, foi desconstituído, sem que lhe houvessem garantido a percepção de seus honorários. Recurso de revista a que se dá provimento."* (TST — 7ª Turma — RR — 147/2007-531-04-00 — MINISTRO-RELATOR: CAPUTO BASTOS — DJ — 13.06.2008)

Cândido, que mantêm a competência, mesmo depois da Súmula na Justiça do Trabalho[22]. Essa busca é muito fácil de ser feita, porque existem dezenas, posso dizer centenas de julgados, após a edição da Súmula, mantendo a competência na Justiça do Trabalho, o que mostra que os juízes do trabalho estão dispostos a mantê-la, porque já está havendo redução na questão da execução em caso de morte, havendo diminuição por causa da competência penal, dos trabalhadores públicos, daqueles contratados irregulares[23].

Devemos entender e trabalhar para a defesa da competência, da manutenção e, se possível, trazer de volta o que vem sendo tirado pelos Tribunais superiores, para a manutenção e crescimento da Justiça do Trabalho.

Muito obrigado.

---

(22) *"EMENTA: AÇÃO DE COBRANÇA DE HONORÁRIOS. COMPETÊNCIA DA JUSTIÇA DO TRABALHO. Quando o profissional liberal, como pessoa física, obriga-se a prestar serviços a determinada pessoa física ou jurídica, em típico contrato de atividade, o litígio daí decorrente é da competência da Justiça do Trabalho. É que estamos diante de uma relação de trabalho: de um lado, como prestador de serviços, o profissional liberal, pessoa física; e, como tomador de serviços, uma outra pessoa, física ou jurídica.* (TRT 3ª R. — 1ª T. — 00730-2008-056-03-00-4 RO — Rel. Manoel Cândido Rodrigues — DJMG 07.11.2008)
*"Daí o entendimento do v. acórdão do Colendo TST (RR 763/2005-002-04-00-4), de que foi Relator o eminente Ministro Ives Gandra Filho, integrante da Sétima Turma, que reconheceu a competência da Justiça do Trabalho para julgar Ação de Cobrança de honorários, movida por advogado. Mostrou que é de trabalho e não de consumo a relação jurídica de natureza contratual, que tem por objeto o trabalho remunerado, nas suas diversas modalidades, entre o trabalhador, pessoa física, e aquele para quem presta serviços (empregador ou tomador dos serviços, pessoas físicas ou jurídicas). Acentuou que, na relação de consumo, '... o objeto não é o trabalho realizado, mas o produto ou serviço consumível, tendo como polos o fornecedor e o consumidor'. Disse, ainda, que '... a relação entre o advogado e seu cliente revela-se uma típica relação de trabalho, na qual o trabalhador, de forma pessoal e atuando com independência relativa, administra os interesses de outrem por meio de mandato, na forma dos arts. 653 e 692 do CPC'.* (TRT 3ª R. — 1ª T. — 00730-2008-056-03-00-4 RO — Rel. Manoel Cândido Rodrigues — DJMG 07.11.2008)
(23) *"EMENTA: HONORÁRIOS ADVOCATÍCIOS. RELAÇÃO DE TRABALHO COMPETÊNCIA EM RAZÃO DA MATÉRIA. A prestação de serviços advocatícios é uma relação de trabalho, embora não seja assalariada. O conceito de relação de trabalho é mais amplo do que a relação de emprego: esta é a novidade do art. 114, I, da Constituição da República de 1988. A pessoa física que presta serviço a outrem desenvolve uma relação de trabalho, embora não assalariado--subordinada. Fornece uma atividade, não um bem material. O trabalhador assalariado é consumido no contrato de trabalho e não é o consumo de sua força de trabalho que determina a competência da Justiça do Trabalho. A nova redação dada ao art. 114, I, da Constituição da República de 1988, restringiu o conceito de consumo apenas para bens materiais, mas não de atividade profissional, competência desta Justiça Especial."* (TRT 3ª R. — 00705-2007-014-03-00-8 ROPS — Rel. Antônio Álvares da Silva — DJMG 29.09.2007)
*"EMENTA: AGRAVO DE INSTRUMENTO — AÇÃO DE REPARAÇÃO DE DANOS MORAIS E MATERIAIS — NATUREZA DA ATIVIDADE ADVOCATÍCIA — NÃO RELAÇÃO DE CONSUMO — FORO COMPETENTE — LUGAR DA EXECUÇÃO DA OBRIGAÇÃO — RECURSO PROVIDO. — Tendo em vista que a Lei n. 8.906/94, Estatuto da OAB, regulamenta a atividade do Advogado, jazendo prerrogativas e vedações especiais, impossível considerarem a relação advogado/cliente como consumerista. — Para a ação de reparação de dano decorrente de ato ilícito contratual, a competência é do foro do lugar da execução da obrigação, com fulcro no art. 100, inc. IV, alínea d do CPC."* (TJMG — 16ª CamCiv. — 1.0518.07.132286-2/001(1) — Rel. Nicolau Masseli — DJMG 27.06.2008)

# DEGRAVAÇÃO DA PARTICIPAÇÃO DO PAINELISTA

*O Sr. Edilton Meireles de Oliveira Santos*[*]

Bom dia a todos. Saúdo a todos os presentes, colegas, amigos, na pessoa do Presidente deste painel, Dr. João Bosco. Quero agradecer o convite que me foi formado para participar desse 2º Seminário de Ampliação da Justiça do Trabalho. Eu me sinto envaidecido e prestigiado, porque também tive a oportunidade de participar do primeiro, há cerca de cinco anos, realizado em São Paulo. Tive oportunidade também de participar dos debates. E hoje, cinco anos depois, voltamos para debater esse assunto que ainda está na pauta do dia e cada vez mais, diante da tendência dos nossos tribunais superiores, em especial, do Supremo, do STJ, quanto à interpretação do art. 114, da Constituição Federal, em relação à competência para as relações de trabalho.

O tema de nosso painel cuida justamente de competência e do direito material, que são dois temas extremamente vinculados, até porque o direito material serve de critério para a definição de competência. Daí o exemplo da Justiça do Trabalho que é com base no direito material do trabalho que se estabeleceu essa competência. Também influencia, por exemplo, na Justiça Comum a competência das Varas de Família diante do direito material de família etc.

Agora, para entender o que se quis, o que o legislador quis com a Emenda n. 45, temos de remontar um pouco as origens do Direito do Trabalho e mesmo a todo o regramento que existe na Constituição em torno do valor do trabalho. Eu procuro compreender essa ampliação a partir desses dois dados. O primeiro a que chamo a atenção é a tendência sempre expansionista do Direito do Trabalho. O Direito do Trabalho que aqui menciono não é igual a direito de empregado, a direito das relações de emprego, estou falando aqui de uma maneira mais ampla, o direito do trabalhador, o direito vinculado ao trabalho humano. O Direito do Trabalho, como vocês sabem, começa a surgir justamente com as primeiras leis de proteção ao trabalho

---

[*] Desembargador do Tribunal Regional do Trabalho da 5ª Região, Doutor em Direito pela Pontifícia Universidade Católica/SP, Professor da Universidade Federal da Bahia).

humano, aqui estou falando de qualquer tipo de trabalho. No Brasil, podemos citar o Código Comercial, de 1850, que já regulava a prestação de serviço dos trabalhadores no comércio; podemos citar até as leis contra a escravidão, que eram regras de proteção do trabalho humano, ainda que tratada como uma relação de propriedade, mas não deixa de ser normas de trabalho. Então, o Direito do Trabalho começa a surgir com essas primeiras leis.

Fazendo um resumo, tendo em vista o Brasil, vamos ver o divórcio do Direito do Trabalho do Direito Civil com a codificação das leis trabalhistas; com a CLT. Nesse sentido, a CLT foi restritiva inicialmente quanto à regulação do Direito do Trabalho. A CLT, como vocês sabem, inicialmente só cuidou do trabalho subordinado dos trabalhadores urbanos. Ela começou restritiva. Com o tempo, sim, é que passamos a ter leis trabalhistas, mesmo, no trabalho na relação de emprego, leis para proteger o trabalho doméstico, trabalhador rural subordinado, seja empregado ou não. Então, vocês veem que ele começa, mesmo no Brasil e pegando a sua história, mesmo o Direito do Trabalho das relações empregatícias, ela começa restritiva, mas já com sua tendência de se expandir para as outras relações, mesmo nas relações de emprego, que começou restrito aos trabalhadores urbanos.

Mas a própria CLT originariamente já continha regra da expansão dessa proteção do Direito do Trabalho, de regras protecionistas ao trabalho humano. Aqui cabe lembrar a proteção processual dada à pequena empreitada. A competência que já foi dada à Justiça do Trabalho para decidir os litígios decorrentes da pequena empreitada, que não é um trabalho subordinado, já revela a expansão desse Direito do Trabalho para outros ramos, outras relações que não só do trabalho subordinado empregatício. Falo aqui em proteção, sim, porque quando você estabelece procedimentos ou uma Justiça especializada, Varas especializadas que sejam para conhecer de determinada relação jurídica, os litígios que decorrem de determinada relação jurídica, você já está protegendo, já está estabelecendo regras de proteção para aquela relação jurídica. Então, quando se trouxe para a Justiça do Trabalho a competência para as pequenas empreitadas, nós aqui já temos uma regra de proteção desses trabalhadores, desses pequenos trabalhadores nesses serviços de empreitada.

Mas, dentro dessa evolução vamos ver que, depois, passa-se à competência da Justiça do Trabalho o trabalhador avulso. As questões dos trabalhadores avulsos que, dentro da evolução, mesmo no Direito do Trabalho, no direito material, melhor dizendo, eles acabaram sendo equiparados para alguns direitos pela própria Constituição de 88. A Constituição de 88, no seu art. 7º, estabelece alguns direitos dos trabalhadores avulsos, conquanto anteriormente já havia uma proteção no aspecto processual. É dentro desse panorama evolutivo, então, encurtando aqui, que vou interpretar essa expressão "relação de trabalho" na Constituição a partir da Emenda n. 45.

Aqui temos de fazer interpretação não só histórica, evolutiva dessa expansão do Direito do Trabalho com a sua proteção processual de competência, como também me parece que ficou clara a intenção do legislador na Emenda n. 45 em trazer para a Justiça do Trabalho essa competência. Quem acompanhou todos os trabalhos da emenda constitucional sabia e sabe que a intenção deliberada foi essa mesmo, ampliar e trazer toda a competência das relações de trabalho para a Justiça do Trabalho, inclusive dos servidores estatutários, ditos estatutários. Agora, acho que nessa Emenda n. 45, quando trouxe essa competência, acho que se cometeu, digamos assim, uma inversão histórica ou um erro histórico dessa ampliação, dessa expansão. É que geralmente a proteção começa pelo direito material e, depois, ou concomitantemente, para o direito processual, ou seja, primeiro se criam leis de proteção ao trabalho, que regulam, como hoje existe na Espanha onde se regulou o trabalho autônomo, do trabalhador autônomo economicamente dependente; na Itália já temos várias regras para o trabalho parassubordinado etc., que visam a proteger justamente esses trabalhadores do ponto de vista do direito material. Depois que historicamente isso acontece é que vamos proteger processualmente.

No Brasil, com a Emenda n. 45, na verdade criamos a proteção processual, trazendo todas as relações de trabalho para a Justiça do Trabalho, mas não modificamos o direito material, talvez isso seja uma das razões para encontrarmos decisões como essas que foram citadas aqui do STJ em relação a essas outras relações de trabalho. Por quê? Porque nessas outras relações de trabalho não vemos a cara protecionista. Então, como se vê a relação do profissional liberal, do advogado com seu cliente? Não vemos ali uma relação em que se procura proteger o trabalhador, o regramento dessa relação no Código Civil, eventualmente, no estatuto do advogado, não é um regramento protecionista que se dá no Direito do Trabalho. Então, isso, talvez, esteja influenciando os ministros a não entender como trabalhistas essas relações outras que não sejam de emprego.

Mas, além disso, acho que devemos buscar na própria Constituição — eu hoje faço uma análise na própria Constituição — do porquê dessa competência especializada para as relações de trabalho. Aí, teremos de fazer um estudo, citando o Ministro Mauricio Delgado, num processo de construção interpretativa da Constituição nesse nosso Estado Social de Direito. Aí, vamos ver, em verdade, se formos analisar o texto constitucional como um todo, vamos verificar que o valor trabalho talvez seja o maior dos valores protegidos pela Constituição, ele é o que mais vai se inserir no contexto constitucional, dentro do arcabouço constitucional, a refletir a nossa sociedade em todas as suas vertentes. Eu diria que até mais do que o valor liberdade e, eventualmente, o valor igualdade, o valor trabalho justamente se interfere em todos os ramos do Direito a partir do texto constitucional.

Vou dar exemplo a partir do que já foi citado aqui, além de diversos outros dispositivos constitucionais, para revelar como esse valor trabalho está bem protegido e foi levado em conta pelo constituinte para a implantação do Estado Social. Eu digo isso porque o Estado Social, que foi agasalhado na Constituição de 88, só se implanta por meio do trabalho. Em outras palavras, só temos Estado Social quando há uma distribuição de renda, quando não há pobreza, e tudo isso se elimina por meio do trabalho. Então, temos, por exemplo, como já foi citado aqui, como um dos fundamentos da nossa República, o valor social do trabalho, está logo no art. 1º, IV. Mas não só, como também citado pelo Dr. Antonio Fabrício, vamos verificar no art. 170, da Constituição Federal, que a nossa ordem econômica está fundada na valorização do trabalho humano. Vejam só, influencia a ordem econômica o trabalho humano. O trabalho humano aqui de uma forma ampla, não só o trabalha empregatício. A nossa ordem social, como foi citado, o art. 193, tem por base o primado do trabalho. Então, vejam, logo aí, três dispositivos que levam todo o arcabouço constitucional, o fundamento da República brasileira é o valor social do trabalho; a ordem econômica fundada na valorização do trabalho; a ordem social com base no primado do trabalho.

Aí, vem todo o desdobramento na Constituição em relação a isso, uma gama de grupos de garantias de diversas vertentes, diversas ordens, que vão se referir ao trabalho. Vou aqui citar uma, não serei exaustivo, também não quero ser cansativo, mas vou citar aqui diversos grupos de garantias relacionadas ao trabalho para verificarmos como o constituinte levou em conta esse valor. Vamos ter um grupo de garantias de proteção social para num processo de integração social econômica. Aqui vamos verificar que existe garantia de formação de uma política agrícola que assegure habitação ao trabalhador rural, art. 187, da Constituição, ou seja, a política agrícola tem de estar submetida a uma política de habitação para o trabalhador rural, seja empregado ou não seja empregado; ação de proteção à saúde do trabalhador, art. 200, da Constituição, nesse mesmo art. 200, estão lá regras de proteção ao meio ambiente do trabalho; temos regras de garantia de proteção ao trabalho em desemprego involuntário, está no art. 201, da Constituição; promoção da integração dos necessitados ao mercado de trabalho, art. 203, da Constituição; a política de educação formada para o trabalho, art. 214.

Temos um grupo de garantias relacionadas ao trabalho como instrumento dessa implantação do Estado Social. Podemos citar como implantação desse Estado Social a desapropriação por descumprimento da função social e, diz a Constituição, quando não observadas as disposições que regulam as relações de trabalho, art. 186, ou seja, é a relação de trabalho influenciando a desapropriação pela função social. A limitação do poder econômico, está no art. 170, da Constituição, quando estabelece como princípio da ordem econômica a busca do pleno emprego. Aí, vamos justificar, com base nessa cláusula da busca do pleno emprego, o princípio da ordem econômica, a decisão que foi proferida pelo Tribunal de Campinas e acho que aqui em Minas Gerais também, procurando limitar essas despedidas coletivas. Essas decisões têm fundamentos, sim, na Constituição quando submete a ordem econômica a essa busca do pleno emprego, despedir coletivamente sem um processo de discussão, sem uma negociação, é justamente atentar contra esse princípio do pleno emprego. Lamentavelmente, na última notícia que ouvi, o TST andou reformando a decisão do TRT de Campinas.

Mas, temos também aqui, dentro desse grupo de implantação do Estado Social, as regras de liberdade sindical, o direito de greve, a negociação coletiva, a inserção dos trabalhadores na gestão da empresa. Podemos citar diversos direitos do cidadão, mas que são vinculados ao trabalho, como, por exemplo, o próprio princípio da igualdade, para além da regra do art. 5º, a regra geral de igualdade de todos. Você vê que a preocupação com essa igualdade no Direito do Trabalho se aprofundou e temos regras no inciso VII que estabelece a igualdade de tratamento, era até desnecessário esse dispositivo que cuida da igualdade no trabalho diante da regra geral do art. 5º, mas, ainda assim, foi reforçado. Esse tratamento igualitário foi dado também como a regra que estabeleceu a igualdade de tratamento dos sindicatos rurais e nas colônias de pescadores em relação às entidades sindicais urbanas, está no parágrafo único, do art. 8º, ou seja, mesmo às colônias de pescadores, trabalhadores autônomos, foi dada essa igualdade sindical em relação às entidades sindicais urbanas.

O direito ao trabalho, está no art. 6º, da Constituição. Direito social ao trabalho, que também respalda a decisão do TRT de Campinas aqui citada, pois está justificado nesse art. 6º, da proteção do trabalho, a busca do pleno emprego. Temos regras de valorização dos profissionais da educação escolar, art. 206, reservando especial regramento à rede pública e a um piso nacional de salário. Diversos direitos de defesa estão na Constituição, tudo voltado ao trabalho. Podemos mencionar a substituição processual das entidades sindicais. Não existe vantagem igual a esta. A Constituição apenas assegurou ao sindicato esse direito de substituição processual. Vocês veem o valor que deu ao trabalho ao garantir a terceiro o direito de proteger os direitos dos trabalhadores. E a essas entidades sindicais também, pelo menos as entidades sindicais de nível superior, reservou o direito de propor ação de inconstitucionalidade ou de constitucionalidade, dando privilégio aos trabalhadores, além de outras ações constitucionais que podem também ser ajuizadas, como o dissídio coletivo, mandado de injunção.

Como direito de defesa ainda temos o reconhecimento das convenções coletivas, ou seja, o direito de regramento próprio dado às entidades sindicais, às próprias partes interessadas na relação de emprego e de firmarem regras jurídicas para vigorarem para toda a categoria. A representação dos trabalhadores nas empresas com mais de duzentos empregados, art. 10. A promoção do cooperativismo como forma de associativismo, seja na atividade garimpeira, as dedicadas a crédito, estão no art. 174 e 192, da Constituição. Temos diversas regras de proteção do trabalho, proteção do emprego, como já falei aqui, na busca do pleno emprego. O dever do Estado em prestar assistência a quem dela necessita, de modo a promover a integração ao mercado de trabalho, art. 203, inclusive, mediante — veja a abrangência — criação de programas de prevenção e atendimento especializado para o portador de deficiência física, art. 227, da Constituição. Garantir o trabalhador contra o desemprego, em face da automação, art. 7º, XXVII. Assistência social por meio da promoção, integração ao mercado de trabalho dos necessitados, art. 203. Temos regras da seguridade social, que assegura a aposentadoria do trabalhador, além do seguro-desemprego. A inclusão previdenciária dos trabalhadores de baixa renda e os trabalhadores domésticos na Previdência. Veja que esta última regra é de proteção do trabalho doméstico também, o trabalho autônomo da dona de casa etc. A política agrícola, que já mencionei, por meio dessa influência para a habitação para o trabalhador, mas, também, a regra de impenhorabilidade do imóvel rural, quando é trabalhado pela família, é uma regra de proteção que influencia na política agrícola.

Regras de formação e qualificação do trabalho. Aqui são diversas, se vamos para o art. 205 encontramos a educação voltada ao pleno desenvolvimento da pessoa e seu preparo para o exercício da cidadania e sua qualificação para o trabalho. Ou seja, o trabalho influencia toda a nossa política de educação. Está influenciando por meio do estabelecimento de um plano nacional visando à articulação e desenvolvimento do ensino em seus diversos níveis, integrações das ações do Poder Público que conduzam também à formação para o trabalho, inciso IV, do art. 214, que assegura, nessa mesma linha, às crianças e aos adolescentes, com absoluta prioridade, diz a Constituição, além de outros direitos, o da profissionalização, ou seja, a formação profissional das crianças e dos adolescentes para o trabalho, o ensino voltado para o trabalho, garantindo o acesso do trabalhador adolescente à escola, inciso III, § 3º, do art. 227. Temos também destaque para a formação profissional de recursos humanos nas áreas de ciência, pesquisa e tecnologia, art. 218. Formação de pessoal qualificado para a gestão da cultura em suas múltiplas dimensões, art. 215.

Temos regras tributárias de proteção ao trabalho, quando a Constituição veda instituir imposto sobre o patrimônio, rendas e serviços das entidades sindicais dos trabalhadores, art. 150, da Constituição. Há também a não incidência do imposto territorial sobre pequenas glebas rurais quando exploradas pelo trabalho de seu proprietário, ou seja, são regras do trabalho influenciando a política tributária.

A política assistencial, seja por meio de uma assistência aos trabalhadores de baixa renda, como no caso do salário-família, como essa regra; um salário mínimo assegurado a quem não pode trabalhar, está no art. 203; assistência gratuita aos filhos menores dos trabalhadores em creches e pré-escolas, está nos arts. 7º e 25, da Constituição; o pagamento do abono anual do PIS, é regra constitucional, art. 239. Temos também regras de política assistencial de proteção ao trabalho do menor, do deficiente, da mulher trabalhadora com a licença-gestante. Regras que se relacionam à proteção da higiene e saúde, segurança do trabalho.

Por fim, regras que estabelecem a organização do Estado brasileiro. Aqui vamos lembrar a regra que obriga a organização, manutenção e execução do serviço público de inspeção do trabalho, art. 21, da Constituição. As regras que estabelecem a criação dos Tribunais e Varas do trabalho, a regra que criou o Ministério Público do Trabalho, art. 128. Regras que estabelecem a participação dos trabalhadores nos colegiados de órgãos públicos, art. 11. A participação dos trabalhadores na gestão da seguridade social, art. 194, além dos colegiados, instância de discussão e deliberação das entidades fechadas de previdência privada da Administração Pública, além daquelas entidades privadas concessionárias ou permissionárias da prestação de serviço.

Então, o que vemos nesse arcabouço constitucional que mencionei? Vamos ver a inserção do trabalho nos diversos ramos do Direito, nos diversos setores da nossa sociedade, seja na política agrícola, na política tributária, na ordem social, na ordem econômica.

Então, é dentro desse contexto que vejo a proteção do trabalho na Constituição e vejo a ampliação da competência da Justiça do Trabalho para as relações de trabalho. Está dentro desse contexto constitucional do valor trabalho criar para o trabalho uma Justiça especializada para resolver esses litígios que venham decorrer do trabalho. É uma forma de valorizar o trabalho, uma forma de proteger o trabalho.

Agora, o que verificamos nos Tribunais superiores, apesar de todo esse arcabouço trabalhista na Constituição, dessa verdadeira Constituição do trabalho que, lamentavelmente, não é estudada, não é aprofundada, não temos nem doutrina para tratar desse trabalho na Constituição, dessa teoria do trabalho constitucional. Ele é pouco conhecido, mesmo na nossa seara trabalhista pouco se discute, imagine nas outras áreas, quem está fora da Justiça do Trabalho, quem está fora do mundo do trabalho, no Direito do Trabalho.

Vemos, então, a posição dos Tribunais superiores em relação a isso. Vejo, talvez aqui, quatro argumentos para a jurisprudência contrária à ampliação da Justiça do Trabalho no STJ e no STF.

Primeiro, acho que talvez a não percepção da importância desse valor trabalho no texto constitucional. Não é dado o devido valor, a devida dimensão a essa questão.

A segunda é o claro preconceito que existe dentre os vários ministros nesses Tribunais superiores em relação à Justiça do Trabalho. O preconceito fica patente quando lemos o acórdão que decidiu pela incompetência da Justiça do Trabalho para as questões estatutárias. Aqui estou me referindo ao primeiro acórdão do Supremo, citado, e todas as decisões posteriores, quando cuidou da inconstitucionalidade do dispositivo, acho que era o art. 240, do Estatuto do Servidor Público Federal. Em 1981 foi criado e lá ficou estabelecida a regra para a competência da Justiça do Trabalho para as relações estatutárias. A Adin foi para o Supremo e este decidiu pela inconstitucionalidade esse dispositivo que dava a competência para a Justiça do Trabalho, com voto contrário de, acho, dois ministros, Sepúlveda Pertence e Marco Aurélio, que entendiam que cabia a competência, diante daquela cláusula que ainda existe na Constituição, de que a lei infraconstitucional poderia ampliar a competência da Justiça do Trabalho para outras relações de trabalho. Mas, se você ler esse acórdão, você verá claramente o preconceito contra a Justiça do Trabalho. O acórdão está disponível no *site* do Supremo, qualquer um pode ler, não me lembro do número, mas é consultar, facilmente se encontra. Há ministro que diz que, em outras palavras, o Juiz do Trabalho não tinha preparo para conhecer dessa matéria. Diz assim claramente, é falta de preparo. E como à época ainda era uma Justiça classista, aí, coitado de nós, foi uma adesão geral contra a Justiça do Trabalho por conta dos classistas à época etc. Imperou o preconceito. Isso se perpetuou. A Adin, que foi citada aqui, foi fonte de jurisprudência para, à luz da Constituição, da Emenda n. 45, se manter a incompetência da Justiça do Trabalho para questões. Mas o STF não adentrou no mérito; é uma Adin que ainda não foi julgada, apenas foi concedida uma medida cautelar. E eles se fundaram nessa antiga Adin. O precedente anterior acabou mantendo e eles não apreciaram essa questão de fundo para tratar se seria uma relação de trabalho ou não. Se você pegar qualquer tratadista, qualquer um, você vai ver que todo mundo diz que é relação de trabalho, é tudo relação de trabalho. Eu, ao contrário do Ministro Delgado, acho que a competência é nossa, acho até que essa matéria não está vencida. Como eu disse, essa Adin ainda não foi julgada em seu mérito, creio que se trabalhando, melhor estudando essa matéria junto ao Supremo, quebrando preconceitos, podemos até avançar em relação a essa matéria.

Agora, para isso devemos quebrar um outro obstáculo que vejo a essa ampliação nos Tribunais superiores, que é o conservadorismo; o conservadorismo de diversos ministros em relação a essa ampliação da competência da Justiça do Trabalho. Aqui devem ver também a formação dos ministros. Lamentavelmente, hoje, o Supremo, por exemplo, tem uma gama forte de ministros oriundos da Justiça Comum, temos desembargadores lá, o Ricardo Levandovisk e Cezar Peluzo que vêm com a ideia da Justiça Comum, e sem essa interpretação constitucional do trabalho, com toda uma carga cultural contra a Justiça do Trabalho. Temos juízes outros que não têm intimidade nenhuma com o Direito do Trabalho, com a Justiça do Trabalho. Aqui podemos citar os mais recentes, como Carmen Lúcia, que era administrativista, Eros Grau, que não tem experiência nenhuma com o mundo do trabalho, Joaquim Barbosa, que já está mais há tempo, ex-Procurador Federal. Então, pelo próprio perfil desses ministros, verificamos que eles não têm muita sensibilidade para as relações de trabalho. Há uma tendência para se manter conservador e a competência ser da Justiça Comum para todas essas relações.

Evidentemente que temos também a questão da luta de poder que pode passar essa questão, em retirar um pouco ou não ampliar a competência da Justiça da Trabalho para não lhe dar tanto poder. Nesse caso do poder, podemos citar agora o caso recente, que está mais em moda, das últimas questões que estão no Supremo, em relação à contratação desses trabalhadores pelo Regime Especial de Direito Administrativo, pelo REDA, seriam essas contratações a título temporário, por excepcionalidade da necessidade do serviço público. Fui ler dois acórdãos do Plenário que trataram sobre isso. É outra vergonha. Há um, então, que é daquelas páginas que você deve apagar, não deveria nem estar na Internet, aquilo é vergonhoso para o Supremo, vergonhoso para o Brasil, até na órbita internacional. A discussão é muito pobre em relação à questão. Qual foi a questão? A reclamação trabalhista em que o reclamante alega que era empregado e pede o reconhecimento da relação de emprego. Diz lá no bojo que ele foi contratado irregularmente por meio do REDA, Regime Especial de Direito Administrativo. O Supremo vem dizer, com voto contrário somente de Marco Aurélio, que mesmo nesse caso em que se alega relação de emprego, mas se se tem uma relação de Direito Administrativo que se busca anular, a competência é da Justiça Comum. Ou seja, claramente Marco Aurélio chega a ser repetitivo: "Ele está alegando que é empregado. Leia a petição inicial. Peço reconhecimento da relação". Quem tem competência é a Justiça do Trabalho, ainda que seja para dizer que não tem relação de emprego. Salvo o voto de Marco Aurélio, eles decidiram que não, como tem alegação de Direito Administrativo tem de ir para a Justiça Comum. E, se fosse o caso, se o juiz comum reconhecer a nulidade do contrato administrativo, que depois o trabalhador vá para a Justiça do Trabalho reclamar os seus direitos trabalhistas.

Esses acórdãos do Plenário são nesse sentido, só Cezar Peluzo, em um desses acórdãos, veio a concordar com o Ministro Marco Aurélio, sustentando que realmente a teoria dele está correta, é a alegação da petição inicial que vai definir a competência, se ele alegou ser empregado a competência é da Justiça do Trabalho. Mas, aí, ele me vem com uma tirada, depois, para discordar nesse segundo acórdão, ele vem dizer que, em verdade, estamos com uma competência já pré-definida que não é da Justiça do Trabalho, porque se o sujeito diz que era uma contratação irregular de Direito Administrativo, então, jamais poderá ser da Justiça do Trabalho essa Competência;

então, tem de ficar na Justiça comum, ainda que ele peça relação de emprego, o reconhecimento da relação de emprego. É uma teoria estapafúrdia que tirou o Cezar Peluzo.

Outro erro que vem trazendo nessas decisões monocráticas é dizer que quando o sujeito — há uma última do Joaquim Barbosa, se não me engano —, quando na reclamação trabalhista o empregado alega a nulidade do contrato administrativo, só o juiz da Justiça comum federal é que tem competência para declarar a nulidade do contrato administrativo para, depois, poder se deferir direitos do trabalho na Justiça do Trabalho, ou seja, outro erro aqui crasso, quero chamar a atenção, obviamente que quando o Juiz do Trabalho declara a nulidade desse contrato administrativo, ele está decidindo essa questão incidentalmente, e qualquer juiz pode decidir incidentalmente sobre qualquer matéria. Podemos até, na reclamação trabalhista, como pode acontecer, dizer que o trabalhador cometeu crime, roubou a empresa, decidir na questão criminal. Pronto. Decido que ele é criminoso e por isso é motivo para justa causa. Se for levar ao pé da letra esse entendimento do Supremo, então, sempre que houver uma alegação, um pedido de dano moral porque ofendeu a minha honra, então, vamos mandar para a Justiça Penal para decidir se há o crime de honra contra honra, se ofendeu a honra do sujeito, para depois a gente decidir a questão trabalhista, se formos levar essa interpretação como estão decidindo.

Mas o que eles deixaram, aí é o que digo que é luta pelo poder, nas entrelinhas é o seguinte, e vamos para o mérito, é até razoável se entender que tem lá suas razões jurídicas, mas o que o Supremo entende nessa questão é que quando se está diante de um contrato administrativo, a sua nulidade não acarreta o reconhecimento de qualquer direito do trabalhador enquanto empregado, a sua irregularidade de contratação vai gerar apenas as consequências previstas na legislação civil, ou seja, se há um contrato por Regime Especial e se este é nulo, a nulidade desse contrato administrativo gerará como consequência a aplicação da legislação civil, quanto à responsabilidade civil, não implica a nulidade do contrato administrativo em reconhecimento de relação de emprego, o fato de ser irregular, nula a contratação, não vai gerar evidentemente a incidência das regras gerais do contrato de emprego.

Mas isso é uma questão de mérito, não é uma questão de competência. É uma questão de mérito você dizer se tem consequência ou não de se reconhecer a nulidade para daí reconhecer ou não a existência de contrato de emprego. Mas o Supremo retira essa competência da Justiça do Trabalho, em verdade, o que ele está procurando retirar é a possibilidade de o Juiz do Trabalho concluir que da nulidade do contrato administrativo se pode gerar uma relação de emprego, ainda que nula, para mandar pagar os benefícios trabalhistas.

Observem bem, quando se retira essa possibilidade da Justiça do Trabalho nós não teremos nem a faculdade de entender diversamente no mérito do que eles entendem. Aí, esses processos todos vão para a Justiça comum e muito provavelmente lá ou não vão se reconhecer nulidade nenhuma, pois a tendência e sensibilidade social do juiz comum, do juiz federal é outra. Então, vamos ver nas prateleiras da Justiça Comum ou Federal, pois sabemos que essas Justiças, pelo menos, não são tão céleres como a Justiça do Trabalho.

Para terminar, adentrando em outras questões, em relação ao STJ. Em relação ao STJ, como foi colocado aqui, é lamentável. A posição do STJ é simplesmente que não mudou nada, eles só reconhecem a ampliação da competência da Justiça do Trabalho naquilo que é expresso, como execução fiscal quando é decorrente da fiscalização do trabalho, e por algumas outras questões que são expressas, tirando isso, a relação de trabalho para eles é igual à relação de emprego e nada mudou. A interpretação, vou citar o exemplo aqui que foi mencionado, dos herdeiros, dos trabalhadores em caso de acidente do trabalho etc., com morte. Os herdeiros reclamam na Justiça do Trabalho o direito próprio, vou citar esse exemplo para mostrar que nem uma interpretação sistemática do art. 114 está sendo feita e esse é um erro que, cá entre nós, se comete até em doutrinadores da Justiça do Trabalho.

Observem que o inciso I, do art. 114, diz o seguinte: "Competência da Justiça do Trabalho para ações oriundas das relações de trabalho"; inciso VI: "Ações de indenização por dano moral ou patrimonial decorrentes da relação de trabalho". Eu pergunto a vocês: A ação de indenização do empregado contra o empregador, vocês enquadram em que inciso? No primeiro? Ações oriundas das relações de trabalho? Ou no sexto? Ações de indenização por dano moral ou patrimonial decorrentes da relação de trabalho? Eu enquadraria no primeiro, até porque se eu apagar o sexto, revogá-lo, continua a competência da Justiça do Trabalho para ações oriundas das relações de trabalho, logo para as ações de indenização por danos morais ou patrimoniais. Então, se a competência da Justiça do Trabalho para essas ações indenizatórias está no inciso I, as relações de empregado e empregador, ou seja, é uma ação oriunda das relações de trabalho, o que quer dizer as ações de indenização por dano moral ou patrimonial decorrente da relação de trabalho previsto no inciso VI.

Por óbvio, e isso é técnica de interpretação, o legislador não foi repetitivo, a lei não tem palavras inúteis, o que ele quis no inciso I foi dizer relações de empregado e empregador, competência no inciso I, mesmo as ações indenizatórias. Essas ações de indenização previstas no inciso VI são outras ações que decorrem da relação de trabalho, mas não são entre empregado e empregador. E quem faz uma distinção é o nosso colega Reginaldo Melhado, do Paraná. Ele faz a distinção entre o oriundo e o decorrente, pois no inciso I tem oriundo, que seria da origem, seria próprio da relação direta de empregado e empregador, e os decorrentes seriam aqueles outros reflexos que decorrem, mas não estão na origem, no contrato de trabalho.

Aí, vamos ver a questão dos herdeiros. Morreu o meu filho no trabalho, eu tenho um dano moral, eu processo; eu sou dependente dele, eu processo para receber direito próprio. Essa semana me veio uma consulta que acho que é competência do trabalho, para se ver a abrangência desse dispositivo no inciso VI. Qual foi a questão? Um trabalhador, na Bahia, prestando serviço externo na rua foi atropelado, sofreu o seu dano. Então, ele processou a empresa, o empregador, alegando falta de segurança, que não lhe foi dada a segurança suficiente para prestar aquele serviço na rua. Mas ele também resolveu processar o motorista que lhe atropelou. Está certo. Quem lhe causou o dano foi o motorista que lhe atropelou, o causador do dano foi o motorista. Ele processou o motorista. Cumulou na reclamação trabalhista. Mas como esse motorista estava a serviço no momento em que atropelou, estava trabalhando para outro, ele chamou o empregador desse motorista que, conforme o Código Civil, responde solidariamente pelos atos de seu preposto. Pronto, tudo na Justiça do Trabalho.

E foi me consultado se a competência é nossa e acho que é, está aí no inciso VI, é tudo decorrência da relação de trabalho. Parece-me até, observando uma política judiciária, que não vejo como a gente entender que não, que o trabalhador para processar o empregador por esse dano, alegando falta de segurança, pedindo indenização para o empregador, Justiça do Trabalho. Pelo mesmo fato, então, se ele quer indenização, que é solidária, os três vão responder solidariamente, para cobrar do motorista do seu empregador, vai para a Justiça comum. Não tem lógica isso. Isso, dentro até do que o colega aqui mencionou, até dentro do princípio constitucional da duração razoável do processo, você tem de unir esse processo para decidir só em uma Justiça, um único juiz decidir todas essas questões, sob pena de se ter duas ações e uma ser prejudicial a outra, você tem de aguardar o julgamento de uma para à outra ser julgada eventualmente. Então, qual vai ser julgada primeiro? Eventualmente, se pode ficar trabalhando, pode-se alegar que o trabalhador se jogou na frente do carro, então, isso vai influenciar tanto a ação contra o motorista, como a ação em relação ao empregador. Então, são questões que devem ser unificadas numa mesma ação. E acho que esse inciso VI é que veio dar essa competência da Justiça do Trabalho.

O que quero chamar a atenção com esse exemplo é mostrar que nem sistematicamente o art. 114 está sendo interpretado, porque se você for para o inciso VI você traz todas essas competências para os herdeiros, o que o STJ está negando, apesar de já ter a decisão do Supremo por duas Turmas pela competência da Justiça do Trabalho.

Em suma, seriam essas questões que eu gostaria de colocar. O meu tempo já estourou. Obrigado.

# EXECUÇÃO DAS CONTRIBUIÇÕES PREVIDENCIÁRIAS

**Painelistas:** Célio Rodrigues da Cruz
Guilherme Guimarães Feliciano

TEXTO DO PAINELISTA ALUSIVO À SUA PARTICIPAÇÃO

# EXECUÇÃO DAS CONTRIBUIÇÕES PREVIDENCIÁRIAS NA JUSTIÇA DO TRABALHO[*]

*Célio Rodrigues da Cruz*[**]

## 1. INTRODUÇÃO

A Previdência Social brasileira tem o caráter contributivo e, por isso, a principal fonte de recursos são as contribuições incidentes sobre a folha de salários e demais rendimentos do trabalho. Os contribuintes são os trabalhadores e as empresas ou as entidades a elas equiparadas. Trata-se de um custeio compulsório, uma vez que tais espécies de contribuições têm natureza tributária.

A lei atribui ao sujeito passivo da obrigação tributária o dever de apurar o valor das contribuições, de confessar a dívida tributária, mediante entrega de documento declaratório, e de efetuar o pagamento — lançamento por homologação. A Administração Tributária tem o prazo de cinco anos para homologar o pagamento ou lançar, de ofício, os valores não confessados espontaneamente. Contudo, o Fisco tem dificuldade em identificar e lançar as contribuições incidentes sobre a remuneração devida e não reconhecida ou não formalizada contabilmente pelos empregadores, em razão da ausência de registro de empregados ou de omissões em folha de salários.

A verdade é que muitos empregadores, além de sonegar os direitos trabalhistas, omitindo o registro do empregado ou deixando de pagar a remuneração devida, acabam também praticando a sonegação das contribuições previdenciárias. Ademais, há situações controvertidas, em decorrência da divergência de interpretação do direito. Isso, normalmente, acaba gerando um litígio, que é solucionado pela Justiça do Trabalho.

---

(*) Painel apresentado pelo Procurador Federal Célio Rodrigues da Cruz, no II Seminário da Ampliação da Competência da Justiça do Trabalho 5 anos depois, realizado pela ANAMATRA — Associação Nacional dos Magistrados da Justiça do Trabalho, em Belo Horizonte, no dia 16 de abril de 2009.
(**)Mestre em Direito Público — UNISINOS/RS. Procurador Federal. Ex-Coordenador-Geral de Matéria Tributária da Procuradoria-Geral do INSS. Professor de Direito Constitucional e de Direito Tributário da UNIT-SE.

O procedimento adotado em relação às contribuições previdenciárias era muito diferente do estabelecido pela atual legislação. No passado, caso o Reclamado não comprovasse o recolhimento da obrigação tributária, a Justiça do Trabalho dava ciência ao Instituto Nacional do Seguro Social-INSS. A Fiscalização do Instituto Previdenciário, por sua vez, incluía essas informações no planejamento fiscal, a fim de permitir uma futura fiscalização do sujeito passivo. Mas, o Fisco dificilmente conseguia cobrar essas contribuições previdenciárias.

Não se pode esquecer que as ações reclamatórias perante a Justiça do Trabalho atingiram um grande volume[1] e, por isso, é operacionalmente inviável a Fazenda Pública fiscalizar e cobrar individualmente de cada Reclamado as contribuições previdenciárias sonegadas.

Assim, em busca da eficiência, em dezembro de 1998, o Poder Constituinte derivado, por meio da Emenda Constitucional n. 20/1998, atribuiu à própria Justiça do Trabalho a competência para executar, de ofício, as contribuições sociais decorrentes das sentenças que proferir.

Após dez anos de instituição da execução de ofício, muitas questões já foram disciplinadas pela legislação e sedimentadas pela jurisprudência. Mas, ainda há pontos importantes que merecem ser debatidos. Dessa forma, sem a pretensão de exaurir o assunto ou de apontar soluções, mas, principalmente, com o objetivo de estimular a reflexão sobre aspectos que têm sido objeto de controvérsias na própria Justiça do Trabalho, abordam-se os seguintes tópicos: abrangência da competência da Justiça do Trabalho para execução das contribuições sociais; fato gerador da contribuição previdenciária; lançamento das contribuições previdenciárias; e termo inicial dos juros e multa de mora.

## 2. ABRANGÊNCIA DA COMPETÊNCIA DA JUSTIÇA DO TRABALHO PARA EXECUÇÃO DAS CONTRIBUIÇÕES SOCIAIS

### 2.1. Instituição da execução de ofício

A Emenda Constitucional n. 20/1998 atribuiu competência à Justiça do Trabalho para executar, de ofício, as contribuições sociais incidentes sobre a

---

(1) A quantidade de processos recebidos pelas Varas do Trabalho, no ano de 2008, atingiu um patamar de 1.757.339; nesse mesmo ano, o número de processos julgados/conciliados totalizou em 1.724.436. Os valores pagos aos Reclamantes importou em, aproximadamente, R$ 9.600.000.000,00 (nove bilhões e seiscentos milhões de reais). A arrecadação das contribuições previdenciárias sobre esses valores pagos atingiu um montante aproximado de R$ 1.428.000.000,00 (um bilhão e quatrocentos e vinte oito milhões de reais). (**Fonte:** Boletim Estatístico de Varas do Trabalho, conforme pesquisa no *site* <www.tst.jus.br>, acessado em 11 de abril de 2009)

folha de salários e demais rendimentos do trabalho[2], e seus acréscimos legais, decorrentes das sentenças que proferir[3]. Posteriormente, a Emenda Constitucional n. 45/2004 reorganizou a disposição do art. 114 da Constituição Federal, mantendo essa competência no inciso VIII.[4]

Questão importante é saber qual é a abrangência dessa competência, uma vez que existem inúmeras contribuições previdenciárias e, além disso, existem outras contribuições sociais que incidem também sobre a folha de salários.

## 2.2. Competência para executar, de ofício, as contribuições sociais devidas a terceiros

O art. 114, inciso VIII, da Constituição Federal faz referência expressa apenas às contribuições sociais previstas no art. 195, I, "a", e II da Lei Maior. Assim, uma interpretação meramente literal desses dispositivos constitucionais leva o intérprete a adotar um entendimento segundo o qual não é da competência da Justiça do Trabalho executar as demais contribuições incidentes sobre folha de salários, decorrentes das sentenças que proferir (salário-educação, INCRA, SEBRAE, SESC, SENAC etc.), uma vez que o último dispositivo constitucional refere-se tão somente às contribuições de seguridade social (Saúde, Previdência e Assistência Social).

---

(2) Art. 195. A seguridade social será financiada por toda a sociedade, de forma direta e indireta, nos termos da lei, mediante recursos provenientes dos orçamentos da União, dos Estados, do Distrito Federal e dos Municípios, e das seguintes contribuições sociais:
I — do empregador, da empresa e da entidade a ela equiparada na forma da lei, incidentes sobre: (Redação dada pela Emenda Constitucional n. 20, de 1998)
a) a folha de salários e demais rendimentos do trabalho pagos ou creditados, a qualquer título, à pessoa física que lhe preste serviço, mesmo sem vínculo empregatício; (Incluído pela Emenda Constitucional n. 20, de 1998) [...]
II — do trabalhador e dos demais segurados da previdência social, não incidindo contribuição sobre aposentadoria e pensão concedidas pelo regime geral de previdência social de que trata o art. 201; (Redação dada pela Emenda Constitucional n. 20, de 1998)
(3) Art. 114. [...]
§ 3º Compete ainda à Justiça do Trabalho executar, de ofício, as contribuições sociais previstas no art. 195, I, a, e II, e seus acréscimos legais, decorrentes das sentenças que proferir. (Incluído pela Emenda Constitucional n. 20, de 1998)
(4) Art. 114. Compete à Justiça do Trabalho processar e julgar: (Redação dada pela Emenda Constitucional n. 45, de 2004) [...]
VIII a execução, de ofício, das contribuições sociais previstas no art. 195, I, a, e II, e seus acréscimos legais, decorrentes das sentenças que proferir; (Incluído pela Emenda Constitucional n. 45, de 2004)
[...]

Nesse sentido, há decisões da Justiça do Trabalho adotando o entendimento segundo o qual não é da competência dessa Justiça Especializada executar, de ofício, as contribuições destinadas a terceiros.[5]

Contudo, a interpretação literal do art. 114, VIII, da Constituição Federal, que exclui da Justiça do Trabalho a competência para executar as contribuições destinadas a terceiros, além de não ser a única possível, não se coaduna com o sentido teleológico e sistemático da Constituição Federal, pois contraria os princípios da economicidade e da eficiência, bem como a lógica jurídica do senso comum — princípio da razoabilidade.

Vale salientar que na própria Justiça do Trabalho a matéria ainda não foi pacificada, pois alguns Tribunais vêm admitindo a competência para executar as contribuições sociais destinadas a terceiros.[6]

---

(5) AGRAVO DE INSTRUMENTO. RECURSO DE REVISTA. EXECUÇÃO. CONTRIBUIÇÃO SOCIAL DE TERCEIROS. COMPETÊNCIA DA JUSTIÇA DO TRABALHO. IMPOSSIBILIDADE. Aparente violação do art. 114, VIII, da Carta Magna, a viabilizar o processamento do recurso de revista, nos termos do art. 3º da Resolução Administrativa n. 928/2003. Agravo de instrumento conhecido e provido. RECURSO DE REVISTA. EXECUÇÃO. CONTRIBUIÇÃO SOCIAL DE TERCEIROS. COMPETÊNCIA DA JUSTIÇA DO TRABALHO. IMPOSSIBILIDADE. De acordo com a redação conferida pela EC 45/2004 ao art. 114, VIII, da Lei Maior (antigo § 3º, do mesmo *caput*, na redação da EC 20/1998), a Justiça do Trabalho é competente para a execução, de ofício, das contribuições sociais previstas no art. 195, I, "a", e II, da Constituição Federal. Nessa linha, não abrangida em sua competência a contribuição social de terceiros (SESI, SENAI etc). Recurso de Revista conhecido e provido. [...] (TST; RR 738/2005-081-18-40.0; Segunda Turma; Relª Minª Rosa Maria Weber Candiota da Rosa; DJU 7.4.2009; p. 519)
RECURSO DE REVISTA. EXECUÇÃO. CONTRIBUIÇÕES PREVIDENCIÁRIAS DE TERCEIROS. INCOMPETÊNCIA DA JUSTIÇA DO TRABALHO. As contribuições de terceiros diferem das contribuições sociais, de que trata o artigo 114 da Constituição Federal/88, razão por que não se enquadra nos limites da competência da Justiça do Trabalho, mas tão somente do INSS (agora, de acordo com a Lei n. 11.457/2007, secretaria da Receita Federal do Brasil). Recurso de revista conhecido e provido. Recurso de revista. Responsabilidade subsidiária. Execução. Contribuição previdenciária. Não se conhece de recurso de revista, em fase de execução, quando não há violação direta a dispositivo constitucional. Art. 896, § 2º da CLT. (TST; RR 4318/2003-513-09-40.3; Rel. Min. Aloysio Corrêa da Veiga; DJU 7.4.2009; p. 1041)
COMPETÊNCIA. JUSTIÇA DO TRABALHO. EXECUÇÃO DE CONTRIBUIÇÕES SOCIAIS DEVIDAS A TERCEIROS. SÚMULA N. 333 DO TST. A jurisprudência desta Corte já é firme no sentido de assentar a incompetência da Justiça do Trabalho para determinar o recolhimento de contribuições sociais devidas a terceiros (SESI, SESC, SENAI, SENAC, INCRA, FNDE e SEBRAE), porque estas não se encontram previstas no art. 114, VIII e 195, I, "a", e II, c/c o 240 da Constituição Federal de 1988. [...] (Tribunal Superior do Trabalho TST; RR 7.361/2005-014-12-00.7; Oitava Turma; Relª Min. Maria Cristina Irigoyen Peduzzi; DJU 12.9.2008; p. 377)
(6) INSS. CONTRIBUIÇÕES DE TERCEIROS. Em ações trabalhistas, as contribuições de terceiros estão inclusas no gênero contribuições sociais, a teor do art. 114, VIII, da Constituição Federal, e de contribuições previdenciárias consoante art. 876, parágrafo único,

Para melhor compreender a questão, é importante observar que os principais elementos do fato gerador da contribuição previdenciária são iguais ou semelhantes aos das contribuições devidas a terceiros (fato imponível, base de cálculo e sujeito passivo). Assim, excluir da competência da Justiça do Trabalho a execução das contribuições destinadas a terceiros é obrigar o Estado a atuar em duplicidade, por meio de órgãos distintos, sobre uma situação originária de um mesmo fato, liquidando obrigações tributárias e executando contribuições sociais incidentes sobre verbas salariais reconhecidas em uma mesma decisão judicial. E isso representa um grande desperdício de tempo e de recursos, o que contraria o próprio objetivo do enunciado constitucional disposto no inciso VIII do art. 114 da Constituição Federal de 1988.

A prevalecer essa interpretação literal, na prática, quando o empregador for condenado a pagar verbas trabalhistas, a Justiça do Trabalho adotará todos os procedimentos necessários para constituir e executar, de ofício, o crédito previdenciário, mas não poderá liquidar e executar as contribuições sociais devidas a terceiros, embora o fato imponível decorra da mesma situação, a base de cálculo seja igual e o sujeito passivo seja o mesmo.

Caso a Justiça do Trabalho não execute também as contribuições destinadas a terceiros, aproveitando o mesmo procedimento, a Receita Federal, provavelmente, não conseguirá mais recuperar esses valores, seja pelo custo para tornar efetiva essa medida, seja pela dificuldade operacional, o que estimulará mais ainda a sonegação dos direitos trabalhistas e das contribuições sociais incidentes sobre folha de salários.

---

da CLT, sendo de competência material da Justiça do Trabalho, conhecer e julgar a matéria. (TRT 8ª R.; AP 01310-2003-107-08-00-1; Segunda Turma; Rel. Des. Fed. Luiz Albano Mendonça de Lima; DJEPA 6.4.2009; p. 23)
CONTRIBUIÇÕES DE TERCEIROS. Competência da Justiça do Trabalho para executar. O art. 114 da CF/88, VIII c/c o art. 876 da CLT, parágrafo único, conferem a devida competência ao judiciário trabalhista para execução dos créditos previdenciários. As contribuições de terceiros são créditos dirigidos ao INSS, mesmo que este figure na condição de intermediário entre o contribuinte e o destinatário final. (TRT 08ª R.; AP 00707-2005-106-08-00-1; Quarta Turma; Relª Desª Fed. Alda Maria de Pinho Couto; DJEPA 9.10.2008; p. 10)
COMPETÊNCIA DA JUSTIÇA DO TRABALHO. EXECUÇÃO DAS CONTRIBUIÇÕES PREVIDENCIÁRIA PARA TERCEIROS E O SAT. A Lei n. 11.457, de 16.3.2007, deu nova redação ao parágrafo único do art. 876 da CLT, determinando que a contribuição previdenciária será executada, de ofício, referente a todo o período do pacto laboral, referente a condenações ou homologações de acordos. O art. 3º determina que as atribuições do art. 2º desta Lei, se estendem às contribuições para terceiros. Assim sendo, o mesmo entendimento sobre a cobrança de contribuição previdenciária deve ser estendido às contribuições para terceiros, aplicando-se o art. 16, § 3º, II, da referida Lei, que deu nova redação ao parágrafo único do art. 876. Dessa forma, a Justiça do Trabalho é competente para executar referida contribuição. Dou provimento ao recurso da União para declarar esta especializada como competente para executar a parcela previdenciária devida a terceiros. [...]. (TRT 23ª R.; AP 00617.2007.004.23.00-0; Rel. Des. Osmair Couto; DJMT 6.10.2008; p. 25)

É importante frisar que, tradicionalmente, a legislação brasileira sempre conferiu às contribuições sociais destinadas a terceiros o mesmo tratamento que adota para as contribuições previdenciárias, sobretudo no tocante aos procedimentos de fiscalização, constituição do crédito, arrecadação, prazo, condições e cobrança judicial. Nesse sentido, estabelece a Lei n. 11.457/2007:

> Art. 3º As atribuições de que trata o art. 2º desta Lei se estendem às contribuições devidas a terceiros, assim entendidas outras entidades e fundos, na forma da legislação em vigor, aplicando-se em relação a essas contribuições, no que couber, as disposições desta Lei. [...]
>
> § 2º O disposto no *caput* deste artigo abrangerá exclusivamente contribuições cuja base de cálculo seja a mesma das que incidem sobre a remuneração paga, devida ou creditada a segurados do Regime Geral de Previdência Social ou instituídas sobre outras bases a título de substituição.
>
> **§ 3º As contribuições de que trata o *caput* deste artigo sujeitam-se aos mesmos prazos, condições, sanções e privilégios daquelas referidas no art. 2º desta Lei, inclusive no que diz respeito à cobrança judicial.**
>
> [...] (grifos inexistentes no original)

Por essa razão, é comum os enunciados normativos não fazerem referência expressa às contribuições destinadas a terceiros, embora, no processo hermenêutico, a solução adotada pelo intérprete e aplicador da norma sempre tem sido no sentido de contemplar também essas espécies tributárias, pois a operacionalização dessas contribuições somente se justifica porque sua fiscalização, arrecadação e cobrança judicial sempre têm sido feitas conjuntamente com as contribuições previdenciárias.

Na verdade, embora as contribuições destinadas a terceiros sejam espécies tributárias autônomas, na essência representam verdadeiras contribuições adicionais que, em quase tudo, coincidem com os aspectos do fato gerador das contribuições previdenciárias: hipótese de incidência, base de cálculo, sujeito passivo e sujeito ativo. O grande traço distintivo entre essas espécies tributárias é o destino da arrecadação, mas é bom ressaltar que até o agente fiscalizador e arrecadador é o mesmo — Secretaria da Receita Federal do Brasil.

Pode-se afirmar, então, que as contribuições destinadas a terceiros somente têm sentido, do ponto de vista da economicidade e da eficiência, se forem arrecadadas conjuntamente com as contribuições previdenciárias, pois seria um absurdo o Estado gastar no custeio da arrecadação um valor superior ao montante da receita arrecadada.

Portanto, o inciso VIII do art. 114 da Constituição Federal de 1988, com a redação estabelecida pela Emenda Constitucional n. 40/2004, deve ser interpretado em conformidade com a Constituição, de modo a se incluir na competência da Justiça do Trabalho a execução, de ofício, das contribuições destinadas a terceiros, em consonância com os princípios da eficiência e da razoabilidade.

## 2.3. Competência para executar, de ofício, a contribuição "SAT"

O art. 22 da Lei n. 8.212/1991 estabelece que a contribuição denominada de Seguro de Acidente do Trabalho (SAT) é destinada à Seguridade Social, e o seu objetivo é custear a aposentadoria especial, que é prevista nos arts. 57 e 58 da Lei n. 8.213/1991, bem como financiar os benefícios previdenciários concedidos em razão do grau de incidência de incapacidade laborativa decorrente dos riscos ambientais do trabalho.

Porém, alguns órgãos da Justiça do Trabalho, incluindo turmas do próprio Tribunal Superior do Trabalho, vêm adotando um entendimento segundo o qual a contribuição denominada de Seguro de Acidente do Trabalho (SAT) não está compreendida na competência prevista no inciso VIII do art. 114 da Constituição Federal.[7]

---

(7) AGRAVO DE INSTRUMENTO. COMPETÊNCIA. EXECUÇÃO DE CONTRIBUIÇÕES SOCIAIS DEVIDAS A TERCEIROS E AO SAT. Tendo o julgado regional firmado tese no sentido de que não cabe à Justiça do Trabalho executar as contribuições devidas a terceiros e ao SAT, de se concluir que cumpriu, com rigor, os preceitos constitucionais que tratam da competência. Isso porque as contribuições sociais destinadas a terceiros e ao SAT não estão inseridas na previsão dos arts. 114, § 3º (atual art. 114, inciso VIII), e 195, incisos I e II, da Constituição Federal. Agravo de instrumento não provido. (Tribunal Superior do Trabalho TST; AIRR 967/1996-851-04-40.3; Quarta Turma; Relª Juíza Conv. Maria Doralice Novaes; DJU 1.6.2007; p. 1186)
[...] A leitura do art. 114, VIII, c/c 195, I e II, ambos da Constituição, mostra que as contribuições sociais destinadas a terceiros e ao SAT não podem ser incluídas entre as passíveis de execução no âmbito da Justiça do Trabalho. [...] (TST; RR 1498/2003-018-09-41.5; Quinta Turma; Relª Min. Kátia Magalhães Arruda; DEJT 7.11.2008; p. 789) (Publicado no DVD Magister n. 24 — Repositório Autorizado do TST n. 31/2007)
CONTRIBUIÇÃO PREVIDENCIÁRIA DEVIDA SOBRE O TOTAL DO ACORDO. COMPETÊNCIA. Nos termos do art. 114, VIII da Constituição Federal, a competência desta Justiça Especializada restringe-se às contribuições sociais previstas no art. 195, I, a e II da Carta Magna. Portanto, incompetente é a Justiça do Trabalho para execução das alíquotas das contribuições sociais destinadas ao SAT e terceiros. (TRT 02ª R.; AP 01160-2003-361-02-00-0; Ac. 2008/0872233; Terceira Turma; Relª Desª Fed. Mércia Tomazinho; DOESP 17.10.2008; p. 109)
[...] CONTRIBUIÇÕES PREVIDENCIÁRIAS. SAT E TECEIROS. CONTRIBUIÇÃO PREVIDENCIÁRIA PATRONAL. A competência da Justiça do Trabalho limita-se à execução das contribuições diretas do empregado e do empregador, destinadas ao financiamento da seguridade social, vale dizer, ao órgão previdenciário, não alcançando outras contribuições devidas a terceiros, nem as destinadas a assegurar riscos ambientais do trabalho, de origem diversa. As contribuições intituladas SAT e Terceiros não se destinam ao financiamento da seguridade social, razão pela qual sua execução não se inclui na competência desta Justiça. [...]. (TRT 04ª R.; AP 00554-1998-004-04-00-3; Oitava Turma; Relª Desª Ana Luíza Heineck Kruse; Julg. 18.9.2008; DOERS 29.9.2008)

Não obstante, o entendimento adotado acima não é pacífico, pois muitos Tribunais vêm admitindo a competência dessa Justiça Especializada para executar, de ofício, o SAT.[8]

Sem dúvida, o SAT é uma contribuição de natureza previdenciária, que está prevista inicialmente no art. 7º, inciso XXVIII, e enquadrada no art. 195, ambos da Constituição Federal de 1988. O objetivo dessa espécie tributária é garantir aos trabalhadores urbanos e rurais um seguro contra acidentes do trabalho, a ser custeado compulsoriamente pelo empregador.

Portanto, a Justiça do Trabalho possui competência para executar, de ofício, a contribuição SAT, decorrente das sentenças que proferir.

## 3. FATO GERADOR DA CONTRIBUIÇÃO PREVIDENCIÁRIA

A matriz da hipótese de incidência das contribuições previdenciárias foi estabelecida na própria Constituição Federal de 1988, no art. 195, incisos I, alínea "a" e inciso II, que é "a folha de salários e demais rendi-

---

(8) SEGURO DE ACIDENTE DO TRABALHO (SAT). NATUREZA PREVIDENCIÁRIA. COMPETÊNCIA DA JUSTIÇA DO TRABALHO PARA A EXECUÇÃO. Nos termos do art. 114, inciso VIII, da Constituição da República, compete à Justiça do Trabalho "a execução, de ofício, das contribuições sociais previstas no art. 195, I, a, e II, e seus acréscimos legais, decorrentes das sentenças que proferir". O citado art. 195, inciso I, a, traz a previsão da contribuição, a cargo do empregador, incidente sobre "a folha de salários e demais rendimentos do trabalho pagos ou creditados, a qualquer título, à pessoa física que lhe preste serviço, mesmo sem vínculo empregatício". Por sua vez, com relação ao Seguro de Acidente de Trabalho, o art. 22, inciso II, da Lei n. 8.212/91 (art. 202 do Decreto n. 3.048/99) estabelece que a contribuição a cargo da empresa é destinada à Seguridade Social, para o financiamento do benefício previsto nos arts. 57 e 58 da Lei n. 8.213/91, e daqueles concedidos em razão do grau de incidência de incapacidade laborativa decorrente dos riscos ambientais do trabalho, sobre o total das remunerações pagas ou creditadas, no decorrer do mês, aos segurados empregados e trabalhadores avulsos. Depreende-se de tal texto legal a nítida natureza previdenciária da parcela SAT, sendo englobada no conceito de seguridade social, perfeitamente inserida na hipótese prevista no art. 195, inciso I, alínea a, da Constituição da República. Portanto, o Seguro de Acidente de Trabalho é verdadeira contribuição social, destinado ao custeio da aposentadoria especial (arts. 57 e 58 da Lei n. 8.213/91) e dos benefícios concedidos em razão de ocorrência de incapacidade laborativa originária de riscos ambientais do trabalho, razão pela qual deve ser executado nesta Justiça Especializada, haja vista a sua nítida natureza previdenciária. (TRT 3ª R.; AP 377/2006-059-03-00.0; Rel. Juiz Conv. José Marlon de Freitas; DJEMG 30.3.2009)
CONTRIBUIÇÃO PREVIDENCIÁRIA. "TERCEIROS" E 'SAT" COMPETÊNCIA. É competente a Justiça do Trabalho para execução dos valores relativos ao SAT, o qual se fixa em 1%, na forma do art. 22, II, letra a, da Lei n. 8.212/91, considerando-se, em razão da atividade preponderante da reclamada, leve o risco de acidente. Recurso parcialmente acolhido. (TRT 04ª R.; AP 00797-2007-372-04-00-6; Rel. Des. João Pedro Silvestrin; Julg. 23/07/2008; DOERS 1.8.2008)

mentos do trabalho pagos **ou creditados**, a qualquer título, à pessoa física que lhe preste serviço, mesmo sem vínculo empregatício."

A expressão **"creditados"**, que foi adotada no art. 195 da Constituição Federal de 1988, significa remuneração devida, uma vez que a aquisição do direito aos rendimentos do trabalho surge com a prestação do serviço, independentemente de registro contábil ou de efetivo pagamento.

Segundo a legislação societária[9], as sociedades empresárias, salvo exceções estabelecidas em lei[10], têm o dever de manter a escrituração contábil com obediência aos princípios contábeis, que são estabelecidos pelo Conselho Federal de Contabilidade, seguindo o regime de competência[11]. E, de acordo com esse princípio, a empresa ou entidade a ela equiparada tem o dever de contabilizar as despesas com folha de salários ou demais rendimentos do trabalho, reconhecendo o direito do trabalhador à percepção da

---

(9) Lei n. 6.404, de 1976 (Lei das Sociedades Anônimas, aplicável subsidiariamente às demais sociedades empresárias): Art. 177. A escrituração da companhia será mantida em registros permanentes, com obediência aos preceitos da legislação comercial e desta Lei e aos princípios de contabilidade geralmente aceitos, devendo observar métodos ou critérios contábeis uniformes no tempo e registrar as mutações patrimoniais segundo o regime de competência.
(10) Código Civil Brasileiro: Art. 1179. O empresário e a sociedade empresária são obrigados a seguir um sistema de contabilidade, mecanizado ou não, com base na escrituração uniforme de seus livros, em correspondência com a documentação respectiva, e a levantar anualmente o balanço patrimonial e o de resultado econômico.
[...]
§ 2º É dispensado das exigências deste artigo o pequeno empresário a que se refere o art. 970.
(11) Resolução CFC n. 750/93, aprovada pelo Conselho Federal de Contabilidade:
Art. 2º Os Princípios Fundamentais de Contabilidade representam a essência das doutrinas e teorias relativas à Ciência da Contabilidade, consoante o entendimento predominante nos universos científico e profissional de nosso País. Concernem, pois, à Contabilidade no seu sentido mais amplo de ciência social, cujo objeto é o patrimônio das entidades.
[...]
Art. 9º As receitas e as despesas devem ser incluídas na apuração do resultado do período em que ocorrerem, sempre simultaneamente quando se correlacionarem, independentemente de recebimento ou pagamento.
§ 1º O Princípio da COMPETÊNCIA determina quando as alterações no ativo ou no passivo resultam em aumento ou diminuição no patrimônio líquido, estabelecendo diretrizes para classificação das mutações patrimoniais, resultantes da observância do Princípio da OPORTUNIDADE.
§ 2º O reconhecimento simultâneo das receitas e despesas, quando correlatas, é consequência natural do respeito ao período em que ocorrer sua geração.
[...]
§ 4º Consideram-se incorridas as despesas:
I — quando deixar de existir o correspondente valor ativo, por transferência de sua propriedade para terceiro;
II — pela diminuição ou extinção do valor econômico de um ativo;
III — pelo surgimento de um passivo, sem o correspondente ativo.

remuneração, dentro do próprio mês em que ocorreu a prestação do serviço, independentemente de pagamento, uma vez que o benefício decorrente da utilização da mão de obra é também apropriado pelo tomador do serviço de imediato, com a ocorrência do fato. Portanto, o crédito (direito) do trabalhador surge com a prestação do serviço.

Em verdade, se fosse possível a empresa apropriar-se da mão de obra sem uma contrapartida, que é o direito à percepção da remuneração, isso poderia até se caracterizar como um enriquecimento ilícito por parte do empregador ou tomador do serviço. E o reconhecimento dessa despesa com o consequente reconhecimento da obrigação, seja para fins de cumprimento das normas contábeis e da própria legislação empresarial, seja para fins de cumprimento da legislação tributária, deve ser feito, necessariamente dentro do próprio mês em que o serviço foi efetivamente prestado.

Caso haja alguma dúvida quanto à existência do direito à remuneração, em decorrência de divergência de interpretação do direito, por uma questão de prudência e em observância ao princípio contábil da oportunidade[12], deve a entidade reconhecer o crédito do trabalhador, mediante a contabilização de uma provisão.

E, para evitar a fluência dos acréscimos moratórios das contribuições sociais, o sujeito passivo da obrigação tributária tem o direito de formalizar consulta à Administração Tributária, ou depositar em juízo o montante da contribuição previdenciária que entende ser devida, por sua conta e risco.

Portanto, o aspecto material do fato gerador da contribuição previdenciária é exatamente a aquisição do direito à percepção da remuneração, em decorrência da prestação do serviço. Ressalte-se que a própria Constituição Federal de 1988 adota a expressão "folha de salários e demais rendimentos do trabalho pagos ou creditados".

"Folha de salários" não significa o efetivo pagamento da remuneração, mas o título jurídico que consubstancia o crédito do empregado, e, por isso, conforme determina a própria Lei do Custeio da Seguridade Social, a folha

---

(12) Art. 6º O Princípio da OPORTUNIDADE refere-se, simultaneamente, à tempestividade e à integridade do registro do patrimônio e das suas mutações, determinando que este seja feito de imediato e com a extensão correta, independentemente das causas que as originaram.
Parágrafo único — Como resultado da observância do Princípio da OPORTUNIDADE:
I — desde que tecnicamente estimável, o registro das variações patrimoniais deve ser feito mesmo na hipótese de somente existir razoável certeza de sua ocorrência;
II — o registro compreende os elementos quantitativos e qualitativos, contemplando os aspectos físicos e monetários;
III — o registro deve ensejar o reconhecimento universal das variações ocorridas no patrimônio da ENTIDADE, em um período de tempo determinado, base necessária para gerar informações úteis ao processo decisório da gestão.

de salários deve ser elaborada mensalmente. Já a expressão "demais rendimentos do trabalho pagos ou creditados", refere-se a outros direitos do trabalhador, em decorrência da prestação de serviços, sem vínculo empregatício, a exemplo do trabalhador autônomo.

A rigor, a decisão judicial não cria o crédito, mas tão somente declara o fato que deu origem ao direito. Dessa forma, o aspecto material do fato gerador da contribuição previdenciária não é a sentença, e sim o direito à percepção da remuneração; já o aspecto temporal é a data da efetiva prestação do serviço, que se consolida a cada período (como regra, ao final de cada mês), nos termos da legislação ou das disposições contratuais.

Porém, há decisões da Justiça do Trabalho que adotam outros entendimentos, segundo os quais o fato gerador das contribuições previdenciárias ocorre na data do efetivo pagamento ou da sentença.[13]

Embora não fosse necessária uma regra expressa no sentido de dizer que, nas ações trabalhistas, o fato gerador também ocorre na data da prestação do serviço, mas, com o objetivo de esclarecer (interpretar), a Medida Provisória n. 449/2008 acabou incluindo o § 2º no art. 43 da Lei n. 8.212/1991.[14]

---

(13) AGRAVO DE PETIÇÃO. CONTRIBUIÇÕES PREVIDENCIÁRIAS. JUROS E CORREÇÃO MONETÁRIA. Fato gerador dos termos do art. 195, I, "a", da CF, emerge claramente que o fato gerador da contribuição previdenciária é o pagamento, pelo empregador, de valores à pessoa física que lhe preste ou tenha prestado serviços, ou seja, os rendimentos do trabalho pagos ou creditados e não a efetiva prestação dos serviços. E na Justiça do Trabalho o fato gerador é o mesmo, posto que a este dispositivo constitucional se refere o inciso VIII do art. 114 da Carta Magna. Assim, se o pagamento feito pelo empregador e o recebimento pelo trabalhador decorre de uma sentença proferida em ação trabalhista, que tanto pode ser condenatória, como homologatória de acordo, presente se encontra a ocorrência do fato gerador apto a ensejar a obrigação do recolhimento da contribuição previdenciária. Impõe-se, no caso em testilha, por força do disposto no § 4º do art. 879 da CLT, a observância do comando contido no art. 276 do Decreto n. 3048/99. Não há, portanto, como se acolher a pretensão da União (INSS) de aplicação de juros e correção monetária a partir do mês de competência, ou seja, da prestação de serviços. (TRT 2ª R.; AP 00718-2005-443-02-00-9; Ac. 2009/0200564; Décima Segunda Turma; Rel. Des. Fed. Marcelo Freire Gonçalves; DOESP 3.4.2009; p. 56)
CONTRIBUIÇÕES PREVIDENCIÁRIAS. JUROS DE MORA. FATO GERADOR. Da interpretação do art. 83, da consolidação dos provimentos da Corregedoria Geral da Justiça do Trabalho, depreende-se que o fato gerador do crédito tributário surge após o trânsito em julgado da condenação em ação trabalhista, quando nascem, simultaneamente, os créditos trabalhista e previdenciário, havendo expressa determinação legal de que os juros de mora, em reclamações trabalhistas, incidem a partir do ajuizamento da ação, nos termos do art. 883, da CLT. (TRT 08ª R.; AP 00720-2002-012-08-00-1; Terceira Turma; Relª Desª Graziela Leite Colares; DJEPA 6.10.2008; p. 8)
(14) Art. 43. Nas ações trabalhistas de que resultar o pagamento de direitos sujeitos à incidência de contribuição previdenciária, o juiz, sob pena de responsabilidade, determinará o imediato recolhimento das importâncias devidas à Seguridade Social. (Redação dada pela Lei n. 8.620, de 5.1.93).
[...]

Há decisões da Justiça do Trabalho que já reconhecem que o momento da ocorrência do fato gerador das contribuições sociais é a data da prestação de serviços.[15]

No âmbito da Justiça Comum, esse entendimento já é pacífico, segundo o qual o momento da ocorrência do fato gerador das contribuições sociais é a data da prestação de serviços.[16]

---

§ 2º Considera-se ocorrido o fato gerador das contribuições sociais na data da prestação do serviço. (Incluído pela Medida Provisória n. 449, de 2008)
(grifos inexistentes no original)
(15) CONTRIBUIÇÕES PREVIDENCIÁRIAS. FATO GERADOR. CRITÉRIO DE ATUALIZAÇÃO. FASE DE LIQUIDAÇÃO DA SENTENÇA. O fato gerador da contribuição previdenciária. Espécie de contribuição social. É a prestação de serviços. O crédito previdenciário deve ser atualizado a partir daí, pelos índices próprios da legislação previdenciária. Aplicabilidade dos §§ 2º e 3º do art. 43 da Lei n. 8.212/91, introduzidos pela medida provisória n. 449, publicada em 4.12.2008. Recurso provido. (TRT 4ª R.; AP 00957-2003-662-04-00-0; Sétima Turma; Relª Desª Maria Inês Cunha Dornelles; Julg. 29.1.2009; DJERS 7.4.2009; p. 98)
CONTRIBUIÇÕES PREVIDENCIÁRIAS. JUROS DE MORA E MULTA. Incorrendo o empregador em mora salarial, total ou parcial, declarada judicialmente, a hipótese de incidência tributária (fato gerador) das contribuições previdenciárias ocorre a cada mês dessa mora. (TRT 8ª R.; RO 02117-2007-126-08-00-0; Terceira Turma; Rel. Des. Fed. José Maria Quadros de Alencar; DJEPA 7.4.2009; p. 16)
CONTRIBUIÇÃO PREVIDENCIÁRIA. INCIDÊNCIA SOBRE A FOLHA DE SALÁRIOS. FATO GERADOR. O fato gerador da contribuição previdenciária não é o pagamento do salário, mas sim, a prestação de serviços decorrente da relação de emprego entre empregado e empregador. A decisão judicial proferida em reclamação trabalhista não constitui direitos, mas apenas reconhece a sua existência, que no passado foi lesado e somente com o pronunciamento jurisdicional foi reconhecido, ou seja, o comando judicial não constitui o fato gerador da contribuição previdenciária, pois ele — Prestação de serviços — Já preexistia ao tempo da declaração. (TRT 15ª R.; AP 1052-1999-120-15-00-8; Ac. 41625/06; Décima Primeira Câmara; Relª Desª Maria Cecília Fernandes Álvares Leite; DOESP 15.9.2006; p. 103)
(16) TRIBUTÁRIO. RECURSO ESPECIAL. CONTRIBUIÇÃO PREVIDENCIÁRIA. FOLHA DE SALÁRIOS. PRAZO DE RECOLHIMENTO. FATO GERADOR. 1. As contribuições previdenciárias a cargo das empresas devem ser recolhidas no mês seguinte ao trabalhado, e não no mês seguinte ao efetivo pagamento. 2. "O fato gerador da contribuição previdenciária é a relação laboral onerosa, da qual se origina a obrigação de pagar ao trabalhador (até o quinto dia subsequente ao mês laborado) e a obrigação de recolher a contribuição previdenciária aos cofres da Previdência" (RESP n. 502.650 — SC, Relatora Ministra Eliana Calmon, DJ de 25.2.2004). 3. Recurso Especial improvido. [...] A perfectibilização do fato gerador das contribuições previdenciárias sobre a folha de salários devidas pelo empregador não depende do efetivo pagamento das remunerações devidas aos trabalhadores a seu serviço, mas tão somente da prestação do trabalho, a partir da qual a remuneração se torna devida, a teor do art. 22, I, da Lei n. 8.212/91. 4. O mês de competência a que se refere o art. 30 da Lei n. 8.212/91 é justamente aquele em que ocorre a prestação do serviço e a remuneração se torna devida, devendo o recolhimento das exações se dar no mês subsequente, na forma do art. 30, I, "b", da Lei n. 8.212/91.20

Portanto, em síntese, pode-se afirmar que os aspectos do fato gerador da contribuição previdenciária são os seguintes:

**a) Aspecto material:** é o direito à percepção da remuneração, a qualquer título, em decorrência de prestação de serviços por pessoas físicas, mesmo sem vínculo empregatício; a aquisição desse direito surge com a efetiva prestação do serviço, uma vez que, nas hipóteses de litígio, a decisão judicial não cria, mas apenas declara algo já existente;

**b) Aspecto temporal:** momento em que a remuneração tornar-se devida, ou seja, quando ocorrer a prestação do serviço, independentemente do efetivo pagamento ou do registro fiscal ou contábil;

**c) Aspecto subjetivo:** o sujeito passivo, em regra, é a empresa ou a entidade a ela equiparada, seja na condição de contribuinte (parte patronal), seja na condição de responsável por substituição (parte do segurado — trabalhador); sujeito ativo é a Fazenda Nacional;

**d) Aspecto valorativo:** em relação à parte patronal, a base de cálculo é o valor total da remuneração devida, já na hipótese de contribuição do segurado, é o salário-de-contribuição. As alíquotas são variáveis, de acordo com a espécie de contribuição.

## 4. LANÇAMENTO (LIQUIDAÇÃO) DAS CONTRIBUIÇÕES PREVIDENCIÁRIAS

Não se pode confundir o fato gerador da contribuição previdenciária, que é a circunstância que faz nascer a obrigação tributária, com o lançamento, que é a constituição do crédito tributário. "O lançamento não cria o direito da Fazenda Pública, pois este já existe desde a materialização da hipótese de incidência prevista em lei, mas tão somente declara e formaliza o crédito tributário, tornando-o líquido, certo e exigível."[17]

As contribuições previdenciárias são espécies tributárias sujeitas ao lançamento por homologação.

No lançamento por homologação, o titular da competência tributária confere ao sujeito passivo o dever de individualizar a norma abstrata (lei) ao caso concreto (fato imponível) e, consequentemente, é este quem identifica os elementos do fato gerador, liquida a obrigação tributária e efetua o pagamento do tributo, independentemente de ato formal da autoridade administrativa.[18]

---

(17) CRUZ, Célio. Confissão de dívida tributária mediante documento declaratório. *Revista Fórum de Direito Tributário — RFDT*, Belo Horizonte, ano 6, n. 31, p. 129-148, jan./fev. 2008, p. 131.
(18) *Ibid.*, p. 133.

Assim, mensalmente as empresas ou entidades a elas equiparadas têm o dever de liquidar as contribuições previdenciárias, efetuar o pagamento e apresentar a GFIP[19]. Porém, se a contribuição previdenciária não for paga espontaneamente pelo sujeito passivo, nem confessada, mediante apresentação da GFIP, cabe à autoridade administrativa realizar a constituição (liquidação) do crédito tributário, de ofício.

De qualquer forma, o lançamento deve se reportar sempre à data do fato gerador[20], seja para fins de aplicação da legislação tributária, seja para fins de cobrança dos acréscimos moratórios.

Nas hipóteses de execução, de ofício, pela Justiça do Trabalho, a constituição do crédito tributário é realizada pelo próprio órgão judiciário, o que dispensa a notificação fiscal emitida pelo Auditor da Receita Federal, nos moldes do art. 142 do Código Tributário Nacional, e ocorre com o trânsito em julgado da sentença de liquidação ou da homologação do acordo, mas deve se reportar sempre ao momento da ocorrência do fato gerador, que é a prestação do serviço, inclusive para fins de cobrança dos acréscimos moratórios.

O procedimento de constituição (formalização) da contribuição previdenciária na Justiça do Trabalho, embora se consubstancie com o ato do Juiz que decide acerca da liquidação do tributo, tal decisão não se caracteriza como um ato jurisdicional, com atributos de coisa julgada, uma vez que pode ser objeto de discussão nos embargos, em moldes semelhantes ao que ocorre em execuções fiscais fundamentadas em certidões de dívida ativa (CDA).

## 5. TERMO INICIAL DOS JUROS E MULTA DE MORA

Alguns órgãos da Justiça do Trabalho vêm adotando um entendimento segundo o qual o termo inicial dos acréscimos moratórios somente ocorre

---

(19) A Guia de Recolhimento do FGTS e Informações à Previdência Social (GFIP) é um documento declaratório dos elementos essenciais do fato gerador da contribuição previdenciária e de outras contribuições sociais denominadas de "terceiros" incidentes sobre a folha de pagamento.
Diferentemente dos demais documentos declaratórios, que geram consequências jurídicas basicamente no Direito Tributário, a GFIP, além de servir como meio de constituição do crédito tributário, também alimenta o Cadastro Nacional de Informações Sociais-CNIS. E, segundo o art. 19 do Regulamento da Previdência Social (Decreto 3.048D 99), os dados constantes do CNIS valem para todos os efeitos como prova de filiação à Previdência Social, relação de emprego, tempo de serviço ou de contribuição e salários-de-contribuição. (CRUZ, Célio. Confissão de dívida tributária mediante documento declaratório. *Revista Fórum de Direito Tributário — RFDT*, Belo Horizonte, ano 6, n. 31, p. 129-148, jan./fev. 2008, p. 140).
Sobre esse assunto, ver CRUZ, Célio. A GFIP como meio de constituição do crédito tributário. *Revista de Estudos Tributários*, p. 131-132.
(20) Código Tributário Nacional: Art. 144. O lançamento reporta-se à data da ocorrência do fato gerador da obrigação e rege-se pela lei então vigente, ainda que posteriormente modificada ou revogada.

após a sentença ou, o que é pior ainda, após o pagamento em favor do trabalhador, sob a fundamentação de que o fato gerador das contribuições previdenciárias apenas ocorreria na data do efetivo pagamento ou da sentença.[21]

Mas, conforme já abordado anteriormente, o fato gerador da contribuição previdenciária é a prestação do serviço. O não reconhecimento voluntário do direito do trabalhador não tem o condão de postergar o momento da ocorrência do fato gerador.

Imagine, hipoteticamente, que duas empresas tenham contratado trabalhadores, na condição de empregados. A primeira efetuou os registros contábeis de todas as verbas trabalhistas devidas e, ainda, apresentou a GFIP, confessando a dívida tributária, mas não efetuou o pagamento das horas extras aos trabalhadores, nem recolheu as contribuições sociais, por dificuldade financeira. Posteriormente, essa empresa requereu parcelamento e efetuou o pagamento das contribuições sociais, arcando com juros e multa de mora, uma vez que o fato gerador ocorreu com a efetiva prestação do serviço.

Já a segunda empresa, além de não efetuar os registros contábeis e de não apresentar a GFIP, não efetuou o pagamento das horas extras aos trabalhadores, nem recolheu as contribuições sociais. Decorrido um prazo de quatro anos da contratação, os empregados ajuizaram ação reclamatória perante a Justiça do Trabalho, requerendo os valores das horas extras. A

---

(21) CONTRIBUIÇÃO PREVIDENCIÁRIA. FATO GERADOR. O fato gerador das contribuições previdenciárias, decorrentes de sentença trabalhista, não é a aquisição do direito ao salário e/ou à remuneração, nem o título executivo, mas a efetivação deste, ou seja, o pagamento dos valores descritos em favor do trabalhador, incidindo, a partir daí, as contribuições devidas por empregador e empregado. 2. JUROS DE MORA — CONTAGEM. O *dies a quo*, nas ações trabalhistas, para a incidência de multa e juros sobre a contribuição previdenciária devida, é aquele imediato ao dia dois do mês seguinte ao do pagamento em favor do obreiro. 3. Agravo de Petição conhecido e improvido. (TRT 07ª R.; APet 00062/1999-027-07-00-6; Rel. Des. Manoel Arízio Eduardo de Castro; DOJT 1.8.2008; p. 8901)
DA MULTA E TAXA SELIC INCIDENTES SOBRE CONTRIBUIÇÕES PREVIDENCIÁRIAS. As contribuições previdenciárias incidentes sobre os rendimentos do trabalhador pagos ou creditados em virtude de sentença trabalhista (art. 114, VIII, e 195, I *a* e II, CF) constitui um novo título executivo fiscal, que dispensa a inscrição da dívida ativa e, ao qual não se aplica as regras da constituição do credito previsto, Código Tributário, e só são devidas após a sentença.(TRT 2ª R.; AP 00130-2000-077-02-00-5; Ac. 2009/0222835; Sexta Turma; Relª Desª Fed. Ivani Contini Bramante; DOESP 7.4.2009; p. 108)
FATO GERADOR DAS CONTRIBUIÇÕES PREVIDENCIÁRIAS. Ainda que o fato gerador da contribuição previdenciária seja o trabalho do segurado empregado, apenas depois da apuração do valor devido a título de contribuições previdenciárias e da citação do devedor para pagamento, é que se configura a mora necessária para aplicação das penalidades previstas na legislação previdenciária, como juros e correção monetária (taxa Selic). (TRT 04ª R.; AP 01541-2000-402-04-00-7; Quinta Turma; Rel. Des. Leonardo Meurer Brasil; Julg. 2.10.2008; DOERS 17.10.2008)

Reclamada foi condenada a pagar as horas extras e as contribuições previdenciárias, com incidência de acréscimos moratórios (juros e multas) a partir do pagamento do valor liquidado na condenação.

A partir de uma análise das situações hipotéticas acima, conclui-se que a empresa sonegadora dos direitos trabalhistas e das contribuições previdenciárias foi beneficiada, já que, além de ter retardado o pagamento das contribuições previdenciárias, acabou não arcando com os mesmos acréscimos moratórios aplicados à primeira empresa.

Isso fere frontalmente os princípios da razoabilidade e da isonomia tributária, visto que a contribuição previdenciária de responsabilidade da empresa que sonegou os direitos trabalhistas, pelo fato de ter sido liquidada e executada pela Justiça do Trabalho, recebeu um tratamento diferenciado e mais benéfico — incidência de juros e multa de mora somente a partir da sentença ou, o que é pior, a contar do efetivo pagamento. Já a outra empresa, que agiu de boa-fé e reconheceu o direito do trabalhador, apresentando o documento declaratório (GFIP), foi obrigada a pagar as contribuições previdenciárias com acréscimos moratórios desde o mês seguinte ao da prestação do serviço.

É inadmissível que o aspecto temporal do fato gerador de um tributo, que decorre de lei, possa ser manipulado, exclusivamente por deliberação voluntária do contribuinte, postergando o nascimento da obrigação tributária e, consequentemente, a incidência de acréscimos moratórios.

Há decisões da Justiça do Trabalho que já adotam o entendimento segundo o qual o termo inicial dos acréscimos moratórios é o mês subsequente ao da prestação do serviço.[22]

---

(22) AGRAVO DE PETIÇÃO. CONTRIBUIÇÕES PREVIDENCIÁRIAS. FATO GERADOR. INCIDÊNCIA DE ATUALIZAÇÃO MONETÁRIA E MULTA. Em face das alterações promovidas na Lei n. 8.212/91, por força da Medida Provisória n. 449, de 3.12.08, reconhece-se que o fato gerador das contribuições sociais é a data da prestação de serviços e que a apuração das quotas previdenciárias pagas com atraso deve-se dar com os acréscimos moratórios relativos a cada uma das competências, na forma dos §§ 2º e 3º do art. 43 daquela Lei. A incidência de multa de mora e juros de mora, assegurada pelo artigo 35 da mesma Lei, com nova redação, passa a ocorrer com os critérios do art. 61 da Lei n. 9.430/1996, ficando garantida, quanto aos juros, a aplicação da taxa selic.(TRT 4ª R.; AP 00045-2006-771-04-00-0; Quarta Turma; Rel. Des. Fabiano de Castilhos Bertoluci; Julg. 26.3.2009; DJERS 6.4.2009; p. 104)
CÁLCULOS DE LIQUIDAÇÃO. CONTRIBUIÇÃO PREVIDENCIÁRIA. FATO GERADOR. Diante da redação dos §§ 2º e 3º, do art. 43 da Lei n. 8.212/91, introduzidos pela MP 449/2008, não há mais dúvida de que os juros e a multa moratória devem incidir sobre as contribuições previdenciárias a partir de cada uma das competências, apuradas mês a mês, eis que a prestação de serviço deve ser considerada o fato gerador do recolhimento previdenciário. (TRT 3ªR.; AP 1094/2006-044-03-00.6; Relª Juíza Conv. Gisele de Cassia V. Dias Macedo; DJEMG 6.4.2009)

# 6. QUADRO SINÓTICO

**RELAÇÕES JURÍDICAS DECORRENTES DA PRESTAÇÃO DE SERVIÇOS POR PESSOAS FÍSICAS**

**RELAÇÃO TRABALHISTA:** Justiça do Trabalho

**RELAÇÃO PREVIDENCIÁRIA:** Justiça Federal

**RELAÇÃO TRIBUTÁRIA:** Justiça Federal e Justiça do Trabalho

**PREVIDÊNCIA SOCIAL**
**Custeio compulsório**

**Caráter contributivo**

Principal fonte de recursos são as contribuições incidentes sobre a folha de salários e demais rendimentos do trabalho.

Os contribuintes são os trabalhadores e as empresas ou as entidades a elas equiparadas.

## ARRECADAÇÃO DECORRENTE DAS EXECUÇÕES PELA JUSTIÇA DO TRABALHO

| Ano | Valor Total Pago aos Reclamantes (R$) | Valor Pago em Acordo (R$) | % de Acordos | Valor Pago em Execução (R$) | Arrecadação |
|---|---|---|---|---|---|
| 2008 | 9.599.498.862,10 | (ainda não há a informação) | | (ainda não há a informação) | 1.427.537.821,00 |
| 2007 | 9.893.591.226,38 | 2.473.397.806,59 (25%) | 43,9 | 7.420.193.419,79 (75%) | 1.260.865.302,41 |
| 2006 | 8.215.089.906,88 | 1.971.621.577,65 (24%) | 43,8 | 6.243.468.329,23 (76%) | 1.009.435.287,48 |
| 2005 | 7.186.296.442,77 | 1.940.300.039,54 (27%) | 44,3 | 5.245.996.403,23 (73%) | 990.635.687,16 |
| 2004 | 5.921.228.231,09 | 1.790.522.401,78 (30%) | 44,1 | 4.130.705.829,31 (70%) | 962.812.972,40 |
| 2003 | 5.038.809.649,29 | 1.479.770.579,98 (29%) | 44,6 | 3.559.039.069,91 (71%) | 668.029.016,40 |

**Fonte:** Boletim Estatístico de Varas do Trabalho, conforme pesquisa no *site* <www.tst.jus.br>, acessado em 11.4.2009

## QUADRO COMPARATIVO DOS PROCEDIMENTOS DE LIQUIDAÇÃO E EXECUÇÃO DAS CONTRIBUIÇÕES PREVIDENCIÁRIAS

| EVENTOS | LANÇAMENTO (LIQUIDAÇÃO) RECEITA FEDERAL | LIQUIDAÇÃO, DE OFÍCIO, PELA JUSTIÇA DO TRABALHO |
|---|---|---|
| HIPÓTESE DE INCIDÊNCIA | Folha de salários e demais rendimentos do trabalho pagos ou creditados. | Folha de salários e demais rendimentos do trabalho pagos ou creditados. |
| ASPECTO TEMPORAL DO FATO GERADOR | Momento em que a remuneração tornar-se devida, ou seja, quando ocorrer a prestação do serviço, independentemente do efetivo pagamento ou do registro fiscal ou contábil. | Momento em que a remuneração tornar-se devida, ou seja, quando ocorrer a prestação do serviço, independentemente do efetivo pagamento ou do registro fiscal ou contábil. |
| BASE DE CÁLCULO | Empresa: valor total da remuneração devida. Segurado: salário-de-contribuição. | Empresa: valor total da remuneração devida. Segurado: salário-de-contribuição. |

## QUADRO COMPARATIVO DOS PROCEDIMENTOS DE LIQUIDAÇÃO E EXECUÇÃO DAS CONTRIBUIÇÕES PREVIDENCIÁRIAS

| EVENTOS | LANÇAMENTO (LIQUIDAÇÃO) RECEITA FEDERAL | LIQUIDAÇÃO, DE OFÍCIO, PELA JUSTIÇA DO TRABALHO |
|---|---|---|
| PREVISÃO LEGAL SOBRE LANÇAMENTO | POR HOMOLOGAÇÃO<br><br>GFIP (CONFISSÃO DE DÍVIDA) | POR HOMOLOGAÇÃO<br><br>GFIP (CONFISSÃO DE DÍVIDA) |
| LANÇAMENTO DE OFÍCIO, NA HIPÓTESE DE O SUJEITO PASSIVO NÃO CUMPRIR SEU DEVER | NOTIFICAÇÃO FISCAL DE LANÇAMENTO DE DÉBITO — NFLD (AUDITOR FISCAL) | OCORRE COM O TRÂNSITO EM JULGADO DA SENTENÇA DE LIQUIDAÇÃO OU DA HOMOLOGAÇÃO DO ACORDO. |
| LEGISLAÇÃO APLICÁVEL | CTN: Art. 144. O lançamento reporta-se à data da ocorrência do fato gerador da obrigação e rege-se pela lei então vigente, ainda que posteriormente modificada ou revogada. | CTN: Art. 144. O lançamento reporta-se à data da ocorrência do fato gerador da obrigação e rege-se pela lei então vigente, ainda que posteriormente modificada ou revogada. |

## QUADRO COMPARATIVO DOS PROCEDIMENTOS DE LIQUIDAÇÃO E EXECUÇÃO DAS CONTRIBUIÇÕES PREVIDENCIÁRIAS

| EVENTOS | LANÇAMENTO (LIQUIDAÇÃO) RECEITA FEDERAL | LIQUIDAÇÃO, DE OFÍCIO, PELA JUSTIÇA DO TRABALHO |
|---|---|---|
| CONTENCIOSO ADMINISTRATIVO | CONTRIBUINTE É NOTIFICADO PARA PAGAR OU SE DEFENDER | NÃO HÁ CONTENCIOSO ADMINISTRATIVO |
| RECURSO | CONTRIBUINTE PODE RECORRER AO CONSELHO DE CONTRIBUINTES — PROCESSO ADMINISTRATIVO | NÃO HÁ PROCESSO ADMINISTRATIVO<br><br>RECURSO JUDÍCIAL PARA DISCUTIR A LIQUIDAÇÃO |
| CRÉDITO DEFINITIVAMENTE CONSTITUÍDO | EXAURIMENTO DA INSTÂNCIA ADMINISTRATIVA | HOMOLOGAÇÃO DO ACORDO OU TRÂNSITO EM JULGADO DA DECISÃO QUE LIQUIDA AS CONTRIBUIÇÕES |

## QUADRO COMPARATIVO DOS PROCEDIMENTOS DE LIQUIDAÇÃO E EXECUÇÃO DAS CONTRIBUIÇÕES PREVIDENCIÁRIAS

| EVENTOS | EXECUÇÃO PELA JUSTIÇA FEDERAL | EXECUÇÃO, DE OFÍCIO, PELA JUSTIÇA DO TRABALHO |
|---|---|---|
| INSCRIÇÃO EM DÍVIDA ATIVA | A PGFN INSCREVE EM DÍVIDA ATIVA | NÃO HÁ INSCRIÇÃO EM DÍVIDA ATIVA |
| EXECUÇÃO FISCAL | A PGFN AJUÍZA A AÇÃO DE EXECUÇÃO FISCAL | EXECUÇÃO É PROMOVIDA PELA JUSTIÇA DO TRABALHO, DE OFÍCIO |
| ALTERAÇÃO DO LANÇAMENTO E SUBSTITUIÇÃO DA CDA | A PGFN PODE ALTERAR A CDA, ENQUANTO NÃO HOUVER DECISÃO DE PRIMEIRA INSTÂNCIA, NOS EMBARGOS DO DEVEDOR | PRECLUSÃO? |

## 7. CONSIDERAÇÕES FINAIS

A Justiça do Trabalho é competente para executar, de ofício, em decorrência das sentenças que proferir, além das contribuições previdenciárias, inclusive o SAT, as contribuições destinadas a terceiros incidentes sobre folha de salários.

O momento da ocorrência do fato gerador da contribuição previdenciária é a prestação do serviço, uma vez que a aquisição do direito à remuneração decorre desse fato e, por isso, esse marco temporal não pode ser alterado por deliberação voluntária do contribuinte, pois, se tal possibilidade existisse, o sujeito passivo passaria a ter o poder de postergar o nascimento da obrigação tributária e, consequentemente, de retardar o termo inicial da incidência de acréscimos moratórios.

A constituição do crédito tributário é realizada pela própria Justiça do Trabalho, o que dispensa a notificação fiscal emitida pelo Auditor da Receita Federal, nos moldes do art. 142 do Código Tributário Nacional, assim como também não há necessidade de inscrição em dívida ativa.

Na execução, de ofício, o lançamento ocorre com o trânsito em julgado da sentença de liquidação ou da homologação do acordo, mas deve se reportar sempre ao momento da ocorrência do fato gerador, que é a prestação do serviço, seja para fins de aplicação da legislação tributária, seja para fins de cobrança dos acréscimos moratórios.

**TEXTO DO PAINELISTA ALUSIVO À SUA PARTICIPAÇÃO**

# EXECUÇÃO DE CONTRIBUIÇÕES SOCIAIS, SÚMULA N. 368 DO C.TST E AS ALTERNATIVAS PARA O PLENO EXERCÍCIO DAS COMPETÊNCIAS DERIVADAS NA JUSTIÇA DO TRABALHO[*]

*Guilherme Guimarães Feliciano*[**]

## I. INTRODUÇÃO. OS ENTRAVES

Baseando-se na repetida constatação de que, a despeito da recolha previdenciária retrospectiva, o Instituto Nacional do Seguro Social não vinha reconhecendo o tempo de serviço e contribuição de trabalhadores favorecidos com sentenças trabalhistas declaratórias de relações de emprego não formalizada, o Tribunal Superior do Trabalho entendeu por bem rever o teor de sua Súmula n. 368, atendendo sobretudo a reclamos de ordem político-judiciária, mas também a razões de natureza técnico-jurídica.

---

[*] Artigo formulado a partir do texto da palestra *"Execução das contribuições previdenciárias — aspectos controvertidos"*, ministrada por ocasião do II Seminário sobre Ampliação da Competência da Justiça do Trabalho (Belo Horizonte: Associação Nacional dos Magistrados da Justiça do Trabalho, 15 a 17 de abril de 2009), e da tese *"Eficácia mandamental da sentença declaratória de vínculo empregatício em face do Instituto Nacional do Seguro Social"*, baseada nas práticas do autor junto à 1ª Vara do Trabalho de Taubaté/SP e aprovada por ocasião do XIV Congresso Nacional dos Magistrados da Justiça do Trabalho (Manaus: Associação Nacional dos Magistrados da Justiça do Trabalho, 29 de abril a 02 de maio de 2008).
[**] Juiz do Trabalho Titular da 1ª Vara do Trabalho de Taubaté/SP, é Professor Doutor do Departamento de Direito do Trabalho e da Seguridade Social da Faculdade de Direito da Universidade de São Paulo. Livre Docente em Direito do Trabalho e Doutor em Direito Penal pela Faculdade de Direito da Universidade de São Paulo. Doutorando em Ciências Jurídicas pela Faculdade de Direito da Universidade de Lisboa. Extensão Universitária em Economia Social e do Trabalho (Universidade Estadual de Campinas — UNICAMP). Professor Assistente Doutor do Departamento de Ciências Jurídicas da Universidade de Taubaté e Coordenador do Curso de Especialização *"Lato Sensu"* em Direito e Processo do Trabalho na mesma Universidade. Professor Assistente do Curso de Especialização *"Lato Sensu"* em Direito Processual Civil (2006-2007) e em Direito Civil (2008-2009) da

Assim, fez editar a Resolução n. 138/2005, a partir da qual a Súmula n. 368 do c.TST veio a dispor, em seu item I, que dessa forma:

> "a competência da Justiça do Trabalho, quanto à execução das contribuições previdenciárias, *limita-se* às sentenças condenatórias em pecúnia que proferir e aos valores, objeto de acordo homologado, que integrem o salário-de-contribuição" (g.n.).

Retrocedia-se, com isso, para a exegese literal da Lei n. 10.035/2000, que originalmente alcançava apenas os créditos resultantes de *condenação* ou de *homologação de acordo*, desprezando-se as demais hipóteses (apesar da letra constitucional).

Logo em seguida, porém, a Lei n. 11.457/2007 veio dar nova redação ao parágrafo único do art. 876, CLT, dispondo que:

> "Serão executadas *ex-officio* as contribuições sociais devidas em decorrência de decisão proferida pelos Juízes e Tribunais do Trabalho, resultantes de condenação ou homologação de acordo, *inclusive sobre os salários pagos durante o período contratual reconhecido*" (g.n.).

Com isso, a disposição da Súmula n. 368, item I, 2ª parte, c.TST tornava-se, no mínimo, *contra legem*.

Nada obstante, remanescia o entrave legal-formal à realização dos direitos sociais do trabalhador que necessitava usufruir da sua condição de segurado perante o Regime Geral de Previdência Social. Afinal, nos termos do art. 55, § 3º, Lei n. 8.213/91:

> "A comprovação do tempo de serviço para os efeitos desta Lei, inclusive mediante justificação administrativa ou judicial, [...] só produzirá efeito quando baseada em *início de prova material, não sendo admitida prova exclusivamente testemunhal*, salvo na ocorrência de motivo de força maior ou caso fortuito, conforme disposto no Regulamento" [Grifo nosso].

Ora, bem se sabe que, em via de regra, a prova do vínculo empregatício em sede processual-trabalhista faz-se por *exclusiva prova testemunhal*, notadamente quando se trata de sociedades irregulares, contratos de períodos curtos ou trabalho campesino. Na verdade, o novo teor da Súmula n. 368 do c.TST revelava apenas a *capitulação ideológica* diante do teor intransigente da lei federal ordinária. Capitulação que, agora, a própria legislação federal desautorizava, sem qualquer revisão expressa da norma inserta no art. 55, § 3º, Lei de Benefícios.

*Quid iuris?*

---

Escola Paulista da Magistratura (EPM/APAMAGIS). Secretário Geral da AMATRA-XV (Associação dos Magistrados do Trabalho da Décima Quinta Região), gestão 2007-2009. Autor de diversas teses e monografias jurídicas, destacando-se, em sede processual, *"Direito à Prova e Dignidade Humana"* e *"Execução das Contribuições Sociais na Justiça do Trabalho"*, ambos pela Editora LTr.

## II. AS SOLUÇÕES

Como é cediço, o sistema jurídico brasileiro rege-se, ao modo dos genuínos Estados Democráticos de Direito, pelo **princípio da primazia da Constituição**. E a Constituição Federal de 1988 sempre garantiu, mesmo aos trabalhadores não documentados, o direito à previdência social e às suas prestações (art. 6º), sem distinções de qualquer ordem. Não bastasse, ao introduzir a exótica figura da execução *ex officio* das contribuições sociais na Justiça do Trabalho (EC n. 20/1998), o legislador definiu, como objeto exequendo, as *"contribuições sociais previstas no art. 195, I, "a", e II, e seus acréscimos legais, decorrentes das sentenças que proferir"* (antigo parágrafo 3º e atual inciso VIII do art. 114), outra vez sem quaisquer distinções. O que significa que a lei restringiu onde o constituinte generalizou...

Esse quadro mais se agravou com a criação da "Super-Receita", cuja disciplina legal (Lei n. 11.457/2007) acometeu as cobranças das contribuições sociais à Procuradoria-Geral Federal unificada, mas manteve a gestão dos benefícios previdenciários e a aferição de seus pressupostos aos cuidados da Diretoria de Benefícios do INSS. Arrecadação e prestação agora se desencontram mais facilmente.

Sem alternativas, trabalhadores de diversos Estados passaram a impetrar mandados de segurança perante a Justiça Federal comum (art. 109, inciso I, CRFB), no afã de instar o INSS a reconhecer os efeitos previdenciários ínsitos às sentenças trabalhistas declaratórias de vínculo empregatício, amiúde ignorados pela Autarquia, mesmo quando transitadas em julgado, com execuções encerradas e contribuições integralmente recolhidas. Tal estado de coisas tisnava o núcleo essencial da dignidade humana do cidadão trabalhador; afinal, a decisão definitiva prolatada pelo juiz natural deveria bastar para surtir todos os efeitos jurídicos correlatos, notadamente quando o que está em jogo são prestações de natureza alimentar.

Convinha buscar outra solução, mais técnica e garantista.

Nesse diapasão, temos sustentado o cabimento de *habeas data* na própria Justiça do Trabalho, com espeque na hipótese competencial do art. 114, IV, da CRFB, a ser impetrado em face do Instituto Nacional do Seguro Social e da União (dadas as atribuições do Ministério da Previdência Social e do Ministério do Trabalho e Emprego), para fazer *retificar*, em relação ao impetrante, os seus dados junto ao Cadastro Nacional de Informações Sociais (CNIS). Para tanto, seguir-se-ia o rito da Lei n. 9.507/97, bastando ao trabalhador coligir cópia da sentença trabalhista transitada em julgado que reconheceu o vínculo empregatício. Disso, porém, já tratamos noutro trabalho[1].

---

(1) Feliciano, 2006, *passim*.

Neste artigo, porém, importará publicitar outro procedimento.

Tem-se hoje reconhecido, com indiscutível propriedade, a competência material da Justiça do Trabalho para *determinar a averbação do tempo de serviço e/ou de contribuição* decorrente de suas próprias sentenças. Tratava-se de *corolário lógico* da competência lata inserta no art. 114, incisos I e VIII, CRFB (EC n. 45/2004), a teor da célebre **doutrina dos poderes implícitos**, construída pelo constitucionalismo norte-americano a partir do caso Mcculloch *vs.* Maryland (1819) e no Brasil perfilhada, entre outros, por PONTES DE MIRANDA: se o legislador — sobretudo o constituinte — atribui a um órgão jurisdicional certa competência *ex ratione materiae*, nela devem estar compreendidos, a bem da integridade do ordenamento jurídico, todos os *poderes* necessários à plena satisfação dos interesses vinculados àquela competência. Não faria sentido atribuir à Justiça do Trabalho a competência para lançar e executar os créditos previdenciários relacionados aos salários do período contratual reconhecido e, todavia, negar ao trabalhador o direito ao reconhecimento previdenciário do tempo correspondente de serviço e contribuição, sujeitando-o aos rigores do art. 55, § 3º, Lei n. 8.213/91 (início de prova material). Tal interpretação seria desconforme à Constituição, por negar autoridade eficácia social plena à sentença declaratória do vínculo empregatício, prolatada por autoridade judicial constitucionalmente competente, tanto para aquela declaração sentencial como para a própria execução judicial das contribuições sociais derivadas. Donde se rematar do art. 55, § 3º, Lei de Benefícios, aplicável à *justificação administrativa* e à *justificação judicial* perante os órgãos da Justiça Federal comum, não poderia vincular, em absoluto, os órgãos da Justiça do Trabalho, competentes para conhecer e reconhecer a **relação jurídica de fundo** (o *vínculo empregatício*) — independentemente de 'início de prova material' — e para **promover**, *"ex auctoritate"*, **a execução das contribuições sociais derivadas**, por exceção à hipótese do art. 109, inciso I, CRFB (parte final).

Ademais, e na mesma ensancha, pode-se com segurança identificar, nas reclamatórias trabalhistas que pretendem o reconhecimento de vínculos empregatícios não formalizados, a presença de todos os requisitos conformadores do *litisconsórcio unitário*, a reunir o indigitado empregador e o próprio Instituto Nacional do Seguro Social. Com efeito, nos termos do art. 47, CPC,

"*há litisconsórcio necessário* [leia-se unitário] *quando, por disposição de lei ou pela natureza da relação jurídica, o juiz tiver de decidir a lide de modo uniforme para todas as partes* [...]"(g.n.).

Não será outra a hipótese, em todos os casos nos quais o trabalhador pretenda ter reconhecido o vínculo empragatício junto ao empregador e o tempo de serviço e contribuição junto ao INSS.

Por ser assim, temos sustentado a manifesta conveniência de se fazer vir à lide o INSS, nos termos do art. 47, CPC (desde que, é claro, requeira-o o autor), assegurando-se-lhe o contraditório e a ampla defesa, inclusive para os plenos efeitos do art. 472, CPC. Noutras matérias, o próprio Excelso Pretório houvera privilegiado a concentração de competências em prol da 'unidade de convicção' (*vide*, *e.g.*, STF, CC n. 7.204-1/MG, Rel. Min. Ayres Britto, j. 29.06.2005); neste caso, não poderia ser diferente. Para tanto, é mister a **citação formal** da Autarquia, como parte.

Uma vez citado o INSS para responder à ação — endereçando-se-lhe, em todo caso, pretensão mandamental de averbação do tempo de serviço e contribuição —, atende-se bem aos princípios constitucionais do contraditório e da ampla defesa (art. 5º, inciso LV, CRFB), bem como ao próprio princípio da primazia da Constituição (art. 6º). E, sob tais circunstâncias, demonstrado o vínculo empregatício e superadas as razões da Autarquia, o juiz do Trabalho **pode** e **deve** compelir o INSS — que adiante se beneficiará com a recolha compulsória das contribuições sociais do período — à **satisfação do direito público subjetivo do autor em ver reconhecido o correspondente tempo de serviço e contribuição** (esse último, condicionado àquela recolha). Com esse objetivo, o dispositivo passa a ter um necessário *capítulo mandamental*.

Nos Tribunais regionais, as ideias acima vazadas têm sido paulatinamente assimiladas. Vejam-se, por todos:

"COMPETÊNCIA DA JUSTIÇA DO TRABALHO. EXECUÇÃO. AVERBAÇÃO DE TEMPO DE CONTRIBUIÇÃO. CONTRIBUIÇÕES PREVIDENCIÁRIAS. RELAÇÃO DE EMPREGO RECONHECIDA EM JUÍZO. DECISÃO DECLARATÓRIA. Embora de conteúdo meramente declaratório a sentença que reconhece a existência de vínculo empregatício entre as partes, com determinação para anotação na CTPS da trabalhadora, a competência é desta Justiça Especializada para executar as contribuições previdenciárias sobre a remuneração paga no período reconhecido, consoante disposição do parágrafo 3º, do art. 114 da Constituição Federal c/c parágrafo único do art. 876 da CLT e parágrafo 7º do art. 276 do Decreto n. 3.048/99. Nesta esteira, *quando a Justiça do Trabalho reconhece o vínculo de emprego e determina as anotações na CTPS, deve fazer valer sua sentença para todos os fins, principalmente em relação aos benefícios previdenciários do trabalhador, sobretudo quando a ênfase previdenciária é em relação às contribuições sociais devidas por todo o período trabalhado, seja para fins de concessão de benefícios, seja para a aposentadoria, que tem como fator o tempo de contribuição, haja vista que não há benefícios sem a respectiva fonte de custeio, conforme disposto nos arts. 195, inciso II, da Constituição Federal, 30, I, 'a', da Lei n. 8.212/91, art. 11, I, 'a' da Lei 8.213/91.* Tal conclusão fortalece o sistema previdenciário, confere densidade à norma trabalhista e reconhece a dignidade humana e valor do trabalho. Entendimento em contrário significa submeter a coisa julgada da Justiça do Trabalho ao reexame de outro órgão do Poder Judiciário. Recurso não provido" (TRT-15ª Reg., Processo 00255-2004-003-15-00-1 RO, Ac. n. 053245/ 2006-PATR, Rel. Lorival Ferreira dos Santos, 29.11.2006 — *g.n.*).

"AVERBAÇÃO DO TEMPO DE SERVIÇO. JUSTIÇA DO TRABALHO. LIMITES DA COISA JULGADA. INÍCIO DE PROVA DOCUMENTAL. Em sendo a Justiça do Trabalho competente para a execução das contribuições previdenciárias incidentes sobre as remunerações pagas no decorrer de vínculo de emprego judicialmente reconhecido (art. 876, parágrafo único, da CLT), *por uma questão de lógica e de justiça e até por aplicação do princípio da economia processual, ela também deve ser considerada competente para determinar ao INSS a averbação do tempo de serviço respectivo,* já que tal averbação constitui um dos efeitos secundários da sentença, o que impede falar-se em violação dos arts. 468 e 472 do CPC. A OJ n. 57, da SDI-II do C.TST, por seu turno, não mais impede que a averbação seja determinada, porquanto *o entendimento jurisprudencial nela encerrado tornou-se incompatível com a atual redação do parágrafo único, do art. 876, acima citado. E o início de prova documental da existência do vínculo de emprego somente é exigível no âmbito da Justiça Federal,* pois lá a averbação do tempo de serviço se dá independentemente da cobrança das contribuições previdenciárias correspondentes e, no âmbito desta Especializada, ao contrário, ela é *consequência natural do reconhecimento do próprio débito previdenciário, o que torna a autarquia previdenciária imune a prejuízos.* Recurso a que se nega provimento" (TRT-15ª Reg., R.O., Processo n. 1195-2006-093-15-00-1, Ac. n. 38130/08-PATR, 5ª C., Rel. Jorge Luiz Costa, in D.O.E. 04.07.2008, p. 114 - *g.n.*).

Disso se conclui, como tese em formação, que o Instituto Nacional do Seguro Social *pode ser instado,* pela via mandamental, a *promover a devida averbação do tempo de serviço e contribuição do trabalhador,* tal como reconhecido *ex sententiae* ou *ex consensu, ut* art. 195, inciso II, CRFB, devendo comprovar nos autos o efetivo cumprimento da ordem judicial, mediante juntada da competente certidão, sob pena de responsabilidade pessoal dos agentes renitentes. E, prevenindo-se julgados colidentes, a boa hermenêutica recomenda que assim se proceda **na própria Justiça do Trabalho**.

É claro que, na cobrança das contribuições sociais incidentes sobre salários pretéritos, quando pagos em contextos de relações informais de trabalho (o que significa não haver sequer a *constituição* do crédito previdenciário), cumprirá ter em conta, sempre, a possibilidade de extinção dos créditos por **decadência**, nos moldes do art. 45, inciso I, Lei n. 8.212/91 — ressaltando-se que, em relação ao prazo, o Supremo Tribunal Federal julgou *inconstitucional* o decênio legal (arts. 45 e 46, Lei de Custeio), impondo ao Poder Judiciário e aos órgãos da Administração Pública a observância do **prazo geral de cinco anos** (arts. 173 e 174, Código Tributário Nacional), nos termos da Súmula Vinculante n. 08[(2)]. Pode-se, ademais, reconhecer *ex officio* a prescrição intercorrente, em matéria fiscal-previdenciária, por expresso comando legislativo (art. 40, § 4º, Lei n. 6.830/1980, na redação da Lei n. 11.051/2004).

---

(2) "*São inconstitucionais o parágrafo único do art. 5º do Decreto-lei n. 1.569/1977 e os arts. 45 e 46 da Lei n. 8.212/1991, que tratam de prescrição e decadência de crédito tributário*". De nossa parte,

Registre-se, por fim, que a possibilidade da execução direta das contribuições sociais derivadas de sentenças declaratórias de vínculo empregatício — hoje plenamente respaldada pelo art. 876, parágrafo único, CLT (na redação da Lei n. 11.457/2007) — pode estar por um fio. Ameaça-a, agora, o instituto previsto pelo art. 103-A, *caput*, CRFB.

É que, no julgamento do Recurso Extraordinário n. 569.056-PA[3], sob o voto condutor do Min. Menezes Direito, o Plenário do Supremo Tribunal Federal decidiu, por unanimidade, editar uma **súmula vinculante** para dizer que *não cabe à Justiça do Trabalho estabelecer, de ofício, débito de contribuição social para com o Instituto Nacional do Seguro Social (INSS)* — hoje, União (Lei n. 11.457/2007) —, *com base em decisão que apenas declare a existência de vínculo empregatício*. Pela decisão, a cobrança das contribuições sociais somente poderia ter lugar em caso de condenação trabalhista ou de acordo que previsse o pagamento de verbas salariais passíveis de compor base de cálculo para incidência de contribuições sociais; não era o caso.

O recurso extraordinário fora interposto pelo INSS após decisão do Tribunal Superior do Trabalho que, mercê da inteligência de sua Súmula n. 368, repelia a pretensão da Autarquia em ver executadas, na Justiça do Trabalho, as contribuições sociais incidentes sobre os salários pagos durante relação jurídica reconhecida em juízo como sendo de emprego. O INSS alegava, a propósito, que "a obrigação de recolher contribuições previdenciárias se apresenta, na Justiça do Trabalho, não apenas quando há efetivo pagamento de remunerações, mas também quando há o reconhecimento de serviços prestados, com ou sem vínculo trabalhista".

Em seu voto, porém, o Min. Menezes Direito ponderou a esse respeito que, em todo caso, *"o que se executa não é a contribuição social, mas o título que a corporifica ou representa, assim como o que se executa, no juízo comum, não é o crédito representado no cheque, mas o próprio cheque"*.

E, na sequência, houve por bem aduzir que,

"No caso da contribuição social atrelada ao salário objeto da condenação, é fácil perceber que o título que a corporifica é a própria sentença cuja execução, uma vez que contém o comando para o pagamento do salário, envolve o cumprimento do dever legal específico de retenção das parcelas devidas ao sistema previdenciário."

---

sempre entendemos que o prazo válido era mesmo o decenal (arts. 45 e 46 da Lei n. 8.212/91), a despeito do que dispõe o art. 146, III, 'b', da CRFB, porque o art. 195, *caput*, autorizou que o **microssistema público-securitário** fosse inteiramente regulamentado por lei ordinária, excetuando o preceito anterior (cfr. FELICIANO, 2001, *passim*). Agora, porém, *habemus (quasi) legem*.
(3) STF, RE n. 569.056-PA, Instituto Nacional do Seguro Social *vs.* Espólio de Maria Salomé Barros Vidas, Ata n. 33 (11.09.2008), in DJE n. 183, 26.09.2008.

Entretanto, já no caso do mero reconhecimento de vínculo,

"Entender possível a execução de contribuição social desvinculada de qualquer condenação, de qualquer transação, seria consentir com uma execução sem título executivo, já que a sentença de reconhecimento do vínculo, de carga predominantemente declaratória (no caso, de existência de vínculo trabalhista), não comporá execução que origine o seu recolhimento."

Baseou-se, pois, no princípio do *nulla executio sine titulo*, como razão fundamental de decidir. E, por tudo isso, arrematou:

"Pelas razões que acabo de deduzir, eu entendo que não merece reparo a decisão apresentada pelo TST no sentido de que a execução das contribuições previdenciárias está de fato ao alcance da Justiça do Trabalho, quando relativas ao objeto da condenação constante de suas sentenças, não podendo abranger a execução de contribuições previdenciárias atinentes ao vínculo de trabalho reconhecido na decisão, mas sem condenação ou acordo quanto ao pagamento das verbas salariais que lhe possam servir como base de cálculo"[4].

De nossa parte, reportamo-nos ao quando explicitado *supra* (tópico 2.3) para recordar que, em matéria previdenciária, entende-se por salário-de--contribuição a remuneração auferida em uma ou mais empresas, assim entendida a totalidade dos rendimentos devidos, creditados ou *pagos* a qualquer título (art. 28, inciso I, Lei n. 8.212/91); logo, *há tributo a recolher* mesmo quando a sentença limita-se a *declarar* o vínculo empregatício (desde que, com isso, *reconheça* — com força de julgado — que os pagamentos pretéritos outrora consumados tinham caráter de *salários*). A questão é como constituir o correspondente título executivo. Ao que parece, o Excelso Pretório pretende que se proceda à inscrição do crédito na Dívida Ativa da União (art. 2º, Lei n. 6.830/80), extraindo-se certidão (art. 2º, § 6º) e executando-a na Justiça Federal comum (art. 109, inciso I, CRFB). Ora, essa exegese desborda dos lindes literais do art. 114, inciso VIII, CRFB (que utiliza a expressão 'sentenças', sem o adjetivo 'condenatórias'), ignorando, ademais, a própria teleologia da emenda constitucional que originalmente outorgou essa competência executiva à Justiça do Trabalho (E.C. n. 20/1998). Proceder à *interpretação conforme* (outra vez a *verfassungskonforme Auslegung*) significaria reconhecer, nesta hipótese, que a própria decisão liquidatária proferida pelo Juiz do Trabalho, ao promover o acertamento dos créditos previdenciários pendentes (por pagamento pretérito), serviria à execução fiscal como título judicial hábil e idôneo. Não foi esse, porém, o caminho ali trilhado.

---

(4) Todos os excertos foram extraídos do sítio SUPREMO TRIBUNAL FEDERAL. Disponível em: <http://www.stf.gov.br/portal/cms/verNoticiaDetalhe.asp?idConteudo=95896>. Acesso em: 28 de outubro de 2008. Uma vez que a íntegra da decisão ainda não está disponível em mídia eletrônica.

Além disso, ainda que se rechaçasse a ideia de que a competência para executar contribuições sociais decorrentes de sentenças declaratórias é inerente à norma do art. 114, VIII, CF (que, diga-se, não distingue entre sentenças condenatórias e declaratórias, ao contrário do que indevidamente fez a Lei n. 10.035/2000), restaria a hipótese do inciso IX, que permite estender a competência material da Justiça do Trabalho a *"outras controvérsias decorrentes da relação de trabalho, na forma da lei"*. Não é o que teria feito, para todos os fins, a Lei n. 11.457/2007, ao renovar a redação do parágrafo único do art. 876 da CLT? Estranhamente, porém, essa possibilidade não foi sequer cogitada nos debates do RE n. 596.056-3/PA.

Por conseguinte, a se confirmar a edição da malsinada súmula vinculante (com redação já sugerida na PSV n. 03/10[5]), toda a intelecção construída a partir do art. 876, parágrafo único, CLT, estará irremediavelmente prejudicada — e, por extensão, soçobrará a própria lógica inerente aos procedimentos há pouco narrados. Restará lamentar.

## III. CONCLUSÃO

À guisa de conclusão, convém reportar aqui a tese que fizemos aprovar no XIV Congresso Nacional dos Magistrados da Justiça do Trabalho (Manaus, 29 de abril a 02 de maio de 2008), tanto na comissão temática como em plenária — a revelar, particularmente, que a sistemática ora sugerida amealha a simpatia e o beneplácito da Magistratura do Trabalho (ou, ao menos, de uma sua parcela).

Dizíamos então que, à luz da teoria dos poderes implícitos, a Justiça do Trabalho é competente para a determinação *ex sententiae*, em caráter mandamental, da averbação de tempo de serviço e contribuição decorrente de sentença trabalhista declaratória de vínculo empregatício (art. 114, I e VIII, da CRFB). Assim entendido, uma vez que o juiz deverá decidir, de modo uniforme, tanto as pretensões declaratórias e condenatórias deduzidas em face do apontado empregador como a pretensão mandamental em face do INSS, dá-se, em tese, hipótese de litisconsórcio passivo necessário e unitário (art. 47/CPC). E, sob tais condições, uma vez deduzida a pretensão (seja pelo autor — que, para tanto, poderá ser *provocado* pelo magistrado —, seja pelo Ministério Público do Trabalho), caberá citar o INSS para res-

---

(5) Proposta de Súmula Vinculante n. 03, verbete n. 10: *"A competência da Justiça do Trabalho prevista no art. 114, VIII, da Constituição Federal alcança apenas a execução das contribuições previdenciárias relativas ao objeto da condenação constante das sentenças que proferir"* (edital de 06.03.2009). O edital abria prazo de vinte dias para ciência e eventual manifestação dos interessados, em sede de debates públicos prévios, nos termos da Resolução n. 388-STF, de 05.12.2008.

ponder à pretensão mandamental do reclamante, oportunizando-se o exercício do contraditório e da ampla defesa (art. 5º, LV, da CRFB), a bem do devido processo legal formal. Atendida essa formalidade, a Autarquia não poderá, adiante, escusar-se dos efeitos vinculantes da sentença trabalhista.

Por tudo isso, exsurgem inapeláveis, tanto no plano técnico-jurídico (como possibilidade jurídica) quanto no plano deôntico (como imperativo de Justiça), as razões que autorizam, em tais casos, exarar determinação ao Instituto Nacional do Seguro Social para que, em *caráter mandamental*, proceda à devida averbação do tempo de serviço e contribuição do reclamante, tal como reconhecido *ex sententiae*, para todos os fins de direito, *ex vi* dos arts. 195, inciso II, da Constituição Federal, 30, I, "a", da Lei n. 8.212/91 e 11, I, "a" da Lei 8.213/91. Convirá, mais, instá-lo a *comprovar nos autos* o estrito cumprimento da ordem judicial, após o seu trânsito em julgado, mediante juntada da competente certidão, sob pena de responsabilidade pessoal, civil e/ou penal, dos agentes recalcitrantes.

## IV. BIBLIOGRAFIA

ASSIS, Araken de. *Manual do processo de execução.* 4. ed. São Paulo: Revista dos Tribunais, 1997.

CARRAZZA, Roque Antonio. *Curso de direito constitucional tributário.* 7. ed. São Paulo: Malheiros, 1995.

CARRION, Valentim. *Comentários à Consolidação das Leis do Trabalho.* 21. ed. São Paulo: Saraiva, 1996.

CARVALHO, Paulo de Barros. *Curso de direito tributário.* 4. ed. São Paulo: Saraiva, 1991.

DALAZEN, João Orestes. *Competência material trabalhista.* São Paulo: LTr, 1994.

DELGADO, Mauricio Godinho. *Curso de direito do trabalho.* 2. ed. São Paulo: LTr, 2003.

FELICIANO, Guilherme Guimarães. *Execução das contribuições sociais na Justiça do Trabalho.* São Paulo: LTr, 2001.

_____. Aspectos processuais controvertidos da execução das contribuições sociais na Justiça do Trabalho. *Revista do Tribunal Regional do Trabalho da 15ª Região.* São Paulo: LTr, n. 19, abr./jun. 2002.

_____. Tutela processual dos direitos humanos nas relações de trabalho. *Revista de Direito do Trabalho.* São Paulo: Revista dos Tribunais, 2006. v. 32. n. 121.

MACHADO, Hugo de Brito. *Curso de direito tributário.* 13. ed. São Paulo: Saraiva, 1998.

MARTINEZ, Wladimir Novaes. *Comentários à Lei Básica da Previdência Social.* 3. ed. São Paulo: LTr, 1998. t. 1.

MARTINS, Sérgio Pinto. *Execução da contribuição previdenciária na Justiça do Trabalho.* São Paulo: Atlas, 2001.

MAXIMILIANO, Carlos. *Hermenêutica e aplicação do direito*. 16. ed. Rio de Janeiro: Forense, 1996.

MEIRELES, Edilton. *Temas de execução trabalhista*. São Paulo: LTr, 1998.

MIRANDA, Francisco Cavalcanti Pontes de. *Comentários à Constituição de 1946*. 3. ed. Rio de Janeiro: Borsoi, 1960. t. I-VII.

NAVARRO, Sacha Calmon. *Entrevista: Sacha Calmon Navarro Coelho, advogado tributarista*. Consultor Jurídico. São Paulo: Conjur, outubro de 2006. Disponível em: http://www.conjur.com.br/2006-out-29/codigo_tributario_nacional_beneficiou_demais_estado? pagina=2. Acesso em: 25.03.2009.

NERY JUNIOR, Nelson; NERY, Rosa Maria Andrade. *Código de Processo Civil comentado*. 2 ed. São Paulo: Revista dos Tribunais, 1996.

PEDUZZI, Maria Cristina Hirigoyen. A competência da Justiça do Trabalho para a execução das contribuições previdenciárias. *Revista do Tribunal Superior do Trabalho*. Brasília: TST, v. 70, n. 1, p. 25-26, jan./jul. 2004.

THEODORO JÚNIOR, Humberto. *Processo de execução*. 7. ed. São Paulo: LEUD, 1987.

_____. *Curso de direito processual civil*. 18. ed. Rio de Janeiro: Forense, 1996. 1v.

TREVISO, Marco Aurélio Marsiglia. A Lei da Super-Receita e suas implicações no processo do trabalho. *Revista do Tribunal Regional do Trabalho da 3ª Região*. Belo Horizonte: TRT 3ª Reg., v. 45, n. 75, jan./jun. 2007.

## QUESTÕES SINDICAIS

**Painelistas:** Alexandre Teixeira de Freitas Bastos Cunha
Marthius Sávio Cavalcante Lobato
Ricardo José Macedo de Britto Pereira

- Conduta antissindical
- Tutela Judicial e limites do direito de greve
- Conflitos de representação sindical: o critério do sindicato mais representativo

TEXTO DO PAINELISTA ALUSIVO À SUA PARTICIPAÇÃO

# AMPLIAÇÃO DA COMPETÊNCIA DA JUSTIÇA DO TRABALHO: QUESTÕES SINDICAIS[(*)]

*Alexandre Teixeira de Freitas Bastos Cunha*[(**)]

## A. INTRODUÇÃO

A ampliação da competência da Justiça do Trabalho para decidir, na plenitude, as questões sindicais, repara uma injustiça histórica. Nada justificava que a competência, em casos que tais, fosse dividida com a Justiça Comum.

Neste sentido, antes do advento da Emenda Constitucional n. 45/2004, o Direito Coletivo era limitado, na prática forense trabalhista, ao quase finado poder normativo. De um lado, isso empobrecia o próprio Direito Coletivo, na medida em que essa área do conhecimento jurídico transcende, e muito, a atuação judicial no estabelecimento de condições de trabalho, quando a negociação coletiva não atinge tal desiderato. De outro, impedia que a grande maioria dos magistrados trabalhistas tivesse contato com as demandas coletivas, na medida em que a competência originária, em casos que tais, era e continua sendo dos Tribunais e não das Varas do trabalho.

Daí, resultava que as Varas tinham sua competência praticamente restrita às lides individuais, sendo certo que as demandas coletivas postas à cognição dos juízos singulares, como regra, refugiam à vida sindical. Com efeito, a ampla maioria dos magistrados do trabalho tinha limitada sua competência, no particular, às demandas coletivas decorrentes da substituição processual contida no inciso III, do art. 8º, da CRFB, da representação processual (CLT, arts. 513, *a*; 791, § 1º), bem como da aplicação subsidiária dos microssistemas processuais em que previstas as ações coletivas (tanto a ação civil pública — Lei n. 7.347/85 — como Código de Defesa do Consumidor).

---

(*) Texto utilizado no 2º Seminário Nacional sobre Ampliação da Competência da Justiça do Trabalho, em Belo Horizonte, de 15 a 17 de abril de 2009.
(**) Desembargador do Tribunal Regional do Trabalho da 1ª Região, Presidente da Amatra 1 no biênio 2004-2005. Doutor em Direito do Trabalho pela Universidade Complutense de Madri.

Neste passo, as demandas individuais em que o sindicato discutia direito próprio eram limitadas ao cumprimento de acordo ou convenção coletiva (Lei n. 8.984/95), ou de sentença normativa — aí incluído o acordo homologado em dissídio coletivo (art. 114, *in fine*, na redação original e art. 872, parágrafo único, CLT). Mesmo nesses casos, o espaço de discussão das demandas sindicais ainda era muito restrito, afeto às denominadas cláusulas obrigacionais.

O quadro acima delineado serviu para reforçar uma concepção binária de Direito do Trabalho, que compreende tal ramo autônomo da ciência jurídica, nos seguintes sistemas estanques: direito individual e direito coletivo. Ou seja, o direito autônomo, construído de tal modo, acaba por ser compreendido de modo fragmentado, sendo certo que o ensino nas universidades quase nunca alcança as relações ditas coletivas de trabalho. Pior ainda. Uma tal compreensão binária está ultrapassada, segundo a melhor doutrina, que enxerga o Direito do Trabalho como unidade, sendo o direito coletivo uma instituição desse todo. Na doutrina contemporânea, o Direito do Trabalho é considerado como ciência autônoma justamente em razão de dois institutos específicos: sindicato e negociação coletiva. Tal tendência acaba por não ser sentida no Brasil, que busca compreender a autonomia pela perspectiva do direito individual, segundo a qual o Direito do Trabalho é especial por conter normas e princípios que o distinguem do Direito comum.

Portanto, a ampliação da competência da Justiça do Trabalho para o julgamento de todas as controvérsias que tenham por base as relações sindicais constitui, mais que um ato de justiça com tal ramo do Judiciário, uma possibilidade concreta de releitura e de recompreensão do próprio Direito Laboral, na medida em que reconecta a Justiça especial às questões afetas à essência do Direito que justifica a sua existência singular. Exige, portanto, uma abertura aos operadores do Direito para uma lógica própria a essa estrutura tão específica, como aquela que trata do denominado Direito Sindical.

Esse novo vínculo competencial agrega a Justiça do Trabalho, também, num sentido de integralidade, na medida em que, regra geral, não há restrições hierárquicas à competência do juiz do trabalho para conhecer e julgar dessas demandas, exceto, repito, quanto ao poder normativo.

Enfim, a opção do constituinte derivado, pela reunião de toda a matéria sindical no âmbito competencial da Justiça Especial, serve para demonstrar o quadro, anterior à vigência da Emenda Constitucional n. 45, de desprestígio das decisões judiciais. Neste sentido, e como bem lembrou o ministro *Lélio Bentes*, não raro a Justiça do Trabalho era demandada acerca do correto enquadramento de um trabalhador, com o fim de aplicação de determinada norma coletiva, enquanto pendente na Justiça Comum ação em que se discutia o registro da correspondente entidade sindical,[1] em evidente prejuízo à plena prestação jurisdicional.

O momento, pois, é de reparação e afirmação.

Importa expor o percurso para desenvolvimento das ideias relativas ao tema, que serão divididas em três partes, ou momentos.

Inicialmente, devem ser situadas as relações sindicais no âmbito da ordem jurídico-constitucional brasileira. Após, é sempre útil observar mais detalhadamente o modelo sindical adotado por nosso país. Isso permite, por fim, proceder a uma aferição dos possíveis espaços de conflito emergentes, a) tanto em razão das garantias sindicais postas pela ordem jurídica, como b) dos interesses contrapostos em virtude do modelo sindical. Nesta última oportunidade, ou momento, deve-se proceder à análise específica dos temas propostos pela jornada, quais sejam, a representação sindical, a greve e o que se alterou, sobre o tema, com a reforma constitucional em análise.

## B. POSIÇÃO DO SINDICATO NA ORDEM JURÍDICO-CONSTITUCIONAL

À luz da Constituição, a liberdade sindical constitui um direito fundamental (art. 8º, CRFB). Isto implica em admitir que todo o sistema jurídico deve convergir para, de um lado, protegê-la contra atos — precipuamente legislativos — que visem restringir essa liberdade. É que, segundo a dimensão subjetiva, os direitos fundamentais — em que se encontram os direitos ditos de 1ª geração — possuem *status* negativo. São direitos de defesa, que obrigam o Poder Público a respeitar o núcleo de liberdade constitucionalmente assegurado.

Sua importância é tão relevante, sob tal perspectiva, que alguns autores sustentam que a proteção dada ao indivíduo contra o poder estatal constitui a essência da Constituição. Neste sentido, diz *Fábio Konder Comparato* que "a Constituição moderna é um instrumento de defesa dos governados contra os governantes. Se ela não exerce esse papel, se ela se limita a suprimir os freios ou obstáculos ao exercício do poder em nome da governabilidade, não se está diante de uma Constituição".[2]

Segundo essa compreensão, a liberdade sindical, enquanto direito fundamental, implica numa necessária abstenção estatal frente aos entes de classe.

---

(1) A reforma constitucional e a Justiça do Trabalho: perspectivas e desafios na concretização do ideal legislativo. In: COUTINHO, Grijalbo e FAVA, Marcos Neves (coord.), *Justiça do Trabalho: competência ampliada*. São Paulo: LTr, 2005. p. 305.
(2) Réquiem para uma Constituição. In: LESBAUPIN, I. (org.), *O desmonte da nação. Balanço do governo FHC*, Petrópolis: ed. Vozes, 1999. p. 16.

A dimensão subjetiva de proteção da liberdade sindical é literalmente proclamada pelo inciso I, do art. 8º, da CRFB, ao vedar, de um lado, a exigência de autorização para fundação dos entes de classe, pela via legislativa. E, de outro, qualquer interferência ou intervenção do Poder Público na organização sindical.

Portanto, a fundamentalidade constitucionalmente afirmada para a liberdade sindical, pela CRFB, impõe ao legislador e demais autoridades públicas o dever de respeitar o livre exercício da organização dos sindicatos.

Considerando a noção elementar de que a Justiça do Trabalho, enquanto integrante do Poder Judiciário, que é estatal, constitui espécie do gênero "autoridade pública", pode-se extrair, como ponto de partida, que deve ela respeitar a liberdade sindical. E deve fazê-lo, não porque a Constituição recomenda, mas porque ela assim o determina. Logo, a ampliação da competência da JT não pode, nem deve, servir de estímulo para que o Judiciário venha interferir na atividade do ente de classe.

Porém, a condição de direito fundamental dessa liberdade vai além. Assim o é, pois impõe ao Estado a adoção de medidas objetivas que assegurem o seu exercício. Trata-se, pois, de postura que transcende o papel defensivo assinado às autoridades públicas. Neste sentido, a inação estatal para a materialização desse direito de índole positiva revela violação à Constituição. Portanto, a fundamentalidade afirmada no Texto Constitucional para as normas coletivas traduz, também, um viés objetivo, que, como todo ato positivo do Estado, resulta num direito a prestações. Logo, o direito à liberdade sindical está relacionado com os denominados direitos das 2ª, 3ª e 4ª gerações, pois exige, mais que interpretação, sua concretização.

Diante de tal configuração constitucional, se a Justiça do Trabalho não tem papel proativo na concretização da liberdade sindical, não deve atuar de modo a frear medidas positivas das demais autoridades públicas que caminham nesse sentido de materialização, norte que deve pautar suas decisões.

Não menos relevante, outro aspecto decorrente do assento constitucional da liberdade sindical é de viés político. Neste sentido, diz *Baylos Grau* que a importância da liberdade sindical "em termos de valor político é tal que progressivamente tem assumido um espaço decisivo nas declarações constitucionais de direitos, a tal ponto que possivelmente seria inimaginável uma Constituição democrática que não inclua de forma específica, no elenco de direitos por ela reconhecidos, o de liberdade sindical".[3]

A liberdade sindical constitui pressuposto de uma sociedade democrática, podendo-se dizer que os níveis de amplitude dessa liberdade servirão como medida dos níveis de democracia de uma tal sociedade.

---

(3) *Sindicalismo y derecho sindical*. Albacete: ed. Bomarzo, 2004. p. 09.

Essa questão, eminentemente política, não pode ser desconsiderada pelo juiz do trabalho.

## C. MODELO SINDICAL BRASILEIRO

A liberdade sindical, como se sabe, divide-se em duas espécies: *coletiva* e *individual*.

A dimensão *coletiva* compreende as atividades relativas tanto à fundação, como ao conjunto de objetivos do ente sindical. Conecta-se com a Convenção n. 87 da OIT, quando estabelece a necessidade de inexistir prévia autorização das autoridades públicas para a fundação de sindicatos, devendo essas mesmas autoridades manterem o dever de abstinência de intervir nos entes de classe.

Já a *liberdade sindical individual* trata dos trabalhadores e empregadores como indivíduos que integram — apenas potencialmente — uma coletividade. Sob o prisma individual é que se inscreve a liberdade de associação, em sua dupla perspectiva, positiva e negativa.

O pluralismo sindical pressupõe a possibilidade de concorrência entre vários entes de classe e também de afiliação do trabalhador ao sindicato de sua preferência. A unidade é possível dentro de um sistema plural, quando se trata de uma opção dos trabalhadores, tal como ocorre no caso inglês.

No caso brasileiro, a Constituição encerra um paradoxo ao proclamar a liberdade sindical. Isso porque o Brasil manteve um sistema de unidade compulsória, denominado como unicidade sindical, que não se confunde com o regime de unidade. Esse sistema está fundamentado nos seguintes pilares: representação unitária, definida por meio de categorias estabelecidas *a priori* (v. art. 511 da CLT), dentro de uma mesma base territorial, que é um espaço físico geográfico. Portanto, a liberdade sindical que formata as relações coletivas no Brasil não permite a pluralidade, ainda que o Anteprojeto de Lei de Reforma Sindical preveja uma mudança nesse modelo.

A imposição constitucional dessa representação única não permite uma abstenção maior das autoridades públicas quanto à liberdade sindical. Aliás, as autoridades públicas devem ter um papel proativo no sentido da manutenção do monopólio representativo. Aí se encerra o paradoxo, que irá exigir a atuação da Justiça do Trabalho para uma série de conflitos, abandonando sua posição de reserva e de abstenção frente à esfera de proteção dessa liberdade, nos termos estabelecidos anteriormente.

Sobre esses conflitos procura-se refletir, a seguir.

## D. COMPETÊNCIA AMPLIADA

Tão logo editada a Emenda n. 45, a doutrina passou a apresentar as soluções pertinentes. A ANAMATRA publicou dois livros tratando justamente desse movimento de ampliação, em janeiro e maio de 2005. Afigura-se extremamente interessante adotar tais aportes doutrinários como ponto de partida para uma verificação da concreção do aumento de competência de que se está a tratar. Essa análise, em termos sistemáticos, é efetuada a partir dos subtemas correlatos ao gênero "questões sindicais".

### D.1. Representação sindical

O primeiro subtema refere-se às questões relativas à representação sindical.

No momento imediatamente posterior à edição da Emenda n. 45, a doutrina revela preocupação com uma possível interpretação restritiva do inciso III, do art. 114 da CRFB. Isto porque o constituinte derivado não optou por uma delimitação estrutural da competência. O critério adotado, ao menos segundo uma perspectiva gramatical, foi de subjetivação da competência.

Daí porque *Edilton Meireles* advertiu que uma interpretação meramente literal da norma constitucional poderia levar a equívocos, pois a Constituição faz alusão a litígios atinentes a "sindicatos", o que poderia dar a entender que as lides afetas a outros entes integrantes do sistema confederativo estariam fora do âmbito da competência da JT. Esta competência parcial, na opinião do mencionado autor, poderia acarretar uma "contradição do sistema",[4] o que importaria numa cisão "absurda" e "ridícula", de acordo com *Reginaldo Melhado*.[5]

Não por outra razão que *Melhado* sustenta haver sido melhor a adoção de técnica legislativa que fizesse alusão à "competência genérica sobre Direito Sindical" e não fixasse o campo competencial a partir dos "sujeitos da relação jurídica material subjacente ao litígio".[6]

Por isto, *Júlio Cesar Bebber* sustenta que o vocábulo "sindicato" comporta juridicamente as federações e confederações, devendo ser compreendido como sinônimo de "entidades sindicais".[7] A esse rol devem ser acrescentadas as centrais sindicais, diante da recente reforma legislativa que as inclui no sistema confederativo.

---

(4) A nova Justiça do Trabalho — Competência e procedimento. In: Nova *competência da Justiça do Trabalho*. São Paulo: LTr, 2005. p. 71-72.
(5) Da dicotomia ao conceito aberto: As novas competências da Justiça do Trabalho. In *Nova competência da Justiça do Trabalho*. São Paulo: LTr, 2005. p. 334.
(6) *Ibidem*.
(7) A competência da Justiça do Trabalho e a nova ordem constitucional. In: *Nova competência da Justiça do Trabalho*. São Paulo: LTr, 2005. p. 256.

O Ministro *Dalazen*, por sua vez, também criticando a literalidade da norma constitucional, afirma que dela poder-se-ia extrair um "avanço tímido", segundo o qual seria acrescida ao nosso âmbito competencial apenas a matéria relativa à disputa intersindical de representatividade. Porém, em sua opinião, a competência atribuída à Justiça do Trabalho é genérica, abrangendo "quaisquer dissídios intrassindicais, intersindicais, ou entre sindicato e empregador que envolvam a aplicação do Direito Sindical".[8]

O já apontado paradoxo entre liberdade de criação e unicidade compulsória é campo fértil para toda a sorte de conflitos. Tratando-se de uma nova experiência são naturais as imprecisões no campo jurisprudencial. Porém, algumas certezas já são possíveis de precisar.

Neste sentido, é certo que, com a redação dada pela EC n. 45, foi superado o entendimento contido na OJ 04, da SDC/TST, segundo o qual refugia ao âmbito competencial da Justiça Obreira "a disputa intersindical pela representatividade de certa categoria". A jurisprudência tem sido quase pacífica neste sentido, mantendo-se a competência residual apenas relativamente às demandas sujeitas à jurisdição da Justiça Comum, nela aforadas e julgadas antes da reforma constitucional de que se está a tratar.

Friso o *quase pacífica*, em razão de julgados como o seguinte, da 7ª Câmara Cível do Rio Grande do Sul, que, no corpo da decisão, afirma, *verbis*:

"Sobre a competência da egrégia Justiça do Trabalho. Neste momento, salvo melhor juízo, não incide a regra do art. 114, III, da Constituição Federal. Em princípio, o presente litígio não trata de representação sindical, entre sindicatos, entre sindicatos e trabalhadores e sindicatos e empregadores. O litígio é sobre decisão da diretoria do sindicato, que afastou o delegado titular da votação na eleição da Farsul". (MARIA HELENA SOUZA FERREIRA e SINDICATO RURAL DE PELOTAS, pub. DJ 9.2.2006, rel. Marcelo Cézar Müller)

A decisão acima transcrita incorreu na interpretação literal e, portanto, restritiva, que tanto preocupou a doutrina imediatamente após a edição da Emenda n. 45.

Outro aspecto interessante diz respeito ao critério adotado pelo STF para manter a competência residual das ações já julgadas pela Justiça Comum, qual seja, de política judiciária. Malgrado o estabelecimento desse critério de fixação da *perpetuatio jurisdicionis*, há casos em que o juiz de Direito julga as ações afetas à representação sindical, mesmo após a reforma perpetrada pela EC n. 45. Em casos que tais, quando da apreciação da apelação, o Tribunal de Justiça remete o processo ao TRT.

---

(8) A reforma do judiciário e os novos marcos da competência material da Justiça do Trabalho no Brasil. In: Nova *competência da Justiça do Trabalho*. São Paulo: LTr, 2005. p. 166.

Em tal hipótese, cabe ao TRT apreciar a apelação como recurso ordinário e pronunciar a nulidade do julgado proferido pelo juiz comum, incompetente? De uma maneira geral é como vêm entendendo os regionais, segundo se vê no seguinte aresto:

"Competência da Justiça do Trabalho. Alteração. Vigência da EC 45/04. Nulidade de decisão proferida pela Justiça Comum. A Emenda Constitucional n. 45, de 8.12.04, publicada em 31.12.04, alterou a redação do art. 114 da Constituição Federal de 1988, e definiu em seu inciso III, que compete à Justiça do Trabalho processar e julgar as ações sobre representação sindical, entre sindicatos, entre sindicatos e trabalhadores, e entre sindicatos e empregadores. Nos termos do art. 87 do CPC, a competência é determinada no momento da propositura da ação, salvo quando houver alteração de competência em razão da matéria ou da hierarquia, bem como no caso de supressão do correspondente órgão judiciário. A ampliação de competência é inequívoca, e a norma constitucional tem aplicação e eficácia imediatas. O novo texto constitucional, portanto, alcança de imediato os processos em andamento. A partir da alteração constitucional, a ação deveria ter prosseguido perante o juízo instituído pela lei nova, no caso, a Justiça do Trabalho. A r. sentença proferida na Justiça Comum em outubro/ 2005 está eivada de nulidade, porquanto proferida por juiz incompetente, por expressa previsão constitucional" (RO 01 - 00073-2006-373-02-00; 2ª Região; 4ª Turma; Relator: SERGIO WINNIK; pub. DOE em 17.10.2006).

Do quanto exposto nas linhas antecedentes, tem-se que a competência da Justiça do Trabalho se refere a toda questão afeta à atividade sindical, sendo, portanto, estrutural e, naturalmente, ampla. De forma que aquilo que define a esfera de atuação dos juízes do trabalho é o litígio relativo à representação coletiva, pouco importando a relação jurídica afeta aos trabalhadores representados pelo ente sindical. Neste diapasão, não faz sentido excluir da jurisdição trabalhista questões envolvendo representação dos sindicatos de servidores públicos, a pretexto de os trabalhadores representados estarem sujeitos a regime administrativo.

Porém, como a teleologia da norma constitucional em apreço não fixa a competência juslaboral em razão da pessoa, obviamente que nem toda causa que envolva o sindicato será julgada pela Justiça Especial. Por isso, *Luiz Alberto de Vargas* e *Ricardo Carvalho Fraga* afirmam, com razão, que a ação de despejo proposta em face do sindicato, deverá ser julgada perante a Justiça Comum,[9] podendo-se dizer que igual procedimento ocorrerá quando a esfera da lide seja criminal.

Enfim, é possível fixar-se o seguinte marco divisor entre a competência sindical: quando o objeto, embora envolvendo o ente sindical, seja dissociado

---

(9) Relações coletivas e sindicais — Nova competência após a EC n. 45. In: COUTINHO, Grijalbo e FAVA, Marcos Neves (coord.), *Justiça do Trabalho: competência ampliada*. São Paulo: LTr, 2005. p. 333.

da atividade sindical, caberá à Justiça Comum dirimir o litígio, ao passo que, tratando-se de demanda afeta à atividade sindical, ampla é a competência da Justiça do Trabalho.

Essa amplitude permite uma enorme gama de exemplos de demandas, que podem ser sistematizadas da seguinte maneira, ainda que o rol não seja taxativo:

### D.1.1. Demandas intersindicais

*Afetas à representatividade*, cujo âmbito de possibilidades já começa a surgir a partir do próprio registro do ente sindical. Isto porque a Constituição exige o registro do ente coletivo, mas não especifica onde. Não raro, há boa possibilidade de litígio, quando existem dois entes que se dizem representativos da mesma categoria. Em princípio, justamente para zelar pelo princípio da unicidade, o STF vem entendendo que o Ministério do Trabalho e Emprego deve efetuar o registro (Súmula n. 677). A par de tal entendimento, o próprio Ministério do Trabalho editou a Portaria n. 1277/2003, em cujo art. 1º está estabelecido que "a personalidade jurídica sindical decorre de registro no Ministério do Trabalho e Emprego". Nesse mesmo sentido, decidiu o c. TST, em voto do Ministro João Oreste Dalazen, *verbis*:

"ESTABILIDADE PROVISÓRIA. DIRIGENTE SINDICAL. ENTIDADE SINDICAL. REGISTRO. MINISTÉRIO DO TRABALHO. IMPRESCINDIBILIDADE.

1. O registro da entidade sindical no órgão competente do Ministério do Trabalho, mesmo após a promulgação da Constituição Federal de 1988 é providência administrativa essencial (Orientação Jurisprudencial n. 15/SDC), a fim de emprestar-se publicidade ao ato e para que se possa exercer um controle da observância do princípio da unicidade sindical. O registro, portanto, se não é, por si só, atributivo da personalidade jurídica sindical, é requisito formal também imprescindível destinado a concorrer para a aquisição da personalidade sindical. O Supremo Tribunal Federal já declarou que a Constituição Federal de 1988 recepcionou a exigência ao proteger a unicidade sindical insculpida no art. 8º, inciso II, bem assim decidiu que apenas o Ministério do Trabalho é o detentor do acervo de informações necessárias à observância do aludido preceito constitucional (ADIMC-1121/RS). (...)" (AIRR 1706/2001-058-02-40, DJ de 19.8.2005, 1ª Turma).

As questões relativas à representatividade também são aquelas que "dizem respeito à legitimidade sindical", no dizer de *Ricardo Fraga* e *Luiz Alberto de Vargas*,[10] em cujo rol estão incluídas as lides que venham envolver

---

(10) Relações coletivas e sindicais — Nova competência após a EC n. 45. In: COUTINHO, Grijalbo e FAVA, Marcos Neves (coord.), *Justiça do Trabalho: competência ampliada*. São Paulo: LTr, 2005. p. 333.

a representação dos trabalhadores nas empresas com mais de 200 empregados (art. 11, CRFB) e relativas aos representantes de trabalhadores e empregadores em órgãos públicos (art. 10, CRFB).

É plenamente possível imaginar a ocorrência de conflito entre esses representantes e os entes de classe, quando, por exemplo, na negociação coletiva, em que o sindicato opta por não participar do processo negocial. Será possível conceber o representante do art. 11 da CF negociando diretamente com a empresa por delegação dos trabalhadores, na hipótese prevista na parte final do § 1º, art 617, da CLT? E no caso de intervenção posterior do ente sindical, ainda que fosse para tentar nulificar a avença? Em ambos os supostos, não há dúvida de que a competência é da Justiça do Trabalho.

Outro flanco de demandas está relacionado com a possibilidade de *fusão, incorporação, dissociação dos entes sindicais*. Ora, já foi visto, nas linhas antecedentes, que a liberdade sindical se subdivide nas espécies coletiva e individual. A fusão e o seu oposto, o desmembramento, são duas faces dessa mesma moeda, pois, em ambos os casos está inserida a questão da liberdade associativa, alterando-se, apenas, a figura do associado, quando comparado com a afiliação individual ao sindicato.

Na dissociação, ou desmembramento, verifica-se a saída de parte do grupo antes representado pelo ente sindical, para a fundação de uma nova entidade.[11] O desmembramento, segundo a doutrina, pode ser de duas espécies: da categoria (art. 571, CLT) e da base territorial. Na primeira hipótese, só pode ocorrer a dissociação nos sindicatos que agrupam categorias "ecléticas", que contemplam outras categorias similares ou conexas. Neste sentido, *José Cláudio Monteiro de Brito Filho* recorda que a dissociação é sempre ato de dentro para fora, não sendo possível a criação de uma entidade que represente parte de uma categoria já representada mais amplamente de fora para dentro, pois, caso contrário, estará vulnerado o princípio da unicidade.[12]

Tal é o entendimento já manifestado pelo STF, em acórdão da lavra do Min. Marco Aurélio (Proc. MS n. 21.30501-1 DF), quando afirma, *verbis*:

> "Frise-se, por oportuno que o preceito do inciso II do art. 8º da Constituição Federal atribui a trabalhadores e empregadores a definição não da categoria profissional ou econômica que é inerente à atividade, mas a base territorial do sindicato, o que pressupõe o respeito à intangibilidade — da categoria — mormente quando fixada por estatuto normativo especial." (Revista LTr 56 -01/14).

Com relação à dissociação territorial, embora não prevista especificamente na lei, tem-se interpretado extensivamente o art. 571, CLT. A jurisprudência é pacífica, a respeito:

---

(11) BRITO FILHO, J.C. *Direito sindical*. São Paulo: LTr, 2000. p. 140.
(12) *Ibid.*, p. 141.

"Sindicato. Base territorial estadual. Criação de novo sindicato da mesma categoria com base territorial no município. Possibilidade. Garantia constitucional da livre associação. É prerrogativa da categoria a definição da base territorial. Restrição imposta apenas quanto à extensão mínima (município). Não ofende o princípio da unicidade sindical a dissociação de entidade sindical de âmbito estadual para a constituição de sindicato com base territorial no município. Matéria afeta à autonomia da vontade coletiva, imune à ingerência do Estado. Ação declaratória de inexistência de conflito de representatividade. Pedido julgado procedente em primeiro grau. Sentença mantida" (2ª Região; Acórdão n.: 20060868788 Decisão: 24 10 2006 Tipo: RO01 N.: 01347 Ano: 2006 Proc: 01347-2005-053-02-00; Turma: 11ª; Relator Eduardo de Azevedo Silva).

Na hipótese de conflito judicial acerca da representação, verifica-se certa tendência jurisprudencial em manter a representação originária, até o trânsito em julgado da decisão:

"Sindicato. Conflito de representação. Necessidade de trânsito em julgado para mudança da titularidade da representação. A representatividade de entidade sindical, em caso de conflito com sindicato novel, permanece até o trânsito em julgado da decisão judicial que a retira. Até então, a representação dos trabalhadores da categoria ou fração de categoria em disputa, permanece inalterada" (2ª Região — Proc. N. 00269-2005-033-02-00, Turma 4ª; pub. DOE 26-05-2006, Relator Sergio Winnik).

Considerado o sistema vertical e hierárquico decorrente do sistema confederativo, nas relações entre os distintos entes, em escala ascendente, também deve observar a lógica de liberdade associativa. Com efeito, nas lides afetas à filiação de um sindicato a entidade de grau superior, o que alberga as centrais sindicais, recentemente incluídas no sistema confederativo, por meio da Lei n. 11.648/08, é inadmissível a manutenção do vínculo *manu militari*. A propósito, o seguinte acórdão do STJ, citado no RO relativo ao proc. 3150-2005-133-15-00-5, da 15ª Região, *verbis*:

"DIREITO SINDICAL. DESMEMBRAMENTO. POSSIBILIDADE.

1. No atual momento do ordenamento jurídico brasileiro, há aprofundado prestígio à autonomia sindical e se incentiva a constituição de entidades por categorias econômicas ou profissionais específicas.

2. Não há direito a qualquer Federação de impedir o desligamento de seus quadros de uma determinada categoria específica, haja vista que esta, por seus Sindicatos, possui liberdade para assim proceder.

3. Não é de se prestigiar a formação eclética de entidade sindical constituída por empregados rurais e proprietários rurais.

4. Recurso especial provido" (Rel. Olga Aída Joaquim Gomieri).

Com relação à representatividade, o critério da anterioridade não vem atendendo satisfatoriamente. Isto porque é mais que razoável afirmar-se que um sindicato não é mais representativo que outro devido ao tempo de sua existência. O sistema de unicidade induz, devido a sua compulsoriedade, não raro, a uma crise de legitimidade dos entes de classe.[13] Como não se confundem as noções de legalidade e legitimação do sindicato perante a base, a jurisprudência trabalhista, na construção dessa nova competência, deve conferir a representação aos entes que, de fato, mais agreguem os trabalhadores, de forma espontânea, de modo a propiciar que o Direito Sindical concretize a jusfundamentalidade a ele reservado constitucionalmente.

*Julio César Bebber* sugere como critérios para a definição da representatividade os seguintes: quantitativos, qualitativos, institucionais, ideológicos, funcionais, estruturais.[14]

Penso que tais critérios devem se pautar no postulado básico de que sindicato mais representativo é aquele com a maior capacidade de mobilização da classe trabalhadora, aqui entendida como "a capacidade de aglutinar, num primeiro momento, a confiança de certo grupo de trabalhadores para, num segundo momento, transmutá-la em propostas e ações concretas, significantes dos anseios dessa coletividade",[15] o que muitas vezes é de difícil verificação.

Neste sentido, o número de filiados é um indicativo do grau de representatividade, embora não seja o único e, nalgumas ocasiões, nem mesmo o principal, pois que a aferição do nível de representação é noção que se pretende a um dado qualitativo, consistente no suporte de legitimação do ente de classe. Neste sentido, deve o intérprete buscar elementos constituidores dessa base ou suporte, como perquirir, dentre os entes que se dizem representantes de determinado coletivo, qual deles celebrou acordos ou convenções coletivas com a empresa, ou entes coletivos patronais, haja vista que, constituindo a negociação coletiva na principal atividade sindical, obviamente a inação de um sindicato, quando posta em paralelo à atividade de outro ente de classe, se não revela, ao menos dá uma valiosa pista de quem exerce, efetivamente, a representação.

O cuidado, em tal aferição, deverá recair sobre o aspecto qualitativo das normas pactuadas, pois não se pode desconsiderar a criação de sindicatos "amarelos", atentos muito mais aos interesses do empresariado que aos dos trabalhadores, o que constituirá conduta antissindical.

Por fim, faz-se mister a referência às demandas intersindicais mais frequentes, quais sejam, as *relativas à arrecadação ou rateio das receitas sindicais,*

---

(13) Sobre tal crise, veja-se artigo de minha autoria: *Sindicatos: estrutura e papel na sociedade moderna*. Revista Trabalhista, v. III, 2002, Rio de Janeiro: Forense, p. 16-22.
(14) *Op. cit.*, p. 256.
(15) CUNHA, A.T.F.B. *Sindicatos...*, cit., p. 9.

em que distintos sindicatos disputam, entre si, o recebimento de contribuições e receitas sindicais. Normalmente essas modalidades de demanda terão por pressuposto a definição quanto ao ente de classe que representa determinado coletivo.

### D.1.2. Demandas intrassindicais

Nas demandas deste tipo reside o perigo de intervenção indevida na atividade interna do sindicato, devendo ser repisado que a CRFB veda a intervenção das autoridades públicas na vida do sindicato.

A partir dessa premissa, deve a Justiça do Trabalho ser extremamente cautelosa quando da apreciação de requerimentos no sentido de medidas que impliquem em suspensão do processo eleitoral, nomeação de "juntas diretivas", ainda que provisórias etc. Não se pode olvidar que, normalmente, as disputas sindicais são políticas e devem ser resolvidas *interna corporis*. O ideal é deixar o processo eleitoral se desenvolver até o final e averiguar se houve nulidade. Sempre que possível, deve-se proferir decisão apenas após exaurida a fase cognitiva. Obviamente, haverá exceções, tal como ocorre quando a violação ao estatuto sindical, ou à lei, é gritante, ocasiões em que o juiz deverá agir mais proativamente, sem estar violando, desta forma, a Constituição, como ocorre no caso do seguinte aresto:

> "PROCESSO ELEITORAL SINDICAL. PUBLICIDADE DO EDITAL DE CONVOCAÇÃO DE ELEIÇÃO.
>
> O Edital de Convocação de Eleição Sindical deve ter ampla divulgação no seio da categoria, como forma democrática e de dar efetiva transparência ao processo eleitoral sindical. Não basta a mera formalidade de publicação do Edital no Diário Oficial do Estado e afixação no sede da entidade. Afinal operário dificilmente lê jornal; quiçá Diário Oficial! Também não tem o costume de frequentar a sede do sindicato e acompanhar o quadro de avisos instalado no local. Aliás, o Estatuto do Sindicato determina que o Edital de Convocação deverá ser levado ao conhecimento dos associados em todos os Municípios da base territorial do sindicato. Logo, o expediente engendrado na divulgação do processo eleitoral sindical fere norma estatutária e os princípios da democracia, da liberdade e da representatividade sindical. Antecipação de tutela acertadamente concedida para reabertura de prazo de inscrição de chapa concorrente na eleição sindical. Sentença mantida integralmente". (Proc n. 00087-2006-040-15-00-6; 15ª Região; pub. 14.7.2006; Relator: Juiz Edison dos Santos Pelegrini)

Algumas hipóteses de demanda devem ser tratadas especificamente.

a) *Anulação de eleição sindical, ou de assembleia sindical*:

Sob este aspecto, não se sustenta mais a Súmula n. 4 do STJ, segundo a qual competiria à Justiça Estadual "julgar causa decorrente do processo eleitoral sindical".

b) *Cobrança de contribuições sindicais*:

Sob tal aspecto, não há grandes novidades, exceto no que tange ao imposto sindical, sendo certo que a Justiça do Trabalho já havia se habituado a julgar demandas desse tipo, em razão das cobranças de contribuições assistenciais e confederativas.

A ampliação de competência alcança as lides entre o sindicato patronal e as empresas por ele representadas aos efeitos de cobrança de contribuições, o que fundamenta o cancelamento da OJ n. 290 da SDI1/TST.

c) *Direitos de dirigentes sindicais licenciados*:

O afastamento do dirigente sindical provoca suspensão contratual, nos termos do § 2º, art. 543, CLT. Porém, a assembleia geral poderia fixar uma gratificação não excedente de sua remuneração, a teor do parágrafo único, art. 521, CLT. Em tais casos, quando pode haver lide entre o dirigente e o próprio ente sindical, a Justiça do Trabalho será competente para julgar, embora, anteriormente à Emenda Constitucional n. 45 a competência fosse da Justiça comum. Assim o é, pois, como a competência está relacionada ao Direito Sindical em seu sentido mais amplo, deve-se adicionar ao rol antes delineado os litígios entre sindicato e o empregado.

Outras possibilidades podem ser aferidas pela conjugação da competência em exame com aquela delineada pelo inciso I do art. 114, da CRFB, segundo *Melhado*, tal como a hipótese em que se discute possível violação ao princípio da liberdade sindical negativa. Para o autor antes referido, tal cotejo deve ocorrer, na medida em que não há sindicato sem relação de trabalho. Com base nesse fundamento, sustenta estar inserta na competência da Justiça do Trabalho julgar os processos "que versem sobre os atos constitutivos, os processos eleitorais e a atuação das comissões de conciliação prévia de que tratam os arts. 625-A e seguintes da CLT".[16]

## D.2 — Greve

Para o Comitê de Liberdade Sindical do Conselho de Administração da OIT, "o direito de greve é um dos direitos fundamentais dos trabalhadores e de suas organizações" (Recomendação n. 473). Isso revela a importância da maximização da competência da Justiça do Trabalho, em razão da norma inserta no inciso II, do art. 114, da Constituição.

A opinião doutrinária mais comum consiste em que, a partir da EC n. 45, toda e qualquer demanda relacionada, direta ou indiretamente, com o exercício do direito de greve, deve ser decidida no âmbito da Justiça do Trabalho.

---

(16) *Da dicotomia...*, cit., p. 336.

É verdade, como afirma *Dallegrave Neto*, que a competência criminal não se transferiu para a JT.[17] Porém, é inegável, como diz *Edilton Meireles*, que "qualquer ação poderá ser proposta, envolvendo qualquer pessoa" quando relacionada com o direito de greve. Por isto, afirma *Reginaldo Melhado* ser desimportante quem são os sujeitos da relação de direito material envolvidos, importando, sim, a matéria, que deve estar "enredada ao exercício do direito de greve".[18]

Os cuidados devem ser grandes.

De um lado, se é possível imaginar que o sindicato pode propor ação contra entraves ao exercício de greve, e condutas antissindicais de uma maneira geral, de outro, não se pode desconsiderar que a possibilidade de declaração de abusividade pela Justiça tem historicamente contribuído ao fracasso do movimento paredista. Neste sentido, a combinação entre poder normativo e declaração de ilegalidade da greve, acaba por resultar num tiro de misericórdia no próprio movimento de paralisação.

Vale dizer, historicamente, a intervenção da Justiça do Trabalho sobre as greves tem seu lado negativo que não pode ser desconsiderado. Essa intervenção, quando se dá de forma indevida, acaba por frustrar o movimento paredista, agindo contrariamente ao instituto, possibilitando um aumento no desequilíbrio de uma relação já desigual.[19]

Não se pode desconsiderar que a contingência da greve objetiva, necessariamente, acarretar prejuízo ao empregador. Vale dizer, o exercício de um direito fundamental constitucionalmente assegurado e necessário para a concreção de outros dois direitos fundamentais — quais sejam liberdade sindical e negociação coletiva — tem por pressuposto um prejuízo econômico ao sujeito passivo. Portanto, sob o olhar do empregador, a greve implica numa lesão. Nenhum empregado faz greve para que o empregador continue tendo o mesmo ganho que tinha.

Apesar dessa obviedade, os exemplos dados pela doutrina, no sentido da ampliação da competência da Justiça do Trabalho, são, quase sempre, relacionados a prejuízos decorrentes do exercício do direito de greve, quais

---

(17) Primeiras linhas sobre a nova competência da Justiça do Trabalho. In: *Nova competência da Justiça do Trabalho*. São Paulo: LTr, 2005. p. 204-205.
(18) *Da dicotomia...*, cit., p. 332-333.
(19) Contrário aos princípios de liberdade sindical e de negociação coletiva consagrados pela Convenção 98 da OIT, o caso da greve na Petrobras deu ensejo à Recomendação n. 90 da OIT ao governo brasileiro para modificar a legislação, de modo que os conflitos coletivos fossem submetidos à Justiça apenas em comum acordo das partes, sendo certo que algumas vozes atribuem a alteração do art. 114 CRFB pela EC n. 45/04, no que tange ao mútuo consentimento para a propositura do DC, a essa Recomendação 90.

sejam, lide entre empresa e sindicato, entre empresa e os grevistas, entre empresa e sindicalistas responsáveis pela greve, entre o usuário do serviço paralisado — e prejudicado — e o sindicato e/ou grevistas e/ou empresas etc. A meu juízo, essas situações, postas em abstrato, devem servir como referências formais, aptas à definição da competência *ex rationi materiae*, mas jamais servirem como indicativas de um sentido substancial de como tais demandas devem ser decididas, pois, repito, em se tratando de greve, o prejuízo ao empregador deve ser visto como regra, na medida em que dele se pode dizer como elemento ontológico ao próprio instituto.

Neste ponto, particular interesse nos revela o caso dos interditos proibitórios, que, ao tempo em que a competência era da Justiça Comum, eram elemento de desserviço à greve, porquanto provocavam a frustração da paralisação.

Com efeito, a pretexto do direito de liberdade de ir e vir, várias decisões consideraram ilícitos os piquetes.

Hoje se tem por assentado que, nesses casos, a competência é da Justiça do Trabalho,[20] salvo na hipótese de greve dos servidores públicos, posicionamento que, malgrado majoritário, deve ser repensado, na medida em que o instituto da greve, tanto no plano teórico como no prático, é indistinto em razão do tipo de trabalhador que o exercita. Daí, a competência material deverá ser definida não sob o aspecto subjetivo, que se pauta na relação de trabalho afeta aos sujeitos ativos, mas segundo a perspectiva do próprio direito exercido.

Não posso deixar de registrar, mesmo em se tratando de um aspecto substancial e, portanto, transcendente aos limites específicos do tema relati-

---

(20) Em decisão publicada em setembro de 2008, o STF assim se pronunciou sobre o tema: "É da competência da Justiça do Trabalho o julgamento de interdito proibitório em que se busca garantir o livre acesso de funcionários e de clientes a agências bancárias sob o risco de serem interditadas em decorrência de movimento grevista. Com base nesse entendimento, o Tribunal, por maioria, proveu recurso extraordinário interposto pelo Sindicato dos Empregados em Estabelecimentos Bancários de Belo Horizonte contra acórdão do Tribunal de Justiça do Estado de Minas Gerais que entendera ser da competência da Justiça Comum o julgamento de ação de interdito proibitório ajuizado pela agência bancária recorrida. Considerou-se estar-se diante de ação que envolve o exercício do direito de greve, matéria afeta à competência da Justiça Trabalhista, a teor do disposto no art. 114, II, da CF. Asseverou-se tratar-se de um piquete, em que a obstrução, a ocupação, ocorrem como um ato relativo à greve. Vencido o Min. Menezes Direito, relator, que desprovia o recurso, por reputar ser da Justiça Comum a competência para julgar o feito, ao fundamento de que o pedido e a causa de pedir do interdito proibitório não envolveriam matéria que pudesse vincular o exercício do direito de greve à proteção do patrimônio. Alguns precedentes citados: CJ 6959/DF (DJU de 22.2.91); AI 611670/PR (DJU de 7.2.2007); AI 598457/SP (DJU de 10.11.2006); RE 238737/SP (DJU de 5.2.99). RE 579648/MG, rel. orig. Min. Menezes Direito, rel. p/ o acórdão Min. Cármen Lúcia,10.9.2008". (RE-579648)

vo à competência, que, segundo a Recomendação n. 583 do Comitê da OIT, "os piquetes de greve, que agem de conformidade com a lei, não devem ser objeto de empecilhos por parte das autoridades públicas". Logo, o pretexto assentado na mera liberdade de ir e vir, por si só, não autoriza a concessão do interdito. Ademais, a teor da Recomendação n. 584 do mesmo Comitê, "a proibição de piquetes se justificaria se a greve perdesse seu caráter pacífico", o que também encontra respaldo na legislação brasileira.

Deve ficar claro que a finalidade de causar prejuízo ao empregador, como elemento tipificador do próprio direito do greve, é legítima e deve ser considerada *a priori* segundo essa perspectiva de legitimidade quando do julgamento dos interditos proibitórios, sendo inadmissível a racionalidade contrária, que acaba por esvaziar o próprio conteúdo do direito.

Em suma, tanto a livre circulação como o direito de greve são bens juridicamente protegidos. Eventual antinomia deve ser solucionada segundo juízo de ponderação, segundo a hermenêutica constitucional, no caso concreto. Caem como uma luva ao que se está por ora a afirmar as lúcidas razões de decidir constantes de acórdão proferido pela 3ª Turma do TRT da 15ª Região, *in verbis*:

"Portanto, no caso do interdito proibitório ser ajuizado em decorrência de movimento grevista, há de se salientar que a proteção possessória somente seria justificável diante da existência de elementos probatórios concretos quanto à prática ou ameaça de prática de violência ou de outros abusos de direito pelo sindicato-requerido, posto que, do contrário, correr-se-ia o risco da tutela jurisdicional servir de propósito para facilitar ou mesmo fomentar a prática de atos inibitórios do exercício do direito de greve.

Necessário, portanto, o cotejo dos valores que emergem da demanda: de um lado, a liberdade de locomoção, o livre direito de trabalho e o direito de propriedade (CF, art. 5º, incisos XV e XXII); e, de outro, o direito à greve e à organização coletiva dos trabalhadores (CF, art. 9º).

Não é admissível a prevalência de um valor sobre o outro. Ambos devem coexistir, harmoniosamente, como recomenda uma sociedade civilizada e organizada com base nos postulados do Estado Democrático de Direito. A Justiça só deve intervir para preservar a ordem jurídica, coibindo que direitos sejam suprimidos ou violados.

A convivência entre o exercício ao direito de greve e o direito de propriedade, de ir e vir e de trabalho é indispensável, posto que, embora salvaguardado o direito à greve — que é o instrumento mais importante na luta dos trabalhadores e o mais eficiente meio de conquista de direitos da classe trabalhadora — deve ele respeitar os demais direitos sufragados pela Constituição Federal, sob pena de restar caracterizada como ilegal ou abusiva a greve.

Contudo, o Judiciário, em nome de assegurar o direito de propriedade ou posse, não pode negar o exercício pleno do direito de greve, sob pena de caracterizar a supremacia de um direito constitucional sobre os demais direitos." (Processo n. 01514-2007-092-15-00-3-RO, Publicado em 21.11.2008; Relator Lorival Ferreira dos Santos)

Aspecto relevante, que se relaciona com o tema em exame, é aquele afeto à legitimação ativa, nos dissídios coletivos concernentes ao exercício do direito de greve. O § 3º, do art. 114, da CRFB autoriza o Ministério Público do Trabalho a ajuizar a demanda de forma ampla?

A doutrina vem apontando para uma legitimação restritiva em casos que tais, segundo opinam, dentre outros, o ministro *José Luciano de Castilho Pereira*,[21] *Sandra Lia Simon*[22] e *Pedro Carlos Sampaio Garcia*.[23]

Neste sentido, o *parquet* somente pode ajuizar DC quando preenchidos dois requisitos: a) tratar-se de greve em serviço essencial e b) puder se cogitar de eventual lesão ao interesse público. Em decorrência, "não cabe ao MP defender interesse econômico das partes envolvidas no conflito".[24]

Com relação às partes envolvidas, é necessário o mútuo consentimento para o ajuizamento do dissídio coletivo. Assim o é, pois, regra geral, a greve tem a ver com a busca de uma necessidade econômica. Por tal fundamento, o ministro *Luciano Castilho* sustenta a aplicação do § 2º, do art. 114, da CRFB.

Com acerto, na medida em que harmonizada com a jusfundamentalidade do direito de greve, *Ricardo Fraga* e *Luiz Alberto de Vargas* afirmam que a "greve é instrumento imprescindível à negociação coletiva". Portanto, acrescento, constitui elemento fundamental para a obtenção da paz social e de democratização das relações de trabalho, soando inadmissível intervenção estatal contrária ao seu exercício.

Por isso, os autores mencionados sustentam que a intervenção estatal somente pode se dar em virtude de manifestação expressa e conjunta das partes em conflito, ou, excepcionalmente, quando houver possibilidade de lesão ao interesse público, porque tal exceção está prevista na própria Constituição.[25]

---

(21) A reforma do Poder Judiciário — O dissídio coletivo e o direito de greve. In: COUTINHO, Grijalbo e FAVA, Marcos Neves (coord.) *Justiça do Trabalho: competência ampliada*. São Paulo: LTr, 2005. p. 252-253.
(22) A ampliação da competência da Justiça do Trabalho e o Ministério Público do Trabalho. In: *Nova competência da Justiça do Trabalho*. São Paulo: LTr, 2005. p. 344-346.
(23) O fim do poder normativo. In: COUTINHO, Grijalbo e FAVA, Marcos Neves (coord.) *Justiça do Trabalho: competência ampliada*. São Paulo: LTr, 2005. p. 394.
(24) *O fim...*, cit., p. 394.
(25) *Relações...*, cit., p. 334.

# E. CONCLUSÃO

A ampliação da competência da Justiça do Trabalho, por meio da Emenda Constitucional n. 45/2004, é a revelação de uma aposta da sociedade brasileira na forma ágil e simples como o processo do trabalho soluciona as demandas submetidas à Justiça Especial. Os operadores do Direito não podem desconsiderar a necessidade de reafirmação dos mecanismos, pautados fundamentalmente nos princípios da simplicidade e celeridade, postos pelo processo do trabalho para a solução dos conflitos.

Porém, o elastecimento da esfera competencial trouxe, para a órbita de apreciação dos juízes do trabalho, uma complexidade de questões transcendentes à relação de emprego típica, exigindo do aplicador do Direito a observância da lógica própria a cada um desses institutos agregados a essa nova competência.

Tal é o que ocorre com as lides afetas às relações sindicais, relativamente às quais a competência trabalhista abarca toda e qualquer matéria afeta à atividade sindical, inclusive no que se refere à greve, em cuja seara o magistrado terá que enfrentar um paradoxo emergente da própria Constituição, em que se encontram em tensão permanente as noções de liberdade e unicidade sindical, solo fértil para uma enorme gama de demandas judiciais.

# DEGRAVAÇÃO DA PARTICIPAÇÃO DO PAINELISTA

*O Sr. Marthius Sávio Cavalcante Lobato*[*]

Boa tarde a todos e a todas. Também vou iniciar com agradecimento à ANAMATRA, à organização, por esse convite de estar aqui com vocês, para fazer essa reflexão sobre a competência da Justiça do Trabalho, após cinco anos, e como está essa competência. É importante, não só como já foi dito ontem e hoje por outros colegas, essa participação, não só da magistratura, mas dos membros do Ministério Público e da advocacia, porque a Justiça do Trabalho é feita por todos nós e os direitos fundamentais também são realizados por todos nós.

Então, a importância desse tema decorre exatamente disso, de como nós vamos concretizar os nossos direitos fundamentais. Acho que é fundamental ter esse debate. Vou tentar também nesses quarenta minutos e vou querer ser mais rápido para falar em tudo, pegando os pontos que foram colocados aqui: a conduta antissindical, a tutela judicial, os limites do direito de greve, os conflitos de representação sindical, o critério sindicato mais representativo. Quero tentar abordar tudo nesses quarenta minutos, não querendo ser exaustivo, mas para estabelecer uma reflexão e um debate.

Para isso e para falar dessa competência da Justiça do Trabalho nessas questões sindicais não vou me limitar a falar sobre o que pode ou não ser julgado pela Justiça do Trabalho, mas sim sobre a competência enquanto capacidade jurídica da análise do conteúdo de validade e eficácia da norma jurídica. Porque, como foi dito pelo Dr. Alexandre, as questões sindicais já estão pacificadas na competência. Então, temos de ver que essa competência, enquanto capacidade jurídica, pode gerar a não competência, ou seja a ausência da própria competência, a ausência da própria Constituição. Nós

---

[*] Advogado junto ao STF e aos Tribunais superiores — TST, STJ, em Brasília. Professor, Mestre e Doutorando em Direito, Estado e Constituição pela UnB; Pós-graduado em Relações Internacionais pela UnB; membro da Comissão Nacional de Direitos Sociais — CNDS do Conselho Federal da OAB; Presidente da Associação de Juristas Trabalhistas Luso-brasileiro — Jutra e Diretor financeiro da ABRAT. Autor do livro "O valor constitucional para a efetividade dos direitos sociais nas relações de trabalho". Editora LTr.

estamos falando de Constituição, como falamos do art. 114, estamos interpretando a Constituição, portanto, temos de analisar essa competência e essa capacidade jurídica de estabelecer a Justiça do Trabalho por meio da interpretação constitucional.

Quando falo de competência da Justiça do Trabalho já evidencio um paradoxo que foi também colocado aqui pelo Dr. Alexandre, ou seja, nessas relações de trabalho os interesses capital-trabalho são antagônicos. Eles são opostos, mas opostos que se complementam ou se repelem?

Nessa estrutura de poder, aqui estou falando de poder interno e externo, numa concepção de George Bordieu, a afirmação dos direitos é estabelecida ou é negada dentro dessa capacidade jurídica da Justiça do Trabalho? Para evitar esse paradoxo, precisamos verificar como é essa relação capital-trabalho, ou seja, como está no nosso ordenamento jurídico — ontem também foi comentado isso — as normas da CLT, como elas estão estruturadas frente à nossa Constituição.

Para essa reflexão, terei de olhar para o passado de uma maneira crítica, sob pena de reproduzirmos no futuro o próprio passado. Para falar sobre a competência nas questões sindicais me moverei pela abstração num primeiro momento, dentro de uma relação jurídico-política, conceituação filosófica constitucional do trabalho, para chegarmos a uma reflexão de uma verdadeira identidade constitucional do Trabalho, que, acho, é o que vai dar a afirmação da nossa competência, da competência da Justiça do Trabalho. Nessa concepção, ou seja, na filosofia político-constitucional contemporânea, o indivíduo não vive mais sozinho, ele não se basta mais em si mesmo. Nessa filosofia comunicativa (Habermas) o indivíduo só existe se é percebido, ou seja, em razão da linguagem. Portanto, se eu, somente estou aqui porque vocês estão me percebendo, isto significa que no mundo contemporâneo não há mais a existência individual, egoísta. Por esta razão nós estamos fazendo uma troca de uma relação coletiva. Nesse aspecto, a filosofia, quando vai dialogar com o Direito fala: Direito, não existem mais relações individuais, preserve as relações coletivas, efetive as relações coletivas, porque não cabem mais relações egoístas no mundo contemporâneo. Isso vai reforçar um conceito de solidariedade, um conceito de que eu só existo em razão do outro e não para que eu me baste em mim mesmo. E se eu só existo em razão do outro é porque existe um Direito maior: a relação coletiva.

O Direito Coletivo passa a nos proteger dentro das relações individuais e não mais, como era numa concepção liberal, o Direito Individual para buscar eventual proteção coletiva. Então, é essa relação entre o Direito Coletivo e o Individual que vamos afirmar essa competência, essa relação. Neste contexto, o conceito de cidadania está intimamente ligado a um conceito coletivo de Direito, de solidariedade. Essa percepção deverá permear toda a relação de trabalho, entre o capital e o trabalho. Esta relação não pode ser vivida, entendida ou aplicada, de forma isolada sob pena de quebrar o conceito coletivo de Direito, de solidariedade, com privilégios individuais.

O constitucionalismo social afirmou o direito coletivo como direito fundamental, ou seja, um direito institucional do trabalhador, como direito de cidadania. Mas, muito embora tenha ocorrido a sua superação, aqui não estou fazendo uma crítica do constitucionalismo social, mas, sim, estabelecendo-a, até porque se hoje vivemos um Estado Democrático de Direito é porque exatamente conseguimos passar pelo constitucionalismo social. Mas, constatou-nos que não adianta nós plasmarmos os direitos na Constituição; não adianta eu transformar o direito em texto, porque o texto não vai solucionar conflito, o texto não vai estabelecer as normas e eliminar a complexidade da modernidade, vai apenas reduzi-la. Não vai eliminar os conflitos existentes dentro da sociedade moderna.

Se a hermenêutica filosófica político-constitucional mais adequada é aquela que se busca na finalidade do texto a partir do contexto a que se está interpretando, temos que a capacidade de aplicarmos a norma a partir dessa interpretação, deve se voltar para o olhar coletivo de proteção dos direitos fundamentais. Faço uma ressalva, norma não é direito. Não existe igualdade entre norma e direito. Por isso a complexidade da sociedade requer que as decisões sejam levadas em consideração para efetivar os direitos.

Aqui entro na questão da conduta antissindical, a partir de um olhar coletivo para proteção individual, momento em que iremos encontrar na realidade as aporias dos direitos fundamentais. Se pensarmos que conduta antissindical existe para proteção apenas do indivíduo, vamos limitar toda a atuação de proteção ao trabalhador ao dirigente sindical. Porque vou interpretar que conduta antissindical é conduta contra o diretor do sindicato, contra um representante do sindicato. Mas quando passo o olhar ao olhar coletivo eu vejo que essa conduta antissindical é contra todos aqueles trabalhadores que exercem, dentro de uma relação coletiva, a própria proteção do seu direito, a busca da efetividade de seu direito. Portanto, todos os trabalhadores são detentores de proteção de condutas antissindicais.

Por isso, quando um trabalhador é demitido decorrente do exercício do direito de greve, essa demissão é nula. Por quê? Porque há uma prática antissindical. Não estamos estabelecendo ou discutindo nesse caso a relação de poder do empregador, o seu poder discricionário. Ele, empregador, tem toda a liberdade de demitir, porém, não pode demitir com discriminação; não pode demitir a partir de uma conduta antissindical. A proteção de condutas antissindicais está voltada para o coletivo, para todos os trabalhadores. É nessa relação da conduta antissindical, que se analisa dentro de um direito fundamental institucional ou coletivo, falando de Jorge Miranda, que vamos ter a relação da existência ou não de normas que protegem condutas antissindicais. Como eu falei, se eu pensar em questões meramente individuais não vou ter norma nenhuma. Não tenho nenhuma lei. O Brasil não tem lei que trate sobre condutas antissindicais. Mas se eu pensar que a proteção da prática de conduta antissindical passa por uma relação coletiva, vou buscar essa proteção coletiva para o indivíduo por meio da Convenção 98, da OIT, que traz mecanismos de proteção coletiva e práticas antissindicais, como, por exemplo, a recusa da negociação coletiva.

A própria Convenção 98, da OIT, garante, dentro das relações de liberdade e de autonomia, que as partes negociem e estabeleçam mecanismos de proteção para aquele exercício de negociação. Aqui não estou falando nem da Convenção 98 — já enquanto norma supralegal — partindo da evolução da jurisprudência do Supremo Tribunal Federal, considerando os tratados internacionais não mais como lei ordinária, mas sim, como norma supralegal. Portanto, vou além de uma norma ordinária. Estou falando de uma convenção com natureza supralegal. E se ela tem a finalidade de proteger o coletivo dentro da relação do indivíduo, tenho, por meio da aplicação da Convenção 98, da OIT, todos os mecanismos de proteção de práticas antissindicais, que busco a partir de uma norma supralegal, cominada com os princípios constitucionais.

Mas a prática antissindical, buscando a proteção da própria Convenção 98, não visa somente à proteção de dispensas imotivadas ou para trazer garantias de emprego etc., ela visa à proteção coletiva de uma relação sadia de negociação coletiva dentro da estrutura sindical, ou seja, dentro das relações de trabalho, dentro da relação entre capital e trabalho, que você busque a chamada paz social nessa proteção. Por isso, a recusa de uma negociação coletiva por parte do empregador é uma prática antissindical que deve ser compelida também pelo Poder Judiciário.

Aí, entramos na questão do poder normativo dos dissídios coletivos, com a nova redação do art. 114. O comum acordo é necessário para um dissídio coletivo? A finalidade, como o Dr. Alexandre colocou aqui, do comum acordo, era buscar, de forma consensuada, as partes, dentro de uma relação de igualdade. Neste aspecto já podemos afirmar que já há uma diferenciação, porque não há igualdade entre capital e trabalho e, portanto, se quero preservar o Princípio da Igualdade tenho de buscar a proteção pela diferença, a igualdade pela diferença. Portanto, eu tenho de saber que aquele "comum acordo" não pode gerar o não direito, não pode gerar a supressão de normas, a supressão de direitos. Estou falando da vigência dos acordos e convenções coletivas de trabalho.

O que estamos vendo hoje nas negociações? Empresas que se recusam à negociação, empresas que se recusam à jurisdição, termina a vigência do acordo e suprime os direitos. E você vai à jurisdição e fala que quer o dissídio, porque precisa de uma decisão que garanta os seus direitos, até porque o § 2º, do art. 114, garante as normas preexistentes previamente pactuadas.

A posição pacífica do TST é que não tem "comum acordo", extingue o processo, logo, extingue o direito. Essa relação de competência dentro da capacidade jurídica que, muitas vezes, se leva à própria não competência.

Não podemos esquecer, e várias pessoas já falaram aqui, que se há dez anos houve uma grande avalanche para a extinção da Justiça do Trabalho, na verdade, não era a Justiça do Trabalho, era o poder normativo da Justiça do Trabalho principalmente, foi exatamente porque eles extinguiram os dissídios coletivos que chegavam lá por qualquer questão, até por questão meramente de folha. Eu já cheguei a acompanhar uma extinção de dissídio àquela época, por exemplo, porque não tinha colocado o CPF do trabalhador na lista de presença. "Não colocou o CPF, não posso indicar quem é o trabalhador, então, vamos extinguir". Essa anomia do Direito que a gente acaba percebendo que na capacidade jurídica de competência se não reafirmarmos a nossa competência, da Justiça do Trabalho, para que esses conflitos sejam solucionados, vamos acabar tendo uma competência que não existe em competência, ou seja, vou negar a própria jurisdição, vou negar o poder normativo.

Com as normas estabelecidas no § 2º, o poder normativo, hoje, não só pode restabelecer normas anteriormente pactuadas, como pode estabelecer novas normas, desde que proteja a relação entre capital e trabalho preservando a dignidade humana do trabalhador. Mas se nego essa possibilidade, eu recuso a minha jurisdição e passo a não ter a própria competência.

São essas questões, por exemplo, que vou entrar num outro ponto delicado e, me desculpem os que já fizeram pronunciamento contrário, mas a demissão coletiva tem proteção constitucional, sim, tem proteção normativa. Ao contrário dos que dizem que não há lei, e realmente não há lei, mas temos a nossa Constituição, temos princípios constitucionais que protegem uma relação que pode trazer uma violação a outros princípios. Foi dito aqui ontem e hoje, exaustivamente, que os princípios da função social da propriedade, o valor social do trabalho, da dignidade humana são princípios constitucionais, que protegem os trabalhadores numa relação de excepcionalidade. Porque se a demissão coletiva teve como fundamento exatamente uma relação excepcional que é uma crise financeira, portanto, a relação excepcional deve ser tratada como excepcional. Se vou ter de demitir de forma excepcional, essa proteção da demissão também tem de ser olhada como excepcional. Portanto, a demissão coletiva deve ser protegida pela sua excepcionalidade.

Não estamos aqui querendo dizer que o art. 7º, I, muito embora não tenha sido regulamentado, seja um conteúdo vazio jurídico. Ele não é uma norma vazia, não estamos dentro de um vazio, dentro da era do vazio. Estamos dentro de uma relação em que o próprio Supremo já decidiu, que se são normas programáticas, elas não podem se tornar o silêncio eloquente que impeça a efetivação de um direito constitucional. Portanto, assim como nos casos dos portadores do vírus HIV o Supremo Tribunal Federal determinou que o Estado pagasse os remédios independentemente de norma, porque não pode se tornar um vazio; por que no trabalho, esse vazio normativo, vai gerar o prejuízo ao trabalhador e não o mínimo de proteção que é a negociação coletiva? Tem-se a Convenção 98 e, num caso excepcional, como fundamentada a demissão, tenho uma proteção normativa. Tenho normas claras, normas precisas que protegem uma demissão coletiva.

Isso sem falar, se formos para uma jurisdição constitucional, dentro do controle difuso, por exemplo, em debater a própria inconstitucionalidade da denúncia da Convenção 158, do Presidente da República. Existe a Adin n. 1.625, por exemplo, que tem o voto do relator anterior, Maurício Corrêa, que conferiu uma interpretação conforme a Constituição, para que a validade da denúncia só ocorra após a análise da decisão do Congresso Nacional, em razão do próprio princípio do nosso Estado Democrático de Direito. Porque para se ratificar um Tratado há um ato jurídico complexo, que são o decreto do Congresso e o Decreto Executivo; para eu denunciar o Tratado eu também preciso do mesmo procedimento. É uma via de mão dupla. Eu não tenho poder de império para denunciar. O Estado Democrático de Direito requer isso. Então, mesmo no controle difuso, apesar de já ter o voto favorável do Ministro Maurício Corrêa, do Ayres Brito, dando a interpretação conforme, voto contrário do Ministro Nelson Jobim e vista com o Ministro Joaquim Barbosa, há possibilidade de o controle difuso afastar a denúncia e mandar aplicar, pelo menos, para justificar, (porque a Convenção 158, como sabemos, não garante estabilidade, só estabelece mecanismos de justificação para uma demissão).

Então, é isso que posso utilizar para, eventualmente, aplicar numa demissão coletiva que, se não tiver o processo de negociação, torna-se uma prática, uma conduta antissindical, porque acaba envolvendo todo um sistema, toda uma categoria profissional.

Outra questão dentro dessas condutas antissindicais, que também foi comentada pelo Dr. Alexandre, são as eleições sindicais. Antes da redação do art. 114, tínhamos que a competência era da Justiça comum. Hoje a competência é da Justiça do Trabalho, ressalvadas as discussões que estão ocorrendo em relação aos servidores públicos.

Mas isso tem gerado, dentro da competência da Justiça do Trabalho, alguns outros mecanismos de atuação, o que nos faz refletir (tenho um caso concreto e estou refletindo sobre isso), se há interferência ou intervenção, por exemplo, na participação do Ministério Público nas questões de eleições sindicais. Ou seja, o Ministério Público dentro da sua proteção social, será que ele está protegendo socialmente as relações sindicais quando ingressa com uma ação de nulidade de eleição sindical ou ele está fazendo as vezes, dentro de um ativismo judicial, de uma oposição sindical? Não estará elitizando as relações jurídicas, sindicais, quando entra com ação? Falo isso com conhecimento de causa. Tenho um caso concreto. Eu fui convidado por um procurador que, também, é da UNB, Dr. Cristiano Paixão, que tinha entrado com ação de nulidade de processo eleitoral, para ser membro da comissão eleitoral independente. Aceitei fazer parte da comissão junto com dois colegas. Mas, no decorrer do trabalho, para efetivar o processo eleitoral, comecei a me deparar com algumas questões que me fizeram refletir. Será que na minha condição de presidente de uma comissão eleitoral independente e externa à categoria profissional, eu estou atuando para realizar uma eleição democrática ou estou atuando como interventor de sindicato? Porque algumas decisões que preciso tomar envolvem a máquina sindical, enfim, envolvem a atuação interna do sindicato. Isso se parece com uma intervenção. Então, é uma reflexão que estou colocando porque, realmente, eu entrei meio em parafuso quando me deparei com a necessidade de tomada de decisões de que, talvez, isso seja uma intervenção que não queremos. É lógico que dentro do Estado Democrático de Direito muitas vezes teremos as relações de tensões e, por isso que essas tensões têm a finalidade de se complementarem e não de se repelirem. Mas são questões dentro da competência da Justiça do Trabalho que acabamos tendo de refletir sob pena de retrocedermos, ou seja, voltar ao que não tínhamos antes, fazer uma intervenção sindical pensando que estamos fazendo um bem e, eventualmente, estamos fazendo o mal. Estamos sendo utilizados por uma relação político-sindical por aqueles que não têm capacidade de se relacionar enquanto representação de trabalhadores. Essas questões são fundamentais para discutirmos dentro da própria competência e dentro da capacidade jurídica para não negarmos a nossa própria competência, que vai muito além do próprio poder de decisão.

Quanto à questão da tutela judicial, vou falar aqui do direito de greve e não posso deixar de falar do interdito proibitório, que é uma questão que assusta a sociedade. Falo enquanto sociedade, porque os interditos proibitórios nasceram com a intenção de reprimir o movimento grevista. Eles nasceram no final dos anos 80. Quem iniciou esse movimento de interdito proibitório foram os banqueiros, exatamente para segurar o movimento dos bancários e utilizaram exatamente para isso. Eles não vão para a jurisdição do Trabalho, mas vão para a Justiça comum obter o interdito proibitório para acabar com as greves. E nos assusta um pouco. Porque eu, por muito tempo, quando discutíamos com casos concretos, fazendo defesas contra o interdito proibitório, pensava que essa questão, aplicação dos interditos em greve, decorria da competência de uma Justiça que não entendia nada do Direito do Trabalho, Justiça Comum. Mas nos surpreendeu porque o deslocamento da competência para a Justiça do Trabalho não impediu os interditos proibitórios, pelo contrário, tenho contato com algumas decisões que são muito mais ferozes do que as decisões da Justiça Comum.

Não vou entrar na questão se é competente ou não, porque isso o Supremo já decidiu, mas o fato é que quando o Supremo decidiu que a Justiça do Trabalho é competente para analisar os interditos proibitórios, não mandou aplicar o interdito proibitório. Ele disse: Você pode julgar. Mas não está dizendo para aplicar. É isso que devemos discutir. Se estamos dentro de um direito de greve, se o direito de greve, como o Dr. Alexandre colocou aqui, é o direito do trabalhador, é um fato normativo, para utilizar a expressão de Jellinek, é um fato normativo que garante ao trabalhador a busca da sua igualdade para solução de um conflito; porque a greve só existe quando o conflito já existe. Você não faz greve para criar um conflito, a greve existe para solucionar o conflito. Quando há a greve é porque o conflito já foi instaurado. Então, se esse fato normativo não for suficiente para afastar um instituto possessório, e que a greve não tem qualquer finalidade de posse, nenhum sindicato quer buscar a posse quando faz greve, não há por que aplicar o interdito proibitório. Mesmo garantindo em decisões o exercício do direito de greve, mas determina que não pode haver piquete; determina que o movimento deve sair da frente da empresa, ou, como tenho dito, parafraseando Marisa Monte, a concessão de um verdadeiro "infinito particular" para as empresas, uma vez que algumas sentenças determinam: "O sindicato não pode nunca mais fazer assembleia na porta da empresa; o sindicato não pode nunca mais fazer passeata contra a empresa". São decisões de infinitos particulares que a empresa tem, ou seja, todo cidadão pode fazer uma passeata e fazer manifestos e críticas, mas aquela empresa tem o direito de não ter uma manifestação, uma passeata contra ela. Isso é um problema que requer uma reanálise da nossa competência, mas enquanto capacidade jurídica.

A greve tem conflito? Tem, mas temos mecanismo de solução: a Lei n. 7.783 prevê os mecanismos de greve, mostra como você pode fazer o piquete. Podemos dizer que a Lei n. 7.783, que é uma conversão de uma medida provisória, foi uma das primeiras medidas provisórias que saíram após a promulgação da Constituição de 88. A Constituição saiu em 5 de outubro, em novembro saiu a medida provisória da lei de greve, em março ela estava aprovada. Quer dizer, acho que nunca na história deste país foi aprovada uma medida provisória tão rápido. Por quê? Porque a partir da promulgação da Constituição, houve o debate se havia necessidade de regulamentar a greve ou não, ou se o art. 9º, da Constituição, como um direito fundamental, era suficiente para proteger as relações coletivas de greve. E a Lei n. 7.783 impede a ocupação, impede o piquete violento, mas protege o piquete, porque isso está dentro de um exercício do direito do trabalhador de fazer o convencimento pacífico.

E hoje o art. 114 tem o dissídio de greve. Se, também, o comum acordo, for impeditivo para um julgamento, uma solução de conflito, não podemos permitir, também que o exercício do direito de greve também, seja um mecanismo de represália do empregador, porque ele não suscita o direito de greve, ele vai para os interditos proibitórios e, se há resistência da categoria profissional, ele desconta os dias parados na folha. E fala: a lei de greve diz que é a suspensão do contrato de trabalho, então, não tenho de pagar salário. O sindicato não pode ir para o dissídio, porque a OJ n. 132, se não me engano, impede que o sindicato suscite dissídio coletivo, porque é só de natureza patronal. E se ele vai para uma ação civil pública, mas a lei de greve diz que é suspensão do contrato de trabalho, então, vai ocorrer o desconto dos salários. Vamos encontrar casos de categoria que fazem greve por mais de vinte dias, não têm uma decisão judicial e têm os descontos dos dias parados, porque a greve suspendeu o contrato. A empresa desconta e tem a validade jurídica pelo seu desconto. Esta prática deve ser analisada e interpretada enquanto conduta antissindical, assim como os mecanismos de proteção ou de práxis da empresa para reprimir o movimento grevista, o movimento de organização dos trabalhadores, enfim, para impedir a efetividade dos direitos fundamentais dos trabalhadores.

O interdito proibitório, na verdade, é um mecanismo de desconstitucionalização dos direitos sociais, ou seja, é o Judiciário permitindo desconstitucionalizar um direito fundamental, que é o direito de greve. É permitir que não se exerça o direito de greve por meio de um ativismo judicial que está sendo utilizado pela relação patronal exatamente porque não tem capacidade de solucionar os seus conflitos diretamente frente à organização dos trabalhadores. É utilizar o Judiciário, a jurisdição do Trabalho para um ativismo político e entrar na relação da judicialização da política ou a politização da Justiça. Se não pensarmos, repensarmos, a aplicação dos interditos e pararmos para analisar que isso é uma forma de desconstitucionalizar os direitos sociais, a relação da competência fica negada. A Confederação Nacional dos Metalúrgicos da CUT, por exemplo, autorizou o ingresso de uma ADPF, foi tombada pelo número 123, relator Ministro Carlos Ayres Brito, exatamente para haver a declaração de que nesse caso de greve, quando houver o exercício do direito de greve, não se aplica o instituto possessório do interdito proibitório. Não estamos discutindo a competência, estamos discutindo que nessa relação, aí entra a teoria da recepção, não se pode recepcionar um instituto frente a um direito fundamental, que tem proteção e mecanismos próprios para solução, sob pena de subverter a própria ordem constitucional e as próprias relações sindicais.

Com isso entro na questão da representatividade, estou vendo que faltam cinco minutos, acredito que dê para terminar. Acho que o conceito de representatividade dentro desse movimento histórico dos sindicatos, federações, confederações, ou seja, dentro das entidades sindicais, necessita, a partir do Estado Democrático de Direito, de uma releitura dos conceitos de unicidade, de categoria e de base territorial. Essa releitura se faz necessária porque temos esses conceitos estabelecidos na CLT, mas não podem ser repassados pura e simplesmente para a Constituição, já que concebidos, em 43, dentro de um Estado autoritário.

A finalidade da unicidade sindical, do conceito de categoria e base territorial foi o controle dos sindicatos, controle do movimento dos trabalhadores, porque o Estado é que outorgava a carta sindical; o Estado é quem dizia quem podia ser sindicato ou não; o Estado é quem dizia onde você poderia atuar ou não. Então, ou eu faço uma releitura desses conceitos sob a ótica da Constituição de 88, a partir de uma concepção de inovação ou de uma releitura com o Estado Democrático de Direito, ou vou sempre aplicar no presente a leitura do passado, eu nunca vou projetar o meu futuro. O nosso futuro vai ser sempre esse debate de como vou fazer crescer as organizações sindicais, se vou precisar da reforma da Constituição, preciso fazer outra emenda constitucional e não é à toa que estamos aí já com a 52ª emenda constitucional.

Por outro lado, a todo momento começo a utilizar a Constituição como se fosse uma lei ordinária, ou seja, para mudar, achar que tem de interpretar, tem de mudar uma vírgula. É o conceito de representatividade de que se deve fazer a releitura. A unicidade não é universidade. Se o Supremo já decidiu que há possibilidade de desmembramento dentro da participação dos trabalhadores, com decisão dos trabalhadores e, portanto, aquele quadro anexo do art. 577 foi recepcionado, mas não para ser *numeros clausulus*, podendo ser criadas novas categorias, tenho de ler o conceito de unicidade nesse sentido. Não adianta defender a liberdade e autonomia sindical desde que eu seja o único e que seja o meu sindicato; desde que a contribuição sindical venha para os meus cofres. Eu não posso estabelecer, principalmente, quando tenho uma contribuição compulsória, que o conceito de unicidade sindical, dentro do conceito de representatividade de sindicato mais representativo, seja vinculado ao sistema confederativo. Quer dizer, não é porque criei um sindicato hoje que automaticamente estou vinculado à federação A ou confederação B. Essa é uma concepção, sim, de liberdade e autonomia sindical que passa pela realização da liberdade de associação. Então, é o sindicato, são os trabalhadores dentro de suas esferas de autonomia que vão dizer se estão filiados a esta ou aquela federação ou a esta ou aquela confederação. Não utilizar uma máquina compulsória, um sistema tributário para enriquecer representações que não são representações.

Há uma grande tentativa de manter essa competência na Justiça Federal, quanto se trata de contribuição sindical. Muitos órgãos da Justiça Federal vêm entendendo que por se tratar de tributo estou discutindo dentro da minha esfera de competência. Na realidade, você não está discutindo a natureza do tributo, mas se repassa ou não esse tributo para alguém. O que se discute naquela matéria é o repasse daquele tributo e não a sua natureza, porque que ele é tributário compulsório todos sabemos. Por isso a competência da Justiça do Trabalho e, por isso, quando esta Justiça do Trabalho for analisar as questões de repasse da contribuição sindical, deve analisar sob o prisma de um novo olhar do conceito de representatividade, de liberdade e de autonomia sindical. É claro que nesse conceito de maior representatividade, eventualmente, iremos encontrar alguns excessos, alguns abusos, alguns erros, mas isso é da relação humana. Temos de pontuar o que podemos fazer para essa correição dentro desse novo olhar da Constituição. Ou seja, dentro de uma Constituição que é uma comunidade de princípios.

Para concluir essa questão, como estamos interpretando a Constituição, falando dos nossos princípios constitucionais, sempre me vem à tona uma indagação — a Dra. Noemia vai saber de quem faz essa indagação —, é do meu orientador que, aliás, é de Minas, mas está na UNB, Professor Menelik de Carvalho Netto, ele faz a seguinte pergunta: O que a Constituição constitui? Se a Constituição constitui uma comunidade de princípios e de pessoas livres e iguais e que se respeitam em concreto, é por meio da análise do caso concreto que vamos solucionar todos esses conflitos que temos dentro da própria competência. Devemos reconhecer agora que temos e vivemos no Estado Democrático de Direito, tanto que a nossa Constituição faz 20 anos, 21 anos esse ano, e está se mantendo com todos os seus princípios. E temos um bloco de constitucionalidade, ou seja, bloco de princípios constitucionais que protegem toda relação do trabalho, é a partir desse bloco de princípios constitucionais que temos de buscar aqui essa aplicação da nossa competência.

Não esqueçamos que existe o Direito Constitucional. Não podemos apagar a Constituição, apesar de muitos quererem fortemente limpar a nossa Constituição. Mas, na verdade, temos, por meio desses princípios constitucionais, de buscar dentro das relações de trabalho uma identidade constitucional do trabalho. Ela se faz necessária porque o sujeito do Direito Constitucional do Trabalho é a pessoa humana e não a mercadoria.

Obrigado.

# TEXTO DO PAINELISTA ALUSIVO À SUA PARTICIPAÇÃO

## A AMPLIAÇÃO DA COMPETÊNCIA DA JUSTIÇA DO TRABALHO E AS QUESTÕES SINDICAIS

*Ricardo José Macedo de Britto Pereira*[(*)]

### 1. A AMPLIAÇÃO DA COMPETÊNCIA DA JUSTIÇA DO TRABALHO COMO PROCESSO E AS CONDIÇÕES PARA O SEU AVANÇO

A ampliação da competência da Justiça do Trabalho promovida pela Emenda Constitucional n. 45/2004 não se exauriu com a sua promulgação, mas foi o início de um processo, ainda em andamento e sem previsão, a curto prazo, para se concluir. Após quase cinco anos de reforma, assimilamos ou exploramos uma pequena parcela do que a mudança do texto constitucional oferece. Provavelmente levaremos anos, talvez décadas, discutindo o alcance dessa ampliação.

Defendo que a ampliação da competência da Justiça do Trabalho não se restringe a um deslocamento de feitos de um ramo do Judiciário para outro ou de alterações de atribuições entre ramos do Ministério Público.

A reforma do Judiciário possui uma dimensão material, de providência complementar para promover e efetivar opções feitas pelo constituinte originário, como valor social do trabalho, dignidade da pessoa humana e a melhoria da condição social de todos os trabalhadores urbanos e rurais, e não apenas dos que possuem vínculo empregatício.

Neste aspecto, a reforma do Judiciário é uma reforma trabalhista silenciosa, tanto no plano do Direito individual quanto no do Direito coletivo. Ela abre várias perspectivas de mudanças, com reais possibilidades de se aprimorar os mecanismos de tutela dos interesses dos trabalhadores, superando a difícil etapa de debates e divergências de caráter político-ideológico que uma reforma trabalhista e sindical suscita.

---

[(*)] Procurador-Chefe da Procuradoria Regional do Trabalho da 10ª Região. Mestre e Doutor em Direito.

Tenho dito que atualmente não é possível estudar e aplicar o Direito Individual do Trabalho sem levar em conta o Direito Coletivo do Trabalho. Boa parte dos direitos individuais do trabalho pode ser questionada quanto à prevalência do conteúdo estabelecido na disposição da norma em face de cláusulas de convenção ou acordo coletivo de trabalho. Para a aplicação de um Direito Individual é necessário verificar, utilizando a terminologia do professor *Mauricio Godinho Delgado*, se ele é de indisponibilidade absoluta ou apenas relativa. E a reforma reforça a relevância do Direito Coletivo do Trabalho.

A condição estrutural para a ampliação da competência da Justiça do Trabalho veio com a aprovação do texto da EC n. 45/2004, na parte que altera o art. 114 da Constituição. A implementação de condições complementares é que vai determinar se essa ampliação vai ocorrer em menor ou maior grau. São condições complementares para o avanço desse processo a assunção das novas responsabilidades dos agentes públicos e atores sociais e, principalmente, a conscientização da necessidade de se adotar posturas proativas contra as situações de paralisia. Ou seja, a efetiva ampliação impõe uma mudança de mentalidades e de práticas.

O apego à tradição jurídica e ao passado e o medo de inovar estão presentes de maneira muito forte na sociedade. Determinadas ideias, concepções e receios estão tão arraigados na mente das pessoas que chegam a neutralizar ou mesmo afastar decisões do poder constituinte derivado e até mesmo do originário. É a chamada falácia naturalista de que as coisas são como são e não podem ser diferentes.

Na Constituição, por exemplo, há clara opção pela coletivização dos interesses, mediante previsão de diversos instrumentos de tutela coletiva. No entanto, há muita resistência a sua utilização, em razão de apego excessivo a concepções individualistas.

Quando surgem novos instrumentos, a primeira providência da doutrina é estabelecer sua natureza jurídica e assim enquadrá-los nas categorias consolidadas, geralmente de direito privado, atribuindo ao novo a feição e o efeito do velho, o que impede ou retarda as mudanças previstas no ordenamento jurídico.

Os nossos Tribunais estão organizados com a prevalência para a tutela individual e não coletiva. Os órgãos especializados em questões coletivas se ocupam de um ato cada vez mais excepcional no âmbito do processo trabalhista, sobretudo depois da EC n. 45/2004, que é a inovação da ordem jurídica por meio de uma sentença normativa. Órgãos especializados em questões individuais tiveram acréscimo significativo do número de casos, enquanto os especializados em matéria coletiva sofreram grande esvaziamento. No Tribunal Superior do Trabalho, um acórdão em ação civil pública, por exemplo, que é objeto do recurso de embargos previsto no art. 894 da CLT, é julgado por órgão especializado em matérias individuais e não coletivas. O mesmo se dá em relação aos recursos que tratam de representação sindical ou mesmo de greve, quando não se trate de dissídio coletivo. Esse abarrotamento no órgão especializado em questões individuais dá a falsa impressão de que os problemas dos trabalhadores brasileiros e as demandas trabalhistas reclamam tutela individualizada e fragmentada.

Algo semelhante se passa com a ampliação da competência da Justiça do Trabalho. É perceptível, principalmente no Superior Tribunal de Justiça e em alguns aspectos no Supremo Tribunal Federal, a existência de resistências a que ela de fato se complete.

## 2. BASE CONSTITUCIONAL PARA A ANÁLISE DO TEMA

A Constituição estabelece um âmbito de sentidos que orienta a interpretação de suas disposições e condiciona a compreensão do fenômeno jurídico na sua integralidade.

O texto constitucional consagrou diversas mudanças e uma delas foi a ruptura com práticas autoritárias e totalitárias, para dar lugar a princípios democráticos, por meio da efetiva participação de indivíduos e grupos na determinação dos destinos do país.

Os princípios constitucionais não admitem modelos preconcebidos de sociedade, mesmo que baseados na ideia de bem-estar social, se não houver efetiva contribuição dos interessados na sua formulação.

A amplitude dessa participação é expressão da pluralidade e da diversidade que o texto constitucional assegura. Trata-se de uma síntese ou acomodação das mais variadas tendências, o que imprime a todo o ordenamento jurídico o caráter inclusivo e não excludente.

Daí a relativização na aplicação da maioria dos direitos fundamentais, no sentido de que a concretização deles não se dá no vazio, mas em convergência e tensão com outros direitos, valores e bens constitucionais. São mandamentos cujo conteúdo varia de acordo com as especificidades de cada situação concreta, pois levam em conta os aspectos fáticos e jurídicos existentes no momento de sua aplicação. Embora não sejam aplicados de forma absoluta, deve-se perseguir a maior extensão possível de seu conteúdo.

Outra característica dos direitos fundamentais é que não são dados definitivos, mas referências iniciais que dão origem a um ou vários percursos até o acesso efetivo aos bens e vantagens por eles assegurados. Os direitos são possibilidades jurídicas, com uma pluralidade de sentidos. Estão em permanente processo de construção e reconstrução.

Refiro-me à maioria dos direitos fundamentais, porque há alguns deles em que o modo de aplicação não comporta confrontação com qualquer outro bem que os torne relativos. O direito previsto no art. 5º, III, da Constituição ao garantir que ninguém será submetido à tortura nem a tratamento desumano ou degradante não observa a lógica dos princípios, mas das regras. Sua aplicação é absoluta. Não admite ponderação para, por exemplo, dar prevalência à descoberta da verdade ou permitir a redução à condição análoga à de escravo mediante justificativas à base de rendimento econômico. São direitos imunes a restrições ou exceções.

A aplicação dos direitos a modo de princípios é uma maneira de aproximar Direito e realidade. O grande desafio do Direito do Trabalho é justamente garantir os direitos fundamentais dos trabalhadores e condições mínimas de trabalho, especialmente em contextos de crise e escassez de recursos. Para isso é necessário interagir com outros ramos e áreas. Na atualidade, a capacidade do Direito do Trabalho de proporcionar proteção aos trabalhadores depende de uma margem de mobilidade e adaptabilidade para fazer frente à complexidade social.

## 3. A COMPETÊNCIA DA JUSTIÇA DO TRABALHO PARA O JULGAMENTO DE QUESTÕES SINDICAIS

A reforma do Judiciário, no âmbito coletivo, promove a liberdade sindical, mediante o fortalecimento de três aspectos que integram o núcleo desse direito: greve, representação sindical e negociação coletiva. Em relação aos dois primeiros, houve menção expressa à competência para o julgamento dessas matérias nos incisos II e III do art. 114 da Constituição e a ampliação da negociação coletiva se deve à restrição ao poder normativo, ao exigir o comum acordo para o ajuizamento do dissídio coletivo de natureza econômica, contida no § 2º do mesmo dispositivo.

A nova competência da Justiça do Trabalho para julgar questões coletivas contribui para otimizar o direito fundamental de liberdade sindical de todos os trabalhadores, inclusive servidores públicos. A fragmentação da matéria antes da EC n. 45/2004 impediu uma consideração unitária do Direito Coletivo do Trabalho e, de certa forma, diminuiu a força dos direitos de organização e ação coletivas dos trabalhadores para a defesa de interesses comuns.

O modelo de organização sindical acolhido na Constituição — digo modelo, não no sentido de ideal a ser seguido, mas de estrutura ou base ali contida – possui duas características: autonomia e unicidade sindical. Elas não estão soltas, mas inseridas como elementos do direito fundamental de liberdade sindical, como especificidades desse direito. Não possuem conteúdo ou significado autônomo.

Defendo que, embora no corpo da Constituição, esse modelo de organização sindical é de transição, ou seja, não pode ser aceito como definitivo. Não no que se refere à autonomia sindical, que de imediato impediu a recepção dos dispositivos da CLT que previam a interferência do Poder Executivo nos sindicatos, a não ser quanto ao registro, agora como modalidade de ato vinculado.

Dúvidas persistem, porém, em relação à atuação do Ministério Público do Trabalho, do Judiciário e até mesmo do Legislativo. Como a autonomia sindical não é um direito absoluto, mas elemento do princípio da liberdade sindical, seu conteúdo deve levar em conta outros direitos, valores e bens constitucionais. A atuação do Poder Público é juridicamente possível, principalmente para preservar a democracia interna dos sindicatos ou impedir a ação de sindicatos em detrimento de interesses indisponíveis dos trabalhadores. Isso ao lado de outra que não causa tanta discussão, que é a de coibir práticas antissindicais por parte dos patrões.

Evidentemente, essa atuação não pode ser paternalista e substituir a responsabilidade dos próprios interessados.

Por outro lado, vislumbro, em alguns aspectos, uma atuação do legislador restritiva da autonomia coletiva. Por exemplo, o art. 522 da CLT foi considerado tanto pelo TST quanto pelo STF recepcionado pela Constituição, pelo receio de abusos na extensão da garantia de emprego a dirigentes sindicais. No entanto, na minha visão, trata-se de matéria própria da negociação coletiva. Os abusos devem ser tratados na mesa de negociação. Não há razão para se adotar medida que beneficia os empregadores e iguala de forma desarrazoada o movimento sindical, além de retirar-lhe importante instrumento de barganha.

Até porque todos os trabalhadores possuem proteção contra a despedida em razão de atividade sindical, embora isso não seja observado com o rigor necessário. A Convenção 98 da Organização Internacional do Trabalho, ratificada pelo Brasil em 1952, prevê proteção a qualquer trabalhador em razão não só de sua filiação a sindicato, mas também pelo exercício de atividade sindical, inclusive contra a dispensa. Há no STF tendência de considerar que os tratados sobre direitos humanos ratificados antes da Constituição de 1988 foram constitucionalizados pelo constituinte originário (ADI 1675). De qualquer forma, a mudança na jurisprudência do STF, já confirmada, no sentido de que o tratado internacional sobre direitos humanos possui caráter supralegal, em substituição ao critério da paridade, oferece novos elementos para a reavaliação da matéria.

No que se refere à representatividade, parto da ideia de unicidade como elemento transitório na organização sindical brasileira, ainda que possa tardar sua eliminação. A liberdade sindical, como direito fundamental, possui um conteúdo genérico, um enunciado simples. A partir do momento em que se especifica demais um direito fundamental, restringe-se sua aplicação, tanto no que se refere aos titulares, quanto ao conteúdo. Imaginem se no art. 5º, VI, da Constituição, que estabelece a liberdade de crença e consciência, houvesse um inciso limitando o exercício do direito a apenas um culto religioso numa determinada base territorial ou a liberdade de expressão da atividade intelectual, do inciso IX, fosse limitada a uma única ideia. Seria absurdo, porque aniquilaria o caráter de fundamentalidade do direito.

Mas é o que acontece com a liberdade sindical. Jamais, como disse anteriormente, esse direito de liberdade sindical, que na verdade é um direito de organização sindical de liberdade restrita, em razão da proibição de criação de mais de uma entidade sindical representante da categoria na mesma base territorial, deveria figurar num texto constitucional definitivo. Melhor que estivesse em disposições transitórias ou fosse encomendado ao legislador. Ele só se justifica para conferir impulso à mudança da organização sindical prevista na CLT, sem ruptura abrupta, mas transição branda, até que se implante definitivamente um modelo integralmente democrático. A implantação de uma sociedade efetivamente democrática depende da incidência dos princípios constitucionais em todos os seus setores. Se importante segmento da sociedade brasileira, como é o das relações trabalhistas, é orientado por elementos não democráticos, isso, sem dúvida, freia a realização dos princípios democráticos previstos na Constituição. Ou seja, além do aspecto interno, da contradição que existe em restringir um direito fundamental, há uma disfunção na medida em que o direito de organização sindical, com a limitação prevista, acaba comprometendo o aprimoramento da democracia na sociedade brasileira.

Não obstante, a unicidade consta no texto constitucional e não se pode ignorar sua existência. Sem dúvida, ela compromete a legitimidade da atuação sindical, principalmente se aplicada como disposição absoluta, interpretação que, como visto, não é adequada.

Se deu um valor muito grande à unicidade sindical, colocando a restrição ao princípio da liberdade como uma regra autônoma. A unicidade passou a valer mais do que tudo no modelo de organização sindical, mais do que a liberdade prevista no *caput* do art. 8º e seu inciso V.

Num contexto em que o sindicato só acumula benefícios, não há grande preocupação com a ausência de representatividade. No entanto, o sindicato pode alterar condições de forma prejudicial em relação às existentes anteriormente. A cúpula, nesse processo, necessita do respaldo da base. Em razão desse déficit de representatividade, o movimento sindical ingressou num processo irreversível de deslegitimação. É verdade que há um resíduo de legitimidade, ou seja, alguns aspectos de sua dinâmica preservam critérios democráticos. Se assim não fosse possível reconhecer, haveria um questionamento geral a todos os instrumentos normativos resultantes das negociações coletivas. As convenções e acordos coletivos celebrados teriam vício formal desde a origem.

A unicidade deve ser temperada pelo princípio da liberdade sindical, que é o eixo de todo o Direito Coletivo do Trabalho. Não se pode atribuir a ela excessiva importância a ponto de anular o princípio da qual faz parte. A aplicação da unicidade que estrangule a liberdade e a representatividade não é compatível com o texto constitucional.

Temos que colocar a unicidade no seu devido lugar, para preservar a representatividade e a democracia. Para tanto, é necessário promover mudanças, que podem ocorrer tanto no plano legislativo, com a alteração do texto, como no âmbito da interpretação. Neste último aspecto, insisto que a ampliação da competência confere base para avanços, a partir de leituras do art. 8º da Constituição que considerem o fenômeno sindical na sua inteireza e não por partes como ocorria no passado.

A figura do sindicato mais representativo é uma possibilidade. Atualmente, a anterioridade do registro impede que entidade mais representativa atue em prol dos trabalhadores da categoria. O registro assegura uma espécie de condição eterna, independentemente de critérios de representatividade. Creio que o Judiciário e o Ministério Público trabalhistas podem atuar para assegurar o direito de entidades representativas em detrimento de entidades de fachada, mas que obtiveram o registro. Assim, é possível resgatar o princípio democrático, até que haja um consenso maior para a aprovação de uma reforma sindical. Enquanto isso, é necessário dar continuidade ao processo. Não podemos parar e imaginar que esse é o modelo que existe e não há nada a ser feito. A ampliação da competência é um passo importante para as mudanças.

No que se refere à negociação coletiva, vislumbro a ampliação de seu espaço, por meio das restrições trazidas ao poder normativo da Justiça do Trabalho.

Mas aqui também é importante que haja uma mudança de cultura. Os empresários reclamam por maior negociação e flexibilização, mas insistem em adotar medidas unilaterais, como vem ocorrendo no caso da dispensa em massa.

Deve-se extrair do art. 7º, I, da Constituição alguma espécie de proteção contra a dispensa coletiva. De fato, a previsão de possibilidade de redução salarial (inciso VI) e alteração da duração de trabalho (incisos XIII e XIV) não foram concessões para beneficiar os empregadores, mas para conferir maior adaptabilidade ao Direito do Trabalho, por meio da negociação coletiva pautada pela boa-fé. O empresário em situação difícil pode contar com a colaboração dos empregados, mas deve demonstrar ao sindicato dos trabalhadores as reais dificuldades e oferecer algo em contrapartida, como a garantia de emprego pelo período em que a providência se faz necessária.

A dispensa coletiva, em lugar de medidas menos prejudiciais aos trabalhadores, sem observar esses passos previstos na Constituição e sem negociação para constatar a necessidade de sua adoção, bem como critérios a serem observados, se apresenta como abusiva. Pode perfeitamente ser extraída do art. 7º, I, da Constituição uma proteção direta contra essa prática. Foi o que ocorreu com o direito de greve no serviço público previsto no art. 37, VII, da Constituição, cuja redação original era similar ao daquele dispositivo. Por quase vinte anos o STF resistiu em admitir proteção à greve dos servidores públicos, mas recentemente, sem qualquer alteração do texto, reconheceu que o direito existe, mesmo antes da providência legislativa ali prevista.

É de se reconhecer a urgência em se atribuir algum sentido ao art. 7º, I, da Constituição, independentemente de atuação legislativa, tendo como base os valores consagrados no próprio texto constitucional e nos tratados internacionais sobre direitos humanos.

No que se refere às greves, a competência da Justiça do Trabalho põe fim à utilização de medidas casuísticas baseadas no direito de propriedade para esvaziar o direito de greve, como os interditos proibitórios. Sem dúvida, a mudança da competência confirma o fortalecimento do direito.

## 4. AMPLIAÇÃO DA COMPETÊNCIA E AS QUESTÕES SINDICAIS DOS SERVIDORES PÚBLICOS

A opção do constituinte derivado foi no sentido de reunir as questões coletivas na competência da Justiça do Trabalho, independentemente da natureza pública ou privada do regime. No entanto, há risco e ameaça de que a representatividade sindical e a greve dos servidores públicos estatutários, a despeito da atual redação do art. 114 da Constituição, sejam retiradas da competência da Justiça do Trabalho, o que constitui enorme equívoco.

Com base na concepção tradicional de função pública é que o STF na ADI 492-1 julgou inconstitucional as alíneas "d" e "e" do art. 240 da Lei n. 8.112/90, que estabeleciam negociação coletiva e competência da Justiça do Trabalho. Tal decisão produz efeitos até os dias de hoje. Com a retomada da discussão sobre a competência para julgar as controvérsias do servidor público estatutário, após a EC n. 45/2004, na ADI 3.395, o fundamento para afastar a competência da Justiça do Trabalho não se baseou em dispositivo constitucional alterado pela EC n. 19/98 ou EC n. 45/2004, mas na própria ADI 492-1, julgada antes das reformas administrativa e do Judiciário.

No caso da greve, entendeu-se inicialmente que o direito de greve não era autoaplicável; dependia de uma lei complementar, depois específica, não de greve, mas de greve no serviço público. Passados vários anos, em três mandados de injunção (670, 708 e 712), decidiu-se, recentemente, aplicar a Lei n. 7.783/89 para os trabalhadores no serviço público.

Na Reclamação n. 6.568 que trata do descumprimento da decisão da ADI 3.395, em relação a um dissídio coletivo dos policiais civis de São Paulo, ajuizado no Tribunal Regional do Trabalho da 2ª Região, estabeleceu-se um percentual de 80% de funcionamento da atividade. Posteriormente pronunciou-se a incompetência da Justiça do Trabalho para julgar a questão, mas se manteve o percentual estabelecido pelo Tribunal Trabalhista. Em seguida, o despacho foi reformulado para negar o direito à greve, considerando tratar-se de atividade inadiável.

Quanto à negociação coletiva, há matérias da Constituição de 88 que são próprias de negociação coletiva. A revisão anual dos vencimentos deve contar com a participação dos sindicatos. Embora se remeta a matéria à lei, isso não é incompatível com a negociação de seu conteúdo. Com a EC n. 19/98, surgiram hipóteses de exoneração, inclusive de servidores estáveis, para limitar as despesas com pessoal. Essa modalidade de dispensa coletiva é matéria de negociação. Eventuais controvérsias coletivas, como estão ligadas à atuação sindical e à possibilidade de greve, são da competência da Justiça do Trabalho. No entanto, é nítida a resistência do STF em admiti-la.

O modelo de organização da Administração Pública é uma opção política. Em princípio, não existe Administração Pública por natureza, tampouco serviço público por natureza. Um serviço que é desempenhado pelo Estado pode ser realizado por meio de técnicas e financiamento privados. Isso acontece com alguma frequência. As reformas administrativas, em geral, deslocam atribuições do âmbito do Estado para a iniciativa privada e nem por isso o serviço deixa de ser essencial à população. Busca-se alcançar maior eficiência, com a substituição do modelo verticalizado, hierarquizado e burocrático pelo horizontal e de rede, em que há intensa participação dos servidores nas deliberações tomadas na fase de planejamento e execução dos projetos. Essas transformações ocorrem em todo o mundo.

O cidadão, hoje em dia, não é um súdito diante da autoridade do Poder Público, mas um consumidor de serviços públicos, que devem ser prestados com a maior eficiência possível. As opções são variadas, já que não existe uma única modalidade ou técnica. A participação do servidor passa a ser fundamental para o resultado positivo e, com ela, a necessidade de se estabelecer mecanismos de negociação, que existem de fato, mas, em grande parte, não estão formalmente previstos nos ordenamentos jurídicos. Porém, na hora de interpretar o ordenamento jurídico, com relação ao regime jurídico de trabalho na Administração Pública, o Judiciário preserva as concepções tradicionais.

Por muito tempo se defendeu que a função pública é baseada no *status*, ou seja, na posição em que o servidor é integrado na estrutura da Administração Pública. Ele é uma peça, um instrumento, uma ferramenta para o funcionamento da Administração Pública, sem direitos; tão só benefícios para desempenhar os deveres de seu cargo. Essa ideia, com forte influência francesa, não se sustenta mais na atualidade.

A própria França, tendo que observar os parâmetros da União Europeia, vem realizando estudos para a efetiva negociação coletiva na Administração Pública, que já existe na prática, mas ainda não é dotada de eficácia jurídico--vinculante.

Na Itália, a partir da década de 90, houve ampla privatização do serviço público não só no plano coletivo (negociação coletiva), mas também no plano individual (contrato individual de trabalho). E, claro, gerou muita perplexidade na época. A questão chegou à Corte Constitucional e foi superada com base na separação entre a organização, relação orgânica, e a prestação de serviços na administração pública. A relação orgânica envolve efetivamente o exercício de poder, mas a prestação de serviços é nada mais do que atividade desempenhada pelo trabalhador em troca de remuneração e outros direitos.

São opções políticas legítimas e não há razão para não serem respeitadas.

Reafirmo, ao final, que o constituinte até poderia ter remetido para a Justiça Comum a competência das questões coletivas dos servidores públicos estatutários, como opção política também legítima, mas não o fez. Ao contrário, concentrou essa competência na Justiça do Trabalho. No inciso II do art. 114, ao tratar da competência para julgar as ações que envolvam o exercício do direito de greve, não há qualquer restrição à greve na iniciativa privada ou ao art. 9º para excluir a greve no serviço público prevista no art. 37, VII. Atribuir a competência à Justiça Comum para a greve do servidor público estatutário terá, como resultado, a aceitação de medidas equivalentes aos interditos proibitórios para esvaziar o movimento desses trabalhadores. No inciso III do mesmo artigo, a competência para as ações sobre representação sindical não faz qualquer restrição para excluir os sindicatos de servidores públicos. Inclusive, se isso prevalecesse seria necessário estabelecer outro órgão para conceder o registro a esses sindicatos distinto do Ministério do Trabalho e Emprego. Por último, o dissídio de greve cuja legitimidade foi conferida com exclusividade ao Ministério Público do Trabalho confirma a competência da Justiça do Trabalho. Não há no texto constitucional menção similar a qualquer outro ramo ou esfera do Ministério Público.

Portanto, à evidência, a opção legítima do constituinte encontra-se expressamente consagrada no texto constitucional, figurando como afronta inadmissível qualquer tentativa de desvirtuá-la.

# A ADMINISTRAÇÃO PÚBLICA E A JUSTIÇA DO TRABALHO

**Painelistas:** Fábio Leal Cardoso
Florivaldo Dutra de Araújo
José Antonio Ribeiro de Oliveira Silva

# DEGRAVAÇÃO DA PARTICIPAÇÃO NO PAINEL

*O Sr. Fábio Leal Cardoso*[*]

Muito bom dia a todos. Quero inicialmente cumprimentar todos os participantes desse segundo seminário nacional sobre ampliação da competência da Justiça do Trabalho, 5 anos da promulgação da Emenda n. 45 de 2004. Gostaria de cumprimentar meus companheiros de mesa, doutora Ana Cláudia, minha colega de Ministério Público, um dos quadros mais qualificados da nossa instituição, professor Florivaldo Dutra Araújo, o doutor José Antônio Ribeiro Oliveira Silva. É realmente um prazer e uma satisfação poder dividir uma mesa com tão renomados juristas.

É também uma satisfação poder debater um tema tão caro à sociedade como as relações de trabalho no âmbito da Administração Pública. O Estado brasileiro é um grande empregador, eu falo empregador no sentido amplo, sabendo-se dos vários regimes jurídicos que ligam os trabalhadores à Administração Pública. Em algumas regiões, o Estado é o principal, e em alguns pequenos municípios é o único empregador. Então, é realmente um tema muito relevante para a sociedade e para todos aqueles que operam o Direito do Trabalho como magistrados, procuradores, advogados, servidores e auditores fiscais. É uma oportunidade ímpar, portanto, poder debater e fazer algumas considerações sobre esse tema.

Eu vou procurar abordar a questão da responsabilização pessoal do administrador público que contrata sem concurso público e também gostaria de tecer algumas considerações sobre a competência da Justiça do Trabalho para conhecer e julgar ações trabalhistas no âmbito das relações de trabalho com o Poder Público, e nesse ponto eu tenho a dizer que o Ministério Público do Trabalho sempre atuou na repressão contra os desmandos e as ilegalidades cometidas no âmbito da Administração Pública, notadamente no que diz respeito às contratações irregulares.

---

[*] Procurador do Trabalho da Procuradoria Regional do Trabalho da 10ª Região, Presidente da Associação Nacional dos Procuradores do Trabalho. Coordenador da Coordenadoria Nacional de Combate às Irregularidades Trabalhistas na Administração Pública.

As fraudes ao concurso público se apresentam nas mais variadas modalidades, e a mais comum ou as mais comuns são aquelas praticadas de forma indireta. Hoje, o administrador público, não contrata diretamente sem concurso público ele usa sempre uma pessoa interposta para praticar a fraude, e a mais comum, vocês estão cansados de saber, é a terceirização ilegal na modalidade de intermediação ou locação de mão de obra. O administrador público tem uma demanda de pessoal, necessita de recursos humanos para fazer frente à execução de uma política pública, para prestar um serviço público à sociedade, e ao invés de publicar um edital de concurso público e selecionar servidores públicos ou empregados públicos, ele lança mão na verdade de um edital de licitação para contratar uma empresa de prestação de serviço. Ocorre que, na realidade, o objeto desse contrato não é a prestação de um serviço especializado. Essas empresas não são empresas que têm *know how* e nem tampouco detêm meios de produção (materiais ou intelectuais) para fornecerem serviços especializados. Elas são, na verdade, grandes agências de locação de mão de obra, cuja única finalidade, o negócio principal dessas empresas, é o fornecimento de pessoal, é a locação de mão de obra para órgãos públicos e para pessoas jurídicas da Administração Pública. E esses trabalhadores obviamente exercem as suas atividades no âmbito da Administração Pública em regime de subordinação ao contratante.

Existem também outras várias modalidades de fraude como o desvirtuamento do regime de contratação temporária, matéria em relação à qual o professor Florivaldo vai apresentar as suas considerações. Há ainda o abuso na contratação dos estagiários, o desvirtuamento do regime de contratação de cargos em comissão, a contratação de cooperativas de mão de obra, dentre muitos abusos. Mas a tônica é sempre a mesma, o desvirtuamento de uma relação jurídica válida, porque a Administração Pública pode contratar serviços.

No âmbito federal existe o Decreto n. 2.271, de 7 de julho de 1997 que permite a contratação de serviços especializados pela Administração direta e indireta. Essa mesma espécie normativa veda que o objeto desses contratos de prestação de serviços seja, ainda que de forma parcial, a intermediação de mão de obra. Mas enfim, nós do Ministério Público sempre nos preocupamos muito com essas questões e instauramos diversos inquéritos civis, ajuizamos centenas, creio que até milhares de ações civis públicas com o propósito de coibir essa fraude que consiste na locação de pessoal subordinado para a Administração Pública, para execução de tarefa típica de servidor público. A Justiça do Trabalho tem sido muito sensível às provocações do Ministério Público e a jurisdição trabalhista tem uma longa tradição de tutela dos interesses difusos da sociedade e da proteção do patrimônio público. E se hoje existe no Brasil uma cultura de respeito ao princípio do concurso público para acesso a cargos e a empregos públicos, certamente isso se deve às posições tomadas pelos Juízes do Trabalho diante das ações coletivas que o Ministério Público do Trabalho propôs num segundo momento, e num primeiro momento diante das reclamações trabalhistas em que muitos trabalhadores contratados irregularmente pleitearam o recebimento de alguns créditos. Nesses casos, o Judiciário trabalhista adotou uma posição firme de rechaçar essas pretensões, ao declarar a nulidade desses contratos de trabalho irregulares, e esses julgamentos foram consolidando uma importante jurisprudência, que redundou no Verbete 363 do TST, e também na Súmula 331/TST, que basicamente são os instrumentos de trabalho, são as armas do Ministério Público, para questionar essas fraudes juntamente com a disciplina do art. 37, inciso II, da Constituição Federal. E eu não vejo nessa atuação obstinada da Justiça do Trabalho na preservação do princípio do concurso público nenhum paradigma em outro ramo do Judiciário brasileiro.

Existem decisões também da Justiça Federal, da Justiça Estadual nesse sentido, mas esse volume de processos reafirmando de forma intransigente a necessidade do princípio do concurso público é uma característica da Justiça do Trabalho. Mas eu creio que não basta declarar a nulidade dos contratos, não é suficiente também afastar simplesmente os trabalhadores e determinar a realização de concurso. É necessário ainda que se apurem as responsabilidades pela prática desse ato lesivo, a responsabilidade pessoal do administrador público que fraudou o princípio do concurso público. Isso porque, no que diz respeito às relações de trabalho e à admissão de pessoal no campo da Administração Pública, os princípios da impessoalidade e da moralidade administrativa impõem ao administrador público regras de conduta muito específicas, que se violadas vão ensejar a punição da autoridade que as transgrediu. E eu creio que a ação civil pública de improbidade administrativa é o remédio jurídico destinado a promover essa apuração de responsabilidade e a promover a punição da autoridade que contratou irregularmente trabalhadores ao arrepio da norma constitucional, praticando o ato de improbidade consistente na violação dos princípios reitores da Administração Pública. Porque está capitulado na Lei de Improbidade, que uma das formas com que o ato de improbidade se consuma é por meio da violação dos princípios regentes da Administração Pública, disciplinados no art. 37, da CF.

E a ação de improbidade administrativa é o remédio jurídico destinado a tutelar esses interesses difusos da sociedade e a proteger o patrimônio público, inclusive o patrimônio imaterial da sociedade. Esse, a meu sentir, seria um dos meios mais efetivos e eficazes de proteção desses bens jurídicos, na medida em que o administrador público, de ordinário, tem uma passagem temporal transitória nos quadros da Administração Pública. Muitas vezes ele pratica as ilegalidades, muitas vezes ele até assume um compromisso de ajuste de conduta perante o Ministério Público, algumas vezes ele inclusive é processado pelo Ministério Público, e a sua administração é condenada pela Justiça do Trabalho, mas ele, pessoalmente, no mais das vezes, não suporta os efeitos dessas condenações. Quem vai suportar os reflexos dessas condenações no futuro é o administrador que vai sucedê-lo ou mesmo a própria sociedade que vai se ver privada da prestação integral do serviço público.

Nesse sentido é fundamental que a responsabilização pela contratação irregular de trabalhador sem concurso alcance a pessoa do agente público que patrocinou a fraude, porque sem punir o administrador público essas fraudes tendem a se multiplicar com as novas administrações, porque passa a reinar um sentimento de que a conta fica sempre para a pessoa jurídica. O Ministério Público do Trabalho, portanto, começou a manejar as ações civis de improbidade administrativa na Justiça do Trabalho. Isso aconteceu antes mesmo da promulgação da Emenda Constitucional n. 45/2004, que ampliou a competência da Justiça Laboral. No início do século passado, começo desse século, nos idos de 2000 ou 2001, começaram a ser ajuizadas as primeiras ações de improbidade na Justiça do Trabalho. E a primeira condenação por ato de improbidade administrativa na Justiça Laboral ocorreu em 31 de maio de 2004, quando o Juiz do Trabalho da 1ª Vara do Trabalho de Porto Velho, Doutor Jonatas dos Santos Andrade acolheu os pedidos formulados pelo Ministério Público do Trabalho, Condenando o Secretário de Saúde de Rondônia e o Coordenador-Geral de Recursos Humanos daquele Estado na penalidade de suspensão dos direitos políticos por 5 anos, em razão da prática daqueles atos a que eu me referi aqui, de irregularidade na contratação de pessoal.

Hoje, é relevante ressaltar que a nossa atuação nesse campo, ingressando com ações de improbidade, ainda é tímida, nós ainda não temos um volume de atuações nessa área ideal e adequado para coibir essas ilegalidades e para perseguir a punição desses administradores.

Mas eu credito isso muito mais às idas e vindas da jurisprudência e ao temor que o Procurador tem de criar um entendimento jurisprudencial contra o Ministério Público, no sentido do não cabimento dessas ações na Justiça do Trabalho. Então a nossa tendência é atuar com parcimônia nessa matéria e consolidar uma posição favorável do Judiciário nesse campo. Mas hoje já está sedimentado o entendimento doutrinário segundo o qual a ação civil pública de improbidade administrativa traz no seu bojo uma sanção de natureza estritamente civil, não ostentando nenhum traço de punição penal. Então, é perfeitamente admissível a tese da competência da Justiça do Trabalho porque aquele entendimento de que a punição pelo ato de improbidade era uma sanção penal já foi há muito superado. É uma sanção civil, é um instrumento de direito material e não processual, sob esse enfoque é perfeitamente aplicável ao processo do trabalho e ao Direito do Trabalho. Recentemente, no ano de 2008, o Supremo Tribunal Federal até indeferiu uma reclamação constitucional que tinha o propósito de suspender uma ação de improbidade ajuizada pelo MPT na Justiça do Trabalho. O relator foi o ministro Gilmar Mendes. Creio que foi a reclamação 6271. Sua excelência não chegou a ingressar no exame acurado da competência material da Justiça do Trabalho para esses casos, apenas disse que, nessa hipótese concreta, não havia violação da decisão da ação direta de inconstitucionalidade 3395. Mas considerando as posições do Supremo acerca da competência da Justiça do Trabalho, essa decisão foi até uma surpresa para nós. Mas eu creio também que o que vai definir a competência da Justiça Laboral para a ação de improbidade é justamente o entendimento de que esse ato de improbidade decorre diretamente de uma relação de trabalho. Ou seja, é a declaração de nulidade absoluta de um contrato de trabalho proferida por um juiz de trabalho que tenha competência material para examinar a higidez de um contrato de trabalho com o Poder Público é que vai determinar o processamento ou não do pedido de sanção por improbidade administrativa na Justiça do Trabalho. Nesse contexto, eu entendo que o princípio da unidade da convicção do magistrado exige que o mesmo órgão que analisa a regularidade da admissão do servidor ou do empregado público deve prosseguir no julgamento do pedido de condenação por improbidade administrativa.

Vamos imaginar que um órgão público promova uma terceirização irregular, contratando uma empresa para fornecer pessoal para a execução de atividade típica de servidor público. Isso é comprovado nos autos da ação civil, o Juiz tem a convicção que aquilo foi uma fraude, que aquela atuação do administrador público ofendeu os interesses difusos dos trabalhadores que poderiam concorrer àquele concurso público, que violou o princípio da moralidade administrativa, que vulnerou o princípio da impessoalidade, porque sabemos que muitas vezes nesse contrato de terceirização os empregados são indicados pelo próprio administrador público. Diante da comprovação de todos esses fatos ele reconhece e declara a nulidade dos contratos de trabalho irregulares, determina o afastamento dos trabalhadores, e em face de um pedido de condenação por improbidade ele simplesmente vai remeter esses autos ao Juiz de Direito ou ao Juiz Federal, cindindo a unidade do seu convencimento? Ora, o reconhecimento da ilegalidade da contratação é questão prejudicial para aplicação da sanção de improbidade administrativa. Então, ele vai interromper a prestação jurisdicional. Nesse caso, o que vai acontecer? Quando chegar lá o pedido por improbidade, o que o Juiz da jurisdição comum vai fazer? Ele vai ter que esperar o trânsito em julgado da ação trabalhista. Se o Tribunal, porventura, reformar a decisão dizendo que a contratação foi regular, esse julgamento irá repercutir na decisão da Justiça Comum. Isso é um contrassenso! Nesse sentido, eu entendo que o Juiz do Trabalho, uma vez comprovada a prática do ato de improbidade, caso haja pedido de condenação por improbidade administrativa, deve prosseguir no julgamento da ação, exatamente com arrimo no princípio da unidade da convicção do magistrado. Eu entendo também que a responsabilização pessoal do administrador público, nesses casos, além de ser uma meta institucional do Ministério Público do Trabalho, além de ser um compromisso da Justiça do Trabalho, também é uma demanda da sociedade.

Hoje em dia a população não aguenta mais ver os desmandos que são cometidos pelos administradores públicos. Nós vemos diariamente na imprensa a prática de todo tipo de ilegalidade no que concerne a relações de trabalho no âmbito da Administração Pública. O volume de terceirizações que existem no Congresso Nacional e o valor desses contratos de prestação de serviços, são do arco-da-velha, como diria meu avô. Nesse ajustes inclusive são loteados os postos de trabalho decorrentes desses contratos, não são só os cargos de confiança que são loteados no Parlamento, até as vagas nas empresas de prestação de serviços são repartidas pelos parlamentares para a acomodação de parentes, amigos e cabos eleitorais. Assim, eu creio que é muito importante para a preservação do interesse social essa atuação do Ministério Público. É muito relevante para a sociedade, para o interesse público a posição da Justiça do Trabalho, o entendimento firme de não transigir com a moralidade pública.

O problema que a gente está passando agora é que todo esse trabalho, desenvolvido durante tanto tempo, esse trabalho de consolidação da ideia de que o administrador público deve prestar contas à sociedade, que ele não pode tratar a coisa pública como se privada fosse, todas essas ações e os seus resultados estão correndo riscos. E esse risco de retrocesso decorre, paradoxalmente, da promulgação da Emenda Constitucional n. 45/2004, que teve o objetivo de ampliar a competência da Justiça do Trabalho e que, ao invés de aumentar o controle do Ministério Público e da Justiça do Trabalho sobre os atos de gestão de pessoal do administrador público, teve o efeito contrário. Logo que foi promulgada a EC n. 45, a Associação dos Juízes Federais — AJUFE ingressou com a ação direta de inconstitucionalidade 3395, que teve a medida cautelar deferida pelo ministro Nelson Jobim, a conhecida liminar Jobim. Naquela decisão, Sua Excelência consignou o entendimento, segundo o qual, na expressão relação de trabalho não estariam incluídas as questões funcionais pertinentes aos servidores públicos regidos pela Lei n. 8.112/90 e pelo Direito Administrativo. Segundo o Ministro Jobim, essas questões são diversas daquelas dos contratos de trabalho regidos pela CLT e das demais relações laborais previstas no art. 114. Dessa maneira, o Supremo deu interpretação conforme ao art. 114, da Constituição Federal, suspendendo toda e qualquer interpretação que incluísse na competência da Justiça do Trabalho as controvérsias havidas entre o Poder Público e os seus servidores. Mas a liminar referiu-se a servidores em sentido estrito. Isto é, servidores públicos investidos em cargo público, efetivo ou em comissão. Esse entendimento consta da própria ementa da medida cautelar, estando consignada a exclusão da competência da Justiça do Trabalho apenas em relação às controvérsias que envolvem servidor público ligado a regime jurídico-administrativo.

Quando o Plenário do Supremo referendou essa decisão monocrática do Ministro Jobim, foi reafirmada a ideia de que a expressão — relação típica administrativa — na verdade se refere exclusivamente a servidor investido em cargo público, que é aquele servidor que na maioria das vezes fez concurso público, já que o concurso público é um pressuposto para investidura em cargo, mediante a publicação de uma portaria de nomeação, da posse e da entrada em exercício. Enfim, um ato solene com a observância de todas aquelas formalidades típicas do Direito Administrativo. Eu não consigo imaginar: como pode acontecer uma admissão tácita de servidor público? Não existe essa possibilidade. O ingresso no serviço público é ato revestido de formalidades legais. Não há como você ir para uma repartição pública, ficar lá trabalhando e um dia você pensar que você é servidor público. A pessoa nessa situação é um trabalhador subordinado para a Administração Pública sem esse vínculo estatutário. Enfim, nessa ocasião a concessão dessa liminar e o seu referendo pelo Plenário do STF não chegou a causar muita preocupação nem perplexidade nos membros do Ministério Público porque, de ordinário, nós já atuávamos preferencialmente nesses casos em que não havia um vínculo estritamente estatutário. Nós intervínhamos exatamente nos casos em que trabalhadores subordinados prestavam serviço à Administração Pública nas modalidades que eu mencionei aqui, terceirização, cooperativa, contrato temporário etc. Cito o trabalho temporário, e creio que vai ter oposição na mesa sobre essa afirmação, mas, na minha visão, o trabalhador temporário não é investido em cargo público previamente criado por lei. Então, a decisão não chegou a causar muita preocupação porque, não digo que não entramos com ações envolvendo trabalhadores estatutários, porque existe um entendimento dentro do Ministério Público que vai além desse que menciono, mas de ordinário nós atuávamos só em casos em que não havia vínculo de natureza estatutária.

Mas o problema não foi exatamente a ADIN 3395. O problema aconteceu e está acontecendo na análise e no julgamento das reclamações constitucionais que foram ajuizadas pelos titulares das Administrações Públicas, alegando o descumprimento daquela decisão liminar posteriormente confirmada pelo Plenário do STF. Essas reclamações começaram a suspender indiscriminadamente todas as ações trabalhistas propostas, nas quais figuravam no polo passivo entes da Administração Pública, sem considerar a natureza da relação jurídica alegada nas peças inaugurais. E essas reclamações se proliferaram e se multiplicaram e esse entendimento está sendo consolidado no Supremo. Esse entendimento, conjugado à posição adotada na ADI que declarou a inconstitucionalidade da Emenda Constitucional 19, que repristinou o regime jurídico único, vem levando o Supremo a considerar hoje que o trabalhador só pode se vincular à Administração Pública por meio do regime estatutário. Que não existe outra maneira de se ligar juridicamente ao Poder Público que não seja pelo cargo público, e a gente sabe que isso não atende minimante à realidade. A administração pública se vincula a trabalhadores por meio de diversos regimes jurídicos como eu falei aqui. Tem estagiário trabalhando lá, tem terceirizado trabalhando lá, tem eventual, tem autônomo, enfim, há uma série de relações trabalhistas diversas entre si. Não há como você falar "não, todo mundo aqui só pode se vincular pelo regime estatutário". Então, o que acontece? Há julgamentos de reclamações no STF e está comprovado nos autos que aquela relação é contratual e ainda assim os Ministros entendem que a Justiça do Trabalho é incompetente porque esses trabalhadores deveriam ser estatutários. Isso mesmo, eles realmente são celetistas, mas não deveriam ser, porque só se pode vincular à Administração pública por meio do regime jurídico estatutário.

Então, nós estamos diante desse paradoxo. É um duplo paradoxo. Primeiro porque antes da emenda a gente não tinha essa dificuldade, por incrível que pareça. Antes nós não tínhamos que a toda hora responder a uma reclamação constitucional do Supremo. Então, era mais fácil, mais tranquilo para o Ministério Público do Trabalho processar a Administração Pública e também para o Juiz do Trabalho julgar essas ações. E a outra parte do paradoxo é a seguinte: são as próprias reclamações e as decisões nelas proferidas que na verdade estão violando a liminar Jobim. Isso porque a decisão Jobim ao entender que estão fora da competência apenas e tão somente as relações de trabalho estatutário, *contrario sensu* declara que todas as demais relações não estatutárias são da competência da Justiça do Trabalho.

Parece que o papel do Supremo é evitar que o administrador público seja processado na Justiça do Trabalho a qualquer custo, porque não é um bom negócio para o administrador público ser processado na Justiça Laboral. Esse realmente é um problema que vai ter contornos delicados e um futuro imprevisível, porque caso continue prevalecendo essa interpretação no Supremo Tribunal Federal isso vai redundar no seguinte fato: a Justiça do Trabalho vai perder uma parcela significativa da sua competência material. Muitos feitos vão ter que ser encaminhados para a Justiça Federal e para a Justiça Estadual, e já estão sendo. Recentemente o TST cancelou a OJ 205. Eu aqui, na abertura do evento, falei que há quase 200 ações civis públicas suspensas pelo Supremo e é curioso esse fato. Será que 200 Magistrados do Trabalho não conseguem entender o art. 114, da Constituição e estão desrespeitando reiteradamente a decisão do Supremo proferida na ADIN? Então, isso vai ser um desastre para a sociedade porque, na verdade, o Estado vai abrir mão de uma infraestrutura de prestação de serviço público, na qual ele investiu durante anos na capacitação de magistrados e servidores, na construção de vários Tribunais do Trabalho, uma Justiça Federal capilarizada por todo o país.

Eu não quero fazer apologia da Justiça do Trabalho e nem demonizar a Justiça Comum Federal e a Estadual, mas não há dúvida que o Juiz do Trabalho tem mais aptidão para solucionar os conflitos trabalhistas. É a Justiça Especializada para essa matéria. Isso é consenso entre todos os juristas. Mas, além disso, a Justiça Comum Estadual e Federal, que também prestam relevantes serviços, têm outras prioridades que não incluem a pacificação social dos conflitos emergentes das relações laborais. Esses ramos do Judiciário têm preocupação com a aplicação do Direito Penal, com as questões de família, da fazenda pública, enfim uma série de outras demandas sociais. Demandas essas, muitas delas, ainda pendentes de satisfação.

Essa vasta gama de atribuições da Justiça Comum criou uma sobrecarga de trabalho para esses órgãos, que levou a taxas de congestionamento próximas ao colapso, segundo os números do CNJ. Para se ter uma ideia, a taxa de congestionamento média da Justiça Estadual é de 78% e a da Justiça Federal de 80,5%. Já a taxa de congestionamento da Justiça do Trabalho é de 49,4%, numa média apurada entre todos os TRT`s. Esses números significam que a consolidação do entendimento do STF, inclusive com a edição de uma súmula vinculante, levará o caos ao Judiciário brasileiro, especialmente aos ramos da Justiça Comum, que já não conseguem enfrentar a sua demanda, mesmo sem exercer essa parcela de competência, que hoje e sempre, foi atribuição da Justiça do Trabalho. Nesse cenário que se apresenta e se projeta, o processo para a satisfação de créditos de natureza alimentar decorrentes das relações de trabalho na Administração Pública, vai demorar mais e a execução será mais complexa, revelando uma perspectiva negativa tanto para os trabalhadores como para a sociedade.

A infraestrutura estatal de prestação de serviços também será afetada nesse contexto e há Tribunais que vão perder quase a metade dos seus processos em razão do deslocamento de competência para a Justiça Comum. Eu já estou caminhando para o encerramento, mas, por exemplo, no TRT da 22ª Região 45% dos processos são movidos contra órgãos da Administração Pública direta, na 14ª região 40%, 21ª Região 38%, 8ª Região 37,03%, 17ª Região 32,17%. No TST, no *ranking* que classifica as partes com mais demandas naquela Corte Superior quem está em primeiro lugar é a União com 20.593 processos. Esses números demonstram o que vai acontecer. Vamos deixar ociosa uma parte da nossa Justiça Especializada Federal capacitada e idealizada para dirimir conflitos trabalhistas com uma taxa de congestionamento totalmente administrável, abaixo de 50%, para abarrotar outros ramos do Judiciário com taxas entre 80 e 90% de congestionamento, uma situação próxima do colapso.

Então, eu acho que cabe a nós aqui, que militamos na Justiça do Trabalho, um último esforço para preservar a competência da Justiça do Trabalho. Devemos lutar contra a edição de uma súmula vinculante. Cabe a nós, portanto, uma última tentativa para tentar reverter essa situação, e para concretizar aquela opção política que foi tomada pelo legislador constituinte lá em 2004, no sentido de ampliar a competência da Justiça do Trabalho, possibilitando que o maior número de trabalhadores brasileiros tenha acesso a essa Justiça Especializada. Mantendo as conquistas da sociedade, principalmente aquelas que estão sedimentadas nos enunciados do TST. Preservando os entendimentos jurisprudenciais que exigem que as relações de trabalho na Administração Pública sejam presididas pelos princípios da impessoalidade, da moralidade administrativa e pelo princípio democrático.

Muito obrigado.

TEXTO DO PAINELISTA ALUSIVO À SUA PARTICIPAÇÃO

# A COMPETÊNCIA PARA JULGAMENTO DE LITÍGIOS ENTRE OS SERVIDORES PÚBLICOS TEMPORÁRIOS E O PODER PÚBLICO

*Florivaldo Dutra de Araújo*[*]

SUMÁRIO: 1. Introdução. 2. A polêmica no STF. 3. O entendimento do TST. 4. Análise das posições do STF e do TST. 5. Possíveis desdobramentos.

## 1. INTRODUÇÃO

A Constituição Federal de 1988 (CF), no art. 37, inc. IX, determina que "a lei estabelecerá os casos de contratação por tempo determinado para atender a necessidade temporária de excepcional interesse público".

Várias polêmicas formaram-se em torno da interpretação e aplicação dessa norma. Recentemente, decisões do Supremo Tribunal Federal (STF), acerca da competência para julgamento de litígios envolvendo os servidores temporários, puseram em destaque uma dessas controvérsias, cujo desdobramento terá sérias consequências para toda a administração pública brasileira e seus servidores.

O presente texto tem por objeto a análise da recente orientação do STF e seus reflexos.

## 2. A POLÊMICA NO STF

Para expor a posição do STF acerca da matéria, tomaremos como referência os julgamentos do Agravo Regimental na Reclamatória (Rcl-Agr) 4489-1 e do Conflito de Competência (CC) 7.201-6, por consistirem em alguns dos primeiros e mais ilustrativos acórdãos relativos ao tema em apreço.

---

[*] Mestre e Doutor em Direito pela UFMG. Professor Associado de Direito Administrativo na UFMG. Procurador da Assembleia Legislativa de Minas Gerais.

Quanto ao processo Rcl-Agr 4489-1, tratava-se de várias ações trabalhistas propostas para declaração de nulidade de contratações temporárias de servidores pelo Município de São Miguel do Guamá (PA) e reconhecimento de vínculo trabalhista, com o consequente pagamento de valores decorrentes desse vínculo.

O Município propôs Reclamação, alegando ofensa à liminar concedida pelo STF na Ação Direta de Inconstitucionalidade (ADI) 3.395-6, pela qual se estabeleceu, conforme dicção do Min. Nelson Jobim, a suspensão de "toda e qualquer interpretação dada ao inciso I do art. 114 da CF, na redação dada pela EC 45/2004, que inclua, na competência da Justiça do Trabalho, a '... apreciação ... de causas que ... sejam instauradas entre o Poder Público e seus servidores, a ele vinculados por típica relação de ordem estatutária ou de caráter jurídico-administrativo'."

O Min. Marco Aurélio reafirmou o entendimento exposto na decisão monocrática, que negara seguimento à Reclamação 4489-1, segundo o qual não se caracterizava ofensa à liminar deferida na ADI 3.395, pois: "Conforme se observa nos documentos juntados ao processo (da Reclamação), há, em síntese, o envolvimento de conflitos trabalhistas, tendo em conta a articulação, como causa de pedir, da regência do vínculo pela Consolidação das Leis do Trabalho".[1]

O voto vencedor, lavrado pela Min. Cármen Lúcia, teve como fundamento essencial o exposto na seguinte passagem:

"É inquestionável que somente a Justiça do Trabalho tem competência para reconhecer a existência de vínculo empregatício cuja relação jurídica seja regida pela legislação trabalhista.

No entanto, da mesma maneira que a Justiça Comum não pode dizer da existência ou da descaracterização de uma relação trabalhista, também não pode a Justiça do Trabalho o fazer relativamente às relações jurídico-administrativas.

---

(1) Na discussão que se seguiu, o Min. Marco Aurélio reproduziu voto dado no julgamento do Recurso Extraordinário (RE) 573.202-9/AM, do qual destacamos o seguinte trecho: "Como é definida a competência? A jurisdição é una, mas sabemos que, ante a necessidade de racionalização, há diversos segmentos. Como é definida a competência, considerada certa causa ajuizada? É definida a partir das causas de pedir e dos pedidos formulados na inicial. Procedência ou improcedência resolve-se em outro campo, que não é o da competência. Se a recorrida tivesse realmente ajuizado uma ação acionando a lei estadual, que encerra o citado regime especial, não teria a menor dúvida em concluir que incumbiria à Justiça comum dirimir o conflito de interesses. Ela, no entanto, ajuizou uma ação trabalhista, evocando, a partir do princípio da realidade, a partir do dia a dia da prestação dos serviços, a existência de contrato de trabalho."

Se, apesar de o pedido ser relativo a direitos trabalhistas, os autores da ação suscitam a descaracterização da contratação temporária ou do provimento comissionado, antes de se tratar um problema de direito trabalhista a questão deve ser resolvida no âmbito do direito administrativo, uma vez que para o reconhecimento da relação trabalhista terá o juiz de decidir se há vício na relação administrativa que o descaracterize.

Sob a alegação de se preservar a competência da Justiça do Trabalho para o exame da caracterização de eventual relação regida pelo direito do trabalho o Supremo Tribunal estaria delegando àquela justiça especializada a possibilidade de desconsiderar a relação jurídico-administrativa originalmente formada entre as partes por força da lei e do contrato. Isso, *data venia*, fere a decisão liminar proferida na Ação Direta de Inconstitucionalidade 3.395, simplesmente porque não é possível reconhecer-se a existência de vínculo de natureza trabalhista entre servidor com contrato temporário ou provimento comissionado e a Administração Pública sem antes analisar a correção da relação administrativa originalmente estabelecida."

Quanto ao CC 7.201-6, segundo consta do respectivo aresto, um cidadão apresentou reclamatória trabalhista à Vara do Trabalho de Tabatinga, afirmando que fora contratado pelo Estado do Amazonas em 18.09.1984 e dispensado em 31.01.1999. Requereu a assinatura e baixa na Carteira de Trabalho, diversas parcelas trabalhistas e as cominações próprias da rescisão de contrato de trabalho sem justa causa.

O Tribunal Superior do Trabalho (TST) reformou a decisão do Tribunal Regional do Trabalho da 11ª Região, com base na então vigente Orientação Jurisprudencial (OJ) n. 263, da Subseção I Especializada em Dissídios Individuais (SBDI 1), cujo conteúdo se segue:

"A relação jurídica que se estabelece entre o Estado ou Município e o servidor contratado para exercer funções temporárias ou de natureza técnica, decorrente de lei especial, é de natureza administrativa, razão pela qual a competência é da justiça comum, até mesmo para apreciar a ocorrência de eventual desvirtuamento do regime especial (CF/1967, art. 106[(2)]; CF/1988, art. 37, IX)."

Remetido o processo à Justiça Estadual do Amazonas, a 2ª Vara da Comarca de Tabatinga suscitou perante o STF o conflito de competência.

O relator inicial, Min. Marco Aurélio, votou pela fixação da competência da Justiça do Trabalho, merecendo citação a seguinte passagem essencial de seus fundamentos:

---

(2) A referência ao art. 106 do Texto Constitucional revogado deve-se ao fato de que esse dispositivo continha norma semelhante à do inc. IX do art. 37 da CF 1988. Confira-se: "O regime jurídico dos servidores admitidos em serviços de caráter temporário ou contratados para funções de natureza técnica especializada será estabelecido em lei especial."

"A competência para julgamento da lide é definida em vista das balizas subjetiva e objetiva que retrate. Em momento algum cogitou-se de vínculo regido por lei especial, isso na formulação da peça tomada como inicial. Ao contrário, partiu-se da premissa de existir o vínculo empregatício e aí, iniludivelmente, ante a regência pela Consolidação das Leis do Trabalho, surge a competência da Justiça à qual incumbe o implemento da jurisdição cível do trabalho."

O Min. Ricardo Lewandowski, que se tornou relator para o acórdão, divergiu do Min. Marco Aurélio, nos seguintes termos:

"(...) pelo que pude apreender da documentação, trata-se de um conflito que envolve servidores em regime especial administrativo, com base no art. 106 da antiga Constituição.

A jurisprudência desta Corte é pacífica no sentido de que a competência é realmente da Justiça comum, da Justiça estadual. Então, ainda que a ação tenha sido ajuizada de forma errada, com a devida vênia, dou pela competência da Justiça comum para que seja mantida a decisão proferida pelo Tribunal Superior do Trabalho".

Entre os que aderiram à conclusão do Min. Lewandowski, cabe destacar o voto da Min. Ellen Gracie, com a afirmação de que "a contratação do autor deu-se com fundamento no inc. II do art. 2º da Lei Estadual n. 1.674/1984 (...), que institui o regime jurídico especial dos servidores admitidos em caráter temporário (...)".

Entre os votos vencidos, o Min. Cezar Pelluso tentou, incisivamente, chamar a atenção para a questão processual envolvida, tendo como fundamento o art. 87 do Código de Processo Civil, que dispõe: "*Determina-se a competência no momento em que a ação é proposta.*" A certa altura do voto, o Min. Pelluso afirma: "Leio agora a petição inicial. No termo de reclamação, o autor alega que é empregado sujeito à Consolidação das Leis do Trabalho". Aparteado pelos Min. Joaquim Barbosa e Gilmar Mendes, ambos a afirmar que há uma lei especial regendo a matéria no Estado do Amazonas, o Min. Pelluso responde: "Sim, mas isso é questão do mérito da causa, Ministro. Quando for decidida pela sentença é que se vai saber se a relação está sujeita à lei estadual, a outra lei, ou à Consolidação".

Interessante observar que em 26.03.2008, no julgamento do Agravo Regimental na Reclamação 3.799-1 (PA), interposto pelo Município de Irituia, a mesma questão foi decidida de modo oposto. Conforme consta do relatório, a reclamação fora proposta com o pedido de suspensão de uma ação civil pública proposta pelo Ministério Público do Trabalho da 8ª Região, com o objetivo de anular contratações e credenciamentos de servidores públicos temporários e obter o reconhecimento de vínculos trabalhistas.

O relator, Min. Marco Aurélio, confirmou o teor da decisão monocrática que houvera proferido, no mesmo sentido dos votos apresentados nos dois feitos acima referidos, negando provimento ao Agravo. O voto foi acatado por todos os demais membros do STF, ausentes, naquela ocasião, os Ministros Ellen Gracie, Celso de Mello, Joaquim Barbosa e Cezar Peluso.

Antes, diversas outras decisões já haviam sido proferidas pelo STF, reconhecendo, em casos semelhantes, a competência da Justiça do Trabalho para o julgamento dos feitos, como se exporá mais adiante.

## 3. O ENTENDIMENTO DO TST

A citada OJ 263 foi inserida em 27.09.2002, mas cancelada por decisão publicada em 14.09.2004.

Coerentemente com esse novo posicionamento, o TST, conforme publicação de 20.04.2005, alterou a OJ 205, da SBDI 1, cuja redação passou a ser:

"COMPETÊNCIA MATERIAL. JUSTIÇA DO TRABALHO. ENTE PÚBLICO. CONTRATAÇÃO IRREGULAR. REGIME ESPECIAL. DESVIRTUAMENTO

I — Inscreve-se na competência material da Justiça do Trabalho dirimir dissídio individual entre trabalhador e ente público se há controvérsia acerca do vínculo empregatício.

II — A simples presença de lei que disciplina a contratação por tempo determinado para atender a necessidade temporária de excepcional interesse público (art. 37, inciso IX, da CF/1988) não é o bastante para deslocar a competência da Justiça do Trabalho se se alega desvirtuamento em tal contratação, mediante a prestação de serviços à Administração para atendimento de necessidade permanente e não para acudir a situação transitória e emergencial."[3]

Porém, após as decisões em sentido contrário do STF, o TST, por meio da Resolução 156, de 23.04.2009, cancelou a OJ 205.

## 4. ANÁLISE DAS POSIÇÕES DO STF E DO TST

O ponto de partida para compreensão e análise da polêmica deve ser o já citado art. 87 do CPC, segundo o qual a competência é determinada *"no momento em que a ação é proposta"*.

---

(3) A redação anterior era a seguinte: "Professor. Contratação a título precário. Incompetência da Justiça do Trabalho. Existindo lei estadual disciplinando o regime dos professores contratados em caráter precário, o regime jurídico entre o Estado e o servidor é de natureza administrativa, não trabalhista. Art. 106 da CF/1967 e art. 37, IX, da CF/1988." (Inserida em 08.11.2000.)

Nesse momento, só há um elemento a ser tomado como referência: a petição inicial, na qual se acham o pedido e a causa de pedir. É, pois, com base nesses dois aspectos da petição que se deve definir o juízo competente para o respectivo processo.

Naturalmente que, nisso, não pode haver qualquer antecipação do juízo a ser feito a respeito do mérito da demanda. Assim, erros existentes na petição inicial, bem como a verificação da improcedência do pedido, poderão levar à extinção do processo, com ou sem julgamento de mérito, vindo o autor a suportar os ônus da sucumbência. Mas isso será objeto da sentença ou acórdão, e não matéria a ser antecipada para determinação do juízo competente.

A propósito, a valiosa lição de *Cândido Rangel Dinamarco*:

"*A determinação da competência faz-se sempre a partir do modo como a demanda foi concretamente concebida* — quer se trate de impor critérios colhidos nos elementos da demanda (partes, causa de pedir, pedido), quer relacionados com o processo (*tutelas diferenciadas*: mandado de segurança, processo dos juizados especiais cíveis *etc.*), quer se esteja na busca do órgão competente originariamente ou para os recursos. Não importa se o demandante postulou adequadamente ou não, se indicou para figurar como réu a pessoa adequada ou não (parte legítima ou ilegítima), se poderia ou deveria ter pedido coisa diferente da que pediu *etc.* Questões como essas não influem na determinação da competência e, se algum erro dessa ordem houver sido cometido, a consequência jurídica será outra e não a incompetência. Esta afere-se invariavelmente pela natureza do processo concretamente instaurado e pelos elementos da demanda proposta *in statu assertionis*."[4]

De tal orientação não se apartam os tribunais brasileiros, nos quais se podem colher inúmeras decisões nesse sentido, inclusive nos tribunais superiores. A título ilustrativo, confiram-se as seguintes decisões do STF.

No CC 7.149-4 (PR), tratava-se de caso em que um cidadão propôs reclamatória requerendo o reconhecimento de vínculo trabalhista com a

---

(4) E continua Dinamarco, para ilustrar a assertiva acima reproduzida: "A Justiça Federal é competente para uma causa proposta em face da União, ainda que esta seja parte ilegítima e a demanda devesse ter outro réu e não ela: o juiz federal extinguirá o processo por força dessa ilegitimidade *ad causam* (CPC, art. 267, inc. VI) mas a competência para fazê-lo é *dele*, pelo simples fato de a União figurar como ré no processo (Const., art. 109, I). O Tribunal de Justiça, originariamente competente para processar e julgar pedidos de mandado de segurança contra ato do Governador do Estado, verificando que o caso não comporta mandado de segurança extinguirá o processo por isso, sem que a questão se coloque em termos de competência." (*Instituições de direito processual civil*, v. I, 5. ed. São Paulo: Malheiros, 2005. p. 446-447)

União Federal e condenação desta ao pagamento de diversas parcelas. Depois de ter seu pedido parcialmente julgado procedente em primeira instância e no TRT da 9ª Região, o TST, julgando recurso de revista, decidiu pela incompetência da Justiça do Trabalho, pelo fato de o reclamante ter sido contratado por tempo determinado, sob o fundamento do art. 37, IX, CF. Mas a Justiça Federal de primeira instância suscitou o CC perante o STF, que concluiu pela competência da Justiça do Trabalho. Em seu voto, o relator, Min. Joaquim Barbosa, adotou *in totum* o parecer da Procuradoria-Geral da República, no qual se destaca a seguinte passagem:

> "Sem dúvida, assiste razão à suscitante, visto que o autor da ação julga-se empregado público, regido pelas regras da CLT, e, em nenhum momento pretende o reconhecimento de relação estatutária, ao buscar, essencialmente, o recebimento de verbas trabalhistas, como demonstram os termos da inicial. Logo, a competência do órgão julgador está vinculada à pretensão inicial, atraindo, portanto, a regra do art. 114 da Constituição Federal (...)."

E mais adiante:

> "Portanto, não cabe ao julgador, de ofício e sem a participação do autor, alterar a natureza do feito — através da reclassificação dos seus pedidos —, com o que modifica até mesmo o órgão competente para conhecer da causa. Logo, o exame realizado pelo Poder Judiciário deverá se limitar ao pedido, na conformação dada pelo reclamante. Está impedido, pois, de modificar a causa, concluindo que o vínculo é estatutário, remetendo o feito a outra esfera do Judiciário (...)."

Em caso semelhante, objeto do CC 7.134-6 (RS), o TST havia considerado incompetente a Justiça do Trabalho para julgar ação proposta por ex-servidor do Instituto Brasileiro de Geografia e Estatística (IBGE), que pugnava por direitos trabalhistas. Novamente, o TST fundava-se na alegação, agora do IBGE, de que o indivíduo houvera sido contratado nos termos do art. 37, IX, CF.

O relator, Min. Gilmar Mendes, adotou também integralmente o parecer da Procuradoria-Geral da República, donde vale destacar o trecho seguinte:

> "Primeiramente, não há como se divorciar da feição impressa à causa pela própria autora. Essa julga-se empregada pública, regida pelas regras da CLT, deduzindo, por consequência, pedidos de natureza trabalhista. A tanto concluir basta uma singela leitura dos termos da petição inicial.
>
> Seguindo tal premissa, não se pode endereçar a ação a exame da Justiça Federal, que, para dar-lhe deslinde, teria que se manifestar em seara que não lhe compete. Se o pedido está embasado em suposto contrato de trabalho, dando origem a inúmeros pedidos de ordem laboral, será

a Justiça Trabalhista a esfera pertinente a tal discussão. Não identificando a existência de vínculo de emprego, deverá emitir julgamento de mérito, apontando a improcedência dos pedidos. Contudo, avançar em outra direção, identificando de ofício a existência de relação estatutária, viola os termos postos na demanda pela autora".

Após reproduzir o parecer adotado, o Min. Gilmar Mendes conclui: "Efetivamente, esta corte tem entendido que, em tese, se o empregado público ingressa com ação trabalhista, alegando estar vinculado ao regime da CLT, compete à Justiça do Trabalho a decisão da causa."

Por fim, registre-se a decisão proferida no processo CC 7.053 (RS)[5].

Decisões no mesmo sentido também são encontráveis no STJ.[6]

Apliquemos, então, as lições expostas ao caso dos contratados pelo Poder Público por tempo determinado.

---

(5) Confira-se trecho substancial da decisão, da lavra do Min. Celso de Mello: "(...) Cumpre ressaltar, neste ponto, que o Plenário do Supremo Tribunal Federal, na análise de causa essencialmente idêntica à que emerge dos presentes autos, veio a dirimir conflito de competência suscitado por magistrado de primeira instância em face do E. Tribunal Superior do Trabalho, reputando competente, para efeito de apreciação jurisdicional da ação reclamatória ajuizada, a Justiça do Trabalho (RTJ 135/520, Rel. Min. Sydney Sanches), eis que o fundamento jurídico da pretensão deduzida pelo reclamante, no precedente referido, dizia respeito ao adimplemento de obrigação de natureza tipicamente trabalhista. Revela-se inquestionável, pois, a competência da Justiça do Trabalho para processar e julgar ações que, como ocorre na espécie, têm por objeto direitos e vantagens decorrentes de situação fundada, exclusivamente, em vínculo de natureza trabalhista. A *causa petendi*, na espécie em exame, evidencia-se pelo conjunto de fatos que, apoiando-se em contrato individual de trabalho, revela-se suscetível de gerar os efeitos jurídicos postulados pelo interessado, inclusive o de estabelecer, para a resolução da controvérsia, a competência da Justiça do Trabalho (...). O conteúdo da *causa petendi* induz, na hipótese, o reconhecimento da competência da Justiça do Trabalho, que emerge, com nitidez, da regra inscrita no art. 114 da Constituição da República (...)" (D.J. 07.06.2002, grifos nossos)

(6) Exemplo é o acórdão proferido pelo STJ no Agravo Regimental (AgRg) CC 47.497, cuja ementa registra: "1. A competência para a causa é fixada levando em consideração a situação da demanda, tal como objetivamente proposta. Em se tratando de competência em razão da pessoa, o que se considera são os entes que efetivamente figuram na relação processual, e não os que dela poderiam ou deveriam figurar, cuja participação é fato futuro e incerto, dependente do que vier a ser decidido no curso do processo. 2. A competência federal prevista no art. 109, I, da CF, tem como pressuposto a efetiva presença, no processo, de um dos entes federais ali discriminados. 3. No caso concreto, bem ou mal, a demanda foi proposta apenas em face de concessionária de serviço público, pessoa jurídica de direito privado. Enquanto assim permanecer a situação, a competência para a causa é da Justiça Estadual. Caso, no futuro, o processo receber a presença de um ente federal, a competência será deslocada para a Justiça Federal, nos termos, aliás, preconizados pela Súmula 150D STJ. 4. Agravo regimental a que se nega provimento." (AgRg no CC 47.497 — PB, Primeira Seção, Relator Min. Teori Albino Zavascki, DJ 09.05.2005.)

Considerando-se a autonomia político-administrativa da União, dos Estados-membros, do Distrito Federal e dos Municípios, conforme art. 18 da CF, e tendo em vista que as normas sobre servidores públicos não se inserem no rol de competências privativas da União (art. 22 da CF), infere-se que a legislação relativa ao citado inc. IX do art. 37 da CF é de competência de cada uma das entidades políticas da Federação.[7]

No exercício dessa autonomia, os entes federativos podem adotar, como regime da contratação temporária, o direito do trabalho ou legislação própria, de direito administrativo.

Em se tratando de legislação de direito administrativo, há autores que afirmam inserir-se a contratação temporária no regime jurídico único, a que se refere o art. 39 da CF.

A assertiva é, *data venia*, equivocada, uma vez que o regime único previsto no art. 39 diz respeito aos servidores públicos permanentes ou ocupantes de cargos em comissão, o que transparece da dicção desse dispositivo, *in verbis*: "A União, os Estados, o Distrito Federal e os Municípios instituirão, no âmbito de sua competência, regime jurídico único e planos de carreira para os servidores da administração pública direta, das autarquias e das fundações públicas."

Com efeito, não há sentido em falar-se em "planos de carreira" senão para os servidores permanentes. Por outro lado, não é por acaso que a contratação temporária foi prevista em outro artigo da Constituição, acrescendo-se as exigências que marcam a especificidade dessa forma de admissão de servidores, ou seja, a "necessidade temporária de excepcional interesse público". Essa particularidade, logicamente, retira da esfera do inc. IX do art. 37 os ocupantes de cargos comissionados, uma vez que a natureza desses cargos não se associa a alguma "necessidade temporária de excepcional interesse público", remetendo-os, como é cediço, ao art. 39 da CF.

Assim, o fato de as normas regentes da contratação temporária serem de Direito Administrativo não a remete ao conceito de "regime jurídico único", permanecendo como regime jurídico-administrativo, mas específico. É possível que algumas normas do regime jurídico único sejam aplicáveis, por determinação legal, aos servidores temporários[8], assim como existem normas trabalhistas estendidas pela CF aos servidores estatutários (CF, art. 39, § 3º), sem que isso implique confusão de regimes.

---

(7) Nesse sentido também é o entendimento de Celso Antônio Bandeira de Mello. Cf. *Regime constitucional dos servidores da administração direta e indireta*, 1991. p. 80-81.
(8) É o que ocorre no plano federal, em que a Lei n. 8.745, de 09.12.2003, que cuida da contratação por tempo determinado, prevendo no art. 11 a aplicação, ao pessoal contratado nos termos dessa Lei, de vários dispositivos da Lei n. 8.112, de 11.12.1990.

Portanto, pode-se ter dois regramentos emitidos pela mesma pessoa política, um para estabelecer o regime jurídico único dos servidores ocupantes de cargos de provimento efetivo e cargos em comissão, e outro referente aos servidores contratados temporariamente. Eles terão, em comum, a característica de serem regimes de direito administrativo, mas permanecerão como conjuntos de regras distintos[9], para reger situações inconfundíveis.

Ocorre, no entanto, que diversas irregularidades têm sido constatadas no tocante ao inc. IX do art. 37 da CF.

Uma delas é a ausência de regulamentação da contratação temporária. Outra é a regulamentação insuficiente, particularmente sem a previsão de direitos que garantam, minimamente, o cumprimento dos princípios constitucionais e das normas de proteção ao trabalho.[10] Tais situações confrontam, entre outros, os princípios constitucionais da dignidade da pessoa humana (art. 1º, III), da valorização do trabalho humano (art. 170) e do primado do trabalho como base da ordem social (art. 193). Importante, aqui, lembrar as lições de Cármen Lúcia Rocha:

"Em geral, não se analisa a pessoa pública como uma entidade empregadora em relação a seus empregados. E, no entanto, os servidores públicos são trabalhadores: o seu trabalho é exercido, no ofício público, por um vínculo de 'emprego', em seu significado mais alargado (e não restrito como se contém na Constituição brasileira). *Portanto, são titulares de direitos sociais ao trabalho*, tendo o seu estatuto constitucionalmente fixado quanto aos princípios e em seus preceitos primários."[11]

---

(9) Cabe atentar para o fato de que a palavra *regime* significa *conjunto de normas* e que não há como os ocupantes de cargos de provimento efetivo serem regidos pelas mesmas normas aplicáveis aos contratados temporariamente, donde, logicamente, se excluir de pronto a menção a *regime jurídico único* para se referir aos segundos.

(10) A esse respeito, a negativa experiência brasileira tem levado os autores a condenar a inobservância de direitos mínimos aos servidores temporários. Adilson Dallari observa que "(...) não poderia e não pode existir trabalhador algum desprovido das garantias que a Constituição confere a todos os trabalhadores. Não havia, como não há, possibilidade de existência de pessoal trabalhando apenas em troca de uma remuneração pecuniária, a título precário, como recibado, sem um regime jurídico (um conjunto equilibrado de direitos e deveres) perfeitamente definido". (*Regime constitucional dos servidores públicos*, 1990. p. 123) Na mesma senda, a ponderação de Gustavo Magalhães: "Ao consagrar os princípios constitucionais da valorização do trabalho humano (art. 170), do trabalho como primado da ordem social (art. 193), bem como da dignidade da pessoa humana (art. 1º, III), a Constituição da República de 1988 deu extrema relevância ao princípio protetor do trabalho humano. Não é mais admissível no atual sistema constitucional que sejam admitidos trabalhadores, em caráter subordinado, em troca simplesmente de salários, sem que sejam obedecidos os preceitos do art. 7º da Constituição ou, excepcionalmente, as garantias mínimas previstas para os servidores ocupantes de cargos públicos." (*Contratação temporária por excepcional interesse público*: aspectos polêmicos, 2005. p. 228)

(11) *Princípios constitucionais dos servidores públicos*, 1999. p. 42-43.

E ainda quando haja regulamentação suficiente, uma terceira ordem de irregularidades ocorre no plano fático, quando se admitem pessoas na administração pública, de modo pretensamente temporário, mas sem a observância do previsto em lei.

Todas essas situações antijurídicas, ou pelo menos a convicção (certa ou errada) de sua ocorrência, podem impelir o indivíduo a propor ação judicial visando à garantia de direitos que se supõem lesados. Ao fazê-lo, esse indivíduo tem dois caminhos: supor a existência de regulação legal suficiente da contratação temporária no campo do direito administrativo e requerer os seus direitos de acordo com a respectiva legislação específica; ou, entendendo não existir tal regulamentação suficiente, socorrer-se do direito do trabalho para pedir em juízo o que supuser cabível.

O reflexo desses dois diferentes rumos tem direta consequência no plano da competência para conhecimento da demanda: se o primeiro caminho for o escolhido, a competência será o da Justiça cível comum, federal ou estadual. Se o segundo caminho for trilhado, a competência será da Justiça do Trabalho, por força do art. 114 da CF, na interpretação atribuída pelo STF na citada liminar deferida na ADI 3.395-6.

Consequentemente, se o autor propuser ação perante a Justiça comum, requerendo o reconhecimento de um contrato de trabalho e respectivos direitos trabalhistas, deverá haver a declinação da competência para a Justiça do Trabalho. Ao inverso, se proposta ação naquela Justiça especializada, mas com fundamento em normas jurídico-administrativas ou com pedidos a estas pertinentes, caberá o envio do processo à Justiça comum.

Porém, se a ação for proposta na Justiça do Trabalho, com pedido e causa de pedir fundados em normas trabalhistas, mas o juiz verificar que, no caso, não se trata de contrato de trabalho, mas de efetivo vínculo temporário configurado por legislação própria de direito administrativo, deverá o pedido ser julgado improcedente. Do mesmo modo, se for ajuizada ação junto à Justiça Comum, com pedido relativo a normas de direito administrativo, mas o juiz verificar que no caso está presente um contrato de trabalho, o pedido deve ser declarado improcedente.

Tal raciocínio nada tem de especialidade quanto à presença da administração pública num dos polos do processo. Será o mesmo em casos semelhantes, cuidando-se de lide entre particulares. Exemplificando, suponha-se que um indivíduo preste serviços a outrem, efetivamente na condição de profissional autônomo. E suponha-se, que, embora errado, o prestador passe a entender que se configurou, no caso, um contrato de trabalho subordinado, propondo reclamação na Justiça Trabalhista para vê-lo declarado, com as consequências patrimoniais respectivas. Caberá ao juiz, verificando a inexistência de vínculo trabalhista, decidir pela improcedência do pedido.

No trecho do voto proferido no processo Rcl-Agr 4489-1, acima reproduzido, vimos que a Min. Cármen Lúcia rejeita a possibilidade de a Justiça do Trabalho "desconsiderar a relação jurídico-administrativa originalmente formada entre as partes por força da lei e do contrato", porque isso feriria a liminar proferida na ADI 3.395. O problema, como procuramos demonstrar, é que não basta a simples alegação de que uma dada relação de prestação de serviços acha-se formada por força de uma lei ou de um contrato. É necessário verificar se efetivamente os fatos correspondem às normas alegadas. É rotineiro, na Justiça do Trabalho, a verificação de que diversas situações aparentemente ou formalmente agasalhadas sob outras formas jurídicas — prestação de serviços de forma autônoma, por exemplo — no fundo escondem a relação de trabalho subordinado, nos moldes da Consolidação das Leis do Trabalho. Naturalmente que, ao decidir pela existência do contrato de trabalho, nisso dando curso ao art. 114 da CF, o juiz trabalhista tem também de declarar a invalidade de uma situação aparente ou formal, mas irregular.

Não há por que estranhar venha a Justiça do Trabalho proceder de modo semelhante em face de controvérsia envolvendo o poder público, pois a simples presença das pessoas estatais não altera a substância jurídica sobre a qual o direito equacionou a matéria. Assim, *data venia*, ao afastar, diante de uma simples alegação formal da administração pública, a competência material constitucionalmente atribuída a um dado organismo jurisdicional, estaria sendo criado um privilégio inconstitucional em favor do poder público.

## 5. POSSÍVEIS DESDOBRAMENTOS

Caso venha a prevalecer o entendimento refletido nas decisões do STF nos citados processos Rcl-Agr 4489-1 e CC 7.201-6, duas perigosas consequências poderão advir.

Por um lado, diante de reclamação trabalhista contestando a validade de contratação temporária, bastará ao poder público alegar a existência de uma lei própria, regente de contratação administrativa, para que o processo seja remetido à Justiça comum, sem que se verifique se o caso concreto efetivamente acha-se regido, de modo constitucionalmente adequado, pela legislação apontada. Muitas vezes, haverá aquelas citadas situações, de regulamentação insuficiente, sem que por ela se possa reconhecer condições dignas de trabalho, ou poderá haver burla às normas vigentes. A tendência é que a Justiça comum, por não lhe caber a aplicação de normas trabalhistas, venha a sistematicamente julgar improcedentes os pedidos formulados em tais processos, colaborando, assim, na manutenção das irregularidades praticadas pelo poder público.

Tal risco parece-nos ter sido divisado pelo Min. Carlos Britto, por ocasião do julgamento do CC 7.201-6, quando ponderou:

"(...) quero reafirmar que, para mim, não está excluída ou pré-excluída a competência da Justiça do Trabalho para processar e julgar ações, reclamações, de caráter trabalhista, tendo por réu o Poder Público, ou ré, pessoa estatal. Essa pré-exclusão não me parece procedente, *data venia*.

O que tenho como acertado é que a contratação, em caráter temporário, para atender à excepcional necessidade de interesse público, poderá, a critério da administração, ser submetida a regime administrativo. Vale dizer, se a administração contratar um servidor temporário e a ele estender proteção jurídica — convenhamos, ainda que heterodoxamente estatutária, ou como deve ser habitualmente de caráter administrativo —, um regime jurídico que a própria lei — seja lei municipal, distrital, estadual ou federal —, estabeleça como especial, para usar uma linguagem do art. 106 da Constituição anterior, para proteger o trabalhador, para reger o seu vínculo jurídico com o Poder Público, tudo bem, está tudo certo. Agora, se não houver nenhuma proteção, seja singelamente administrativa, seja de caráter estatutário, aí, sim, o trabalhador há de receber uma proteção jurídica e essa proteção só pode ser a da CLT. Nesse caso, eu aplicaria sim o art. 114, inciso I, da Constituição."

Na sequência dessa manifestação, o Min. Lewandowski afirma ao Min. Britto que "a eminente Ministra Ellen Gracie observou que havia todo um estatuto, na legislação local, protegendo o funcionário, no caso, inclusive, desconto em folha para a contribuição ao instituto de previdência local". Então, o Min. Carlos Britto, que já votara, no caso, pela competência da Justiça do Trabalho, muda seu voto, para acompanhar o Min. Lewandowski, alegando que antes "supunha que não houvesse essa proteção".

Veja-se que aí reside o grande problema: contrariamente ao disposto no art. 87 do CPC, ingressou-se no mérito da demanda e, com base na alegação do poder público, de que haveria uma lei específica para reger o caso, excluiu-se a competência da Justiça do Trabalho numa demanda em que, certo ou errado, pedia-se o reconhecimento de um vínculo trabalhista. Excluiu-se, de antemão, o direito de alguém requerer reconhecimento de vínculo trabalhista face ao poder público, por, eventualmente, não vislumbrar a adequação de sua situação fática ao que previsto na legislação em que o poder público lhe teria enquadrado; ou por entender que as normas que se lhe aplicaram acham-se divorciadas dos princípios e normas constitucionais de proteção da dignidade do trabalho humano.

Contribui-se, assim, para o risco temido pelo Min. Carlos Britto e de há muito conhecido no Brasil. Cabe lembrar que tais situações, de desabrigo jurídico do trabalho prestado ao Estado levaram, há mais de quatro décadas, à elaboração de indispensável trabalho de Paulo Emílio Ribeiro de Vilhena, no qual o eminente mestre mineiro dissecou a problemática, por ele resumida como "as situações parajurídicas dos chamados *trabalhadores temporários*, que não foram abrigadas, ainda que parcialmente, em condições compatíveis com os princípios gerais que presidem a tutela do trabalho estatal", vindo a conformar a triste figura dos *"inhóspitos,* os que sequer não sabem como aspirar nem por que não os olha com os mesmos olhos a ordem jurídica".[12]

## BIBLIOGRAFIA

BANDEIRA DE MELLO, Celso Antônio. *Regime constitucional dos servidores da administração direta e indireta.* 2. ed. São Paulo: Revista dos Tribunais, 1991.

DALLARI, Adílson Abreu. *Regime constitucional dos servidores públicos.* 2. ed. São Paulo: Revista dos Tribunais, 1990.

DINAMARCO, Cândido Rangel. *Instituições de direito processual civil.* V. 1. 5. ed. São Paulo: Malheiros, 2005.

MAGALHÃES, Gustavo Alexandre. *Contratação temporária por excepcional interesse público:* aspectos polêmicos. São Paulo: LTr, 2005.

ROCHA, Cármen Lúcia Antunes. *Princípios constitucionais dos servidores públicos.* São Paulo: Saraiva, 1999.

VILHENA, Paulo Emílio Ribeiro de. *O contrato de trabalho com o Estado.* 2. ed. São Paulo: LTr, 2002.

---

(12) *O Contrato de trabalho com o Estado,* 2002. p. 8 e 156.

# DEGRAVAÇÃO DA PARTICIPAÇÃO DO PAINELISTA

*O Sr. José Antônio Ribeiro de Oliveira Silva*[*]

Bom dia a todos. Ilustríssima doutora Ana Cláudia, presidenta dessa mesa, na pessoa de quem cumprimento os meus colegas de painel, doutor Florivaldo e doutor Fábio, colegas de magistratura, procuradores e procuradoras do trabalho, senhores advogados e advogadas, estudantes, enfim, dileta plateia. Em primeiro lugar eu quero agradecer à ANAMATRA o convite que me foi feito para estar aqui nesse segundo seminário nacional de ampliação da competência da Justiça do Trabalho, o que para mim é uma grande honra. Eu quero agradecer particularmente aos doutores Renato e Andréia por esse convite e é uma honra porque esse seminário já demonstrou a sua virtude, o seu sucesso com as palestras que nós tivemos até essa parte.

Em segundo lugar, eu quero dizer, para despeito do meu amigo doutor Guilherme, que eu posso encher o peito e dizer que me sinto mesmo em casa, já que eu sou mineiro. Eu sou mineiro com muito orgulho, embora também tenha muito orgulho de pertencer aos quadros da décima quinta região como juiz titular da Vara de Orlândia. Eu sou da grande Sacramento. Para quem não conhece, Sacramento é a capital do triângulo mineiro, dizem que distrito de Uberaba também. E se não mudaram por leis de competência a geografia do Estado, Sacramento tem a maior extensão territorial de todos os municípios do Estado de Minas Gerais, se alguma lei de competência não tenha alterado essa geografia.

O tema que me coube nesse painel é um tema um tanto quanto ingrato, árduo. Falar sobre a Administração Pública e a Justiça do Trabalho tem temas envolventes, palpitantes como esses que os meus colegas acabaram de expor e me coube falar sobre multas administrativas, ações anulatórias, executivas, embargos e mandados de segurança, sobre o aspecto procedimental, mas também sobre o aspecto da identificação de quais ações teriam vindo para a

---

(*) Juiz do Trabalho da 15ª Região, Mestre em Direito Obrigacional Público e Privado pela Faculdade de Direito da Universidade Estadual Paulista, Professor de Processo do Trabalho em Ribeirão Preto/SP

competência da Justiça especializada. É um tema ingrato, mas que eu não podia dizer não para a doutora Fátima, é impossível dizer não para ela e ela me pediu para que abordasse esse tema, essa vertente.

É ingrato também porque nós estamos acostumados a ver como reclamantes os trabalhadores, o reclamante é o trabalhador, o reclamante, em 99% das ações, é aquele que merece proteção, é aquele que merece a aplicação de todas as normas protetivas e nessas ações novas relacionadas à competência para as multas administrativas nós teremos muitas vezes como reclamante o próprio empregador, nas ações anulatórias, nas ações de repetição de indébito, no mandado de segurança, de modo que nós teremos uma certa surpresa em ver o reclamante sentar-se à nossa esquerda, o lugar reservado para o trabalhador.

De modo que nós precisamos ter uma dimensão dessa nova realidade, dessa nova competência e termos em conta que trata-se de ação distinta, de uma ação complexa essa envolvendo empregador e a União. Nós precisamos nesse aspecto entender que a Emenda Constitucional n. 45 trouxe realmente uma grande novidade para a Justiça do Trabalho. Ela trouxe uma nova imagem para essa Justiça especializada ao trazer o novo rol competencial no seu art. 114, ampliando sobremaneira as competências dessa Justiça especializada.

Já foi dito aqui muito bem sobre esse novo rol, sobre a extensão da ampliação da competência da Justiça do Trabalho, sobre a interpretação mais coerente para essa extensão competencial e no aspecto das ações relativas às penalidades impostas aos administradores, nós temos também que ter uma visão de conjunto, de contexto que leve em conta a unidade da Constituição, que é um princípio interpretativo muito importante. De modo que nós temos agora a possibilidade de ter mesmo, de fato, uma nova imagem da Justiça do Trabalho porque antes os órgãos de fiscalização das relações de trabalho empreendiam diversas fiscalizações, aplicavam punições por meio de autos de infração e depois de imposição de multas administrativas, mas a execução dessas multas administrativas pelo descumprimento de normas protetivas das relações de trabalho era levada à Justiça Federal. A Justiça Federal, portanto, era competente para conhecer dessas ações, todas envolvendo as penalidades administrativas.

O art. 114, em seu inciso sétimo, deixa agora muito claro, evidente que essas ações serão da competência da Justiça especializada. E aí nós teremos uma solução para uma certa anomalia do sistema, a fiscalização do trabalho, das relações de trabalho, feita pelos órgãos incumbidos disso é uma questão de Direito do Trabalho. A verificação do atendimento ou não das relações de trabalho ou das suas condições também é uma questão de Direito do Trabalho e, no entanto, nós tínhamos decisões ou poderíamos ter a possibilidade de decisões díspares a respeito do mesmo fato. A doutrina exemplifica com o trabalhador ajuizando uma ação pedindo a consideração de que determinadas verbas pagas no curso da relação de emprego eram de natureza salarial e, portanto, sobre elas tem que incidir fundo de garantia por tempo de serviço e as reflexões que nós todos conhecemos. O juiz do trabalho poderia conhecer e reconhecer essa natureza salarial e condenar a empresa aos consectários legais, mas se aplicada fosse uma penalidade à empresa por não recolhimento do FGTS, a questão seria levada à Justiça Federal, que poderia entender que não se trata de verba salarial e sim de verba indenizatória. Duas decisões conflitantes, tomadas por órgãos jurisdicionais distintos; essa anomalia me parece que deva ser evitada pelo princípio da unidade de convicção, tão entoado pelo Supremo Tribunal Federal e agora nós temos essa possibilidade de resolução.

Outra questão diz respeito à anotação de CTPS. O fiscal do trabalho, entendendo que trata-se de um autêntico empregado e aplicando a punição; a questão sendo levada à Justiça do Trabalho numa reclamatória trabalhista, em que o juiz decide pela existência do vínculo, e sendo levada à Justiça Federal, onde outra poderia ser a decisão. Agora, nós temos então o art. 114, seu inciso sétimo, já referido, dizendo que as ações relativas às penalidades administrativas impostas aos empregadores pelos órgãos de fiscalização das relações de trabalho são inequivocamente da nossa competência. Mas não é tão simples assim.

Investigando a doutrina e vendo a jurisprudência nós verificamos que há muita discussão a respeito desse texto constitucional. Eu elenco 3 questões prévias para que nós possamos solucionar, antes mesmo de identificar essas ações, e com segurança investigar os procedimentos aplicáveis a cada uma delas, por exemplo, a questão "empregadores". Realmente, o texto constitucional quis dizer penalidade de empregadores, a empregadores, ou eu posso entender que também as penalidades impostas aos tomadores de serviço são da nossa competência? Segunda questão: quais são esses órgãos de fiscalização? Apenas os auditores fiscais do trabalho ou também os auditores da Receita Federal ou também os conselhos regionais que fiscalizam as profissões regulamentadas ou profissões liberais. Terceira questão: o dispositivo constitucional é expresso quanto a "penalidades". Apenas as penalidades vieram para a nossa competência ou todos os atos administrativos relacionados a esses órgãos referidos?

Nós temos aí, então, nessa primeira introdução ou nessa breve introdução, uma certeza de que o *Cândido Rangel Dinamarco*, esse grande processualista, tem absoluta razão quando aponta que a competência é um instituto exemplar de natureza bifronte. Nós temos, para solução das questões processuais de competência, de sempre analisar o direito material posto e por isso a competência é um instituto de natureza bifronte, porque é a partir da relação jurídica material que eu vou deduzir a competência, que eu vou decidir sobre a competência. Vejam: qual é a relação de trabalho, o que é relação de trabalho, o que é penalidade, quais são os órgãos de fiscalização. Essas questões são questões materiais e nos auxiliarão na definição da questão processual da competência.

Vamos a essas questões para depois falarmos das ações. Sobre a expressão empregadores, a doutrina praticamente não diverge a respeito da sua interpretação. Diz que o texto constitucional é bastante claro, empregadores. A nossa competência só envolve ações de penalidades impostas a empregadores. Mas nós todos sabemos que a interpretação literal não é o melhor dos métodos interpretativos, ela é muito pobre. Ainda assim, a doutrina avança e faz uma interpretação sistemática do próprio rol do art. 114 da Constituição Federal para chegar à conclusão de que realmente é a expressão empregadores que prevalece, afinal, e temos competência para essas ações. Se nós verificarmos o rol do art. 114, o inciso primeiro refere-se a ações oriundas das relações de trabalho. O inciso sexto refere-se às indenizações por dano moral ou patrimonial decorrentes da relação de trabalho. E o inciso nono possibilitou à lei infraconstitucional trazer para nossa competência outras questões materiais relativas à relação de trabalho. Portanto, se o legislador constituinte derivado utilizou a expressão relação de trabalho em três dos nove incisos, e no inciso sétimo referiu-se expressamente a empregadores, é porque essas punições só serão levadas para a Justiça do Trabalho quando referirem-se a empregadores. Por uma questão lógica, óbvia, a expressão empregadores delimita o campo de atuação como ocorria com o antigo *caput* do art. 114; a interpretação que a ele se deu é de que apenas a relação de emprego é que era de competência da Justiça especializada porque a relação tinha que ser entre trabalhadores e empregadores. De novo, então, a expressão empregadores delimitando o campo de atuação e o campo de definição da competência. Mas se nós verificarmos o Decreto n. 4.552 de 2002, o famoso regulamento da inspeção do trabalho, ele dá uma outra dimensão à fiscalização dessas relações e em pelo menos dois artigos isso fica muito claro. O art. 14 do RIT, Regulamento da Inspeção do Trabalho, evidencia que são sujeitos da fiscalização dos órgãos incumbidos dessa fiscalização não somente os empregadores, mas também os tomadores de serviço, os intermediadores de serviço, as associações, ou seja, quaisquer pessoas que tomem serviços para o seu empreendimento. De modo que há também fiscalização nas relações de trabalho. Isso fica mais evidenciado ainda no art. 18 do Decreto, quando se diz que os órgãos atuarão na fiscalização tanto das relações de trabalho quanto das relações de emprego. Ainda assim, a doutrina não diverge. A doutrina diz que a competência da Justiça do Trabalho é restrita a empregadores porque esse é o texto constitucional. A interpretação é restritiva, portanto, e não abrange a competência para as punições aplicadas nas relações de trabalho.

Eu ouso divergir dessa doutrina pacífica e dizer que ela não está conforme a Constituição Federal. Se nós sairmos do rol do art. 114 da

Constituição, nós verificaremos o que já foi dito em muitos painéis aqui. A proteção que se deu ao trabalho, a dimensão desse valor trabalho no âmbito de toda a Constituição, começando pela dignidade da pessoa humana, passando pela valorização social do trabalho, e mais ainda do que a dimensão do trabalho, o valor da saúde do trabalhador. Eu penso que hoje nós temos essa clara concepção de que a saúde do trabalhador é o seu direito mais importante, o seu direito mais fundamental. Precisamos parar de dizer que o emprego é o direito mais importante, é a saúde do trabalhador. A importância que se deu a esse direito humano, a esse direito fundamental, em todo o texto constitucional é significativa. Por isso, toda proteção ao meio ambiente do trabalho, por isso a necessidade de edição de leis, normas de proteção à saúde e segurança no trabalho, artigo sétimo, inciso XXII, e o artigo sétimo diz respeito a trabalhadores: são direitos dos trabalhadores urbanos e rurais. Não faz menção a empregadores e nem a relação de emprego, de modo que se nós fizermos uma interpretação coerente da Constituição, tendo em vista o princípio da unidade da Constituição e o princípio da máxima efetividade dos direitos fundamentais, nós podemos chegar à conclusão de que nós temos sim competência para as ações que envolvam as punições nas relações de trabalho. E eu cito um exemplo: uma empresa que terceiriza todo um seguimento da sua atividade e nesse seguimento ela não oferece a mínima proteção e segurança a seus trabalhadores, há um gravame ou a possibilidade de um gravame iminente. Se houver a necessidade de uma interdição da obra, perdão, de um embargo da obra, de uma interdição do estabelecimento ou até de um setor do estabelecimento, a competência tem que ser da Justiça do Trabalho, até porque se o gerente regional do trabalho não fizer essa interdição, o Ministério Público do Trabalho terá que ajuizar essa ação e essa ação civil pública será ajuizada aonde? Na Justiça do Trabalho. De modo que nós não podemos ficar limitados, no meu modo de entender, à expressão empregadores, principalmente ou especialmente no que toca à proteção da saúde do trabalhador, esse direito fundamental. Quais são os órgãos de fiscalização que ensejam ações da nossa competência? Não só os auditores fiscais do trabalho, cuja atividade foi regulamentada pela Lei n. 10.593 de 2002 e todos nós sabemos que agora os antigos delegados regionais do trabalho chamam-se superintendentes regionais do trabalho, os subdelegados chamam-se gerentes regionais do trabalho, não há mais delegacia ou subdelegaria, e sim gerência ou superintendência regional do trabalho, a atuação dos auditores fiscais do trabalho, dos gerentes regionais ou superintendentes regionais leva claramente suas ações, suas penalidades à competência da Justiça do Trabalho. Mas não só, também os antigos fiscais do INSS poderiam punir as empresas, aplicar punições pela não consideração de verba de natureza salarial e por não recolhimento de contribuições sociais respectivas. Hoje, não são mais os auditores fiscais do INSS, mas o auditor fiscal da Receita Federal do Brasil, com a Lei n. 11.457, a lei da Super-receita; portanto, a atuação e a punição aplicada tanto pelos auditores fiscais do trabalho quanto pelos auditores fiscais da super-receita, no que pertine às contribuições sociais, ensejarão ações na Justiça do Trabalho.

Por outro lado, as ações relacionadas às punições aplicadas pelos órgãos de fiscalização das profissões liberais não ensejarão a nossa competência. Claro, nós temos que distinguir duas situações, os auditores fiscais do trabalho poderão punir os profissionais liberais por não anotarem a carteira dos seus empregados, por não pagarem direitos trabalhistas, por não recolherem previdência e essa ação é da nossa competência. Mas as punições aplicadas pelos órgãos de fiscalização específicos, os conselhos regionais e são tantos, de medicina, o CREA, a própria OAB e assim por diante, eles atuam não na proteção das relações de trabalho, eles atuam na proteção da própria profissão, das prerrogativas profissionais do advogado, do médico, do engenheiro e assim por diante e essas punições aplicadas por esses órgãos não são da nossa competência, são da competência da Justiça Federal.

Por fim, daquelas questões prévias, a competência da Justiça especializada é restrita às penalidades ou nós temos um campo mais largo? Temos um campo mais largo e a doutrina aqui é bastante clara, ela afasta a interpretação literal da expressão penalidades para buscar um verdadeiro sentido, um verdadeiro alcance da norma constitucional, tendo em conta essa ideia do princípio da unidade da Constituição. A doutrina cita exemplos. Por exemplo, a negativa de autorização de redução de intervalo intrajornada. Não há nenhuma penalidade aplicada, pelo contrário, o empregador quer uma autorização para reduzir o intervalo porque ele atende a duas condições essenciais, art. 71 da CLT, ele tem refeitórios adequados que proporcionam uma alimentação adequada no tempo inferior a uma hora e, mais importante, os seus empregados não estão submetidos a regime de horas extras ou de horas suplementares. Atendidas essas condições, em tese, pelo menos, o empregador teria direito à redução do intervalo. Se o gerente regional do trabalho não concede essa autorização, a ação para resolver esse problema, essa questão, será da competência da Justiça especializada, e vejam, nós não estamos falando de penalidades. E por que então interpretar a expressão empregadores de forma literal?

Outro exemplo é a denegação de seguimento a recurso administrativo sem o depósito da multa respectiva, parágrafo primeiro do art. 636 da CLT, questão atualíssima à qual eu retorno em breve, não percam, não saiam daí. Eu cito ainda um exemplo que eu já disse, dos embargos, da interdição, quando houver a necessidade de um embargo de obra, da interdição de um estabelecimento, de um setor, de um equipamento, essa questão não envolve penalidade e não há dúvida objetiva alguma de que a competência passou à Justiça do Trabalho por toda aquela interpretação que eu já lhes disse.

Quais são, então, as ações que vieram para a nossa competência, de acordo com esse rol ou de acordo com o inciso sétimo do art. 114? De pronto, nós já temos então que a expressão empregadores, pelo menos no âmbito da saúde, não é adequada. Os órgãos de fiscalização são outros além dos auditores fiscais do trabalho e não apenas as penalidades ensejam novas ações, mas também todos os atos administrativos dessas autoridades, desses órgãos. Para identificar com clareza as ações que vieram então para a nossa competência, nós temos que ver qual é a ação mais importante desse inciso.

No meu modo de entender, no meu juízo, é a possibilidade de execução extrajudicial do título, da certidão de dívida ativa, depois do lançamento desse débito, correspondente às multas administrativas. Essa é a principal competência, a possibilidade da Justiça do Trabalho, e não mais a Justiça Federal, executar essas multas impostas aos empregadores, aos tomadores de serviço pelo descumprimento das normas protetivas. Então, nós temos uma execução de título extrajudicial, e aqui é claro, não estamos diante de execução de título extrajudicial. E nessa execução extrajudicial nós temos que buscar a lei própria, a lei correspondente e aqui eu antecipo que o procedimento aplicável, portanto, é o da Lei n. 6.830 de 80, a Lei de Execução Fiscal. Pois bem, o art. 38 da Lei de Execução Fiscal disciplina que toda a matéria relativa à certidão da dívida ativa só poderá ser questionada no âmbito da própria execução de título extrajudicial, ou seja, em sede de embargos à execução, salvo, e ela própria excepciona, as hipóteses de mandado de segurança, de ação anulatória e também da ação de repetição de indébito. Então, nós temos três exceções no próprio art. 38. Nós podemos conhecer das questões relativas às penalidades não só nos embargos à execução, mas também nessas três ações que claramente são da nossa competência, o mandado de segurança, a ação anulatória e também a ação de repetição de indébito. Ação anulatória até porque ela e a execução do título extrajudicial são, no meu modo de entender, o verso e o reverso da mesma medalha. A União pretende receber a multa aplicada e o faz por meio da execução de título extrajudicial. Por outro lado, o empregador quer anular, quer desconstituir o título executivo e ele o faz por meio da ação anulatória. Mas se ele tem um direito líquido e certo, por um ato abusivo, ilegal, da autoridade, ele pode valer-se de um mandado de segurança. E se ele já pagou e ele entende que o pagamento não é o correto, não é devido, vale-se da ação de repetição de indébito. E é curioso notar que a ação anulatória e a execução podem prosseguir ao mesmo tempo. Não há, por óbvio, nenhuma litispendência entre a execução do título extrajudicial e a ação anulatória. Cabe também a ação declaratória de inexistência do débito? Somente antes do lançamento, somente antes da inscrição como dívida ativa. Depois da inscrição como dívida ativa, só cabe a ação anulatória, uma ação desconstitutiva. Mas nós temos também a possibilidade das tutelas de urgência, pode ser que o empregador necessite de uma tutela de urgência e nós temos então claramente a possibilidade de um mandado de segurança quando houver essa ofensa de um direito líquido e certo, comprovado de plano. O exemplo mais conhecido hoje, o mais comentado, é o mandado de segurança para o processamento do recurso administrativo independentemente do depósito da multa já referido. Nós temos, ainda, a possibilidade de uma tutela antecipada numa ação anulatória; provados os seus requisitos, embora não seja uma ação, é possível uma tutela antecipada na anulatória. E por fim, até mesmo a ação cautelar, e o exemplo mais típico de uma ação cautelar nessa esfera é o depósito cautelar para impedir o prosseguimento da executiva, da ação executória. Portanto, ambas ações podem caminhar juntas, a execução do título extrajudicial e a ação anulatória proposta pelo empregador. O empregador não é obrigado a fazer nenhum depósito na ação anulatória, mas se ele fizer o depósito para garantir o débito, a execução de título extrajudicial tem de ser obstada, até o conhecimento da ação anulatória, até a solução da ação anulatória que dispensará, portanto, a discussão em sede de embargos à execução, porque a finalidade da anulatória é exatamente a mesma da ação de embargos à execução. São questões interessantes, complexas, e agora nós temos que cuidar delas e com todo carinho e com toda a nossa presteza, que sempre fizemos.

Quanto à execução de título extrajudicial, embora no meu modo de entender seja tão tranquila a nossa competência, há divergência, há quem diga que a expressão constitucional é "ações". Não houve menção nenhuma à execução do título extrajudicial e, portanto, essa execução não seria da competência da Justiça do Trabalho. Mas essa é uma interpretação ruim, péssima, porque todos nós sabemos que a expressão ações é o gênero e compreende todas as espécies de ação, a de conhecimento e também a de execução. A ação anulatória é muito importante, nós precisamos agora conhecê-la bem para poder julgar bem esses processos; ela deriva de um procedimento administrativo de imposição de multas disciplinado na CLT e nós vamos ter agora que revisitar a CLT, naqueles capítulos que só estudamos para o concurso, depois que passamos no concurso não cuidamos mais de penalidades, de multas e de outras questões tantas. Pois bem, teremos que revisitar o título sétimo da CLT, os arts. 626 a 642, que tratam desse procedimento. E a ação anulatória é importante sob esse prisma, porque há toda uma regularidade formal para essa imposição de penalidades. Há uma formalidade extremada para a aplicação dessas punições. Se nós lermos a CLT vamos ver que tem o critério da dupla visita, depois tem a possibilidade do auto de infração, o empregador será notificado obrigatoriamente para que ele possa defender-se e ele tem a possibilidade de fazer sua defesa administrativa no prazo de dez dias, não há necessidade de depósito algum para a defesa administrativa, o empregador pode arrolar testemunhas e requerer a produção de provas em âmbito administrativo, a decisão do gerente regional do trabalho terá que ser uma decisão fundamentada para a aplicação dessa penalidade e ainda assim o empregador, o penalizado, poderá recorrer administrativamente para invalidar essa penalidade.

Além disso, a certidão de dívida ativa tem toda uma série de requisitos que precisa ser observada e, portanto, estamos diante de um procedimento muito formal, extremamente formal e qualquer detalhe, qualquer nulidade no curso desse procedimento, ensejará, por óbvio, uma ação anulatória por parte do empregador. Quanto à exigência de depósito da multa, que é a questão mais palpitante, do parágrafo primeiro do art. 636, o Supremo Tribunal Federal, em 1997, já decidiu, em sede de recurso extraordinário, pela plena possibilidade de exigência dessa multa, que ela não é inconstitucional, com votos muito interessantes dos ministros Sepúlveda Pertence e Otávio Galotti, à época ministros do Supremo Tribunal Federal, dizendo que houve recepção do art. 636, parágrafo primeiro, da CLT pela Constituição Federal de 88 e, portanto, é sim exigível essa multa em sede administrativa, no recurso administrativo. Mas nós sabemos também que o Supremo muda, que a sua composição muda e a nova composição do Supremo, por tudo que temos ouvido até hoje, é bastante restritiva quanto à competência da Justiça especializada. E aí, nas recentes ADIs 1976 e 1074, julgadas em março de 2007, houve a declaração de inconstitucionalidade de diversos, ou de alguns dispositivos legais tributários, por ofensa ao direito de petição e ao princípio do contraditório. Entendeu-se, portanto, que exigir qualquer depósito em sede administrativa, principalmente em recursos no INSS, é uma violação tanto do direito de petição quanto do direito ao contraditório.

Nós temos, no entanto, de analisar se a situação é a mesma para a multa administrativa, da nossa competência, e já há um esforço doutrinário no sentido de demonstrar que as questões são distintas. Um artigo interessante do *Marcos Fava*, na LTr de outubro do ano passado, diz que uma coisa é uma coisa e outra coisa é outra coisa, e é muito interessante porque nos deixa a seguinte dúvida: por que o Supremo decidiu a inconstitucionalidade de alguns dispositivos, isso se aplica automaticamente a outro dispositivo? Não. Em sede de declaração de inconstitucionalidade a interpretação deve ser restritiva, somente os dispositivos expressamente declarados inconstitucionais é que não podem mais ser utilizados. De modo que o parágrafo primeiro do art. 636 não foi objetivo de ADI. E mais, diz o *Marcos Fava*, de modo que me parece absolutamente correto, a questão das ADIs mencionadas refere-se a crédito tributário em sentido estrito, específico, e aqui nós não estamos diante de um crédito tributário específico, em sentido estrito. Estamos diante de dívida não tributária, porque trata-se de uma punição aplicada por um ato ilícito, pelo descumprimento de uma norma de proteção trabalhista. Portanto, toda vez que nós temos um ato ilícito a penalidade aplicada por esse ato ilícito não enseja crédito tributário em sentido estrito. E eu lembro uma outra situação: a TR foi declarada inconstitucional para os financiamentos da casa própria. Os dispositivos da Lei n. 8.177, que tratavam da TR, não puderam mais ser aplicados e na Justiça do Trabalho nós continuamos aplicando a TR para atualização dos créditos trabalhistas, porque a nossa TR é prevista no art. 39 dessa Lei e não nos dispositivos que foram declarados inconstitucionais.

Mas, recentemente, agora em março de 2009, o Superior Tribunal de Justiça editou uma súmula, a Súmula 373, para dizer que é ilegítima a exigência de depósito da penalidade administrativa para interposição do recurso administrativo. A jurisprudência do TST também caminha nesse sentido. Tem um acórdão interessante do ministro *Levenhagem*, dizendo que há ofensa a diversos princípios constitucionais nessa exigência da multa. Preocupa-me, assim como ao *Marcos Fava*, a questão do depósito recursal, porque a amplitude que está se dando à possibilidade de defesa em sede recursal é uma amplitude gigantesca. Nós poderemos chegar à conclusão de que o Supremo Tribunal Federal um dia vai declarar inconstitucional o parágrafo primeiro do art. 899 da CLT e isso é um risco muito grande para o nosso processo, para a nossa execução. De modo que eu prefiro ficar com as considerações do *Sepúlveda Pertence*: não há no sistema jurídico brasileiro garantia do duplo grau de jurisdição em sede constitucional. O que há é uma garantia constitucional da ampla defesa e do contraditório, com os recursos inerentes, ou seja, medidas jurisdicionais inerentes, mas não se assegura em sede constitucional o princípio do duplo grau de jurisdição. De modo que qualquer lei infraconstitucional que iniba esse duplo grau de jurisdição ou que imponha condições de admissibilidade do recurso, como é o caso concreto, um pressuposto de admissibilidade do recurso administrativo, nós não temos nenhuma inconstitucionalidade.

Prefiro, então, defender a ideia de que é plenamente exigível, de que continua exigível o depósito da multa para o recurso administrativo. Não sei se tenho mais tempo, acho que não tenho mais; iria falar ainda do procedimento nas ações de mandado de segurança, de execução de título extrajudicial e de embargos à execução, mas os senhores foram poupados disso graças ao nosso inimigo chamado tempo.

Eu quero só finalizar, portanto, dizendo que nós temos que ter muita cautela nessas ações, ter muito critério. Não se trata de trabalhador no polo ativo, trata-se de empregador ou de tomador de serviços, mas a penalidade a ele imposta diz respeito ao descumprimento de uma norma de proteção ao trabalho e, portanto, o princípio da proteção, conquanto não aplicável diretamente no conhecimento dessa ação, deve ser o pano de fundo para o nosso olhar atento; a penalidade foi pelo descumprimento de uma norma de proteção ao trabalho, trabalho e saúde, que são direitos fundamentais.

Muito obrigado pela atenta ouvida dos senhores.

## TEMAS DE EXECUÇÃO TRABALHISTA

**Painelistas:** Érico Zeppone Nakagomi
José Aparecido dos Santos
Marcos Neves Fava

- Execução trabalhista e recuperação judicial
- Execução de título extrajudicial decorrente de trabalho autônomo
- Execução judicial

TEXTO DO PAINELISTA ALUSIVO À SUA PARTICIPAÇÃO

# EXECUÇÃO DE CONTRIBUIÇÕES PREVIDENCIÁRIAS PELA JUSTIÇA DO TRABALHO
(Da impossibilidade de reconhecer o deferimento do processamento da recuperação judicial como causa de suspensão da exigibilidade de crédito tributário)

*Érico Zeppone Nakagomi*[*]

## 1. INTRODUÇÃO: O NOVO INSTITUTO DA RECUPERAÇÃO DA EMPRESA

O instituto jurídico da recuperação de empresa, introduzido no ordenamento jurídico brasileiro pela Lei n. 11.101, de 09 de fevereiro de 2005, do qual são espécies a recuperação judicial e a extrajudicial, tem como escopo a reestruturação de empresas em crise.

De acordo com as aplaudidas palavras da Lei, pode-se dizer que o instituto jurídico da recuperação de empresa *"tem por objetivo viabilizar a superação da situação de crise econômico-financeira do devedor, a fim de permitir a manutenção da fonte produtora, do emprego dos trabalhadores e dos interesses dos credores, promovendo, assim, a preservação da empresa, sua função social e o estímulo à atividade econômica"* (art. 47 da Lei n. 11.101/2005).

Muito embora tal objetivo esteja previsto como sendo o objetivo da recuperação *judicial*, pois o art. 47 da novel Lei assim fala[1], para fazer uso

---

[*] Procurador Federal, Chefe da Divisão de Gerenciamento de Execução Fiscal Trabalhista da Coordenação-Geral de Cobrança e Recuperação de Créditos da Procuradoria-Geral Federal. Pós-graduando em Direito Público pela Universidade Nacional de Brasília — UNB (Centro de Educação a Distância — CEAD e Escola da Advocacia-Geral da União — EAGU).
(1) "CAPÍTULO III
DA RECUPERAÇÃO JUDICIAL
Seção I
Disposições Gerais
Art. 47. A recuperação **judicial** tem por objetivo viabilizar a superação da situação de crise econômico-financeira do devedor, a fim de permitir a manutenção da fonte produtora, do

de verbo vicário, e, ademais, encontra-se inserto nas "Disposições Gerais" do Capítulo da "Recuperação Judicial", é inolvidável que se aplica também à recuperação *extrajudicial*.

Entender o contrário importaria em aceitar como juridicamente válido o criticado método de interpretação que toma em consideração, única e exclusivamente, a posição ou inserção de uma norma, regra ou disposição legal no interior do texto normativo, conhecido pejorativamente no mundo acadêmico-jurídico como "interpretação topográfica".

Em outras palavras, esse objetivo pode e deve ser interpretado como comum a ambas as espécies de recuperação, de modo que é forçoso concluir que a recuperação *judicial* e a *extrajudicial* são apenas formas diversas de se realizar o mesmo e único objetivo, qual seja, *"viabilizar a superação da situação de crise econômico-financeira do devedor, a fim de permitir a manutenção da fonte produtora, do emprego dos trabalhadores e dos interesses dos credores, promovendo, assim, a preservação da empresa, sua função social e o estímulo à atividade econômica"*.

Uma se realiza inteiramente perante o Estado-Juiz e a outra, não; ou apenas em parte, caso o devedor queira requerer a homologação do plano em juízo, exercendo a faculdade que lhe outorga o art. 162 da Lei n. 11.101/2005[2].

Em suma, não é errôneo concluir que a recuperação judicial e a extrajudicial têm o mesmo e idêntico objetivo, que se encontra insculpido no art. 47 da Lei n. 11.101/2005, a despeito de tal artigo se referir unicamente à recuperação judicial, como explicitado acima.

Esclarecido esse primeiro aspecto, cujo mérito está em afirmar claramente que o novo instituto da recuperação de empresa é gênero, do qual são espécies a recuperação judicial e a extrajudicial e, via de consequência, afirmar de forma fundamentada que tais espécies de recuperação de empresas possuem o mesmo fim, — convém, a propósito, aduzir que, de há muito, a doutrina brasileira reivindicava uma legislação moderna para as empresas em crise[3].

Não é à toa que as normas que cuidam da falência — e hoje se pode dizer o mesmo também das normas que cuidam da recuperação de em-

---

emprego dos trabalhadores e dos interesses dos credores, promovendo, assim, a preservação da empresa, sua função social e o estímulo à atividade econômica." (sem grifos no original)
(2) "Art. 162. O devedor poderá requerer a homologação de plano de recuperação extra-judicial, juntando sua justificativa e o documento que contenha seus termos e condições, com as assinaturas dos credores que a ele aderiram."
(3) Cf. LUCCA, Newton de e SIMÃO FILHO, Adalberto (coordenadores). *Comentários à nova Lei de Recuperação de Empresas e de Falências – Comentários artigo por artigo da Lei n. 11.101/2005*. São Paulo: Editora Quartier Latin do Brasil, primavera de 2005, p. 15-20.

presas — são qualificadas como um dos mais importantes capítulos do Direito Comercial, hoje também conhecido como Direito Empresarial[4].

A reforma de nossa legislação falimentar era algo que se impunha já nos idos da década de setenta, conforme se depreende das saudosas palavras de doutrinadores da envergadura de *Fábio Konder Comparato*, *Nelson Abrão* e *Rubens Requião*[5], esse último um dos maiores paladinos da reforma[6], apesar de já ser possível na década de sessenta vislumbrar forte clamor doutrinário a favor dela, segundo nos dá conta o eminente professor e Desembargador Federal do E. Tribunal Regional Federal da 3ª Região, *Newton de Lucca*[7].

Nossa antiga Lei de Quebras, como sabido, era de 1945 e foi introduzida no ordenamento jurídico brasileiro por meio do Decreto-Lei n. 7.661, de 21 de junho de 1945.

Obsoleta, nossa antiga Lei de Falências serviu de instrumento "de perfídia e de fraude dos inescrupulosos", como constatou o professor *Rubens Requião* em meados da década de setenta[8]. A falência e a concordata (preventiva ou suspensiva), enquanto institutos jurídicos afins, serviram, por

---

(4) Cf. *Ibidem*, p. 22, *in verbis*: "O instituto da falência é, na verdade, um dos mais importantes no âmbito do direito comercial, embora seja exato dizer, com o nosso grande Carvalho de Mendonça, que ele extrapola os limites do direito mercantil, ainda que este tenha se tornado um direito empresarial, ultrapassando as nebulosas fronteiras do que se convencionou chamar de *Direito Privado*.". No mesmo sentido, ASCARELLI, Tullio. Corso di diritto commerciale. Milão: Giuffrè, 1962. p. 308, *apud* LUCCA, Newton de e SIMÃO FILHO, Adalberto (coordenadores). *Op. cit., loc. Cit., in verbis*: "As normas sobre a insolvência do empresário comercial, que constituem um dos capítulos mais importantes do direito comercial...".
(5) Cf. VALVERDE, Trajano de Miranda (Atualizadores: SANTOS, J. A. Penalva e SANTOS, Paulo Penalva). *Comentários à Lei de Falências*. 4. ed. Rio de Janeiro: Editora Forense, 2001, p. 29-30, *in verbis*: "Na realidade, não há originalidade alguma na afirmação de que o direito falimentar está em crise, e que deve passar por uma reforma profunda, inclusive para adotar o procedimento da reorganização da empresa, tão difundido em outros países. Há mais de 20 anos que a doutrina vem pugnando por uma ampla reforma do direito concursal, conforme se depreende da leitura de trabalhos clássicos, destacando-se dentre eles os da lavra dos eminentes Professores Fábio Konder Comparato e Rubens Requião."
(6) Cf. LUCCA, Newton de e SIMÃO FILHO, Adalberto (coordenadores). *Op. cit.*, p. 18, *in verbis*: "igualmente o saudoso prof. Rubens Requião, um dos paladinos maiores da reforma, numa conferência...".
(7) *Ibidem*, p. 17, *in verbis*: "Assim, era natural que o clamor doutrinário no País – extremamente visível a partir da década de sessenta –, no sentido de que se fazia necessária a reforma de nosso direito falimentar, foi ganhando cada vez mais corpo, embora se tenha revelado absolutamente inútil por prolongado período."
(8) Palavras proferidas por Rubens Requião numa conferência proferida no Instituto dos Advogados Brasileiros, no Rio de Janeiro, em 08 de março de 1974 (Cf. LUCCA, Newton de e SIMÃO FILHO, Adalberto (coordenadores). *Op. cit.*, p. 19).

longos anos, para fim diametralmente oposto ao buscado pelo Decreto-Lei n. 7.661, de 1945, demonstrando-se inaptas para a contenção das fraudes das empresas insolventes.

A concordata — instituto jurídico da antiga Lei de Quebras que se aproxima *mutatis mutandis* do instituto da recuperação de empresas[9] —, com o advento do Decreto-Lei n. 7.661, de 1945, perdeu a sua natureza contratual, pois até então dependia de sua aprovação por maioria absoluta dos credores, cabendo ao juiz apenas a homologação do acordo celebrado com o devedor, razão por que era inevitável que prevalecesse apenas o *interesse pessoal dos credores* com o deferimento da concordata[10].

Com a nossa antiga Lei Falimentar, a concordata "passou a ser um favor legal, concedido exclusivamente ao devedor comerciante de boa-fé"[11], de modo a permitir que o comerciante que preenchesse os requisitos do Decreto-Lei n. 7.661, de 1945, pudesse obter a concordata *mesmo contra a vontade de todos os credores*.

Muito embora, sob essa perspectiva, o Decreto-Lei n. 7.661, de 1945, tenha representado um avanço em relação à legislação anterior[12], é evidente que a nossa revogada Lei de Falências buscava, com isso, proteger o devedor, sem tomar em consideração o *interesse social*[13].

---

[9] A seguir, será traçada uma comparação entre os dois institutos com fins meramente elucidativos, buscando com isso acentuar o caráter de novidade do instituto da recuperação de empresas no ordenamento jurídico nacional, justamente para demonstrar que a sua inserção na ordem jurídica brasileira atendeu em parte aos anseios da doutrina nacional por uma legislação que buscasse a reorganização de empresas em crise.
[10] Cf. VALVERDE, Trajano de Miranda (Atualizadores: SANTOS, J. A. Penalva e SANTOS, Paulo Penalva). *Op. cit.*, p. 27-29.
[11] *Ibidem*, p. 28.
[12] *Ibidem*, p. 28. No mesmo sentido de que o Decreto-Lei n. 7.661, de 1945, significava grande avanço em relação à legislação anterior, ver LUCCA, Newton de e SIMÃO FILHO, Adalberto (coordenadores). *Op. cit.*, p. 17, *in verbis*: "Ninguém jamais pôs em dúvida o meritório esforço dos consagrados juristas nacionais que fizeram nascer aquele velho diploma. Com efeito, para a época em que veio a lume, o anteprojeto então elaborado pela Comissão de Notáveis, presidida pelo Ministro interino da Justiça Dr. Alexandre Marcondes Filho – e composta pelos eminentes Profs. Canuto Mendes de Almeida, Filadelfo Azevedo, Hahnemann Guimarães, Luís Lopes Coelho, Noé Azevedo e Sylvio Marcondes, significava grande avanço."
[13] Ver, a respeito, MACHADO, Hugo de Brito. Dívida tributária e recuperação judicial da empresa. *Revista Dialética de Direito Tributário n. 120.* São Paulo: Editora Dialética, setembro de 2005, p. 71, *in verbis*: "Ressalte-se que na recuperação judicial da empresa, embora eventualmente se esteja a atender também ao **interesse individual do empresário**, não é a esse interesse que se busca atender. **O interesse essencial a ser atendido é o da ordem econômica.** Basta que se examine a indicação dos meios de recuperação, legalmente indicados (art. 50 da Lei n. 11.101, de 9 de fevereiro de 2005), para que se veja que em certos casos até pode ser sacrificado o interesse individual do empresário. O que importa é a recuperação da empresa como unidade econômica, que tem utilidade social indiscutível." (sem grifos no original).

Historicamente, nossa legislação evoluiu — no que diz respeito à concordata, enquanto instituto cujo objetivo era impedir a falência[14] — da proteção dos interesses dos credores para a proteção exclusiva dos interesses do devedor.

Somente com a substituição do Decreto-Lei n. 7.661, de 1945, pelo Projeto de Lei n. 4.376/93, de autoria do Deputado Federal Osvaldo Biolchi, do Rio Grande do Sul, e, por conseguinte, com a introdução do novo instituto da recuperação da empresa no ordenamento jurídico brasileiro, passou a legislação hoje em vigor a buscar o *interesse social*, e não apenas o do devedor ou o dos credores.

Trocando em miúdos, urge reconhecer que nosso Direito Falimentar abandona sua arraigada e forte visão privatista, para adotar uma visão publicista. Afinal de contas, como bem obtemperou o ilustre professor *Fábio Konder Comparato*:

"Se se quiser indicar uma instituição social que, pela sua influência, dinamismo e poder de transformação, sirva de elemento explicativo e definidor da civilização contemporânea, a escolha é indubitável: essa instituição é a empresa."[15]

Também o professor *Fábio Konder Comparato*, a respeito desse dualismo de nosso Direito Falimentar (interesses dos credores *versus* interesses do devedor), assim já se manifestou com clareza inigualável:

"O mínimo que se pode dizer nessa matéria é que o **dualismo no qual se encerrou o nosso Direito Falimentar — proteger o interesse pessoal do devedor ou o interesse dos credores** — não é de molde a propiciar soluções harmoniosas no plano geral da economia. O legislador parece desconhecer totalmente a realidade da **empresa, como centro de múltiplos interesses — do empresário, dos empregados, dos sócios capitalistas, dos credores, do fisco, da região, do mercado em geral** — desvinculando-se da pessoa do empresário. **De nossa parte, consideramos que uma legislação moderna da falência deveria dar lugar à necessidade econômica da permanência da empresa**. A vida econômica tem imperativos e dependências que o Direito não pode,

---

(14) COELHO, Fábio Ulhoa. *Comentários à nova Lei de Falências e de Recuperação de Empresas (Lei n. 11.101, de 9.2.2005)*. 2. ed. São Paulo: Saraiva, 2005. p. XXXIX, *in verbis*: "A medida judicial de preservação do devedor relativamente à falência deixa de ser a *concordata* (preventiva ou suspensiva) e passa a ser a *recuperação judicial*."
(15) COMPARATO, Fábio Konder. A Reforma da Empresa. *Revista de Direito Mercantil* n. 50. São Paulo: RT. p. 57, e, posteriormente, In: *Direito Empresarial*. São Paulo: Saraiva, 1990, p. 3 e ss, *apud* LUCCA, Newton de e SIMÃO FILHO, Adalberto (coordenadores). *Op. cit.*, p. 27.

nem deve, desconhecer. A continuidade e a permanência das empresas são um desses imperativos, por motivos de **interesse** tanto **social**, quanto econômico."[16] (sem grifos no original)

Por isso, a preservação da empresa deve ser tida como um princípio fundamental de nossa ordem econômica (princípio da conservação da empresa viável), encontrando-se hoje consagrado no art. 47 da Lei n. 11.101/2005.

Mas, não só por isso, ou seja, pelo fim maior de preservação da empresa que possa ser reestruturada (art. 47 combinado com art. 53, II, ambos da Lei n. 11.101/2005), o instituto da recuperação da empresa da nova Lei de Falências deve ser distinguido do instituto da concordata do velho Decreto-Lei n. 7.661, de 1945.

Como bem nos esclarece o professor *Fábio Ulhoa Coelho*, em seus *Comentários à nova Lei de Falências e de Recuperação de Empresas*, as principais diferenças entre a concordata e a recuperação judicial são:

"*a*) a **concordata** é um direito a que tinha acesso todo empresário que preenchesse as condições da lei, **independentemente da viabilidade de sua recuperação econômica**, mas **à recuperação judicial só tem acesso o empresário cuja atividade econômica possa ser reorganizada** (*conforme ressaltado acima*); *b*) enquanto a concordata produz efeitos somente em relação aos credores quirografários, a recuperação judicial sujeita todos os credores, inclusive os que titularizam privilégio ou preferência (a única exceção é o pagamento das dívidas trabalhistas em no máximo 1 ano), **excetos os fiscais (que devem ser pagos ou parcelados *antes* da concessão do benefício)**[17]; *c*) o sacrifício imposto aos credores, na concordata, já vem definido na lei (dividendo mínimo) e é da unilateral escolha do devedor, ao passo que, na recuperação judicial, o sacrifício, se houver, deve ser delimitado no plano de recuperação, sem qualquer limitação legal, e deve ser aprovado por todas as classes de credores."[18] (sem grifos no original)

Pois bem, é do interesse social, isto é, do empresário, dos empregados, dos sócios capitalistas, dos credores, do fisco, da região em que se situa a empresa, do mercado em geral e, quiçá, de todo um país, a manutenção da unidade produtiva, *que ainda possa ser reestruturada*[19].

---

(16) COMPARATO, Fábio Konder. *Aspectos jurídicos da macro-empresa*. São Paulo: Editora Revista dos Tribunais, 1970. p. 102, *apud* LUCCA, Newton de e SIMÃO FILHO, Adalberto (coordenadores). *Op. cit.*, p. 18.
(17) **Desde já, chamo a atenção para essa exceção feita pelo professor Fábio Ulhoa Coelho.**
(18) COELHO, Fábio Ulhoa. *Op. cit.*, p. XXXIX.
(19) Cf. COELHO, Fábio Ulhoa. *Op. cit.*, p. 25, *in verbis*: "A crise fatal de uma grande empresa significa o fim de postos de trabalho, desabastecimento de produtos ou serviços, diminuição

Segundo o professor *Newton de Lucca*, nossa nova Lei de Falências e de Recuperação de Empresas, apesar de já nascer velha, ou melhor, com diversas limitações[20], tem como aspectos mais significativos, a adoção da teoria da empresa e do novo instituto da recuperação judicial[21], o qual, segundo ele, deverá representar uma diminuição no uso da falência como meio de cobrança[22].

O Decreto-Lei n. 7.661, de 1945, não fez a necessária distinção entre empresário e empresa, de modo que, ao estabelecer um esquema repressivo em relação àquele, trouxe consequências desastrosas para esta, "enquanto instituição social, com múltiplos interesses a serem preservados"[23]. Do mesmo modo, subsistia na nossa revogada Lei Falimentar "uma finalidade *liquidatória-solutória* que é indisfarçável e que só deveria existir nos casos de completa inviabilidade da atividade empresarial"[24], sob pena de fazer tábua rasa dos objetivos e princípios da ordem econômica que a nossa Constituição busca concretizar.

Ao revés, o instituto da recuperação veio a lume para permitir a manutenção da unidade produtiva, *que ainda possa ser reestruturada, isto é, que ainda seja viável (princípio da conservação da empresa viável)*, rompendo com a tradição de nossa legislação anterior a respeito do assunto, consoante demonstrado acima.

Assim, sob essa perspectiva, deve-se reconhecer o caráter de novidade desse instituto *no Direito brasileiro*, muito embora já existisse na legislação de outros países há longa data[25]. Desse modo, razão assiste a todos aqueles que falam do "novo" instituto da recuperação da empresa no Direito brasileiro.

---

na arrecadação de impostos e, dependendo das circunstâncias, paralisação de atividades satélites e problemas sérios para a economia local, regional ou, até mesmo, nacional.".
(20) Cf. LUCCA, Newton de e SIMÃO FILHO, Adalberto (coordenadores). *Op. cit.*, p. 25-26.
(21) Cf. LUCCA, Newton de. A Reforma do direito falimentar no Brasil. *Revista do Tribunal Regional Federal da 3ª Região Número 40 (Separata)*. São Paulo, outubro/dezembro de 1999, p. 30.
(22) Cf. LUCCA, Newton de e SIMÃO FILHO, Adalberto (coordenadores). *Op. cit.*, p. 31.
(23) Cf. LUCCA, Newton de. *Op. cit.*, p.33-34.
(24) Cf. *Ibidem*, p. 34.
(25) Cf. *Ibidem*, p. 40-63. Cf. também COELHO, Fábio Ulhoa. *Op. cit.*, p. 25-26, *in verbis*: "Por isso, muitas vezes o direito se ocupa em criar mecanismos jurídicos e judiciais de recuperação da empresa. Nos Estados Unidos, o primeiro diploma de Direito Estatutário dispondo sobre recuperação judicial de empresas surgiu em 1934, visando a atenuar os efeitos da crise provocada pela quebra da Bolsa de Valores de Nova York em 1929. Em França, o instituto foi introduzido em 1967 e aperfeiçoado em 1985 e 1995. Na Itália, sob a denominação 'administração extraordinária', ele apareceu nos fins dos anos 1970. Em Portugal, em 1976, criou-se a 'declaração da empresa em situação economicamente difícil', embrião do 'Código dos Processos Especiais de Recuperação da Empresa e de Falência', de 1993. Áustria (1982), Reino Unido (1986), Colômbia (1989), Irlanda (1990), Austrália (1992), Espanha (1992) e Argentina (1994) são outros países que, no fim do século passado, introduziram mudanças no Direito Falimentar com o objetivo de criar mecanismos mais

Enfim, pode-se, à guisa de conclusão, com vistas a enfatizar a ideia principal a ser extraída das presentes considerações introdutórias, sobrelevar que a Lei n. 11.101/2005 buscou, com a introdução no ordenamento jurídico brasileiro do instituto da recuperação da empresa, possibilitar que empresas em crise, mas *viáveis*, voltassem a cumprir a sua função social (princípio da função social da empresa), por meio da manutenção da unidade produtiva, *que ainda possa ser reestruturada*, de forma a permitir a concretização de diversos princípios de nossa ordem econômica previstos em nossa Constituição[26].

## 2. DAS HIPÓTESES DE SUSPENSÃO DA EXIGIBILIDADE DO CRÉDITO TRIBUTÁRIO E DA NÃO INCLUSÃO DO DEFERIMENTO DO PROCESSAMENTO DA RECUPERAÇÃO JUDICIAL DENTRE ELAS

Constituem hipóteses de suspensão da exigibilidade do crédito tributário, nos exatos termos do art. 151 do Código Tributário Nacional, a moratória; o depósito de seu montante integral; as reclamações e os recursos, nos termos das leis reguladoras do processo tributário administrativo; a concessão de medida liminar em mandado de segurança; a concessão de medida liminar ou de tutela antecipada, em outras espécies de ação judicial; e o parcelamento, *in verbis*:

---

eficientes de preservação de empresas viáveis diante das crises. **No Brasil, a nova Lei de Falências introduziu o procedimento da recuperação de empresas, em substituição à concordata.**" (sem grifos no original).
(26) A propósito, ver FIORENTINO, Marcelo Fróes Del. Implicações fiscais derivadas da Lei de Falência, recuperação judicial e extrajudicial – Lei n. 11.101/05. *Revista Dialética de Direito Tributário n. 119*. São Paulo: Editora Dialética, agosto de 2005, p. 61, *in verbis*: "*Visando cumprir com os objetivos/valores expressamente reconhecidos pelo art. 47 da Lei n. 11.101/05 ("... viabilizar a superação da situação de crise econômico-financeira do devedor, a fim de permitir a manutenção da fonte produtora, do emprego dos trabalhadores e dos interesses dos credores, promovendo, assim, a preservação da empresa, sua função social e o estímulo à atividade econômica") – objetivos/valores estes albergados pela Magna Carta, dentre outros, no inc. IV do art. 1º c/c os incs. II, III, IV e VIII do art. 170 – foi concebido o instituto jurídico da recuperação judicial (previsto em linhas gerais no Capítulo II da Lei n. 11.101/05).*" (sem grifos no original). Ver no mesmo sentido VALVERDE, Trajano de Miranda (Atualizadores: SANTOS, J. A. Penalva e SANTOS, Paulo Penalva). *Op. cit.*, p. 29, *in verbis*: "Encontram-se na própria Constituição atual os princípios fundamentais que justificam a reformulação do direito falimentar, como a busca do desenvolvimento nacional, para a implantação de uma sociedade justa e solidária. Para isso, a Carta de 1988 instituiu uma ordem econômica fundada na valorização do trabalho e da livre iniciativa, observados os princípios mencionados no art. 170. Princípios programáticos que são, possuem, ao menos, aquela eficácia mínima, de retirar suporte hierárquico às normas legais inferiores, que com eles não se coadunarem. Urge, então, adequar a lei falimentar a estes princípios. **Afinal, não é possível conciliar uma norma que conduz ao desaparecimento de empresas viáveis, em dificuldades momentâneas, com os graves problemas daí decorrentes, com uma ordem constitucional que caminha em sentido contrário.**" (sem grifos no original).

"Art. 151. Suspendem a exigibilidade do crédito tributário:

I — moratória;

II — o depósito de seu montante integral;

III — as reclamações e os recursos, nos termos das leis reguladoras do processo tributário administrativo;

IV — a concessão de medida liminar em mandado de segurança;

V — a concessão de medida liminar ou de tutela antecipada, em outras espécies de ação judicial; (Incluído pela Lcp n. 104, de 10.1.2001)

VI — o parcelamento. (Incluído pela Lcp n. 104, de 10.1.2001)."

As hipóteses de suspensão da exigibilidade do crédito tributário são *numerus clausus*, porquanto a lista de hipóteses previstas no art. 151 do Código Tributário Nacional é taxativa.

O art. 151 do Código Tributário Nacional estabelece uma lista fechada de hipóteses que suspendem a exigibilidade do crédito tributário. Apenas e tão somente as hipóteses nesse artigo enumeradas têm o condão de suspender a exigibilidade do crédito tributário.

Vigora, na espécie, a estrita legalidade tributária, que, "estampada no art. 150, I, da CF e interpretada em consonância com outros artigos constitucionais que lhe revelam o sentido" importa na reserva absoluta de lei[27].

A corroborar tal assertiva está o inciso VI do art. 97 do Código Tributário Nacional, o qual adverte que:

"Art. 97. **Somente a lei pode estabelecer**:

(...)

VI — **as hipóteses de** exclusão, **suspensão** e extinção **de créditos tributários**, ou de dispensa ou redução de penalidades." (sem grifos no original)

Esclareça-se, a esse respeito, que a suspensão é da exigibilidade, e não do crédito em si, consoante preleciona o professor *Paulo de Barros Carvalho* em seu *Curso*[28].

Mas uma pergunta é, com certeza, inevitável: a que espécie de lei se refere o *caput* do art. 97 do Código Tributário Nacional ("Somente lei")?

---

(27) Cf. PAULSEN, Leandro. *Direito tributário – Constituição e Código Tributário à luz da doutrina e jurisprudência*. 9. ed. revista e atualizada (segunda tiragem). Porto Alegre: Editora Livraria do Advogado, 2007. p. 170.

(28) Cf. CARVALHO, Paulo de Barros. *Curso de direito tributário*. 14. ed. São Paulo: Saraiva, 2002. p. 433, *in verbis*: "Ocorrendo alguma das hipóteses previstas no art. 151 da Lei n. 5.172/66, aquilo que se opera, na verdade, é a suspensão do teor da exigibilidade do crédito tributário, não do próprio crédito que continua existindo tal qual nascera."

O nosso Código Tributário Nacional, muito embora tenha sido introduzido no ordenamento jurídico brasileiro por meio de simples lei ordinária — a Lei n. 5.172/66 —, foi recepcionado pela Constituição da República de 1988 com nível de lei complementar, pois trata de matéria reservada a esse tipo de ato legislativo (normas gerais em matéria de legislação tributária), conforme se depreende de nosso art. 146, III, da Constituição.

O fenômeno da recepção de uma lei anterior por uma nova ordem constitucional, cujo exemplo clássico no Direito brasileiro é justamente a recepção do Código Tributário Nacional (Lei n. 5.172/66) pela Constituição de 1988, exige apenas que haja compatibilidade material com a nova Constituição.

Assim, a despeito de inexistir compatibilidade formal entre o Código Tributário Nacional e a Constituição da República de 1988, pois esta exige lei complementar para tratar de normas gerais em matéria de legislação tributária, a Lei Ordinária n. 5.172/66 foi recepcionada pela Constituição de 1988, porque foi validamente positivada na ordem jurídica nacional na época em que editada, por não conter nenhum vício legislativo que a eivasse de inconstitucionalidade formal com a Constituição então em vigor.

Por existir essa compatibilidade material entre o nosso Código Tributário Nacional e a Constituição da República de 1988, costuma-se dizer que a Lei Ordinária n. 5.172/66 foi recepcionada com *status*, com caráter ou com nível de lei complementar. Logo, só pode ser alterada por essa espécie normativa.

Em síntese, o Código Tributário Nacional só pode ter as suas disposições modificadas por meio da aprovação de lei complementar que disponha sobre normas gerais em matéria de legislação tributária, por força do art. 146, III, da Constituição[29].

---

(29) Sobre o assunto, ver ESTEVES, Maria do Rosário. *Normas gerais de direito tributário*. São Paulo: Editora Max Limonad, 1997. p. 106-107, *in verbis*: "O Código Tributário Nacional – Lei n. 5.172/66 – é o instrumento legal que introduz normas gerais de direito tributário no ordenamento brasileiro. Foi votado e aprovado obedecendo processo legislativo previsto para elaboração de lei ordinária, pois não existia, na vigência da Constituição Federal de 1946, época em que foi aprovado, lei formalmente complementar à Constituição. Após o advento da Constituição de 1967, com a mudança do regime constitucional, houve a exigência de um processo legislativo especial (denominado lei complementar) para a veiculação das normas gerais de Direito Tributário. A partir daí, muito discutiu-se a respeito da natureza jurídica do CTN. Teria sido ele recepcionado como lei complementar? Ou continuava sendo uma lei ordinária? A doutrina dividiu-se ao responder a estas perguntas. De um lado, os tradicionalistas sustentavam que a Lei n. 5.172/66 assumiu a natureza de lei complementar, por tratar de matéria reservada a esta modalidade de espécie legal. Em contrapartida, juristas de peso defendiam a tese da recepção desta lei pela nova Constituição (a de 67) como lei formalmente ordinária e materialmente de caráter nacional. Inclinamo-nos por esta última posição. Realmente, uma lei votada e

Do exposto decorre a conclusão de que a taxatividade do art. 151 do Código Tributário Nacional *por si só* impede se reconheça o deferimento do processamento da recuperação judicial como causa de suspensão da exigibilidade do crédito tributário.

Como o deferimento do processamento da recuperação judicial não se encontra na lista taxativa do art. 151 do Código Tributário Nacional, não pode tal hipótese ser tida como causa de suspensão da exigibilidade do crédito tributário.

Apesar disso, houve por bem o legislador da nossa nova Lei de Falências e de Recuperação de Empresas (Lei n. 11.101/2005) estabelecer no § 7º do art. 6º dessa Lei que[30]:

*"Art. 6º. A decretação da falência ou o deferimento do processamento da recuperação judicial suspende o curso da prescrição e de todas as ações e execuções em face do devedor, inclusive aquelas dos credores particulares do sócio solidário.*

*(...)*

*§ 7º.* ***As execuções de natureza fiscal não são suspensas pelo deferimento da recuperação judicial, ressalvada a concessão de parcelamento nos termos do Código Tributário Nacional e da legislação ordinária específica.****"* (sem grifos no original)

Trata-se de norma meramente interpretativa do art. 151 do Código Tributário Nacional, para reforçar que não pode haver a suspensão de execução fiscal em razão do deferimento de recuperação judicial.

À luz da doutrina clássica, trata-se de interpretação autêntica, ou seja, o próprio legislador estabelece a interpretação que se deve fazer dos arts. 151 e 97, inciso VI, do Código Tributário Nacional, em face do deferimento do processamento de recuperação judicial pela Justiça comum.

---

aprovada por um determinado processo legislativo não pode ter este fato modificado. Porém, devido à nova ordem constitucional, por cuidar de matéria reservada à lei complementar, só será revogada ou alterada por lei formalmente complementar./O art. 146 da Constituição Federal de 1988, ao prescrever que normas gerais de Direito Tributário só podem ser veiculadas por lei complementar, seguiu o art. 18, § 1º, da Constituição anterior. Assim, quer pelo já exposto, quer pelo art. 34, § 5º do Ato das Disposições Constitucionais Transitórias, recepcionou o CTN naquilo que com ela era compatível, incorporando-o à nova ordem instaurada."
(30) Cf. LUCCA, Newton de e SIMÃO FILHO, Adalberto (coordenadores). *Op. cit.*, p. 118, *in verbis*: "**No tocante ao § 7º, sem correspondência com o Dec.-Lei n. 7.661, pois neste não havia o instituto da recuperação, reafirma-se o que já é absolutamente pacífico na jurisprudência de todo o País, aí incluída a de ambas as Cortes Superiores, no âmbito das falências: os créditos fiscais não estão sujeitos à habilitação no juízo falimentar e, em consequência, não se suspendem as execuções de natureza fiscal em razão da decretação da quebra. Isso ocorrerá, também, em relação ao deferimento da recuperação judicial, nos termos desse parágrafo.**"
(sem grifos no original).

Por isso, havemos de concluir, com *Marcelo Fróes Del Fiorentino*, que:

"*a*) dado o deferimento de recuperação judicial em benefício de certo sujeito de direito, fica vedada a suspensão de eventuais execuções fiscais existentes em face de tal sujeito de direito e *b*) dada a existência da hipótese de suspensão da exigibilidade do crédito tributário qualificada como parcelamento — parcelamento este em conformidade com o previsto nos §§ 3º e 4º do art. 155-A do CTN — fica(m) suspensa(s) eventual(ais) execução(ões) fiscal(ais) existente(s) em face do sujeito de direito beneficiário do deferimento da recuperação judicial."[31]

Por outro lado, é de bom alvitre constatar que o § 7º do art. 6º da Lei Ordinária n. 11.101/2005 também se coaduna com o que dispõe o inciso I do art. 111 do Código Tributário Nacional, *in verbis*:

"Art. 111. Interpreta-se literalmente a legislação tributária que disponha sobre:

I — **suspensão** ou exclusão **do crédito tributário**;

(...)" (sem grifos no original)

O inciso I do art. 111 do Código Tributário Nacional veda o emprego da analogia para o reconhecimento de outras hipóteses de suspensão da exigibilidade do crédito tributário que não aquelas expressamente previstas no art. 151 do Código Tributário Nacional.

Não fosse o inciso I do art. 111 do Código Tributário Nacional, poder-se-ia argumentar que "o deferimento do processamento da recuperação judicial" se equipara a uma ou mais hipóteses de suspensão da exigibilidade do crédito tributário, ali previstas, por tais ou quais motivos, o que de acordo com as razões aqui expostas é inadmissível.

O Código Tributário Nacional estabeleceu um sistema fechado de hipóteses de suspensão da exigibilidade do crédito tributário, que impede que os operadores do Direito reconheçam o deferimento do processamento da recuperação judicial como causa de suspensão da exigibilidade do crédito tributário.

Para ser mais exato, pode-se dizer que tal sistema fechado impede até mesmo a simples tentativa de reconhecimento do deferimento do processamento da recuperação judicial como causa de suspensão da exigibilidade do crédito tributário, porque veda expressamente o uso da analogia na inter-

---

(31) FIORENTINO, Marcelo Fróes. *Op. cit.*, p. 61.

pretação das hipóteses de suspensão da exigibilidade do crédito tributário. Desta feita, sequer o tentar reconhecer é permitido. A isso se curvam doutrina e jurisprudência[32].

Mas o § 7º do art. 6º da Lei n. 11.101/2005 não para por aí. Para arrematar, dá o norte para onde deve o intérprete ou operador do Direito dirigir o seu pensamento: o devedor poderá ter o curso das execuções fiscais suspenso caso obtenha parcelamento nos termos do Código Tributário Nacional e da legislação ordinária específica. Eis a inteligência da parte final do § 7º do art. 6º da Lei n. 11.101/2005.

Diante do exposto, é razoável concluir que o princípio da reserva legal, aliado ao princípio da indisponibilidade do interesse público, do qual decorre o princípio da indisponibilidade do crédito tributário[33], com força nos

---

(32) Ver Acórdão unânime da 1ª Turma do Tribunal Regional Federal da 4ª Região, proferido nos autos do Agravo de Instrumento n. 2006.04.00.035027-0/PR, de relatoria do Desembargador Federal Joel Ilan Paciornik, julgado em 28.02.2007 e publicado do D. E. de 07.03.2007: "TRIBUTÁRIO. DEFERIMENTO DO PEDIDO DE RECUPERAÇÃO JUDICIAL DA EXECUTADA. PROSSEGUIMENTO DA EXECUÇÃO FISCAL. 1. O deferimento do pedido de recuperação judicial não suspende o andamento dos feitos executivos fiscais, consoante o disposto no art. 6º, § 7º, da Lei n. 11.101/2005. Não pode o Judiciário, por mais sensível que seja a situação da agravante, atuar como legislador positivo, criando exceções que a lei não contempla. 2. Agravo de instrumento improvido".-
(33) Em regra, os bens e o interesse público são indisponíveis, porque pertencem à coletividade. Por isso, o administrador, mero gestor da coisa pública, não tem disponibilidade sobre os interesses confiados à sua guarda e realização. Eis, em apertada síntese, a expressão do que vem a ser o princípio da indisponibilidade dos interesses públicos, do qual decorre o princípio da indisponibilidade do crédito tributário.
Ensina a melhor doutrina que indisponíveis são aqueles direitos não renunciáveis ou a respeito dos quais a vontade do titular só pode se manifestar, de forma eficaz, se satisfeitos determinados requisitos. Tais caracteres, sem dúvida, encontram-se presentes e guiam a atividade de qualquer administrador nas sociedades contemporâneas. A administração da coisa pública, conforme brilhantes lições do mestre Celso Antonio Bandeira de Mello de que nos servimos na presente nota, está atrelada à indisponibilidade do interesse público pelo agente-administrador. Mais precisamente, diz o ilustre professor que *"Todo o sistema de direito administrativo, a nosso ver, se constrói sobre os mencionados princípios da supremacia do interesse público sobre o particular e indisponibilidade do interesse público pela administração"* (*Curso de direito administrativo*. 17ª edição. São Paulo: Malheiros Editores, 2004. p. 48).
Por isso, o agente público não está autorizado a dispor do patrimônio público gerido, sendo imprescindível autorização legal para que possa transigir, acordar, desistir ou confessar em juízo. Nesse sentido, aliás, o cânon específico da estrita reserva legal contido no *caput* do art. 37 da Constituição da República.
O princípio da indisponibilidade do crédito tributário pelos agentes públicos responsáveis por sua arrecadação decorre do próprio Estado Democrático de Direito, que implica não pertencer ao agente público os créditos tributários que são devidos pelo cidadão comum ou pelas empresas para o bem da coletividade. É um princípio derivado da indisponibilidade do interesse público, princípio basilar do Direito Público.

arts. 151, 97, inciso VI, 111, inciso I, do Código Tributário Nacional, combinados com o art. 6º, § 7º, da nova Lei de Falências e de Recuperação de Empresas, impede que se reconheça o deferimento do processamento da recuperação judicial como causa de suspensão da exigibilidade do crédito tributário.

## 3. DA INEXISTÊNCIA DE LEI ESPECÍFICA CUIDANDO DO PARCELAMENTO DE DÍVIDAS TRIBUTÁRIAS NO CASO DE PEDIDO DE RECUPERAÇÃO JUDICIAL DE EMPRESAS

O deferimento do processamento da recuperação judicial não tem força para trancar a execução fiscal.

Somente o deferimento do parcelamento tem o condão de suspender a exigibilidade do crédito tributário e, por conseguinte, permitir a suspensão da execução fiscal.

Disso exsurge a questão de saber por que não optou o legislador, pura e simplesmente, por estabelecer que o deferimento do processamento da recuperação judicial constitui hipótese de suspensão da exigibilidade do crédito tributário, incluindo-o no rol do art. 151 do Código Tributário Nacional (Lei Ordinária n. 5.172/66), quando editou a Lei Complementar n. 118, de 2005, alterando e acrescentando dispositivos à Lei n. 5.172/66, para compatibilizá-la com os princípios norteadores da nova Lei de Falências e de Recuperação de Empresas (Lei n. 11.101/2005)?

No caso da falência, "a suspensão das execuções contra o falido justifica-se pela irracionalidade da concomitância de duas medidas judiciais satisfativas (a individual e a concursal) voltadas ao mesmo objetivo"[34], cuja "única exceção da lei à regra da suspensão das execuções diz respeito às fiscais"[35].

No caso da recuperação judicial, o fundamento da suspensão das execuções é outro. Buscou o legislador, ao prever a suspensão das execuções, dar "o fôlego necessário para atingir o objetivo pretendido de reorganização da empresa"[36]. Caso prosseguissem as execuções, os objetivos da recupera-

---

Doutrina o insigne Professor mineiro Sacha Calmon Navarro Coelho em seu *Curso de direito tributário brasileiro*, 1. ed., Forense, 1999, que:
"O crédito tributário é indisponível pela Administração." (p. 692)
"Em Direito Tributário, o sujeito ativo não pode dispor do crédito tributário, que é público e indisponível. Somente a lei pode dele dispor." (p. 717)
Exatamente porque indisponível o interesse público (princípio da indisponibilidade do interesse público pela Administração), não pode o intérprete ou o operador do Direito reconhecer o deferimento do processamento da recuperação judicial como causa de suspensão da exigibilidade do crédito tributário, sem lei (complementar) que assim estabeleça.
(34) Cf. COELHO, Fábio Ulhoa. *Op. cit.*, p. 40.
(35) *Ibidem*, p. 38.
(36) *Ibidem*, p. 40.

ção judicial poderiam não ser atingidos, mas "Também na recuperação judicial, a suspensão não atinge as execuções fiscais, que devem prosseguir"[37].

Ora, em sendo assim, o questionamento volta à tona: por que o legislador não contemplou também a suspensão das execuções fiscais com o deferimento do processamento da recuperação judicial?

Uma resposta possível, que de forma alguma tem a pretensão de ser a única verdadeira, pauta-se pela ponderação dos interesses em jogo.

De um lado, temos, pois, o princípio da conservação da empresa viável, que se encontra consagrado no art. 47 da Lei n. 11.101/2005 combinado com art. 53, inciso II, também da Lei n. 11.101/2005[38], cujo objetivo é a preservação da empresa em crise que possa ser reestruturada, reorganizada.

Por detrás dele, como visto alhures, encontra-se o interesse social na preservação da empresa em crise que ainda possa ser reestruturada, isto é, o interesse do empresário, o interesse dos empregados, o interesse dos sócios capitalistas, o interesse dos credores, o interesse do fisco, o interesse da região em que se situa a empresa, o interesse do mercado em geral e, quiçá, o interesse de todo um país, de molde a afastar a simples solução liquidatória-solutória prevista em nossa revogada Lei Falimentar, nesse aspecto muito criticada e rechaçada por incontáveis doutrinadores.

Todos esses interesses são considerados em si mesmos quando se busca a recuperação da empresa. Por isso, fala-se em interesse social, e não em interesse público.

Trata-se do interesse de todos, um a um assim tomados em consideração. Pode até existir o interesse da Fazenda Pública, mas não se pode afirmar que existe interesse público em recuperar uma empresa privada.

De outro lado, a suspensão das execuções fiscais com o mero deferimento do processamento da recuperação judicial poderia implicar, no caso de não ter logrado êxito o plano de recuperação da empresa, na extinção pura e simples das execuções fiscais que tivessem sido suspensas, sem a devida satisfação do crédito tributário em prol de toda a coletividade, em claro e manifesto prejuízo ao interesse *público*, entendido este como o interesse da sociedade como um todo. O interesse público é maior que o interesse social. Abarca esse. É não só social, mas também social. É o interesse maior da sociedade.

---

(37) *Ibidem*, p. 40.
(38) "Art. 53. O plano de recuperação será apresentado pelo devedor em juízo no prazo improrrogável de 60 (sessenta) dias da publicação da decisão que deferir o processamento da recuperação judicial, sob pena de convolação em falência, e deverá conter:
(...)
II — demonstração de sua viabilidade econômica;"

Anteviu o legislador a possibilidade de valoração equivocada da capacidade econômica da empresa de se reerguer. O plano de recuperação judicial pode disfarçar a existência de uma completa inviabilidade econômica na sua execução, razão pela qual a falência deve ser decretada se detectada a manifesta impossibilidade de recuperação da empresa.

Por isso o princípio da preservação da empresa só se aplica à empresa viável, ou seja, àquela que ainda possa ser reestruturada, reorganizada.

Não parece razoável submeter o interesse público a tamanho risco. Afinal, o novo instituto da recuperação da empresa é uma instituição humana e, como tal, na sua execução, sujeita-se às falhas daí decorrentes.

Caso o plano de recuperação da empresa falhe, não logrando o almejado e esperado êxito, se o deferimento do processamento da recuperação judicial estivesse previsto como hipótese de suspensão da exigibilidade do crédito tributário, o interesse público poderia restar prejudicado. Haveria aí graves prejuízos à ordem e economia públicas.

Isso, por via oblíqua, importaria na execução da criticada política de há muito conhecida pelo povo brasileiro de "privatização dos lucros e socialização das perdas" (ou "nacionalização" dos prejuízos).

A primazia do interesse público ao do particular não pode jamais ser aviltada (princípio da supremacia do interesse público[39]).

E o parcelamento da dívida tributária compatibiliza-se tanto com o princípio da conservação da empresa viável como com o princípio da supremacia do interesse público, pois permite que a empresa em crise pague de forma paulatina seus débitos tributários em prol do interesse público, sem prejuízo de sua reestruturação.

Não por outra razão, o legislador, quando editou a Lei Complementar n. 118, de 2005, alterando e acrescentando dispositivos à Lei n. 5.172/66, para compatibilizá-la com os princípios norteadores da nova Lei de Falências e de Recuperação de Empresas (Lei n. 11.101/2005), alterou também o art. 187 do Código Tributário Nacional para fazer constar também a não sujeição da cobrança judicial do crédito tributário à recuperação judicial:

---

(39) Ver sobre tal princípio CARVALHO, Paulo de Barros. *Op. cit.*, p. 153, *in verbis*:"Diretriz implícita, mas de forte e profundo poder de penetração em todas as regras de direito público, exalta a superioridade dos interesses coletivos sobre os do indivíduo, como instrumento valioso para coordenar as atividades sociais, num ambiente de ordem e respeito aos direitos de todos os súditos. É um dos postulados essenciais para a compreensão do *regime jurídico-administrativo* e está presente em capítulos importantíssimos do Direito Tributário".

"Art. 187. **A cobrança judicial do crédito tributário não é sujeita a** concurso de credores ou habilitação em falência, **recuperação judicial**, concordata, inventário ou arrolamento. (Redação dada pela Lcp n. 118, de 2005)" (sem grifos no original)

O deferimento do parcelamento, ao contrário, mostra-se como uma medida viável, que guarda sintonia com os princípios norteadores da nova Lei de Falências e de Recuperação de Empresas (Lei n. 11.101/2005), já que dá o necessário fôlego para a empresa atingir o objetivo pretendido de se reestruturar.

Diante disso, optou o legislador por reservar à lei específica, quando editou a Lei Complementar n. 118, de 2005, alterando e acrescentando dispositivos à Lei n. 5.172/66, a atribuição de fixar as condições para o deferimento de parcelamento dos créditos tributários do devedor em recuperação judicial, dadas as peculiaridades dessa situação de crise da empresa, *in verbis*:

"Art. 155-A. O parcelamento será concedido na forma e condição estabelecidas em lei específica. (Incluído pela Lcp n. 104, de 10.1.2001)

§ 1º Salvo disposição de lei em contrário, o parcelamento do crédito tributário não exclui a incidência de juros e multas. (Incluído pela Lcp n. 104, de 10.1.2001)

§ 2º Aplicam-se, subsidiariamente, ao parcelamento as disposições desta Lei, relativas à moratória. (Incluído pela Lcp n. 104, de 10.1.2001)

**§ 3º Lei específica disporá sobre as condições de parcelamento dos créditos tributários do devedor em recuperação judicial.** (Incluído pela Lcp n. 118, de 2005)

§ 4º A inexistência da lei específica a que se refere o § 3º deste artigo importa na aplicação das leis gerais de parcelamento do ente da Federação ao devedor em recuperação judicial, não podendo, neste caso, ser o prazo de parcelamento inferior ao concedido pela lei federal específica. (Incluído pela Lcp n. 118, de 2005)" (sem grifos no original)

Em face da omissão legislativa em editar tal lei específica, permanecemos, infelizmente, com a aplicação supletiva do § 4º do art. 155-A do Código Tributário Nacional, acima transcrito, ao devedor em recuperação judicial, que estatui deve ser aplicada a lei comum sobre parcelamento do respectivo ente da Federação nesse caso[40].

---

(40) No caso de débitos para com a Fazenda Nacional, ver a Lei n. 10.522/2002 (art. 10 e seguintes), com as alterações efetuadas pelo art. 34 da Medida Provisória n. 449, de 03 de dezembro de 2008 (DOU de 04.12.2008): "Art. 10. Os débitos de qualquer natureza para com a Fazenda Nacional poderão ser parcelados em até sessenta parcelas mensais, a exclusivo critério da autoridade fazendária, na forma e condições previstas nesta Lei. (Redação dada pela Lei n. 10.637, de 2002) Parágrafo único. O Ministro de Estado da Fazenda poderá delegar, com ou sem o estabelecimento de alçadas de valor, a competência para autorizar o parcelamento."

## 4. DA NECESSIDADE DE SE IMPLEMENTAR UM SISTEMA INFORMATIZADO QUE APONTE A EXISTÊNCIA DE EXECUÇÃO DE CONTRIBUIÇÕES PREVIDENCIÁRIAS EM FACE DE TAL OU QUAL CONTRIBUINTE NO ÂMBITO DA JUSTIÇA DO TRABALHO PARA ASSEGURAR QUE CRÉDITOS TRIBUTÁRIOS DECORRENTES DE SENTENÇAS PROFERIDAS POR ESSA JUSTIÇA ESPECIALIZADA PASSEM A SER INCLUÍDOS EM PARCELAMENTOS QUE VENHAM A SER CONCEDIDOS EM NOME DE CONTRIBUINTES EM RECUPERAÇÃO JUDICIAL

Dentre outras tantas finalidades[41] para as quais possa servir a expedição de uma certidão que aponte a existência ou não de execução de contribuições previdenciárias em face de tal ou qual contribuinte no âmbito da Justiça do Trabalho, por meio da criação e implantação de um sistema informatizado de abrangência nacional para tanto, está a de assegurar que créditos tributários decorrentes de sentenças proferidas por essa Justiça Especializada passem a ser incluídos em parcelamentos que venham a ser concedidos em nome de contribuintes em recuperação judicial.

Os créditos tributários decorrentes das sentenças proferidas pela Justiça do Trabalho podem passar despercebidos para o juízo em que está sendo processada a recuperação judicial[42].

---

(41) A propósito, dispõe o Código Tributário Nacional em seu art. 193 que: "Salvo quando expressamente autorizado por lei, nenhum departamento da administração pública da União, dos Estados, do Distrito Federal, ou dos Municípios, ou sua autarquia, celebrará contrato ou aceitará proposta em concorrência pública sem que o contratante ou proponente faça prova da quitação de todos os tributos devidos à Fazenda Pública interessada, relativos à atividade em cujo exercício contrata ou concorre". O art. 14 da Medida Provisória n. 449/2008 estabelece que foram perdoados os débitos de contribuições previdenciárias, vencidos a cinco anos ou mais em 31 de dezembro de 2007, cujo valor total consolidado nessa mesma data seja igual ou inferior a R$ 10.000,00 (dez mil reais). Como o valor total consolidado deve ser o resultante do somatório de todos os débitos do sujeito passivo – inscritos ou não inscritos, inclusive os decorrentes de decisões proferidas pela Justiça do Trabalho, relativos às contribuições sociais previstas nas alíneas "a", "b" e "c" do parágrafo único do art. 11 da Lei n. 8.212, de 1991, às contribuições instituídas a título de substituição e às contribuições devidas a terceiros, assim entendidas outras entidades e fundos, administrados pela Secretaria da Receita Federal do Brasil –, para a apuração desse valor total consolidado (com base nos critérios de atualização estabelecidos na legislação previdenciária, conforme manda o § 4º do art. 879 da CLT, isto é, com base nos critérios de atualização previstos no art. 35 da Lei n. 8.212, de 1991), a existência de um sistema informatizado de abrangência nacional facilitaria em muito o reconhecimento da remissão.
(42) "Art. 191-A. A concessão de recuperação judicial depende da apresentação da prova de quitação de todos os tributos, observado o disposto nos arts. 151, 205 e 206 desta Lei. (Incluído pela Lcp n. 118, de 2005)"

A título de ilustração, pode-se dizer que:

"relativamente às pessoas jurídicas que almejem o deferimento do processamento de recuperação judicial conclui-se da necessidade impostergável de prévia apresentação de certidão negativa de débitos tributários tal qual disposto no art. 205[43] do CTN ou de certidão positiva de débitos tributários com efeitos de negativa conforme estatuído no art. 206[44] do CTN"[45].

Como cediço, a competência da Justiça do Trabalho para executar, de ofício, as contribuições previdenciárias, e seus acréscimos legais, decorre do art. 114, inciso VIII, da Constituição da República.

À Justiça do Trabalho compete executar, de ofício, as contribuições sociais previstas no art. 195, inciso I, alínea "a", e inciso II, da Constituição, decorrentes das sentenças que proferir.

O fato de a Justiça do Trabalho executar, de ofício, as contribuições decorrentes das sentenças que profere, impede que tais créditos constem dos cadastros informatizados hoje existentes no âmbito do Poder Executivo Federal, de modo que fica o Poder Público impossibilitado de fazer com que a existência de tais créditos seja considerada para impedir a expedição de certidão negativa.

As sentenças proferidas pela Justiça do Trabalho valem como título executivo, para a execução das contribuições. Constituem títulos executivos judiciais para a execução, de ofício, das contribuições sociais nos autos de reclamatórias que tramitam perante a Justiça do Trabalho.

É sabido que o legislador pode, por razões de ordem pública, atribuir certos efeitos às sentenças judiciais, de modo que tais efeitos incidam de forma automática.

Proferida uma sentença, mesmo que tais pedidos não constem da petição inicial, decorre dela a incidência de juros legais, a condenação da parte vencida ao pagamento das custas e despesas processuais e dos honorários de sucumbência, bem assim, se for o caso, a condenação da parte vencida ao pagamento de prestações vincendas.

---

(43) "Art. 205. A lei poderá exigir que a prova da quitação de determinado tributo, quando exigível, seja feita por certidão negativa, expedida à vista de requerimento do interessado, que contenha todas as informações necessárias à identificação de sua pessoa, domicílio fiscal e ramo de negócio ou atividade e indique o período a que se refere o pedido."
(44) "Art. 206. Tem os mesmos efeitos previstos no artigo anterior a certidão de que conste a existência de créditos não vencidos, em curso de cobrança executiva em que tenha sido efetivada a penhora, ou cuja exigibilidade esteja suspensa."
(45) Cf. FIORENTINO, Marcelo Fróes. *Op. cit.*, p. 62.

Isso é o que ocorre com as sentenças trabalhistas, no que concerne às contribuições sociais delas decorrentes.

Proferida uma sentença trabalhista, seja condenatória, seja homologatória de acordo, decorre dela a execução automática das contribuições sociais, sem que seja necessária a inscrição de tal débito em Dívida Ativa da União.

Esse, aliás, o fim maior visado pelo legislador quando atribuiu à Justiça do Trabalho competência para executar de ofício as contribuições sociais decorrentes das sentenças que proferir, qual seja, abolir a necessidade de inscrição em Dívida Ativa do crédito tributário decorrente de sentença proferida pela Justiça do Trabalho para posterior ajuizamento de execução, de modo a simplificar e a facilitar a arrecadação.

Com essa execução automática, foi possível afastar o lançamento do tributo pela autoridade administrativa, conforme prevê o art. 142 do Código Tributário Nacional[46]. Nesse caso, é o Juiz do Trabalho, e não a autoridade administrativa, quem constitui o crédito tributário decorrente das sentenças que profere, pois nada impede que uma autoridade judicial faça o lançamento desse crédito tributário.

Por outro lado, é sabido que a Certidão de Dívida Ativa da Fazenda Pública da União, dos Estados, do Distrito Federal, dos Territórios e dos Municípios, correspondente aos créditos inscritos na forma da lei[47], constitui título executivo extrajudicial, nos termos do que dispõe o art. 585, inciso VII, do Código de Processo Civil.

À vista dessas considerações, pode-se fazer a seguinte distinção:

• LANÇAMENTO TRIBUTÁRIO REALIZADO PELA AUTORIDADE ADMINISTRATIVA OU "AUTOLANÇAMENTO" REALIZADO PELO PRÓPRIO CONTRIBUINTE, O QUAL CONSTITUI CONFISSÃO DE DÍVIDA → INSCRIÇÃO DO CRÉDITO TRIBUTÁRIO EM DÍVIDA ATIVA → CERTIDÃO DE DÍVIDA ATIVA (CDA) → AJUIZAMENTO DA EXECUÇÃO FISCAL COM BASE NUM TÍTULO EXECUTIVO EXTRAJUDICIAL, A CDA; ou

---

(46) "Art. 142. Compete privativamente à autoridade administrativa constituir o crédito tributário pelo lançamento, assim entendido o procedimento administrativo tendente a verificar a ocorrência do fato gerador da obrigação correspondente, determinar a matéria tributável, calcular o montante do tributo devido, identificar o sujeito passivo e, sendo caso, propor a aplicação da penalidade cabível.
Parágrafo único. A atividade administrativa de lançamento é vinculada e obrigatória, sob pena de responsabilidade funcional."
(47) Art. 2º e seguintes da Lei n. 6.830/80 e art. 201 do Código Tributário Nacional.

- SENTENÇA PROFERIDA PELA JUSTIÇA DO TRABALHO → JUIZ DO TRABALHO EXECUTA, DE OFÍCIO, O CRÉDITO APURADO COM BASE NUM TÍTULO EXECUTIVO JUDICIAL, SUA PRÓPRIA SENTENÇA.

Em virtude dessa distinção entre o crédito tributário comum e o crédito tributário decorrente de sentença proferida pela Justiça do Trabalho na sua forma de constituição[48], decorre o fato de esse último não constar dos cadastros informatizados hoje existentes no âmbito do Poder Executivo Federal, de modo que fica o Poder Público impossibilitado de fazer com que a existência de tais créditos seja considerada para impedir a expedição de certidão negativa, o que fere o princípio da isonomia, porque não impede, por exemplo, que um contribuinte em débito para com a Fazenda Pública contrate com o Poder Público.

Em razão dessa constatação, é premente a necessidade de se implementar um sistema informatizado que aponte a existência de execução de contribuições previdenciárias em face de tal ou qual contribuinte no âmbito da Justiça do Trabalho para assegurar que créditos tributários decorrentes de sentenças proferidas por essa Justiça Especializada passem a ser incluídos em parcelamentos que venham a ser concedidos em nome de contribuintes em recuperação judicial.

## 5. CONSIDERAÇÕES FINAIS

Para a introdução no ordenamento jurídico brasileiro do instituto da recuperação da empresa pela Lei n. 11.101, de 2005, conhecida como nova Lei de Falências e de Recuperação de Empresas, foi necessário compatibilizar o Código Tributário Nacional (Lei n. 5.172/66) com os princípios da ordem econômica estabelecidos pela nossa Constituição, norteadores dessa Lei.

Essa compatibilização foi realizada com a publicação da Lei Complementar n. 118, de 09 de fevereiro de 2005, alterando e acrescentando dispositivos à Lei n. 5.172/66, concomitantemente com a publicação da Lei n. 11.101, em 09 de fevereiro de 2005.

O objetivo da nova Lei de Falências e de Recuperação de Empresas com a introdução no ordenamento jurídico brasileiro do instituto da recuperação da empresa está na preservação da empresa viável, que possa ser reestruturada.

Ao editar a Lei Complementar n. 118, de 2005, alterando e acrescentando dispositivos ao Código Tributário Nacional, o legislador acertadamente não

---

(48) Entendemos que não há diferença ontológica entre eles, mas apenas e tão somente diferença na forma de sua constituição, ou seja, na forma de sua apuração e lançamento.

incluiu "o deferimento do processamento da recuperação judicial" no rol do art. 151 do Código Tributário Nacional (Lei Ordinária n. 5.172/66), o qual estabelece as hipóteses de suspensão da exigibilidade do crédito tributário.

O interesse social na preservação da empresa em crise, que ainda possa ser reestruturada, isto é, o interesse do empresário, o interesse dos empregados, o interesse dos sócios capitalistas, o interesse dos credores, o interesse do fisco, o interesse da região em que se situa a empresa, o interesse do mercado em geral e, quiçá, o interesse de todo um país, não se confunde com o interesse público.

Todos esses interesses são considerados em si mesmos quando se busca a recuperação da empresa em crise. Por isso, fala-se em interesse social, e não em interesse público. Trata-se do interesse de todos, um a um assim considerados, já que não se pode propriamente afirmar que existe interesse público em recuperar uma empresa privada. O interesse público é maior que o interesse social. Abarca esse. É não só social, mas também social. É o interesse maior de toda a sociedade.

A suspensão das execuções fiscais com o mero deferimento do processamento da recuperação judicial poderia implicar, no caso de não ter logrado êxito o plano de recuperação da empresa, na extinção pura e simples das execuções fiscais que tivessem sido suspensas, sem a devida satisfação do crédito tributário em prol de toda a coletividade, em claro e manifesto prejuízo ao interesse *público*, entendido este como o interesse da sociedade como um todo.

Caso o plano de recuperação da empresa falhe, não logrando o almejado e esperado êxito, se o deferimento do processamento da recuperação judicial estivesse previsto como hipótese de suspensão da exigibilidade do crédito tributário, o interesse público poderia restar prejudicado. Haveria aí graves prejuízos à ordem e economia públicas.

Isso, por via oblíqua, também importaria na execução da criticada política de há muito conhecida pelo povo brasileiro de "privatização dos lucros e socialização das perdas" (ou "nacionalização" dos prejuízos).

A primazia do interesse público ao do particular não pode jamais ser aviltada (princípio da supremacia do interesse público).

E o parcelamento da dívida tributária compatibiliza-se tanto com o princípio da conservação da empresa viável como com o princípio da supremacia do interesse público, pois permite que a empresa em crise pague de forma paulatina seus débitos tributários em prol do interesse público, sem prejuízo de sua reestruturação.

O Código Tributário Nacional estabeleceu um sistema fechado de hipóteses de suspensão da exigibilidade do crédito tributário, que impede que os operadores do Direito reconheçam o deferimento do processamento da recuperação judicial como causa de suspensão da exigibilidade do crédito tributário. A isso se curvam doutrina e jurisprudência. Nesses termos, a taxatividade do art. 151 do Código Tributário Nacional *por si só* impede se reconheça o deferimento do processamento da recuperação judicial como causa de suspensão da exigibilidade do crédito tributário.

O § 7º do art. 6º da Lei n. 11.101/2005 dá o norte para onde deve o intérprete ou operador do Direito dirigir o seu pensamento: o devedor poderá ter o curso das execuções fiscais suspenso caso obtenha parcelamento nos termos do Código Tributário Nacional e da legislação ordinária específica. Essa é a inteligência da parte final do § 7º do art. 6º da Lei n. 11.101/2005, que deve ser vista como norma meramente interpretativa do art. 151 do Código Tributário Nacional (interpretação autêntica à luz da doutrina jurídica clássica).

Diante do exposto, é razoável concluir que o princípio da reserva legal, aliado ao princípio da indisponibilidade do interesse público, do qual decorre o princípio da indisponibilidade do crédito tributário, com força nos arts. 151, 97, inciso VI, 111, inciso I, do Código Tributário Nacional, combinados com o art. 6º, § 7º, da nova Lei de Falências e de Recuperação de Empresas, impede que se reconheça o deferimento do processamento da recuperação judicial como causa de suspensão da exigibilidade do crédito tributário, razão pela qual a exigibilidade do crédito tributário de contribuições previdenciárias constituído pela Justiça do Trabalho, em decorrência de suas sentenças, tal qual se dá com a exigibilidade de todos os demais créditos tributários em procedimento de cobrança administrativa ou judicial em face do executado, não pode ser suspensa com o mero deferimento do processamento de recuperação judicial pela Justiça comum.

## REFERÊNCIAS BIBLIOGRÁFICAS

CARVALHO, Paulo de Barros. *Curso de direito tributário*. 14. ed. São Paulo: Saraiva, 2002.

COELHO, Fábio Ulhoa. *Comentários à nova Lei de Falências e de Recuperação de Empresas (Lei n. 11.101, de 9-2-2005)*. 2. ed. São Paulo: Saraiva, 2005.

ESTEVES, Maria do Rosário. *Normas gerais de direito tributário*. São Paulo: Editora Max Limonad, 1997.

FIORENTINO, Marcelo Fróes Del. Implicações fiscais derivadas da Lei de Falência, Recuperação Judicial e Extrajudicial — Lei n. 11.101/05. *Revista Dialética de Direito Tributário n. 119*. São Paulo: Editora Dialética, agosto de 2005.

LUCCA, Newton de e SIMÃO FILHO, Adalberto (coordenadores). *Comentários à nova Lei de Recuperação de Empresas e de Falências — Comentários artigo por artigo da Lei n. 11.101/ 2005*. São Paulo: Editora Quartier Latin do Brasil, primavera de 2005.

LUCCA, Newton de. A reforma do direito falimentar no Brasil. *Revista do Tribunal Regional Federal da 3ª Região número 40 (Separata)*. São Paulo, outubro/dezembro de 1999.

MACHADO, Hugo de Brito. Dívida tributária e recuperação judicial da empresa. *Revista Dialética de Direito Tributário n. 120*. São Paulo: Editora Dialética, setembro de 2005.

MELLO, Celso Antonio Bandeira de. *Curso de direito administrativo*. 17. ed. São Paulo: Malheiros Editores, 2004.

PAULSEN, Leandro. *Direito tributário — Constituição e Código Tributário à luz da doutrina e jurisprudência*. 9. ed. revista e atualizada (segunda tiragem). Porto Alegre: Editora Livraria do Advogado, 2007.

VALVERDE, Trajano de Miranda (Atualizadores: SANTOS, J. A. Penalva e SANTOS, Paulo Penalva), *Comentários à Lei de Falências*. 4. ed. Rio de Janeiro: Editora Forense, 2001.

## TEXTO DO PAINELISTA ALUSIVO À SUA PARTICIPAÇÃO

# ALGUMAS CONSIDERAÇÕES SOBRE A EXECUÇÃO FISCAL E A EXECUÇÃO DE TÍTULO EXTRAJUDICIAL NO PROCESSO DO TRABALHO

*José Aparecido dos Santos*[*]

### 1. EFEITOS DA AMPLIAÇÃO DA COMPETÊNCIA TRABALHISTA

Decorridos cinco anos da Emenda Constitucional n. 45, temos a oportunidade de analisar os seus principais impactos na execução trabalhista e de analisar alguns dos seus problemas e controvérsias.

Algumas das principais críticas alarmistas à ampliação da competência da Justiça do Trabalho não se confirmaram. A quantidade de demandas propostas não aumentou de forma significativa, mas até houve pequena redução. As execuções fiscais não abarrotaram os serviços nem houve a alegada implosão dos serviços judiciários. O que houve foi apenas a continuidade de alguns pontos de estrangulamento, principalmente nos tribunais de maior dimensão. É um problema estrutural que precisa ser sanado, mas não foi a Emenda Constitucional n. 45 quem o determinou.

A evolução da quantidade de processos ajuizados na Justiça do Trabalho indica que ainda nem sequer se repetiram os índices de processos ajuizados em 1996, 1997 e 1998. Mesmo com o razoável aumento da atividade produtiva do país no período, a partir de 1998 houve declínio da quantidade de processos ajuizados, conquanto a partir de 1999 fosse possível supor um aumento em razão de a Emenda Constitucional n. 20 ter dado início a uma tendência de ampliação da competência da Justiça do Trabalho.

---

[*] Juiz titular da 17ª Vara do Trabalho. Mestre em Direito pela Pontifícia Universidade Católica do Paraná. Professor em diversos cursos de especialização em Direito do Trabalho, Processo do Trabalho e em Direito Previdenciário. E-mail: joseaparecidodossantos@ymail.com.

O quadro abaixo indica como evoluiu a quantidade de processos ajuizados na Justiça do Trabalho, incluídas as execuções de título extrajudicial e as execuções fiscais autônomas:

| ANO | AJUIZADOS | SOLUCIONADOS | RESQUÍCIO |
|---|---|---|---|
| 2008 | 1.900.265 | 1.852.277 | 1.013.437 |
| 2007 | 1.824.661 | 1.813.355 | 945.646 |
| 2006 | 1.767.280 | 1.700.741 | 939.843 |
| 2005 | 1.739.242 | 1.630.055 | 871.296 |
| 2004 | 1.596.966 | 1.629.748 | 756.119 |
| 2003 | 1.706.774 | 1.640.891 | 820.877 |
| 2002 | 1.614.255 | 1.601.223 | 738.872 |
| 2001 | 1.742.523 | 1.799.849 | 725.645 |
| 2000 | 1.722.541 | 1.897.050 | 773.860 |
| 1999 | 1.877.022 | 1.919.041 | 940.881 |
| 1998 | 1.958.594 | 1.928.632 | 987.613 |
| 1997 | 1.981.562 | 1.922.367 | 975.711 |
| 1996 | 1.941.070 | 1.864.754 | 917.772 |
| 1995 | 1.826.372 | 1.705.052 | 859.704 |
| 1994 | 1.624.654 | 1.676.186 | 760.173 |
| 1993 | 1.535.601 | 1.507.955 | 954.648 |
| 1992 | 1.517.916 | 1.337.986 | 980.499 |

O que se alterou em alguma medida, de modo a interferir por vezes na produtividade dos serviços judiciários, foi a qualidade das demandas propostas. Além de ter havido um incremento na quantidade dos pedidos e um aumento da complexidade das pretensões deduzidas, algumas competências novas, principalmente as relativas às contribuições previdenciárias, importaram em aumento significativo das atividades dos processos que já estavam em curso.

É possível, portanto, afirmar que a ampliação da competência da Justiça do Trabalho não afeta diretamente a quantidade dos serviços, mas modifica a forma de trabalho. Exige uma ampliação dos conhecimentos jurídicos para horizontes ainda não explorados pelos juízes e advogados trabalhistas, como a área tributária e a execução fiscal, e o estabelecimento de novos métodos de trabalho. Ainda é cedo para medir os impactos dessa alteração cultural, mas é certo que eles estão longe dos efeitos devastadores supostos pelos detratores da ampliação da competência trabalhista.

## 2. HIPÓTESES DE EXECUÇÃO FISCAL NA JUSTIÇA DO TRABALHO

Cumpre em primeiro lugar definir o que é uma execução fiscal, para delimitar quais espécies estão sob competência da Justiça do Trabalho.

Tradicionalmente se denomina "execução fiscal" o meio de cobrança judicial da dívida ativa da Fazenda Pública, regulado pela Lei n. 6.830/1980. Com esse conceito, limitava-se a execução fiscal, no âmbito da União, às dívidas inscritas e apuradas pela Procuradoria da Fazenda Nacional. Sucede que com a Emenda Constitucional n. 20, de 15.12.2008, a unidade do sistema de cobrança dos créditos da Fazenda Pública foi quebrada ao se determinar a execução de ofício de um tributo (Constituição da República, art. 114, § 3º, transposto depois para o inciso VIII pela Emenda Constitucional n. 45, de 8.12.2004). Ao estipular que "Compete ainda à Justiça do Trabalho executar, de ofício, as contribuições sociais previstas no art. 195, I, 'a', e II, e seus acréscimos legais, decorrentes das sentenças que proferir", o legislador rompeu com o sistema tradicional de a execução fiscal ser necessariamente precedida de uma atividade do Poder Executivo, com o fim de apurar e registrar os débitos de natureza tributária e não tributária.

Conquanto essa fase prévia de acertamento do crédito fiscal, por meio de inscrição administrativa da dívida ativa, ainda seja requisito para a maior parte das execuções fiscais, é possível afirmar que não se define mais a execução fiscal com base no critério de sua prévia inscrição. A execução fiscal passa a ser definida como todo procedimento previsto em lei para cobrança de créditos da Fazenda Pública.

A execução de ofício de contribuições previdenciárias na Justiça do Trabalho, entretanto, de início foi vista como mero procedimento acessório da execução propriamente trabalhista, um acréscimo de pouca importância científica e de nenhuma autonomia, e contribuiu para isso o fato de as respectivas regras terem sido instituídas pela Lei n. 10.035/2000 no interior da CLT. Os aspectos tributários dessa cobrança e as peculiaridades da execução fiscal foram colocados em segundo plano, porquanto se enfatizavam os aspectos puramente processuais, até que um aumento significativo de sua complexidade impôs a necessidade de analisar os demais efeitos e reconhecer sua autonomia científica.

Foi com a ampliação das hipóteses de execução fiscal na Justiça do Trabalho por meio da Emenda Constitucional n. 45 que essa necessidade de aprofundamento se tornou ainda mais evidente. Desde então, é possível apontar as seguintes hipóteses de execução fiscal no âmbito trabalhista:

a) execução de penalidades administrativas impostas pelos órgãos de fiscalização.

Ao incluir o inciso VII no art. 114 da Constituição da República, o principal objetivo da Emenda Constitucional n. 45 certamente não era trazer para a Justiça do Trabalho a execução fiscal, mas as suas ações conexas e incidentais. Tudo indica que o objetivo principal era unificar na Justiça do Trabalho as demandas relativas ao mundo do trabalho, parte das quais estava sendo decidida até então na Justiça Federal, pois ali eram apreciadas em decorrência das conexões existentes com as respectivas execuções fiscais. Veja-se que esse dispositivo constitucional encontra-se assim redigido:

Art. 114. Compete à Justiça do Trabalho processar e julgar:

[...]

VII as ações relativas às penalidades administrativas impostas aos empregadores pelos órgãos de fiscalização das relações de trabalho;

Assim, o principal objetivo foi trazer para a Justiça do Trabalho as ações de nulidade de débito fiscal, ações declaratórias para dispensa de depósito prévio na via administrativa, os embargos do devedor em que se alega a ineficácia da certidão de dívida ativa da União e do auto de infração de legislação trabalhista, entre outras. Isso era importante porque as matérias de fundo dessas demandas sempre tiveram íntima correlação com o mundo do trabalho, de modo que a atribuição de competência da Justiça do Trabalho visava, antes de tudo, a dar coerência sistêmica às respectivas decisões, com a submissão das respectivas controvérsias a um mesmo ramo do Poder Judiciário. A execução fiscal da dívida ativa decorrente de penalidades administrativas veio a reboque dessas intenções legislativas.

Sucede que, ainda que a quantidade não seja expressiva, as execuções de certidões ativas decorrentes de imposição de penalidades administrativas por órgãos de fiscalização das relações de trabalho acabam por impor uma nova frente de atuação dos órgãos jurisdicionais trabalhistas, a um procedimento processual totalmente novo, e está a exigir reflexão sobre alguns de seus problemas. Creio que é oportuno antecipar que, por se tratar de típica execução fiscal, a execução da dívida ativa decorrente de penalidades administrativas deve seguir as regras da Lei n. 6.830/1980. Esse é um aspecto ainda polêmico, a ser analisado mais adiante.

b) execução de ofício das contribuições previdenciárias sobre verbas tributáveis deferidas em sentença trabalhista — art. 114, VIII, da Constituição da República.

Essa é a execução fiscal mais comum na Justiça do Trabalho. De outra parte, como foi dito, é a única exceção ao sistema fiscal de prévia inscrição dos valores cobrados na dívida ativa da União para posterior execução do tributo federal. Essa exceção, contudo, não elimina o reconhecimento de se tratar de uma verdadeira execução fiscal. A existência de regras na CLT para a liquidação e a execução de contribuições previdenciárias, instituídas pela Lei n. 10.035/2000, não elimina a sua natureza fiscal. O que se dá apenas é que em razão da peculiaridade de a execução ser de ofício, exigiam-se regras procedimentais específicas, inexistentes na Lei n. 6.830/1980.

**c)** execução de contribuições previdenciárias sobre verbas tributáveis pagas anteriormente à demanda trabalhista.

Há divergência acentuada a respeito da competência da Justiça do Trabalho para executar contribuições previdenciárias incidentes sobre verbas tributáveis pagas anteriormente à propositura da demanda trabalhista. Uma primeira corrente sustenta que o art. 114, VIII, da Constituição da República, ao estipular a competência da Justiça do Trabalho para executar as contribuições "decorrentes das sentenças que proferir", inclui a execução previdenciária dos valores pagos durante a relação de trabalho em caso de reconhecimento da existência de vínculo de emprego ou em caso de declaração da natureza salarial de valores pagos e anteriormente não tributados.

Esse ponto de vista, entretanto, ficou fragilizado por decisões do Supremo Tribunal Federal, em especial a proferida com repercussão geral e que assentou o entendimento de que "a competência da Justiça do Trabalho prevista no art. 114, VIII, da Constituição Federal alcança apenas a execução das contribuições previdenciárias relativas ao objeto da condenação constante das sentenças que proferir" (STF, Pleno, RE 569.056-3, Ministro Menezes Direito, j. 11.9.2008, DJE 12.12.2008). Esse entendimento reflete a tendência dos tribunais superiores, inclusive do TST (Súmula 368, item I).

A segunda corrente entende que, ainda que se considere incompetente a Justiça do Trabalho para executar contribuições previdenciárias incidentes sobre as verbas salariais pagas durante o vínculo de emprego com base no inciso VIII do art. 114 da Constituição da República, seria devida essa execução com base no disposto no art. 876, § 4º, da CLT, com a redação dada pela Lei n. 11.457, de 16.3.2007, assim redigido:

**Art. 876/CLT.** [...]

Parágrafo único. Serão executadas *ex officio* as contribuições sociais devidas em decorrência de decisão proferida pelos Juízes e Tribunais do Trabalho, resultantes de condenação ou homologação de acordo, inclusive sobre os salários pagos durante o período contratual reconhecido.

Para os seus defensores, essa lei estaria calcada no inciso IX do art. 114 da Constituição da República, que atribui à Justiça do Trabalho competência para "outras controvérsias decorrentes da relação de trabalho, na forma da lei". Por esse raciocínio, a regra do art. 876, parágrafo único, da CLT, seria constitucional.

Primeiramente, cumpre observar ser difícil essa tese prevalecer pelo fato de ter sido a alteração do art. 876, parágrafo único, da CLT expressamente abordada na decisão proferida no RE 569.056-3, na qual se entendeu que essa mudança legislativa não altera a competência trabalhista, que é de ordem constitucional. Em segundo lugar, a se admitir a possibilidade de a lei ordinária atribuir competência à Justiça do Trabalho para executar esse e outros tributos, há que se lembrar que, nesse caso, a execução não poderia ser realizada de ofício, pois a execução de ofício é uma exceção gritante no sistema tributário. A dívida tributária deve ser necessariamente inscrita na repartição administrativa (CTN, art. 201) antes do início da execução, inclusive para se esgotarem as possibilidades do exercício dos direitos constitucionais ao contraditório e à ampla defesa, os quais não se instrumentalizam apenas no âmbito judiciário, mas também no administrativo. Assim, a expressão "ex-officio" do art. 876, parágrafo único da CLT, atentaria contra o sistema tributário nacional, com ofensa, inclusive, aos critérios adotados no Código Tributário Nacional, cuja aplicação no âmbito trabalhista é indeclinável ante a natureza tributária das contribuições previdenciárias.

Há que se ter em conta, todavia, que a competência da Justiça do Trabalho para executar tributos de ofício não se confunde com o pedido do trabalhador, apresentado na petição inicial de demanda trabalhista, de regularização dos recolhimentos previdenciários, com o objetivo de obter efeitos em seus benefícios. De fato, como o sistema previdenciário passou a ser contributivo desde a Emenda Constitucional n. 20, o trabalhador possui interesse jurídico de que sejam corretamente efetuados os recolhimentos. Esse aspecto, aliás, foi um dos pontos centrais das alterações promovidas pela Emenda Constitucional n. 20, pois ficou evidente que o legislador pretendia que toda a sociedade passasse a fiscalizar o recolhimento das respectivas contribuições. Assim, pedidos dessa natureza não correspondem a uma execução fiscal e não se enquadram no inciso VIII do art. 114, mas a um litígio entre o trabalhador e o empregador ou tomador dos serviços. Essa pretensão, portanto, enquadra-se no art. 114, I, da Constituição da República e a competência, inequivocamente, é da Justiça do Trabalho.

**d)** execução de custas processuais.

Uma das execuções fiscais mais frequentes na Justiça do Trabalho, ainda que muitos disso não se apercebam, é a de custas processuais. É pacífico no Supremo Tribunal Federal que as custas processuais possuem natureza tributária, por corresponderem a uma modalidade de taxa por serviços judiciários prestados. Nesse sentido a seguinte ementa:

I. Ação direta de inconstitucionalidade: L. 959, do Estado do Amapá, publicada no DOE de 30.12. 2006, que dispõe sobre custas judiciais e emolumentos de serviços notariais e de registros públicos, cujo art. 47 — impugnado — determina que a "lei entrará em vigor no dia 1º de janeiro de 2006": procedência, em parte, para dar interpretação conforme à Constituição ao dispositivos questionados e declarar que, apesar de estar em vigor a partir de 1º de janeiro de 2006, a eficácia dessa norma, em relação aos dispositivos que aumentam ou instituem novas custas e emolumentos, se iniciará somente após 90 dias da sua publicação. II. Custas e emolumentos: serventias judiciais e extrajudiciais: natureza jurídica. É da jurisprudência do Tribunal que as custas e os emolumentos judiciais ou extrajudiciais têm caráter tributário de taxa. III. Lei tributária: prazo nonagesimal. Uma vez que o caso trata de taxas, devem observar-se as limitações constitucionais ao poder de tributar, dentre essas, a prevista no art. 150, III, c, com a redação dada pela EC 42/03 — prazo nonagesimal para que a lei tributária se torne eficaz (STF-Pleno, ADI 3694/AP, Rel. Min. Sepúlveda Pertence, j. 20.9.2006, unanimidade, DJ 06.11.2006, RTJ v. 201-03, p. 942, RDDT n. 136, 2007, p. 221).

Assim, é descabida a afirmação isolada de que as custas processuais sejam débito fiscal de natureza não tributária[1]. De qualquer modo, mesmo os que sustentam a natureza não tributária das custas processuais reconhecem que a respectiva cobrança seja de natureza fiscal.

A execução desse tributo era realizada de ofício pela Justiça do Trabalho, principalmente em razão da última parte da redação original do *caput* do art. 114 da Constituição da República, que assim estava redigido:

Art. 114. Compete à Justiça do Trabalho conciliar e julgar os dissídios individuais e coletivos entre trabalhadores e empregadores, abrangidos os entes de direito público externo e da administração pública direta e indireta dos Municípios, do Distrito Federal, dos Estados e da União, e, na forma da lei, outras controvérsias decorrentes da relação de trabalho, bem como os litígios que tenham origem no cumprimento de suas próprias sentenças, inclusive coletivas.

Essa última parte, contudo, curiosamente não foi mantida na redação dada ao art. 114 pela Emenda Constitucional n. 45. De outra parte, é evidente que as custas não se enquadram no art. 114, VIII, de sorte que não cabe sua execução de ofício.

Há que se ponderar que a execução das custas é uma consequência natural do cumprimento da própria sentença. De outra parte, se a decisão é da Justiça do Trabalho, a respectiva taxa, por decorrer da sentença proferida, atrairia a sua competência para a respectiva execução. Se o reconhecimento da competência da Justiça do Trabalho parece ser inquestionavelmente lógico, permanece o difícil problema de delimitar o procedimento da respectiva execução.

---

(1) Nesse sentido: ROCHA FILHO, J. Virgílio Castelo Branco. *Execução fiscal*: doutrina e jurisprudência. 2. ed. Curitiba: Juruá, 2006. p. 69.

Penso ser evidente que, por ausência de previsão constitucional, não é possível a execução de ofício de custas processuais. Como procurei acima destacar, o sistema tributário tem por premissa o prévio acertamento administrativo dos créditos fiscais, como condição *sine qua non* de futuras execuções. Esse acertamento possui múltiplas finalidades: a) assegurar a certeza da existência da dívida tributária; b) dar oportunidade para o exercício do contraditório e da ampla defesa no âmbito administrativo; c) aferir por meio de critérios discricionários e objetivos a conveniência e a oportunidade da execução dos respectivos créditos. Somente uma expressa ressalva legal, de ordem constitucional segundo penso, poderia autorizar a execução de ofício de um tributo, pois de outro modo seriam violados preceitos e princípios estabelecidos em lei complementar, qual seja, o Código Tributário Nacional.

Assim, penso ser inconstitucional o estipulado no § 2º do art. 790 da CLT, que prescreve que no "caso de não pagamento das custas, far-se-á execução da respectiva importância, segundo o procedimento estabelecido no Capítulo V deste Título". Com efeito, a execução prevista nos arts. 876 a 892 da CLT é incompatível com a execução de créditos tributários, mormente com o princípio inquisitivo, o qual conduz o juiz do trabalho a promover de ofício a respectiva execução.

Esse aspecto tem passado despercebido porque as custas e demais despesas do processo são vistas como mera decorrência do processo, como se pudesse uma despesa processual estar desvinculada de sua origem, principalmente quando se trata de obrigação tributária, pois para essa modalidade a Constituição da República reserva expressiva e inafastável quantidade de regras e princípios. O certo é que o débito de custas, por possuir natureza tributária, sujeita-se à correção, à incidência de multas e juros e aos critérios de execução próprios das dívidas fiscais. Não é possível executá-lo como se fosse uma dívida trabalhista.

Há que se ter em conta, entretanto, que a inscrição na dívida ativa só tem cabimento "depois de esgotado o prazo fixado, para pagamento, pela lei ou por decisão final proferida em processo regular" (CTN, art. 201). No processo civil as custas constituem requisito indispensável à admissibilidade de cada ato praticado, exceto se deferida a justiça gratuita, motivo pelo qual ali é impensável falar em "execução de custas" ou até mesmo em inscrição de custas na dívida ativa. As custas no processo civil são sempre pagas antecipadamente ou no momento em que praticado o respectivo ato, pois a consequência da ausência de recolhimento é a deserção, ou seja, o não oferecimento do serviço judiciário solicitado.

No processo do trabalho, todavia, as custas são pagas ao final, depois do trânsito em julgado da sentença (CLT, art. 789, § 1º), inclusive as custas da execução (CLT, art. 789-A). Como é necessário efetuar a contagem das custas pelas secretarias (CLT, 711, "f") e a lei não estipula um prazo exato para o seu pagamento, bem como a contagem das custas pode ser objeto de impugnação por meio de embargos à execução, é razoável interpretar ser necessária a prévia inclusão dos respectivos valores do mandado previsto no art. 880 da CLT ou da intimação pra cumprimento nos termos do art. 475-J do CPC. Essa é a praxe generalizada nos órgãos jurisdicionais trabalhistas. Por esse mecanismo, a parte será comunicada do valor das custas para pagamento, para exercer eventual direito de impugnação.

O mais razoável, portanto, para compatibilizar as regras processuais da CLT com o sistema tributário nacional, é incluir as custas nos mandados judiciais de pagamento, os mesmos em que são cobradas as demais dívidas do processo trabalhista. Caso, entretanto, ao final da demanda penda apenas esse tipo de débito para execução, penso que se deve oficiar à Fazenda Pública para a respectiva inscrição em dívida ativa.

Há que se ter em conta, ainda, que a inscrição em dívida ativa e a execução de tributos representam um custo significativo para o Estado. Por isso, o parágrafo único do art. 65 da Lei n. 7.799, de 10.7.1989, estipula que o "Ministro da Fazenda poderá dispensar a constituição de créditos tributários, a inscrição ou ajuizamento, bem assim determinar o cancelamento de débito de qualquer natureza para com a Fazenda Nacional, observados os critérios de custos de administração e cobrança". Com base nesse dispositivo o Ministro da Fazenda baixou a Portaria 49, de 1º.4.2004 (DOU 5.4.2004) que autoriza a não inscrição, como dívida ativa da União, de débitos com a Fazenda Nacional de valor consolidado igual ou inferior a R$ 1.000,00 (mil reais) e o não ajuizamento das execuções fiscais de débitos com a Fazenda Nacional de valor consolidado igual ou inferior a R$ 10.000,00 (dez mil reais).

Assim, nenhum órgão deve requerer a inscrição em dívida ativa se o débito, inclusive as custas processuais, for inferior a R$1.000,00 nem se deve proceder à execução fiscal se a dívida é inferior a R$10.000,00. É evidente que se essa regra vale para os órgãos administrativos, tanto mais deve ser aplicada pelos órgãos jurisdicionais, cujas despesas de execução são maiores, até porque os princípios que orientam essa regra são válidos para ambos os segmentos do Estado.

## 3. SISTEMA PROCESSUAL TRABALHISTA: DA UNIDADE PARA A FRAGMENTAÇÃO

A principal dificuldade que enfrenta a execução trabalhista está em um ponto conhecido: a necessidade de coordenar regras legais muitas vezes incompatíveis entre si. A ausência de um sistema razoavelmente ordenado de regras processuais na execução trabalhista é fonte de inúmeras divergências e dos mais diversificados procedimentos. Esse é um problema que acaba por se espraiar também pela execução fiscal e pela execução de título extrajudicial.

É curioso que o mesmo aspecto que evidencia as deficiências da execução trabalhista é o que lhe dá força e vivacidade. A ausência de um sistema completo de normas na CLT sobre a execução trabalhista exige do juiz e dos advogados alto grau de criatividade. Se isso preocupa no aspecto do contraditório e da ampla defesa, de outro propicia grande mobilidade hermenêutica, que na maior parte das vezes se traduz no aumento da celeridade e, dessa forma, amolda-se à determinação constitucional de duração razoável do processo (Constituição da República, art. 7º, LXXVIIII) e aos princípios trabalhistas.

Não há dúvida de que um sistema legal mais completo seria desejável, mas também se deve reconhecer que, por qualquer perspectiva, só resta atualmente navegar em certo "caos normativo". Para essa empreitada, é necessário munir-se dos princípios constitucionais do processo, em especial dotar as regras de mecanismos que assegurem o contraditório e a ampla defesa. A absoluta incerteza e a surpresa processual constituem a antítese dos conceitos de processo e de Estado Democrático de Direito.

Contribui para esse verdadeiro caos normativo o fato de a Justiça do Trabalho demonstrar histórica dificuldade ou resistência em lidar com procedimentos distintos. Há uma tendência ideológica de trazer todos os procedimentos para o procedimento trabalhista comum, o regime "ordinário" da CLT. Até mesmo o procedimento sumaríssimo trabalhista ressente-se dessa tendência, pois não é raro que juízes utilizem nesse procedimento regras com ele incompatíveis. Isso faz que aumente o grau de adaptabilidade das regras e torna o sistema ainda mais confuso. Contribui para isso a insistência de conceber o processo do trabalho como um processo absolutamente autônomo e não como um conjunto de procedimentos especiais, cujas regras exigem uma aproximação constante com o respectivo direito material e com as demais regras processuais do sistema. Se preponderam no processo do trabalho os princípios da oralidade, da concentração e da proteção, isso não pode esconder a evidência de que todas as modalidades de processo, inclusive o civil, deles também comungam. Assim, a autonomia científica do processo do trabalho, em várias circunstâncias, acaba por ser um fardo excessivo a impedir a aplicação dos princípios que preponderam nesse processo, inclusive e principalmente o da celeridade e eficácia das decisões.

*Júlio César Bebber*, por exemplo, coerente com sua ideia absorvedora do procedimento trabalhista, entende[2] que na execução das penalidades

---

(2) BEBBER, Júlio César. Nova competência da Justiça do Trabalho e regras processuais. São Paulo, *Revista LTr*, v. 69, n. 3, março de 2005, p. 326.

administrativas não se aplicam as regras da Lei n. 6.830/1980, mas a execução por título extrajudicial, tal como posto no art. 877-A da CLT. Em sentido oposto, outros sustentam[3] que a Lei n. 6.830/1980 deixou de ser fonte subsidiária para ser a fonte primária das regras jurídicas aplicáveis na execução de penalidades administrativas.

O argumento central da tese unitarista dos procedimentos trabalhistas está calcada no art. 763 da CLT, que prescreve que "O processo da Justiça do Trabalho, no que concerne aos dissídios individuais e coletivos e à aplicação de penalidades, reger-se-á, em todo o território nacional, pelas normas estabelecidas neste Título". Sustenta-se que a literalidade desse dispositivo exige que qualquer "processo" da Justiça do Trabalho deve reger-se pela CLT. Esse ponto de vista, contudo, como bem apontou *Bezerra Leite*[4], parece contrariar o art. 642 da CLT, assim redigido:

**Art. 642/CLT.** A cobrança judicial das multas impostas pelas autoridades administrativas do trabalho obedecerá ao disposto na legislação aplicável à cobrança da dívida ativa da União, sendo promovida, no Distrito Federal e nas capitais dos Estados em que funcionarem Tribunais Regionais do Trabalho, pela Procuradoria da Justiça do Trabalho, e nas demais localidades, pelo Ministério Público Estadual e do Território do Acre, nos termos do Decreto-Lei n. 960, de 17 de dezembro de 1938.

É difícil aceitar a tese de aplicação das regras da CLT na execução de penalidades administrativas porque a especificidade das questões que a envolvem exige um conjunto de respostas totalmente distintas. Por isso, penso ser mais coerente o entendimento de que devem ser aplicados os procedimentos especiais para "as ações que já disponham de rito próprio, como as Execuções Fiscais (Lei n. 8.630) ou o Mandado de Segurança (1533)"[5].

A "mistura procedimental" que atualmente se verifica nos meios trabalhistas acaba por criar inúmeras perplexidades. Por que seguir a Lei das Execuções Fiscais se há um "processo da Justiça do Trabalho" para as penalidades? O sistema de embargos (prazo, hipótese e efeitos) não deveria ser o da CLT? Se o procedimento é o da Lei das Execuções Fiscais, qual a razão de o sistema recursal ser o trabalhista? *Bezerra Leite*[6], por exemplo, entende que na

---

(3) MENEZES, Cláudio Armando C. de; BORGES, Leonardo Dias. A Emenda Constitucional n. 45 e algumas questões acerca da competência e do procedimento na Justiça do Trabalho. São Paulo, *Revista LTr*, v. 69, n. 3, março de 2005, p. 306.
(4) LEITE, Carlos Henrique Bezerra. A nova competência da Justiça do Trabalho para cobrança das multas aplicadas pelos órgãos de fiscalização do trabalho. São Paulo, *Revista LTr*, v. 69, n. 7, julho de 2005, p. 800.
(5) FAVA, Marcos Neves. As ações relativas às penalidades administrativas impostas aos empregadores pelos órgãos de fiscalização das relações de trabalho — primeira leitura do art. 114, VII, da Constituição da República. In: COUTINHO, Grijalbo Fernandes; FAVA, Marcos Neves (Coord.). *Justiça do Trabalho*: competência ampliada. São Paulo: LTr, 2005. p. 356.
(6) LEITE, Carlos Henrique Bezerra. A nova competência da Justiça do Trabalho para cobrança das multas aplicadas pelos órgãos de fiscalização do trabalho. São Paulo, *Revista LTr*, v. 69, n. 7, julho de 2005, p. 803.

execução fiscal cabe a aplicação do sistema recursal trabalhista e que é cabível, portanto, agravo de petição contra as decisões do juiz do trabalho nas execuções fiscais, entendimento que foi agasalhado pelo art. 2º da Instrução Normativa 27, de 16.2.2005 (DOU 22.2.2005), editada pelo TST. Embora sem fazer expressa referência à execução fiscal, essa Instrução Normativa indica que o sistema recursal é sempre o da CLT, qualquer que seja o procedimento especial utilizado.

A colcha de retalhos em que os procedimentos trabalhistas se transformaram, por certo, decorre da inoperância legislativa, mas também reflete uma dificuldade da Justiça do Trabalho de lidar com as modificações estruturais ocorridas no ordenamento jurídico.

A afirmação de que aplicar as regras processuais do processo civil nas demandas provenientes da ampliação da competência da Emenda Constitucional n. 45 "representaria o fim da especialização da Justiça do Trabalho, uma vez que é exatamente no sistema processual que reside essa especialização"[7] é, no mínimo, exagerada. Penso que a especialização da Justiça do Trabalho decorre muito mais de uma visão principiológica incutida nos seus meios: valor extremado da conciliação, concentração de atos em audiência, recorribilidade mitigada das decisões interlocutórias e oralidade. A preponderância expressiva desses princípios é que faz a Justiça do Trabalho se diferenciar nos aspectos científico e cultural dos demais ramos do Poder Judiciário. De outra parte, o que justifica ser um ramo especializado é a necessidade de o respectivo direito material servir-se de princípios e regras processuais adequados para obter máxima efetividade.

Há dois confrontos ideológicos básicos na visão da Justiça do Trabalho sobre o ordenamento jurídico. A primeira dessas correntes, de forte tradição nos meios trabalhistas, supõe o ordenamento jurídico como um conjunto de regras em que se busca uma solução para o caso concreto. Nessa perspectiva, o intérprete em cada caso concreto busca nas regras legais disponíveis alguma que lhe dê a adequada solução, segundo o sistema de hierarquias estabelecido no art. 899 da CLT. Somente se não houver uma regra específica na CLT seria possível buscar uma regra na Lei n. 6.830/1980 e somente na ausência de regras específicas nos dois ordenamentos seria possível socorrer-se das regras do CPC. Essa perspectiva supõe que a norma "diz" alguma coisa a respeito do caso concreto, como um oráculo, e basta ao intérprete/sacerdote ter bons ouvidos. Assim, o ordenamento seria uma espécie de escada normativa em que o intérprete desce do mais alto estamento, a CLT, até o mais baixo, o CPC, como se fossem compartimentos totalmente distin-

---

(7) BEBBER, Júlio César. Nova competência da Justiça do Trabalho e regras processuais. São Paulo, *Revista LTr*, v. 69, n. 3, março de 2005, p. 324.

tos, delimitados e não comunicantes. Cada degrau do caminho interpretativo seria suficiente para, isoladamente, dar uma solução adequada. A "voz" da CLT calaria totalmente a "voz" do CPC, e vice-versa.

A segunda dessas correntes parte da premissa de que o ordenamento jurídico é dinâmico e não fica estancado em regras. Por essa perspectiva, as regras da CLT, da Lei n. 6.830/1980 e do CPC não são compartimentos estanques, pois todas são plasmadas pelos princípios e regras da Constituição da República. Essas regras processuais se supõem preexistentes e se comunicam. São intercomunicantes e interrelacionadas. Acima de tudo, as regras legais não são lineares, ou seja, a aplicação de uma não afasta necessariamente a aplicação de outra, pois os sentidos possíveis do texto são construções históricas que se entrelaçam. Assim, não é possível entender, por exemplo, a citação da CLT sem entender e ao mesmo tempo aplicar a citação da Lei n. 6.830/1980 do CPC, pois é o conjunto dessas regras que torna compreensível e aplicável o texto. Não seria possível entender as regras processuais da CLT sem supor a existência e a própria aplicação das regras do CPC, pois nestas aquelas foram ancoradas.

Deve-se destacar que essa visão dicotômica sobre o ordenamento processual não interfere em outras duas divergências corriqueiras do mundo jurídico: a do ativismo dos juízes e a da insegurança jurídica. A precariedade e a insuficiência das regras processuais na execução trabalhista exigem, qualquer que seja a nossa visão do ordenamento jurídico, providências hermenêuticas de tal monta que, qualquer que seja a corrente adotada, isso importa em ativismo dos juízes e em insegurança jurídica. A sensação de caos normativo é inevitável nas duas concepções do ordenamento processual, pois no seio de cada uma delas vicejam profundas divergências sobre o procedimento a ser adotado.

Em razão disso, podem ser apontados alguns exemplos de problemas decorrentes da aplicação das regras da CLT na execução fiscal:

a) não processamento dos embargos em autos apartados, o que na prática acarreta um inexistente efeito suspensivo da execução fiscal dos autos principais;

b) ausência de despacho do juiz na petição inicial a determinar a citação do devedor, o que impede que a prescrição seja imediatamente interrompida, o que só ocorrerá com a citação do devedor;

c) o tratamento das custas processuais como se fossem da mesma natureza do crédito trabalhista, como um acessório da condenação trabalhista, de sorte que não é raro exigir-se cobrança de custas de valor irrisório, com procedimentos de execução muito mais custosos para o Estado do que o valor a ser recebido.

É necessário encarar a execução trabalhista por sua múltipla e complexa natureza, em que há uma pluralidade de credores e de devedores, cada um com um regime legal diferenciado e com um sistema normativo diferente. Reconhecer essa pluralidade da natureza dos créditos sob execução e dar-lhes um tratamento normativo adequado contribui para a celeridade processual.

## 4. COMPETÊNCIA DA JUSTIÇA DO TRABALHO PARA PENALIDADES ADMINISTRATIVAS

Ainda são tímidas as aplicações do art. 114, VII, da Constituição da República, assim redigido:

Art. 114. Compete à Justiça do Trabalho processar e julgar:

[...]

VII — as ações relativas às penalidades administrativas impostas aos empregadores pelos órgãos de fiscalização das relações de trabalho;

O caso mais comum de aplicação dessa regra constitucional é a execução fiscal de multas impostas pela fiscalização do Ministério do Trabalho e as ações que lhe sejam correlatas, como as ações anulatórias de certidão de dívida ativa, mandados de segurança para obter dispensa de depósito prévio na via administrativa, entre outras.

É certo que as sanções pecuniárias são as mais frequentes e as que merecem análise mais cuidadosa, mas é de lamentar que as demais modalidades de sanção sejam tão raras. De fato, são inexpressivas e quase inexistentes demandas na Justiça do Trabalho relacionadas com:

a) sanções constituídas em obrigações de fazer ou não fazer pelo Ministério do Trabalho ou controvérsias decorrentes das respectivas obrigações administrativas;

b) obtenção de certificado de regularidade do FGTS (Lei n. 6.803/1980, art. 7º, VI);

c) multas impostas pela Previdência Social e que digam respeito às relações de trabalho.

Penso que a finalidade do art. 114, VI, da Constituição da República não seja a de trazer para a competência da Justiça do Trabalho as ações relativas a multas tributárias, ou seja, decorrentes da mora no recolhimento de tributos, mas as que digam respeito mais diretamente à atuação repressiva na prática de irregularidades nas relações de trabalho. As penalidades a que se refere o art. 114, VI, da Constituição da República, portanto, são as de natureza não tributária. Parece-me que essa distinção seja muito importante, pois as multas tributárias, inclusive as decorrentes de atraso no recolhimento de contribuições previdenciárias e de FGTS, são meros acessórios da obrigação tributária principal.

Ainda que as multas previstas no art. 114, VI, não sejam de natureza tributária, é inquestionável a incidência das regras processuais aplicáveis às demais ações fiscais, pois o art. 2º da Lei n. 6.830, de 22.9.1980, prevê a inscrição em dívida ativa não só dos débitos tributários, mas também dos não tributários. Pelas razões que expusemos, penso que se aplicam a essas penalidades as regras procedimentais da Lei n. 6.830/1980 e não as da CLT.

## 5. TÍTULOS EXTRAJUDICIAIS NA EXECUÇÃO TRABALHISTA

Tem prevalecido a ideia de que os títulos executáveis judicialmente devem ser limitados aos expressamente indicados na lei, postulado a que alguns autores denominam "princípio da taxatividade". Segundo esse princípio, os "títulos executivos somente podem ser criados por lei federal (art. 22, I, da CF), limitando-se a cardápio escolhido pelo legislador (*numerus clausus*)"[8]. Esse perspectiva parte da premissa de que a lei "é a única fonte para um título ter força executiva. Nem mesmo o acordo das partes permite tal condição"[9]. Esse ponto de vista tem conduzido a certo exagero, muitas vezes denominado de "interpretação restritiva" da enumeração legal, de modo a impedir qualquer atividade interpretativa que possa incluir entre os títulos executáveis documentos que não se enquadrem rigidamente no texto da lei.

No processo do trabalho entendia-se ser descabida qualquer execução de título extrajudicial, com base na ideia de que o "art. 876 da CLT, em sua redação original, deixava claro que o único título em que se poderia fundar a execução trabalhista era o judicial, consistente na sentença condenatória ou na sentença homologatória de transação"[10]. Esse ponto de vista era suscetível de crítica, pois a Lei da Ação Civil Pública já estipulava que os "órgãos públicos legitimados poderão tomar dos interessados compromisso de ajustamento de sua conduta às exigências legais, mediante cominações, que terá eficácia de título executivo extrajudicial" (Lei n. 7.347, de 24.7.1985, arts. 5º, 6º). Assim, se o Ministério Público do Trabalho firmasse ajuste de conduta com empregadores a respeito de condições de trabalho, não seria razoável exigir que, em caso de descumprimento, fosse proposta ação cognitiva para que a obrigação pudesse ser executada, apenas porque essa execução seria trabalhista. De outra parte, não seria admissível que a competência para

---

(8) MAZZEI, Rodrigo. Dos títulos executivos extrajudiciais. In: NEVES, Daniel Amorim Assumpção et al. *Reforma do CPC 2*: nova sistemática processual civil. São Paulo: RT, 2007. p. 66.
(9) LIMA, Alcides Mendonça. *Comentários ao Código de Processo Civil*. v. VI. 7. ed. Rio de Janeiro: Forense, 1991. p. 242.
(10) TEIXEIRA FILHO, Manoel Antonio. *Curso de direito processual do trabalho*. v. III. São Paulo: LTr, 2009. p. 1948.

execução dos termos de ajuste de conduta com conteúdo trabalhista fossem executados, em caso de descumprimento, fora da Justiça do Trabalho.

Com o advento da Lei n. 9.958/2000, que deu nova redação ao art. 876 da CLT e estabeleceu que, além das sentenças e dos acordos não cumpridos, também os termos de ajuste de conduta firmados perante o Ministério Público do Trabalho e os termos de conciliação firmados perante as Comissões de Conciliação Prévia seriam executados pelas regras da CLT, a interpretação restritiva dos títulos executáveis na Justiça do Trabalho ficou insustentável.

Como bem destaca *Manoel Antonio Teixeira Filho*, é evidente que a inclusão na execução trabalhista de títulos extrajudiciais tende a causar impacto cultural, pois as alterações não são apenas pontuais, mas de ordem sistemática. Um dos aspectos centrais nessas alterações que a execução de títulos extrajudiciais pode acarretar está diretamente ligado à interpretação extensiva das hipóteses legas dos títulos executáveis.

O que se observa até agora é uma tendência de restrição do títulos extrajudiciais executáveis na Justiça do Trabalho aos enumerados no art. 876 da CLT. Sucede, entretanto, que esse dispositivo legal não é taxativo quanto aos respectivos títulos extrajudiciais e, segundo penso, as condições sistêmicas do processo do trabalho exigem que se admita seu caráter meramente enumerativo, de sorte que não há impedimento à execução na Justiça do Trabalho de "quaisquer títulos extrajudiciais, desde que originados na relação de trabalho"[11]. Por isso, nada impede sejam aplicadas na execução trabalhista as seguintes hipóteses do art. 585 do CPC:

**Art. 585/CPC.** São títulos executivos extrajudiciais:

I — a letra de câmbio, a nota promissória, a duplicata, a debênture e o cheque;

II — a escritura pública ou outro documento público assinado pelo devedor; o documento particular assinado pelo devedor e por duas testemunhas; o instrumento de transação referendado pelo Ministério Público, pela Defensoria Pública ou pelos advogados dos transatores;

[...]

VI — o crédito de serventuário de justiça, de perito, de intérprete, ou de tradutor, quando as custas, emolumentos ou honorários forem aprovados por decisão judicial;

VII — a certidão de dívida ativa da Fazenda Pública da União, dos Estados, do Distrito Federal, dos Territórios e dos Municípios, correspondente aos créditos inscritos na forma da lei;

[...]

---

(11) MARZUR, Maurício. Execução de título extrajudicial. In: SANTOS, José Aparecido dos. *Execução trabalhista:* homenagem aos 30 anos da AMATRA IX. São Paulo: LTr, 2008. p. 720.

Há uma necessidade de ampliar as hipóteses de execução por títulos extrajudiciais na Justiça do Trabalho. Uma interpretação extensiva das hipóteses legais é condição para um adequado atendimento do direito material subjacente e, ao mesmo tempo, meio de garantir a verdadeira realização do princípio constitucional de razoável duração do processo (Constituição da República, art. 5º, LXVIII), pois esse princípio não é dirigido apenas ao instrumento processual, mas sim aos direitos fundamentais e materiais do cidadão.

Há no ordenamento jurídico uma preocupação crescente com a efetividade dos meios processuais disponíveis e com a necessidade de dar maior eficácia aos atos privados legitimamente praticados pelas partes. Isso acaba por se refletir em uma tendência, mesmo no processo civil, de se dar uma interpretação extensiva às hipóteses legais de títulos executáveis, conforme se pode ver na seguinte decisão do STJ:

> EXECUÇÃO CONTRA A FAZENDA PÚBLICA — EMPENHO DE DESPESA — TÍTULO EXTRAJUDICIAL. O empenho cria para o Estado obrigação de pagamento, máxime com a prova da realização da prestação empenhada, por isso que a sua exigibilidade opera-se através de processo de execução de cunho satisfativo. Raciocínio inverso implicaria impor ao credor do Estado por obrigação líquida e certa instaurar processo de conhecimento para definir direito já consagrado pelo próprio devedor através de ato da autoridade competente. O empenho é documento público que se enquadra na categoria prevista no art. 584, II, do CPC. A moderna tendência processual é prestigiar as manifestações de vontade de caráter público ou privado e emprestar-lhes cunho executivo para o fim de agilizar a prestação jurisdicional, dispensando a prévia cognição de outrora. A emissão do empenho pressupõe obrigação realizada cuja despesa respectiva deve ser satisfeita pelo Estado sob pena de locupletamento sem causa. Precedentes da Corte. Recurso especial provido (STJ — 1ª T, Resp 331.199, Rel. Min. Luiz Fux, j. 7.2.2002, pub. 25.3.2002)

Se há limitações de ordem legislativa para uma plena aplicação da moderna tendência referida nessa ementa, por certo o caminho hermenêutico abre possibilidades para superar alguns dos seus entraves, principalmente aqueles que sejam de natureza puramente formal ou burocrática. Creio que já há regras processuais disponíveis para, por exemplo, admitir-se a execução de notas promissórias, cheques, escrituras públicas de reconhecimento de dívida, transação extrajudicial e o contrato de honorários de advogados (Lei n. 8.906/1994, art. 24) na Justiça do Trabalho, quando as respectivas obrigações sejam oriundas da relação de trabalho. De outra parte, a execução de certidão de dívida ativa é uma exigência que decorre da ampliação da competência da Justiça do Trabalho e do disposto no art. 114, VII, da Constituição da República.

Não se sustenta mais a afirmação de que, ao se aperfeiçoar, o título extrajudicial desprende-se totalmente da respectiva origem obrigacional, de sorte a tornar descabida uma competência judicial quanto à matéria. Por essa perspectiva, não haveria "matéria" a definir a competência dos órgãos jurisdicionais, mas apenas o "título", documento desprovido de origem, uma entidade amorfa e apátrida.

Como bem destaca *Alcides Mendonça de Lima*[12], o título executivo possui dúplice natureza: é ao mesmo tempo um documento que serve de prova legal (opinião de Carnelutti) e um ato jurídico (opinião de Liebman). Assim, o título executivo possui ao mesmo tempo força probatória e eficácia constitutiva; é instrumento para se obter um direito, mas também constitui o respectivo direito material. Por isso, a natureza da dívida e o respectivo direito material não se desprendem do título executivo, mas dele fazem parte integrante. Tanto isso é verdadeiro que é possível alegar a prescrição ou a decadência da dívida, bem como se admite em embargos discussão a respeito da origem do débito, para verificar eventual inexigibilidade do título extrajudicial[13].

A competência da Justiça do Trabalho se define pela natureza da controvérsia, pela obrigação correspondente, de sorte que se o título extrajudicial decorre de obrigações decorrentes da relação de trabalho, não há dúvida de que é no âmbito trabalhista que se processará a respectiva execução.

## 6. REFERÊNCIAS BIBLIOGRÁFICAS

BEBBER, Júlio César. Nova competência da Justiça do Trabalho e regras processuais. São Paulo, *Revista LTr*, v. 69, n. 3, março de 2005, p. 324-332.

FAVA, Marcos Neves. As ações relativas às penalidades administrativas impostas aos empregadores pelos órgãos de fiscalização das relações de trabalho — primeira leitura do art. 114, VII, da Constituição da República. In: COUTINHO, Grijalbo Fernandes; FAVA, Marcos Neves (Coord.). *Justiça do Trabalho*: competência ampliada. São Paulo: LTr, 2005.

LEITE, Carlos Henrique Bezerra. A nova competência da Justiça do Trabalho para cobrança das multas aplicadas pelos órgãos de fiscalização do trabalho. São Paulo, *Revista LTr*, v. 69, n. 7, julho de 2005, p. 799-803.

LIMA, Alcides Mendonça. *Comentários ao Código de Processo Civil*. v. VI. 7. ed. Rio de Janeiro: Forense, 1991.

MARZUR, Maurício. Execução de título extrajudicial. In: SANTOS, José Aparecido dos. *Execução trabalhista:* homenagem aos 30 anos da AMATRA IX. São Paulo: LTr, 2008.

---

(12) LIMA, Alcides Mendonça. *Comentários ao Código de Processo Civil*. v. VI. 7. ed. Rio de Janeiro: Forense, 1991. p. 230-131.
(13) Há inúmeras decisões a esse respeito no Superior Tribunal de Justiça, como a proferida no REsp 659327/MG (STJ — 3ª T., Rel. Min. Carlos Alberto Menezes Direito, j. 6.2.2007, DJ 30.04.2007 p. 310.

MAZZEI, Rodrigo. Dos títulos executivos extrajudiciais. In: NEVES, Daniel Amorim Assumpção *et al*. *Reforma do CPC 2*: nova sistemática processual civil. São Paulo: RT, 2007.

MELHADO, Reginaldo. Da execução de penalidades administrativas impostas pelos órgãos de fiscalização das relações de trabalho. In: SANTOS, José Aparecido dos (Coord.). *Execução trabalhista*: homenagem aos 30 anos da AMATRA IX. São Paulo: LTr, 2008.

MENEZES, Cláudio Armando C. de; BORGES, Leonardo Dias. A Emenda Constitucional n. 45 e algumas questões acerca da competência e do procedimento na Justiça do Trabalho. São Paulo, *Revista LTr*, v. 69, n. 3, março de 2005, p. 300-308.

ROCHA FILHO, J. Virgílio Castelo Branco. *Execução fiscal*: doutrina e jurisprudência. 2. ed. Curitiba: Juruá, 2006.

TEIXEIRA FILHO, Manoel Antonio. *Curso de direito processual do trabalho*. v. III. São Paulo: LTr, 2009.

TEXTO DO PAINELISTA ALUSIVO À SUA PARTICIPAÇÃO

# EXECUÇÃO TRABALHISTA E RECUPERAÇÃO JUDICIAL — ESBOÇO

*Marcos Neves Fava*[*]

## I. INTRODUÇÃO

1) Dos fundamentos para a ampliação de competência que podemos indicar: (a) coerência temática, (b) capacidade arrecadatória da Justiça do Trabalho e (c) disponibilidade estrutural deste ramo do Judiciário, o principal reside na proteção ao valor trabalho.

Bem que tem assento constitucional nos arts. 1º, IV e 170.

Topologicamente situado antes da livre iniciativa e dela subordinante.

2) Eventual conflito entre a proteção da empresa e tutela do trabalhador deve ser solucionado pela lente constitucional, o que significa:

Ausência de prejuízos apenas para o trabalho.

Maior efetividade (e brevidade) da intervenção judicial.

Ajuste da legislação infraconstitucional à Carta Política, não o contrário.

## II. A PARTICIPAÇÃO DO TRABALHADOR NA RECUPERAÇÃO DA EMPRESA

O trabalho já participa da Recuperação Judicial, dando sua contribuição para o que possa existir de caráter 'social' naquele processo de salvação das unidades produtivas, do que são exemplos:

**1)** o super privilégio dos haveres trabalhistas já restou reduzido a 150 salários mínimos (83, I);

---

[*] Juiz do Trabalho titular da 89ª Vara de São Paulo, mestre e doutor em direito do trabalho pela USP, professor de direito processual do trabalho da Fundação Armando Álvares Penteado — FAAP.

**2)** por acordo coletivo de trabalho, é possível a redução de salários e jornada, como um dos meios da recuperação da empresa (50, VIII);

**3)** o trabalhador deve enfrentar um ano de espera para os créditos trabalhistas comuns, vencidos na ocasião do pedido de recuperação, e trinta dias para os salários vencidos nos três últimos meses anteriores a este fato (54 e parágrafo);

**4)** e isto, ainda, até o limite de cinco salários mínimos;

**5)** deverá aguardar por 180 dias para prosseguimento das ações líquidas (sumariíssimo) e execuções em geral (6º);

**6)** e enfrentar o desmembramento das unidades produtivas ou sua alienação integral, sem que o comprador responda por seus créditos (60, parágrafo único).

## III. O PROCEDIMENTO DA RECUPERAÇÃO. BREVE OBSERVAÇÃO

1) Inicia-se pela fase "desjudicionalizada" da 'habilitação dos créditos', que tem por finalidade a apuração dos valores assumidos pelo potencial recuperando, vencidos ou vencíveis, à data da propositura do pedido, com a formação de um quadro-geral de credores.

O prazo para acolhimento dessas habilitações é de 15 dias da publicação do edital que concedeu a recuperação (7º, § 1º), com 15 dias para objeções, ao que se segue outro de 45 dias (7º, § 2º) para a consolidação, ou *segunda lista*.

Após estas oportunidades, apenas haverá *habilitações retardatárias*, que enfrentam mitigação de seus direitos de participação na gestão da Recuperação.

A recuperação tem prazo de DOIS ANOS para conclusão; não pode, nem deve, eternizar-se.

A suspensão das execuções e ações, 180 dias, improrrogáveis (como assinalaram os votos *divergentes no CC 73380, caso VASP*).

Incluem-se na recuperação apenas os **créditos existentes**, vencidos ou não, à época da propositura da Recuperação.

De ver que as obrigações contraídas com fornecedores *após* o início da recuperação judicial NÃO serão incluídas no quadro-geral e, na forma do art. 67, terão privilégio especial, em caso de falência. Igualmente, não se enquadram no referido conjunto de créditos os haveres trabalhistas apurados em ações que já tramitavam na distribuição do pedido de recuperação, ou que se iniciaram após esta data.

## III. HIPÓTESE DE RETIFICAÇÃO DE CRÉDITO TRABALHISTA

Habilitado e inserto o crédito trabalhista no quadro-geral de credores, eventual impugnação ocorrerá perante a Justiça do Trabalho, com sentença que servirá de título para habilitação retardatária.

É o que prevê o art. 6º, § 2º, único que fala em "habilitação do valor fixado em sentença". Habilitação do resultado da objeção do credor, solucionada pela Justiça do Trabalho.

Esta pode ser uma FACULDADE do trabalhador. Promover a habilitação, insurgir-se por meio de reclamação trabalhista contra a apuração do crédito levada a cabo pelo devedor e, com sentença transitada em julgado, requerer a habilitação retardatária do valor real do crédito.

Com isto:

(1) abre espontaneamente mão da exigibilidade do crédito no processo de execução trabalhista;

(2) pode obter satisfação do crédito mais célere do que na Justiça do Trabalho, em casos concretos específicos;

(3) como retardatária, esta habilitação enfrenta restrições de participação na gestão da Recuperação.

Nesta hipótese, e só nela, ao trânsito em julgado, deve seguir-se a expedição de certidão para "habilitação" perante o juízo da recuperação.

## IV. EXECUÇÕES TRABALHISTAS JÁ EM CURSO OU INICIADAS APÓS A RECUPERAÇÃO

Quanto às execuções trabalhistas em curso:

a) suspendem-se por 180 dias;

b) podem ser solucionadas, por atividade do administrador, com a inclusão do valor no quadro de credores, seguida de acordo com o credor para extinção da execução trabalhista;

c) do contrário, podem reassumir andamento normal, após o período de suspensão.

Isto porque, para os créditos comuns, a inclusão no plano significa *novação das obrigações do devedor* (59), mas não existe previsão deste efeito para os créditos trabalhistas.

O art. 6º, § 5º apregoa: "Aplica-se o disposto no § 2º deste artigo à recuperação judicial durante o período de suspensão de que trata o § 4º deste artigo, mas, *após o fim da suspensão, as execuções trabalhistas poderão ser normalmente concluídas, ainda que o crédito já esteja inscrito no quadro-geral de credores*". Tal parágrafo segue-se ao 4º, que trata das execuções em geral, e autoriza o prosseguimento destas, após os 180 dias. O prosseguimento não se confunde com a conclusão, sendo imperativo que o intérprete diferencie naquilo em que o legislador diferenciou. As ações comuns podem retomar seu andamento normal, passados 180 dias, e assim seguirão até que venha a ser *concedida a recuperação*, na forma dos arts. 58 e 59 da LRJF. Já as trabalhistas, após os 180 dias, poderão ser, ainda que o crédito esteja incluído no quadro-geral, *concluídas*.

Note-se que:

(A) argumento de que esta hipótese decorreria da falta de aprovação do plano não pode ser atendido, já que isto ensejaria falência do recuperando (56 § 4º);

(B) é impensável que se cogite em execução 'provisória', decorrente da demora entre a formação do quadro-geral e a aprovação do plano, porque a lei empresa a expressão "normalmente concluídas", não simplesmente retomadas.

## V. DE QUE FORMA PODERÃO PROSSEGUIR AS EXECUÇÕES?

**1.** Sem qualquer limite de valores;

**2.** Pelos instrumentos disponíveis a quaisquer execuções trabalhistas, o que implica penhora em dinheiro, alienação de bens, usufruto, despersonalização do empreendimento etc;

**3.** Com a compensação de valores já pagos e comprovados, perante o Juízo da Recuperação;

## VI. CONCLUSÕES

**1.** Os créditos trabalhistas reconhecidos em sentença posterior ao início da recuperação judicial NÃO se incluem nas obrigações do plano;

**2.** O empregado pode aguardar o pagamento de seu crédito tal como previsto no quadro-geral de credores;

**3.** Isto acontece com ou sem a intervenção do Juízo Trabalhista apenas na fixação do valor, mediante 'impugnação' perante o 'juízo competente'; única hipótese de habilitação no juízo da recuperação, do crédito reconhecido em sentença trabalhista;

**4.** Tal faculdade não impede, no entanto, o exercício de outro direito, qual seja, o de conclusão normal da execução perante a Justiça do Trabalho;

**5.** A lei contempla autorização literal e expressa — art. 6º, § 5º – para prosseguimento e conclusão das execuções trabalhistas, ultrapassado o prazo de 180 dias, ainda que haja créditos trabalhistas do exequente reconhecidos no quadro-geral de credores;

**6.** A opção pela continuidade da execução na Justiça do Trabalho tem duplo aspecto:

1. O sopeso dos valores constitucionais, aproximando-se os interesses da tutela à propriedade privada do valor-trabalho.

2. A preservação da competência da Justiça do Trabalho, que se mitigará com a expedição de 'certidão' para execução na Recuperação, como se se tratasse de falência.

**7.** Juízes do trabalho têm a também dúplice responsabilidade, de preservar, acima de tudo, o valor-social-do-trabalho e de lutar para a consolidação dos avanços alcançados com a EC n. 45, no plano de sua competência.

## TUTELA EFETIVA FRENTE AOS ACIDENTES DE TRABALHO

**Painelistas:** Walmir Oliveira da Costa
Helder Santos Amorim
Sebastião Geraldo de Oliveira

- Dano moral: quantificação, caráter preventivo e punitivo
- Súmula n. 366 do STJ
- Indenização por perdas de chance

# DEGRAVAÇÃO DA PARTICIPAÇÃO DO PAINELISTA

*O Sr. Walmir Oliveira da Costa*[*]

Boa tarde a todos. Agradeço, em primeiro lugar, o convite a mim formulado pela ANAMATRA, na pessoa da Dra. Fátima, para participar deste evento. Em princípio, ela havia-me convidado para proferir palestra sobre o tema da quarta-feira, que era de meu maior interesse — a questão da competência —, mas como o Seminário versa sobre competência, pretendo abordar alguns aspectos a ele relacionado. Quero também dizer da minha alegria de voltar a Belo Horizonte; não posso fugir do lugar-comum, mas aqui é uma cidade muito agradável e hospitaleira, que sempre me recebeu muito bem. Cumprimento também os dois colegas de mesa, e a Dra. Fátima que a está presidindo, e dizer mais uma vez da minha alegria em participar desse evento. Cumprimento a ANAMATRA pela oportunidade do tema aqui abordado, que é muito importante. Antes de tratar do tema propriamente dito — dentro do meu tempo e com autorização do Dr. Montesso — vou apenas esclarecer, rapidamente, sobre o debate da mesa anterior, que versa sobre a execução fiscal, com relação ao procedimento que nós adotamos na Primeira Turma do Tribunal Superior do Trabalho, no tocante a esse tema, que foi a matéria acometida, só para dar uma ideia de como nós procedemos no TST: se é uma típica execução fiscal de dívida ativa, de auto de infração, aplicamos a Lei n. 6.830 de 1980, que estabelece ser o recurso cabível da decisão, embora execução fiscal, mas tem cognição, é apelação. Mas por que nós não recebemos a apelação? Porque não se trata de um recurso típico trabalhista. O recurso de apelação trabalhista é ordinário, e por isso que naquela resolução o Tribunal Superior do Trabalho mandou aplicar a sistemática trabalhista processual, até para dar uma segurança jurídica aos jurisdicionados, para não admitirmos de um lado apelação e recurso especial,

---

[*] Ministro do Tribunal Superior do Trabalho, Mestre em Direito Público pela Universidade Federal do Pará, Professor Adjunto dos cursos de Graduação e Pós-Graduação (mestrado e Especialização), nas Disciplinas Direito do Trabalho e Processo do Trabalho, da Universidade da Amazônia, de fevereiro/1996 a fevereiro/2003.

pois não temos competência para examinar, em detrimento do nosso recurso ordinário e do recurso de revista, que são recursos tipicamente trabalhistas. Então, nas execuções fiscais típicas, essas que eu falei, nós aplicamos a Lei n. 6.830. Na execução fiscal de contribuição previdenciária, ainda que o TRT não tenha examinado o agravo de petição, se for a execução de acordo, nós na Primeira Turma examinamos o tema sob a ótica estritamente constitucional, isto é, é execução de acordo de contribuição previdenciária, o INSS ou a União interpôs recurso ordinário, mas nós examinamos no Tribunal Superior do Trabalho o recurso de revista na execução, porque o recurso cabível nessa fase é o agravo de petição, e o recurso de revista só será analisado por violação da Constituição. Não importa se o Tribunal Superior do Trabalho não aplicou o princípio da fungibilidade, recebendo o recurso ordinário como agravo de petição, porque o procedimento é indisponível pelas partes e, portanto, se o recurso de revista chega ao Tribunal Superior do Trabalho sob execução de acordo, ele tem que ser por norma constitucional. Se for a sentença cognitiva, é o recurso ordinário. Isso está muito claro no art. 832, §§ 3º e 5º, da CLT. Então, só para explicar como procedemos — porque foi um debate muito interessante, e eu cumprimento os painelistas pela abordagem do tema — apenas para dar uma notícia aos senhores de como funciona a Primeira Turma do Tribunal Superior do Trabalho relativamente ao aspecto da execução fiscal. Mas ingressando no nosso tema a respeito da ampliação da competência, disse para a Dra. Fátima que eu ia causar um certo, talvez, constrangimento, porque me esforçarei para desmistificar dois conceitos há muito estratificados no nosso Direito Processual. O primeiro é de se dizer, equivocadamente — e não sou eu que digo —, é a doutrina processual civil, há muito tempo, que a Justiça do Trabalho tem competência residual, isso é um erro. A competência residual é da Justiça comum. A competência da Justiça do Trabalho é primeira, primitiva. Se formos olhar a Constituição, em primeiro lugar está a competência das Justiças especiais e, posteriormente, vem a da Justiça comum. Então é um erro a Súmula do STJ e do Tribunal Superior do Trabalho dizer que nós temos competência residual. Não temos competência residual; mas, competência primitiva. E por isso vem a segunda crítica, nós, juízes do trabalho, somos culpados pelo esvaziamento da nossa competência. E por quê? Porque, na maioria das vezes, somos nós que suscitamos o conflito negativo de competência. E quem é o órgão jurisdicional encarregado de solucionar o conflito de competência? É o STJ; está na Constituição. E se nós, recebendo a ação enviada pela Justiça comum, suscitamos o conflito, o STJ, que, *data venia*, ainda tem uma concepção de certo modo ortodoxa, como é que ele dirime o conflito? Ele examina o pedido e a causa de pedir, que, todavia, é examinada apenas sob o ponto de vista da *causa petendi* próxima, qual seja o fundamento jurídico do pedido. E o que ele verifica? Houve vínculo empregatício? Não. Então, a competência não é da Justiça do Trabalho. Ele esquece que tem a *causa petendi* remota, e qual é esta causa remota? É o contrato de trabalho; é o fato constitutivo do direito; ou é a relação de emprego, ou é a relação de trabalho, ou, então, as inter-relações decorrentes da figura do empregado e do empregador ou do tomador do serviço e do prestador do serviço. O que define a competência também é a relação jurídica substancial litigiosa. Não é puramente o pedido e a causa de pedir, mas tudo aquilo que está pairando sobre aquela relação em discussão no processo. É por isso que o STJ tem sempre dirimido o conflito em grande medida em prol da Justiça comum, porque nós mesmos abrimos mão da competência quando suscitamos o conflito negativo; se ainda fosse o conflito positivo, seria auspicioso, mas não é. O conflito negativo de competência sim — e aí, até por uma questão de política institucional, e sem nenhuma crítica destrutiva ao colega do STJ —, pois dirime sempre em prol da Justiça comum. Nós devemos, igualmente, mudar essa mentalidade e fazer uma jurisprudência mais criativa. Exemplo disso é a Súmula n. 366 do STJ: competência da Justiça estadual para julgar ação indenizatória proposta por viúva e filhos de empregado falecido em acidente de trabalho. Ora, pergunta-se: qual é a *causa petendi* remota deste conflito? É a existência do contrato de trabalho entre empregado e empregador no qual houve um acidente de trabalho em que o empregado foi vitimado. A viúva e os filhos vêm e pedem em nome próprio, é verdade; o dano moral é personalíssimo, é verdade, mas qual é a *vis atrativa* do conflito? É o acidente de trabalho que foi sofrido pelo empregado. Ora, então o que define a competência nesse caso? É só porque ela pediu a indenização por dano moral com base em norma de Direito Civil e formulou o pedido de indenização por danos morais? Isso é que define a competência? Ou é a relação jurídica subjacente no processo? É claro que é a relação jurídica subjacente no processo, porque foi o dano que ela sofreu em decorrência do falecimento do marido vítima de acidente de trabalho. Está aí a competência da Justiça do Trabalho. Aliás, o Superior Tribunal de Justiça olvidou-se da jurisprudência suprema. A jurisprudência do Supremo Tribunal Federal a respeito da matéria é muito clara: a competência é da Justiça do Trabalho. Se a viúva pedisse a indenização por dano moral por um fato a ela imputado e que lhe ofendeu os atributos valorativos da personalidade, sem nenhuma vinculação com o acidente sofrido pelo marido que veio a falecer, aí sim não se discutiria que a competência era da Justiça comum, mas no caso não, pois foi o acidente de trabalho o fato que motivou o falecimento do marido e do qual a viúva e os filhos pediram a indenização porque sofreram um abalo na sua dignidade e nos seus atributos valorativos da personalidade. Parece-me que não há dúvida de que a competência é da Justiça do Trabalho, data máxima vênia da Súmula n. 366 do STJ. Outro aspecto que eu iria pontuar aqui, mas vou deixar para o Dr. Sebastião e o Dr. Elder, que são os craques. Farei igual àquele ponteiro que cruza a área para que eles façam o gol. Não sei se o meu cruzamento vai ser bom. O outro aspecto tem a ver com a prescrição da pretensão indenizatória, não falemos mais em prescrição do direito de ação, porque o direito de ação é imprescritível, o que prescreve é a pretensão, que está no art. 186 do Código Civil atual. A prescrição em acidente de trabalho também é tormentosa, o problema é tormentoso. Posteriormente, o Dr. Sebastião vai revelar aos senhores o trabalho que ele teve para convencer os Ministros do Supremo Tribunal Federal a fim de que a competência fosse da Justiça do Trabalho. Mas eu me lembro de que, quando da minha convocação, ainda Juiz, no Tribunal Superior do Trabalho, esteve lá almoçando conosco o Ministro Carlos de Brito, antes do julgamento do Conflito famoso de n. 7.204, procedente de Minas Gerais. E eu ponderei a ele dizendo: Ministro, saiu a decisão do Ministro Cezar Peluso, que nós não éramos competentes para julgar ação de indenização por dano moral — faço, rapidamente, esse preâmbulo para falar da prescrição. Assevera o Ministro Peluso que — imaginem o seguinte —, se um trabalhador autônomo sofreu um acidente no trabalho, e não de trabalho, e contrata um advogado, e este alega que ele era um trabalhador autônomo. Pela nova competência da Emenda Constitucional n. 45, não é pessoa jurídica, é pessoa física. Ele pega indenização por ato ilícito. É o meu? Creio que não. E a Justiça do Trabalho julga relação de trabalho autônomo, assegurada pela nova competência da supracitada Emenda. Vem o empregado, que também sofre acidente de trabalho, e requer indenização por dano moral, e a Justiça do Trabalho diz que não pode julgar exatamente porque a carteira de trabalho dele está assinada. O senhor não acha que é um paradoxo? Ele disse: olhe, continue decidindo, porque a competência é da Justiça do Trabalho. E depois sobreveio o Conflito n. 7.204, em que foi dirimida a competência da Justiça do Trabalho para julgar ação por dano moral decorrente de acidente de trabalho, porque, em relação ao dano moral que não deriva de acidente do trabalho, a competência já era mais ou menos pacífica; aliás, isso foi até objeto da minha dissertação de mestrado, em 1995, pela Universidade Federal do Pará. Eu sustentei, em 1998, no livro de minha autoria, "Dano moral nas relações laborais. Competência e mensuração", publicado pela Editora Juruá, que eu já defendia, há muito tempo, a competência para julgar pedido de indenização por dano moral decorrente das relações de trabalho. Eu não enfrentei o tema da competência para acidente de trabalho. E o primeiro caso que julguei como Juiz substituto foi dano moral na fase pós-contratual, sobre "lista negra", isso foi em 1992. Alguém já tinha ouvido falar em "lista negra"? Já havia naquela época, sem tal denominação, mas era a hipótese de dano moral na fase pós-contratual, "lista negra", e eu reconhecia a competência do trabalho e julgamos a matéria. E aí o meu interesse de desenvolver o tema em que eu produzi a dissertação de mestrado e a publicação do livro pela Editora Juruá. E também lá eu propus o critério de mensuração que vou mencionar ao final. Mas vamos voltar ao tema tormentoso da prescrição da pretensão indenizatória de dano moral decorrente de acidente de trabalho.

Como é que a questão tem chegado ao Tribunal Superior do Trabalho? É o que eu pretendo de certo modo ponderar aos senhores; porque, se a questão, ao meu juízo, fosse resolvida como eu entendo, o problema não chegaria nessa dimensão que se encontra hoje no Tribunal Superior do Trabalho. O que acontece? Ação ajuizada na Justiça comum antes da Emenda Constitucional n. 45, acidente de trabalho contra o empregador e não contra o INSS. Sobrevem a supramencionada Emenda, sem decisão final na Justiça comum, remetem-se os autos à Justiça do Trabalho. E o que acontece na Justiça Trabalhista? Alguns tribunais e juízes olvidaram-se do princípio da estabilização da demanda; porque, não raro, na Justiça comum, já houve contestação, a demanda está estabilizada. Alguns juízes permitem que o réu adite a contestação. Ou então o réu alega e argui a prescrição, quando não havia arguido na ação na Justiça comum. Por quê? Porque ele entendeu que a prescrição era vintenária. Antes do Código Civil de 2002, não arguiu a prescrição, e o juiz do trabalho permite que o réu argua prescrição. E uns aplicam a prescrição trabalhista nessa hipótese. Ou então, se o juiz afastar a prescrição, vem o reclamado réu, no recurso ordinário, e invoca a Súmula n. 153 do Tribunal Superior do Trabalho, que diz mais ou menos o seguinte: não se conhece da prescrição não arguida na instância ordinária. Se o reclamado não arguiu na contestação, e o juiz não permitiu que ele aditasse, vem o reclamado réu no recurso e argui. E o que faz o Tribunal Regional? Examina a questão de mérito da prescrição, prejudicial de mérito, e acolhe ou afasta, mas examina. A meu juízo, o que poderia ser feito? Na primeira instância, dizer que não pode mais alterar os limites da lide, porque a demanda está estabilizada, já foi feita a contestação, e a parte não arguiu a prescrição, restando interrompida pela citação do Processo Civil (art. 219 do CPC). Até mesmo determinada por juiz incompetente ela produz efeito de interromper a prescrição. Então, a prescrição está interrompida, não podendo mais ser arguida pelo princípio da estabilização da demanda. Mesmo que a parte invoque, o réu, no recurso ordinário, a Súmula n. 153, ela não terá aplicação na hipótese, porque a prescrição está interrompida e o réu não a arguiu. Ele fez o quê? Renunciou a prescrição, mas não existe renúncia tácita; existe sim, está no art. 191 do Código Civil. Renúncia pode ser expressa ou por ato incompatível do credor em manter o direito em si. Bom, mas tem renúncia tácita de prescrição. Portanto, se fosse dito isso, não se levaria ao Tribunal Superior do Trabalho o tema, que esta Corte está tentando encontrar uma solução para definir o *actio nata*. Quando é que começa a prescrição, porque prescrição não tem nada a ver com competência: aquela trata-se de direito processual; e esta, de direito material. Ainda que hoje possa haver discussão de que prescrição é bifronte, ou seja, pertence tanto ao direito material quanto ao direito processual, eu discordo. Penso que prescrição é sempre de direito material. Quando ela é colocada no Código de Processo, é como norma de procedimento para que o juiz aplique a prescrição, mas ela não muda a sua natureza, não passa a ser esse centauro que eu chamo, corpo de cavalo e cabeça de homem, ou seja, direito material e direito processual, mas ela passou a ser norma de ordem pública. Não interessa, mas o credor pode renunciar a prescrição. Nessa hipótese, não se estaria, hoje, tentando encontrar um critério para definir o *actio nata*, quando se inicia a prescrição. O Tribunal Superior do Trabalho entende que o marco divisório para delimitação da prescrição é a competência. E de que forma tem sido a competência? A partir da Emenda Constitucional n. 45, em razão da decisão no Conflito n. 7.204. Se a ação foi ajuizada na Justiça comum antes da supramencionada Emenda, aplica-se a prescrição civil. E se ela foi ajuizada depois, aplica-se a prescrição trabalhista. Mas isso nem estaria em discussão se, no meu modesto entendimento, se declarasse que a prescrição está interrompida. Aí vem a questão da prescrição de ofício. Mas eu posso aplicar a prescrição de ofício? Abstraída a discussão do cabimento da prescrição de ofício no processo do trabalho, eu escrevi um artigo para a Revista do Tribunal Superior do Trabalho, há alguns meses, em que eu entendi que a prescrição de ofício só seria aplicada pelo juiz no primeiro momento, quando se defrontasse com a petição inicial. Haveria uma espécie de "despacho saneador". Não é bem isso, mas funcionaria de forma que o juiz, ao receber a petição inicial, a examina, verificando se há possibilidade de ele pronunciar de ofício a prescrição. Ele abriria um contraditório para o autor, antes de pronunciar a prescrição, a fim de evitar um cerceamento de defesa. O correto seria até que o advogado viesse já na petição inicial da ação e dissesse que a prescrição está interrompida pelo ajuizamento de ação anterior, ou por qualquer causa interruptiva ou suspensiva, para evitar que o juiz ainda abrisse essa espécie de contraditório, que não é para o réu, e sim para o autor. Agora, vejam bem o que eu vou dizer, se o juiz não fizer isso e proceder a audiência de conciliação, instrução, abriria uma preclusão *pro judicato*, ou seja, para o juiz. Ele já não poderia mais declarar de ofício a prescrição. E qual é o meu fundamento legal? É o próprio art. 295, parágrafo único, III, do CPC, se não me engano, que será indeferida petição inicial quando o juiz pronunciar a decadência ou a prescrição (219, § 5º). O art. 219, § 5º, diz respeito à prescrição de ofício. Então, para mim, o juiz tem que — se ele entender que há prescrição de ofício — pronunciar nesse primeiro momento e indeferir a petição inicial, senão preclue para o juiz. E somente a parte que poderia arguir. É uma tese minha, porque não chegou ainda ao Tribunal Superior do Trabalho nada a respeito dessa matéria, o que lá sobreveio foi a decisão dizendo que não cabe prescrição de serviço para processo de trabalho. Eu tenho várias dúvidas sobre o cabimento e o não cabimento. Mas, enfim, trata-se de uma tese que eu estou construindo e baseada na interpretação lógico-sistemática da lei. Eu estou aqui pisando em ovos para falar do tema, pois é um entendimento meu. Não é o Tribunal Superior do Trabalho que está falando, é o *Walmir Oliveira da Costa*. Em relação à quantificação do valor da indenização —

seara de grande tormento, e principalmente a questão de acidente de trabalho — no livro "Dano moral nas relações laborais. Competência e mensuração", que eu escrevi, na dissertação de mestrado, ainda sob a vigência do Código pretérito, eu proponho um critério de mensuração que combinava os arts. 1.547 e 1.553 do Código anterior. E que critério era esse? Onde havia ofensa à honra, à boa fama, ou seja, calúnia, difamação e injúria, aplicava-se a pena de multa prevista para o crime (art. 49 do Código Penal). Era um critério aritmético, que nós chegávamos a um patamar mínimo, dependendo do valor do salário mínimo, entre mais ou menos vinte e mil e oitocentos salários mínimos, e havia um balizamento. Posteriormente, eu escrevi um outro artigo pela Editora Forense, já mais ou menos criando critérios de mensuração. Por exemplo: lesão leve, vinte por cento; grave, quarenta por cento; gravíssima, sessenta por cento; e, enfim, até cem por cento. Mas todos os critérios são altamente subjetivos, razão por que não adianta querer criá-los, porque todos se tornam subjetivos. O que hoje estabelece a legislação? E o Dr. Sebastião também vai com certeza falar sobre o assunto. Cartão vermelho, já? Sim, eu usava os critérios da lei de imprensa (art. 52). As condições do ofensor e do ofendido, a vida social, a repercussão, o fato, enfim, mas o critério sempre era subjetivo. Esse é o mais tormentoso, todos os juízes que trabalham aqui e os advogados, quando têm de fixar, de mensurar, de quantificar, é um Deus nos acuda. Não adianta usar o critério tempo de serviço, porque ele é o pior de todos, tendo em vista a jurisprudência que diz: "utiliza-se o tempo de serviço...". Não se indeniza nem o tempo de serviço, quanto mais o dano moral que tem outro fundamento. Imagina se o trabalhador tem nove meses de serviço, não tem nem um ano, por esse critério ele não ia receber nada, mesmo ofendido moralmente. E qual é o critério que tem a lei hoje? O subjetivo de novo. Diz o art. 944, parágrafo único, que mede-se a indenização pela extensão do dano. Que é isso, extensão do dano? Subjetivo, conceitual. E ainda profere que, se o valor for excessivo, o juiz reduz. E eu digo, e se for irrisório, o juiz aumenta também? É claro. A lei contém um dispositivo para interpretar de um ou de outro modo. Então, se é excessivo, eu reduzo; se é irrisório, eu também posso aumentar pelo mesmo fundamento. Eu estou falando isso no âmbito de primeiro e segundo graus; porque, quando chega ao Tribunal Superior do Trabalho, não tem jeito. A única maneira que encontramos — perdoe-me aqui a brincadeira — foi no caso de uma indenização de dano moral por desídia — não era de acidente de trabalho —, cuja indenização era de 3 (três) mil salários mínimos. Quanto é que dá isso hoje? Um milhão, duzentos e lá vai, prêmio de loteria para desídia. Imagine se o empregado tivesse perdido toda a parte do corpo em razão de acidente de trabalho, como já julgamos no TST, e pedisse duzentos salários. Quer dizer, por uma desídia deram 3 mil salários mínimos e, no caso acima, deram duzentos salários mínimos — decisão regional. E o caso da professora, nós tivemos que invocar a violação do art. 5º, V e X, da Constituição, que trata dos critérios da proporcionalidade e da razoabilidade, para dizer que foi violado e reduzir a indenização, na época, a cinquenta mil reais. Como nós chegamos à quantia de cinquenta mil reais? Subjetividade, critério do arbitramento. Sabe quanto ganhava a professora? Mil e duzentos reais por mês. Vejam a disparidade, a falta de critério que a lei traz para nós podermos decidir esse tema tão tormentoso. O que traz hoje a lei? O critério da extensão do dano, mas não é só a extensão do dano, a circunstância do caso, a condição do ofensor e do ofendido, a posição social; enfim, o ato em si danoso, as repercussões desse ato, porque tem alguns que entendem que, se sair na imprensa, agrava a indenização; há outros que, por não haver repercussão na imprensa, não interessa. O dano moral é íntimo e sou eu que fui ofendido, não foi a imprensa que me ofendeu, fui eu. É a mesma coisa de dizer que você é feio, mas não te aborreças, mas eu me aborreço. Não tem assim? É uma questão de foro íntimo. A questão é que a dor não tem preço. É uma falácia dos antigos que eram negativistas da teoria do ressarcimento do dano, porque a dor tem preço sim, ela tem uma repercussão, tem como calcular, mas é a repercussão da dor no patrimônio imaterial ofendido. A Constituição traz os incisos V e X do art. 5º, onde vou buscar o critério da proporcionalidade e da razoabilidade. Há outro dispositivo da Constituição expresso? Não. Alguns dizem que o art. 37, nos princípios da moralidade e da proporcionalidade, está incluído como princípio maior, isso é interpretação Eu trouxe aqui que há, entre diversos projetos tramitando sobre a indenização, um projeto de lei do Senado que tenta criar critérios indicativos, porque não há condição de se criar critérios determinantes. Eu não posso dizer, pelo menos assim eu penso, que o dano moral vale de três a cento e vinte mil reais ou duzentos mil reais, ou um milhão de reais, a injúria vale dez mil, a calúnia vale cinquenta mil, a difamação vale trinta mil etc. Embora o Dr. Sebastião seja catedrático nisso, digo que, pela seguradora tem um preço, mas no processo é diferente. Quanto custa isso? Critérios devem ter na lei, e eles estão tentando aqui é fixar valores: está aqui, de quarenta e um mil e quinhentos a duzentos e quarenta e nove mil, de quarenta e um mil e quinhentos a cento e vinte e quatro mil e quinhentos; enfim, há preços para todos os gostos aqui: preço, *pretium doloris* (preço da dor). Está aqui mensurado. Penso que não pode ser assim. Critérios são dados para manter essa subjetividade, mas é essa circunstância do caso concreto que vai dizer quanto vale a indenização do dano moral. Aliás, eu até faço crítica à expressão "indenização", embora ela esteja na Constituição. Para mim, na Justiça do Trabalho não há indenização e nem restituição, há uma compensação; porque, de acordo com a Doutrina, a indenização seria paga pela Fazenda Pública (art. 37, § 6º). A restituição refere-se à teoria do *restitutio in integrum* do Direito Civil — danos emergentes e lucros cessantes. Parece-me que no Direito do Trabalho não há essa possibilidade. O que há é uma mera compensação do prejuízo causado, da dor sofrida, porque nós não temos como restabelecer o corpo da pessoa que foi mutilado, como aconteceu no caso em que o reclamante pediu duzentos salários e, se tivesse pedido mais, eu creio que levaria mais, porque ele perdeu parte do corpo e ficou mutilado. E duzentos salários dele, meu Deus, devia dar em torno de sessenta mil reais, um valor assim absurdo. E para a professora, nada contra a sua pessoa, eram de três mil salários mínimos. Claro que pode ocorrer um gravame que valha três mil salários mínimos. Estou falando que foi arbitrado o valor de três mil salários mínimos a uma desídia. E a questão do caráter da penalidade, da compensação, da reparação ou indenização do dano moral? Ela não é só pecuniária, ela pode ser também *in natura*, uma outra prestação que não seja em dinheiro. Normalmente, nas revistas de grande circulação, vê-se a contrapublicação sobre uma sentença em que a pessoa foi absolvida daquela imputação ofensiva, isso também é uma forma de reparação. Ocorre que atualmente se pede mais é o dinheiro, como se a moeda restabelecesse aquilo que foi violado na totalidade. Então, ela pode ser *in natura* ou *in pecunia*. Qual a finalidade dessa punição, dessa condenação? É primeiro pedagógica, para evitar a repetição da conduta; segundo, ela é punitiva em relação ao ofensor, e para a vítima é compensatória. Em linhas gerais, era mais ou menos o que eu pretendia expor. Quero mais ouvir os colegas e depois a plateia, porque me parece que só nessa dialética é que podemos enriquecer. Eu não estou aqui como Ministro do Tribunal Superior do Trabalho, estou como um colega que gosta de debater. A questão da polêmica para mim é o que nos faz rejuvenescer para o Direito, porque não se pode ficar com concepções estratificadas e imutáveis, por isso que nós estamos aqui debatendo para tentar chegar a um consenso em prol da Justiça do Trabalho. Essa efetividade tão apregoada por todos nós e que, na prática, não realizamos, seja por culpa nossa, seja por nossas limitações, por nossas deficiências, seja por culpa da instituição que não nos fornece meios, seja por culpa dos demais operadores do Direito ou, enfim, do sistema. Mas devemos suplantar todas essas dificuldades para tentar que, ao final do processo, prestemos um resultado, favorável ou desfavorável, mas pelo menos um resultado que seja inequívoco do ponto de vista do juiz e do que a sociedade espera dele. Muito obrigado.

# DEGRAVAÇÃO DA PARTICIPAÇÃO NO PAINEL

*O Sr. Helder Santos Amorim*[*]

Excelentíssima Senhora Presidente deste painel, Dra. Fátima Stern, magistrada baiana muito querida com quem tenho a felicidade de dividir esta mesa; excelentíssimo senhor Ministro do Tribunal Superior do Trabalho, Dr. Valmir da Costa; excelentíssimo Desembargador do TRT da 3ª Região, Dr. Sebastião Geraldo de Oliveira, doutrinador reconhecido por toda a comunidade jurídica na formulação de ideias sempre inovadoras sobre o tema do meio ambiente do trabalho, da proteção jurídica à saúde do trabalhador; senhoras e senhores, especialmente meus colegas de Ministério Público do Trabalho que aqui estão certamente para prestigiar esse evento tão bem organizado. Congratulo os organizadores deste evento por sua grandiosidade, por conseguir reunir profissionais tão competentes e reconhecidos.

Na condição de procurador do trabalho eu trago aqui uma perspectiva muito específica de abordagem sobre a tutela efetiva frente aos acidentes de trabalho, pois ela é fruto das minhas observações profissionais, e por isso muito particulares, a respeito do meio ambiente de trabalho.

Muito se tem discutido nos últimos cinco anos sobre a ampliação da competência e sobre a extensão do poder decisório da Justiça do Trabalho a partir da Emenda Constitucional n. 45: é competente para decidir sobre o trabalho autônomo? É competente para decidir sobre o acidente de trabalho quando a ação é ajuizada pela viúva ou pelos filhos do trabalhador falecido? É esta extensão do poder decisório que tem sido o foco dos longos e aprofundados debates nos últimos tempos. Mas eu acho que há uma questão que precede e que precisa ser objeto de uma reflexão. Com a ampliação do seu poder decisório, a Constituição de 88 trouxe para a Justiça do Trabalho não apenas mais um espaço de poder, mas uma nova responsabilidade sobre a efetivação dos direitos fundamentais dos trabalhadores, o que impõe a tutela do gozo efetivo dos direitos no curso do contrato de trabalho, e esta é uma perspectiva inovadora.

---

(*) Procurador do Trabalho da Procuradoria Regional do Trabalho da 3ª Região, Mestre em Direito Constitucional pela Pontifícia Universidade Católica/RJ

A Constituição de 88, senhores, inovou primeiramente em retirar os direitos dos trabalhadores do capítulo da ordem econômica, ou econômica e social, como ocorria nas Constituições de 1934 a 1967, para lançar esses direitos no capítulo dos direitos e garantias fundamentais. Esta alteração não tem apenas um caráter simbólico voltado a enfatizar a importância dos direitos dos trabalhadores para a sociedade política, não é só isso. Essa mudança traz para a Justiça do Trabalho uma responsabilidade incomensurável na reconstrução do Estado Democrático tão castigado nos períodos ditatoriais de supressão das liberdades individuais, de intervenções estatais nos sindicatos etc.; a responsabilidade de instituir a democracia alçando os direitos dos trabalhadores à categoria de direitos essenciais, fundamentais, pressupostos de existência do Estado Democrático de Direito. Ora, o que é essencial não pode ser dispensado. Então, a responsabilidade que a nova competência atribui à Justiça do Trabalho é de efetivação, de concretização dos direitos fundamentais, é a responsabilidade de retirar esses direitos do plano da letra fria da norma constitucional e de transformar em realidade esse ideal político da sociedade brasileira. Então, é sob essa nova hermenêutica constitucional, que toma os direitos fundamentais como o alicerce do Estado Democrático, que eu passo a pensar o tema específico desse nosso painel, que é a Tutela Efetiva Frente aos Acidentes de Trabalho.

E não consigo então, como procurador do trabalho, sob uma perspectiva muito particular, pensar em tutela efetiva frente a acidentes de trabalho sem pensá-la em duas dimensões. Primeiramente, penso uma tutela efetiva na dimensão preventiva do acidente, pela imposição das normas de saúde e segurança do trabalho que instituem direito fundamental do trabalhador à luz do artigo sétimo, inciso vinte e dois, da Constituição. Num segundo momento, eu penso a tutela efetiva frente aos acidentes quando já ocorrido o fato danoso, a doença ou acidente, na perspectiva de um direito à indenização do dano decorrente do ilícito ou, como sugere o Ministro Valmir, o direito à compensação pecuniária pelo fato danoso, o prejuízo sofrido, seja pelo trabalhador, quando mutilado, adoecido etc., seja por seus familiares, quando o acidente enseja a morte do trabalhador. E, neste caso, nós também estamos tratando de um direito fundamental inscrito no artigo sétimo, inciso vinte e oito, que é o direito ao seguro contra acidente de trabalho sem excluir a indenização a que tem direito em face do empregador em caso de culpa ou de dolo. Então, nessas duas perspectivas, eu passo a indagar que espécie de tutela efetiva a Constituição exige hoje da Justiça do Trabalho. Bem, na primeira dimensão, na dimensão preventiva, nós teríamos que buscar uma tutela preventiva, como o próprio nome diz, por meio de medidas satisfativas das obrigações patronais no curso do contrato de trabalho, o que corresponde à denominada "tutela inibitória", destinada a impedir que o empregador continue violando as normas de saúde e segurança, e a impor-lhe a adoção das medidas que lhe são atribuídas. Nesta perspectiva o Direito vem se aprimorando e evoluindo profundamente na categorização dos direitos coletivos, difusos, individuais homogêneos. Essa categorização corresponde, de certa forma, a uma reação do sistema jurídico ao descumprimento sistemático de suas normas, e que tende a desestabilizá-lo. Para reagir à altura, o sistema jurídico busca coletivizar a titularidade dos direitos, atribuindo-os não mais apenas aos indivíduos, mas aos grupos de pessoas, especialmente em matéria de saúde e segurança do trabalho, pois as medidas de proteção à saúde e segurança do trabalhador são medidas predominantemente coletivas. Por isso, inclusive, as normas que tratam de saúde e segurança priorizam hierarquicamente as medidas de caráter coletivo e somente supletivamente recorrem às medidas de caráter individual.

Bem, já no plano da tutela individual, a medida indenizatória do infortúnio possui natureza estritamente reparatória. E aqui eu indago: no plano do direito individual à reparação dos prejuízos decorrentes de um acidente que já se consumou, é viável uma tutela efetiva? Bem, a resposta depende da perspectiva de efetividade. Poderíamos pensar em tutela efetiva sob o aspecto da efetividade processual, um processo rápido, célere, como prevê o novo inciso do artigo quinto da Constituição; numa prestação jurisdicional célere, ágil, efetiva, podemos ter uma tutela efetiva. Podemos pensar em efetividade também sob o ponto de vista da tutela adequada e justa conforme o ordenamento jurídico, uma indenização bem aquilatada, uma análise adequada do caso concreto etc., mas quando nos deparamos com a imensa responsabilidade da Justiça do Trabalho diante desse desafio de implementar o Direito na origem, na espécie, durante o curso da execução do trabalho, impossível se torna pensar em efetividade quando o acidente já aconteceu, porque o acidente já é prova da inefetividade do sistema, da violação das normas que instituem direitos fundamentais, não é?

Então assim, sob essas duas dimensões, eu faço um pequeno e rápido esboço do tema, até para prestigiar a plateia que certamente está afoita por ouvir os ensinamentos do desembargador Sebastião Geraldo. Pois bem, o direito indenizatório, esse direito de caráter individual, tem uma gênese muito marcada no Estado liberal, na concepção liberal de que as obrigações, digamos assim, comportamentais, aquelas obrigações de fazer ou não fazer que dependem do comportamento do indivíduo, elas são passíveis de cobrança somente até certo limite, porque o primado da liberdade individual impediria ao Estado medidas demasiadamente interventivas na liberdade individual, capazes de obrigar o devedor ao cumprimento desses deveres contra a sua própria vontade. A concepção do Estado liberal é profundamente condescendente com a vontade de quem não cumpre com o seu dever jurídico. As normas do processo civil clássico são altamente condescendentes com o descumprimento dos deveres legais e das obrigações jurídicas, tanto assim que em nosso Código de Processo Civil de 1973 temos disposições originárias que privilegiam a conversão em pecúnia das obrigações inadimplidas, como o artigo 633 do CPC, segundo o qual, não sendo possível o cumprimento da obrigação, é lícito ao credor requerer a sua conversão em perdas e danos. Nesse antigo modelo o juiz ia até certo momento, citava o devedor para cumprir a obrigação, mas se o devedor não a cumprisse, cabia ao credor pedir a conversão em perdas e danos. O que isso significa se não a condescendência com o descumprimento específico da obrigação? Nós herdamos essa cultura de profunda condescendência com o descumprimento das obrigações específicas e da fácil conversão em pecúnia das violações, como se a violação fosse o ordinário e o cumprimento específico fosse o extraordinário. Mesmo no plano do Direito do Trabalho isso ocorre.

Vamos pensar, o Direito do Trabalho é um ramo do Direito Material profundamente comprometido com os direitos sociais e para isso dotado de um traço interventivo considerado absurdo pelo Estado liberal. As normas trabalhistas relacionadas à saúde e à segurança são normas altamente interventivas. Mas, se recorremos ao Direito Processual do Trabalho, descobrimos que ele não difere muito, na origem, do Direito Processual Civil clássico, no momento de impor essas obrigações. A condescendência do processo do trabalho com o descumprimento das obrigações trabalhistas sempre foi imensa. Quando a inspeção do trabalho, lá na Administração Pública, não era suficiente para impor o cumprimento específico das obrigações por meio do seu poder de polícia, o processo individual do trabalho tinha instrumentos adequados para fazer cumprir tais obrigações de forma específica, como hoje nós dispomos no processo coletivo do trabalho. Até porque o próprio Direito do Trabalho já tem um vício cultural, congênito eu diria, de monetização do risco. Mesmo impondo comportamentos concretos voltados a prevenir acidentes e doenças, o Direito do Trabalho sempre teve uma tendência a prefixar o valor do risco com os adicionais de insalubridade e de periculosidade, o que não passa de uma prefixação compensatória (apesar da natureza salarial que lhes é atribuída) dos riscos a que os trabalhadores estão submetidos no dia a dia do seu trabalho.

Outro aspecto, este do Direito Processual, que me chama a atenção, é o fato de que o processo do trabalho sempre esteve muito voltado a uma dinâmica de reparação pós-contratual das lesões. A lide individual ainda é o foco principal da atuação da Justiça do Trabalho, mas é uma lide de caráter reparatório, pós-contratual, que tem como finalidade apenas reparar violações quando elas já ocorreram, inclusive violações decorrentes do descumprimento de normas de saúde e segurança do trabalhador.

Faço estas observações para ilustrar uma mudança de rumos positiva que se deu, a partir da segunda metade do século vinte, na prestação da tutela jurisdicional, com repercussão positiva na efetividade dos direitos.

Primeiro houve um avanço imenso na concepção dos direitos humanos, depois das tragédias da Segunda Guerra Mundial, o que levou a uma verdadeira reforma hermenêutica pós-positivista com o surgimento da nova hermenêutica constitucional, comprometida com efetivação dos direitos fundamentais. O processo civil, nesse giro de perspectiva, deixou de ser um processo meramente conceitual, autonomista, voltado para si próprio como fim em si mesmo, e pôs-se a ser instrumento de efetivação de direitos, especialmente direitos fundamentais, a serviço da democratização do Estado de Direito. E nós, do mundo do trabalho, colhemos os resultados dessa evolução de um modo formidável, pois nenhum ramo do Direito depende mais de medidas coercitivas, impositivas, que o Direito Social, especialmente o Direito do Trabalho. Então o Direito do Trabalho apanha esse processo instrumental quase que com um grito de socorro histórico: eu preciso de instrumentos que me permitam, no plano do processo, implementar essas normas de proteção do trabalhador. E aí é que identificamos um fenômeno essencial para o Direito do Trabalho contemporâneo, que é o fenômeno da coletivização da defesa judicial dos direitos, voltado a enfrentar a violação massificada dos direitos individuais.

Apesar da abstração conceitual, não podemos nos esquecer de que por trás da concepção de direitos difusos e de direitos coletivos existem pessoas humanas consideradas em suas singularidades, em suas particularidades, pessoas que nascem, crescem, adoecem e morrem, e que estão sujeitas, com a sua fragilidade física, orgânica, a todo tipo de sorte, a toda sorte de intempéries, a todas as agressões provenientes do meio ambiente ecológico degradado e, principalmente, do ambiente de trabalho onde ele passa a maior parte do dia, da sua vida, submetido muitas vezes a condições muito adversas. Então veja, o Direito do Trabalho, o mundo do trabalho, era carente de instrumentos como este, como a ação coletiva em defesa de direitos coletivos do trabalhador e muito especialmente os direitos relacionados à saúde e segurança no trabalho. O mundo do trabalho era profundamente carente desse instituto processual. A ação civil pública chega num momento em que o pensamento jurídico e filosófico a respeito dos direitos humanos já amadureceu suficientemente e já temos a plena consciência da indispensabilidade dos direitos dos trabalhadores para o regime democrático, como verdadeiros direitos fundamentais. Não são apenas direitos importantes, são essenciais.

Nessa mudança de giro, a tutela que estes direitos reclamam é uma tutela capaz de fazer cumprir o direito na origem, e é uma tutela não apenas jurisdicional, mas também uma tutela administrativa desenvolvida pela inspeção do trabalho quando fiscaliza, notifica, autua o empregador por descumprimento das normas de proteção ao trabalhador. Esta também é uma tutela coletiva do cumprimento das normas de saúde e segurança no trabalho. E geralmente ela não é suficiente. Sabemos que, por conta de todo o processo histórico de permissibilidade com o descumprimento dos direitos sociais no Brasil, nós não temos uma inspeção do trabalho equipada, suficientemente instrumentalizada para fazer com que os direitos dos trabalhadores se transformem em realidade. Estamos muito e muito distantes deste ideal, apesar de reconhecer o imenso empenho dos auditores fiscais no embate diário pelo direito dos trabalhadores. Nós, procuradores do trabalho, que atuamos numa posição intermediária entre a atividade jurisdicional e a atividade administrativa dos auditores fiscais, vivenciamos a dificuldade enfrentada por estes agentes, a luta diária destes profissionais altamente qualificados, enfrentando inclusive pressões políticas para desenvolver a tutela efetiva, coletiva, do direito dos trabalhadores. Mas, não sendo suficiente esta tutela administrativa, cabe a nós, Ministério Público e Poder Judiciário, promovermos a tutela efetiva dos direitos diante das denúncias e das irregularidades que nos são apresentadas, esse é o nosso papel.

Feito este esboço, vou ao tema da Emenda Constitucional n. 45 para fazer a seguinte indagação: qual seria então a repercussão desta Emenda Constitucional sobre as duas dimensões de tutela, a tutela individual, reparatória, e a tutela coletiva? Bem, do ponto de vista da tutela individual, eu sei que esse tema será abordado com muita maestria pelo Desembargador Sebastião Geraldo, por isso não me atreveria a fazer uma incursão perigosa num tema que é de conhecimento pleno do Desembargador por sua qualificação doutrinária, sua experiência. Também aqui, já fazendo aquele cruzamento que foi feito pelo Ministro Valmir, vou deixar as maiores incursões para o desembargador Geraldo, até porque sei que ele vai se dedicar com maestria à matéria. Farei apenas uns pequenos apontamentos.

Em matéria de tutela individual reparatória, no meu entendimento a Emenda Constitucional n. 45 apenas aclarou uma competência que já era da Justiça do Trabalho desde a promulgação da Constituição de 1988. E somente aclarou por quê? Porque as ações indenizatórias decorrentes de acidentes são ações que estão fincadas no fato do descumprimento e da violação do contrato de trabalho; porque as normas de saúde e segurança integram o conteúdo mínimo dos contratos de trabalho. Então se trata na verdade de uma ação fundada em descumprimento contratual, antes de qualquer coisa. Todas as Constituições anteriores à de 1988 excetuavam da Justiça do Trabalho a competência para essas ações indenizatórias, sempre remetendo à Justiça Comum. E daí advinham especulações de toda ordem. Especula-se que se temia que a benevolência da Justiça do Trabalho no reconhecimento do nexo causal dos acidentes pudesse gerar prejuízos às seguradoras, desestimulando ou encarecendo o seguro etc. Eu prefiro acreditar, sinceramente, que se tratava de uma tradição jurídica incrustada nas mentes dos operadores do Direito que não lidam com Direito do Trabalho, e de um grande preconceito para com o direito do trabalhador, visto como um direito pequeno, um direito menor; a Justiça do Trabalho teria que ser a Justiça que cuida do óbvio, do pagamento do décimo terceiro inadimplido, do pagamento das férias indenizadas, da reparação do direito menor. Mas quando o trabalhador sofria um acidente de trabalho, esse fato jurídico assumia tanta repercussão social que a Justiça do Trabalho deixava de ser competente e a matéria era remetida à Justiça Comum. Veja, era a repercussão social do acidente que, de certa forma, projetando importância ao fato, lançava a correspondente ação indenizatória para uma esfera alheia à Justiça do Trabalho. No meu entendimento, portanto, o que ainda existe é um verdadeiro preconceito social para com o Direito do Trabalho, que está sendo vencido a duras penas, e muito à custa das alterações trazidas com a Emenda Constitucional n. 45.

Tanto assim que o Supremo Tribunal Federal, mesmo após a promulgação da Constituição de 1988, continuou remetendo para a Justiça Comum a competência para as ações indenizatórias de acidente de trabalho promovidas pelo trabalhador ou pelos familiares da vítima contra o empregador, como já foi dito pelo Ministro Walmir, com base numa interpretação, *data vênia*, equivocada, do art. 109 da Constituição. Este artigo só queria excetuar da Justiça Federal as ações acidentárias ajuizadas contra o órgão previdenciário, remetendo-as à Justiça Comum Estadual. Mas a interpretação predominante continuou sendo a mesma que vigorava antes da Constituição interpretada, no sentido de que o dispositivo estava a retirar também da Justiça do Trabalho a competência, em toda e qualquer ação sobre o tema de acidente de trabalho, em favor da Justiça Comum Estadual. Esta interpretação vigorou até a entrada em vigor da Emenda Constitucional n. 45, que inseriu no inciso sexto do art. 114 da Constituição a competência para julgar as ações de indenização (não é isso, Desembargador?) por dano patrimonial e moral decorrente da relação de trabalho. Logo num primeiro momento após a edição da Emenda, em início de 2005, o Supremo, numa decisão relatada pelo Ministro Peluzo, ainda continuou entendendo competente a Justiça Comum Estadual para julgar estas ações de indenização, mas, imediatamente em seguida, em junho de 2005, no conflito de competência aqui referido, de número 7204, suscitado pelo Tribunal Superior do Trabalho, o Supremo Tribunal, por meio de uma decisão brilhante relatada pelo Ministro Carlos Ayres de Brito, reconheceu que a competência da Justiça do Trabalho para as ações de indenização promovidas contra o empregador já existia e já se impunha desde 1988, embora no dispositivo do acórdão esta não tenha sido a exata conclusão. Nesta decisão, firmou-se a competência da Justiça do Trabalho a partir da Emenda n. 45, e apenas o ministro Marco Aurélio de Mello consignou na conclusão seu entendimento de que já era competente a Justiça do Trabalho para ação de indenização desde 1988. Mas houve uma justificativa do ministro Carlos Ayres de Brito, no que foi acompanhado pelos demais ministros, no sentido de que o Supremo tem a responsabilidade de, em conflitos de competência, fixar parâmetros razoáveis para o início de vigência das suas decisões, a fim de evitar transtornos em relação às ações julgadas anteriormente. Então, por conta disso, neste conflito de competência a matéria restou pacificada e não temos mais dúvida.

E qual é a súmula do pensamento do Supremo a respeito da matéria? Que as ações de acidente de trabalho promovidas contra o empregador são de competência da Justiça do Trabalho. Mas vejam: antes dessa decisão, que é de 2005, o Supremo já tinha editado a Súmula 736, que é do ano de 2003, segundo a qual é da Justiça do Trabalho a ação cuja causa de pedir esteja fundada no descumprimento de normas de saúde e segurança do trabalhador. Eu não consigo, sinceramente, entender como se desconecta a ação indenizatória de acidente de trabalho da causa de pedir fundada em descumprimento de norma de saúde e segurança, pois o acidente de trabalho via de regra está justificado no descumprimento contratual destas medidas de saúde e segurança. Tudo bem, o Supremo veio e tranquilizou a jurisprudência a respeito, mas o STJ, ainda arraigado à cultura de profunda resistência à vinda dessa competência para a Justiça do Trabalho, edita agora, em outubro ou novembro de 2008, a sua Súmula n. 366, que diz que as ações ajuizadas pela viúva e pelos filhos do trabalhador falecido contra o empregador são de competência da Justiça Comum. Porque essa ação só continua na Justiça Comum quando é ajuizada pela viúva, como se a mulher também não morresse em acidente de trabalho? Acho engraçado. Eu queria fazer aqui apenas uma abordagem rápida dos três argumentos básicos que dão fundamento a esta Súmula do STJ, aqui sim, lançando a bola para a discussão posterior que será muito bem desenvolvida pelo desembargador Geraldo. Os argumentos básicos que eu encontrei foram os seguintes: primeiro, a ação de indenização, essa ação promovida pelos familiares do empregado falecido, não seria uma típica ação de acidente de trabalho, mas uma ação de indenização fundada em lícito civil; segundo, que o direito à indenização titularizado por terceiros estranhos à relação de emprego não decorreria do contrato de trabalho, mas de ato da empresa, configurador de culpa civil; e, por fim, que os autores pleiteiam direito próprio, em face de dano próprio, e não direitos decorrentes do contrato de trabalho na condição de sucessores do trabalhador. O que eles querem dizer na verdade é o seguinte: esse direito não é um direito decorrente do contrato de trabalho, decorrente da execução do contrato, como são os direitos a férias, décimo terceiro, salários, FGTS, e, portanto, quando os familiares comparecem pleiteando esta indenização, não comparecem na condição de herdeiros de direitos deixados pelo trabalhador; eles estariam pleiteando direito próprio e a causa de pedir dessa ação é fundada no ilícito civil, na culpa civil, e não no contrato de trabalho. Então, eu faço apenas algumas pequenas objeções a este entendimento. Primeiro, eu entendo que toda ação acidentária que esteja fundada no fato da inexecução do contrato de trabalho ou simplesmente no inadimplemento das normas de saúde e segurança do trabalhador, tem como causa de pedir, e aqui muito bem explicitado pelo ministro Walmir, como causa de pedir remota, o contrato de trabalho. Então, não se trata de um direito decorrente da execução do trabalho, certamente não, mas trata-se de um direito decorrente acidentalmente da violação do contrato. É o contrato que institui a relação jurídica base. A relação jurídica deduzida em juízo está fundada na violação de um contrato de trabalho. Então, se o trabalhador sofre uma mutilação, suponhamos, e vai a juízo pedir uma indenização em face do seu empregador pelos prejuízos sofridos por ele e por sua família, o prejuízo deve ser aquilatado à luz do sofrimento moral e material causado a toda a família, esposa, filhos etc. Neste caso, mesmo para o STJ, seria competente a Justiça do Trabalho para a ação indenizatória. Mas se este trabalhador falece, a família não poderia, segundo o STJ, recorrer à Justiça do Trabalho para pleitear a mesma indenização, mesmo em se tratando de um dano idêntico. Esta família sofreu a perda do seu mantenedor e, moralmente, sofreu a perda do ente querido, por força da violação do contrato de trabalho, violação esta que correspondente à violação do direito fundamental à vida, à integridade física e psíquica daquele trabalhador. Portanto, eu não vejo coerência nestes argumentos do STJ. Entendo que a culpa não é civil; que a culpa é primeiramente contratual e apenas de modo reflexo é uma culpa civil. Se eu estiver enganado, peço muito humildemente ao Desembargador Sebastião que esclareça essas minhas dificuldades, mas aqui eu vejo uma típica ação fundada em violação do contrato de trabalho e uma culpa de natureza contratual, embora os familiares não sejam partícipes da relação jurídica básica, que é a relação de emprego. Vejo uma típica ação fundada em causa de pedir relacionada ao descumprimento de normas de saúde e segurança do trabalhador, à luz da Súmula n. 736 do Supremo.

Então, feitas essas observações no plano da ação indenizatória, eu passo a perquirir sobre a repercussão da Emenda n. 45 agora no âmbito da tutela preventiva dos acidentes de trabalho. Bem, no âmbito da tutela preventiva, a Emenda n. 45, no meu entendimento, trouxe três importantes repercussões. A primeira, para a qual chamo a atenção, é exatamente a de aclarar a competência da Justiça do Trabalho para as ações em que se pleiteia reparação por dano moral, porque no plano coletivo isso possui um significado muito importante na categorização do dano moral coletivo, como aquele dano sofrido por uma coletividade, decorrente da violação de alguns princípios, alguns valores comunitários, da perda da autoestima, da afirmação e da crença na ordem jurídica como uma ordem capaz de assegurar a convivência pacífica. Então esta disposição da Emenda Constitucional é muito significativa nas ações coletivas de reparação do ambiente de trabalho degradado. Quando, na mineração, o trabalhador é submetido a condições degradantes que causam a silicose, o colega de trabalho que acompanha o cotidiano daquele que está sofrendo, acometido de uma doença incurável, vislumbra naquela situação a sua própria sorte. Na indústria química é moralmente degradante a situação da comunidade de trabalhadores que acompanha o cotidiano do colega acometido de câncer por contato indevido com produtos químicos, como o benzeno, vendo a sua saúde submetida à mesma sorte. Estou dando exemplos, apenas, de situações altamente degradantes para a coletividade de trabalhadores que vê esvaziado seu sentimento de crença, de fé na ordem jurídica. A segunda repercussão positiva da Emenda Constitucional no plano da tutela preventiva foi acrescentar competência à Justiça do Trabalho para as lides decorrentes da imposição de penalidades administrativas pela inspeção do trabalho, e aqui relembro a passagem anterior no sentido de que a atuação da inspeção do trabalho constitui uma espécie de tutela administrativa de natureza coletiva, preventiva dos acidentes de trabalho. Esta competência veio num momento muito importante, porque a Justiça do Trabalho, que é responsável pela implementação dos direitos fundamentais dos trabalhadores, estava destituída do poder decisório sobre a legalidade da conduta dos agentes da inspeção do trabalho exatamente quando exercitam sua atividade de tutela destes direitos fundamentais. E no passo desta alteração, eu cito a terceira repercussão, que é aquela que inseriu o inciso quarto no art. 114 da Constituição, trazendo para a Justiça do Trabalho a competência para o mandado de segurança quando o ato envolve matéria sujeita à jurisdição trabalhista. Este dispositivo tem uma repercussão muito importante sobre aquela tutela administrativa do meio ambiente do trabalho. As empresas e seus sindicatos costumam impetrar mandados de segurança contra a inspeção do trabalho, na pessoa do superintendente regional do trabalho, com a finalidade de obter verdadeiros salvo-condutos para se eximir do cumprimento dos programas de prevenção de riscos ambientais, do PCMSO (Programa de Controle Médico de Saúde Ocupacional), do PCMAT (Programa de Controle do Meio Ambiente na Contrução Civil) etc., que são programas exigíveis pelos agentes da inspeção do trabalho.

Eu tenho um exemplo muito específico da construção civil, em que o sindicato das empresas de construção pesada em Minas Gerais impetrou na Justiça Federal, por volta do ano de 1996, um mandado de segurança coletivo em benefício de 197 empresas (a Justiça Federal era competente para este mandado de segurança em 1996, bem antes da Emenda n. 45), pleiteando que não fossem exigidos dessas empresas os programas a que me referi, previstos nas Normas Regulamentadoras 07, 09 e 18 do Ministério do Trabalho, sob o argumento de que tais exigências ferem o princípio da legalidade, por se fundarem em portaria do Ministério do Trabalho e não em lei em sentido formal. Pediram com isso a isenção no cumprimento de um programa que tem por finalidade a identificação e o controle dos riscos inerentes ao meio ambiente de trabalho na construção civil. E esta discussão seguiu o seguinte rumo: o Ministério Público Federal emitiu um parecer favorável à concessão da segurança ao argumento de que a exigência de fato feria o princípio da legalidade; o juízo de primeira instância extinguiu a ação, aplicando uma súmula do Supremo Tribunal segundo a qual o mandado de segurança não serve ao questionamento de lei em tese, mas o Tribunal Regional Federal da Primeira Região, acolhendo o parecer do Ministério Público, concedeu a segurança e concedeu sob este único argumento, de que, não sendo lei em sentido formal, a portaria do Ministério do Trabalho que institui os programas de segurança fere o princípio da legalidade (artigo quinto, inciso segundo, da Constituição), e assim transitou em julgado a decisão no ano de 2005. Em 2005 a Emenda Constitucional n. 45 já havia entrado em vigor, a competência para este mandado de segurança desde então é da Justiça do Trabalho, mas nós sabemos que a competência é fixada ainda no momento em que a decisão de primeira instância é proferida, segundo entendimento do Supremo. Portanto, neste exemplo, a competência da Justiça Federal restou firmada porque a decisão de primeira instância foi proferida pela Justiça Federal antes da entrada em vigor da Emenda n. 45. Pois bem, transitada em julgado a decisão no mando de segurança coletivo, a partir do ano de 2006 começaram a pipocar na Justiça do Trabalho mandados de segurança individuais impetrados pelas empresas da construção pesada beneficiadas na ação coletiva, sob a alegação de que estavam sendo notificadas pela inspeção do trabalho para o cumprimento dos programas e que esta fiscalização estava ferindo a coisa julgada operada na Justiça Federal.

A Justiça do Trabalho, em algumas primeiras decisões, acolhendo o argumento da coisa julgada, concedeu as seguranças, para que a inspeção do trabalho não mais exigisse das empresas os programas de controle ambiental. Mas o Ministério Público do Trabalho acompanhou estas situações de perto, fizemos intervenções por meio da atuação *custos legis*, buscando convencer os magistrados de que a matéria diz respeito à efetivação de direitos fundamentais dos trabalhadores, e já tivemos algumas vitórias. Por que vitórias? Tenho menos de 5 minutos para finalizar minha fala, o que impede a explanação ampla de todos os nossos argumentos, mas eu vou pincelar o seguinte aspecto: a decisão da Justiça Federal, que concedeu a segurança coletiva, não analisou a questão em nenhum momento sob o prisma dos direitos fundamentais que são tutelados por meio dessas fiscalizações; não analisou a perspectiva de que as normas do Ministério do Trabalho são normas tripartites elaboradas com a participação de representantes das empresas impetrantes; não analisou a questão sob a perspectiva de que a maioria das empresas do ramo já vinha cumprindo há muito tempo os programas de prevenção de acidentes, tanto que a autuação fiscal geralmente se dá por falha nos programas e não por sua absoluta inexistência. Felizmente, algumas decisões recentes da Justiça do Trabalho já negam esse absurdo benefício de coisa julgada *ad eternum* para o descumprimento da norma jurídica que implementa direito fundamental. Então, é necessário que, num momento como esse, a Justiça do Trabalho assimile sua responsabilidade pela efetivação dos direitos fundamentais, fazendo uma ponderação muito importante e indispensável entre a gravidade do ato fiscalizador para a liberdade individual do empregador e a importância da implementação dos direitos fundamentais, não só para os trabalhadores, mas para toda a sociedade política, porque direito fundamental, repito, não é direito importantinho, é direito essencial para a democracia.

Finalizo, então, para ser obediente ao tempo que me foi concedido, dizendo que um dos aspectos que mais me chamam a atenção na tutela coletiva dos direito dos trabalhadores, na atualidade, é a questão das medidas liminares nas ações civis públicas em matéria de meio ambiente do trabalho. Sobre isto, chamo a atenção dos magistrados presentes para a resistência da magistratura na concessão de liminares. Desculpem-me a grosseria da comparação, mas considero que a negação de uma medida liminar numa ação que trata de saúde do trabalhador, quando está demonstrado o descumprimento das medidas preventivas, é como um velório de defunto rico e famoso, com muito falatório, discurso bonito, muito verbo, mas o que realmente importa, que é a tutela preventiva das doenças e acidentes na execução do trabalho, ao final das contas, eis falecida, porque o organismo humano não segue a lógica do processo, não espera uma decisão transitar em julgado em nome da segurança jurídica, como um valor absoluto, ao final de 7 anos. Ao final da decisão do recurso de revista ou do agravo de instrumento no TST, nesse período de 5, 6, 7 anos, o ser humano, que é o ponto de impacto do descumprimento da norma jurídica, ele adoece; submetido a silicose, ele enrijece o pulmão e morre; submetido a uma construção civil insegura, ele cai de andaimes, ele morre de queda, por choque elétrico ou por soterramento; na indústria química, ele morre de câncer ou de outros inúmeros males incuráveis quando exposto indevidamente aos produtos agressivos. Este impacto sobre a saúde não tem volta. E a saúde do trabalhador é de grave importância para o Direito porque diz respeito ao direito à vida, o centro de valor de toda ordem jurídica, política e social. Não há necessidade de Estado se não for para garantir o direito à vida. Qual a importância e a necessidade de um Estado, se não for para garantir o direito fundamental à vida e à saúde? Por isso deixo aqui o meu questionamento sobre este valor quase absoluto que tem se dado à ideia da segurança jurídica, como argumento para negação de medidas liminares nas ações coletivas, inclusive aquelas que versam sobre prevenção de acidentes e doenças ocupacionais. A segurança jurídica é tratada, neste caso, como um salvo-conduto para que o empregador possa, no período do processo, continuar violando o direito à vida e à saúde dos trabalhadores. Concluo, portanto, dizendo que a finalidade maior das alterações trazidas pela Constituição de 1988 e pela Emenda Constitucional n. 45 foi de atribuir à Justiça do Trabalho a responsabilidade por tornar realidade o ideal de uma sociedade democrática. E não existe sociedade democrática sem distribuição efetiva de direito, especialmente o direito à prevenção de doenças e acidentes de trabalho. Diz Konrad Hesse que a Constituição só se converte em força ativa se for assimilada pela consciência geral das pessoas, e em especial pela consciência dos principais responsáveis pela ordem jurídica, não apenas a vontade de poder, mas a vontade de Constituição.

E é por isso que conclamo a todos para que, a partir desse momento, 5 anos depois da edição da Emenda n. 45, passemos a discutir a ampliação da competência da Justiça de Trabalho não apenas como uma ampliação de poder decisório, mas como uma ampliação de responsabilidade. Mas que façamos isso com sede de direitos e com vontade de Constituição.

Muito obrigado.

# DEGRAVAÇÃO DA PARTICIPAÇÃO DO PAINELISTA

*O Sr. Sebastião Geraldo de Oliveira*[*]

Eminente colega, juíza Fátima Stern que preside esta mesa, eminente Ministro do Colendo Tribunal Superior do Trabalho, Dr. Walmir de Oliveira Costa, eminente Procurador do Trabalho Dr. Elder Santos Amorim.

Inicialmente, gostaria de cumprimentar aos colegas de mesa que me precederam pelas substanciosas exposições. Gostaria também de cumprimentar os demais colegas presentes, os Procuradores do Trabalho, os advogados, os estudantes e todos que aqui compareceram.

Diante das brilhantes exposições anteriores sobre o mesmo tema que também vou abordar, desejo apenas pontuar algumas questões para alimentar o debate. Devo registrar que para mim é uma satisfação enorme estarmos todos aqui para comemorar e debater esse "gostoso" acréscimo de serviço, qual seja, a ampliação da nossa competência promovida pela Emenda Constitucional n. 45/2004, ampliação essa que sem dúvida muito engrandeceu a Justiça do Trabalho.

Estou dizendo isso porque ainda ouço um ou outro colega reclamando dessa ampliação de competência, mas eu entendo que a grandeza e importância das novas atribuições que passamos a desempenhar, especialmente no tema do acidente do trabalho, são mesmo dignas de comemoração.

Mesmo já passados quatro anos da definição da competência da Justiça do Trabalho, quando recebo para julgar um novo processo envolvendo reparação de danos por acidente do trabalho, fico questionando por que demorou tanto tempo para a demanda chegar às mãos do ramo do Judiciário especializado para julgar as controvérsias entre o trabalhador e a empresa. Creio que essa sensação deve ser experimentada por quase todos os juízes do Trabalho.

---

[*] Desembargador do TRT da 3ª Região. Mestre em Direito pela Universidade Federal de Minas Gerais.

# SÚMULA 366 DO STJ

Vou abordar, de início, o tema da Súmula 366 do STJ, mas com o propósito de vislumbrar alguma saída ou mudança, porque do ponto de vista teórico e científico todos estamos convencidos de que esta súmula, com a devida vênia, é realmente equivocada. Para melhor compreender a controvérsia, vamos relatar a lógica da sua adoção e como, quem sabe, poderemos conseguir alterar esse posicionamento no STJ ou no STF.

Repito que considero a adoção da Súmula 366 um equívoco, um grave equívoco, com todo respeito que merece o Superior Tribunal de Justiça. Em primeiro lugar porque a Emenda n. 45 indiscutivelmente trouxe uma ampliação da competência da Justiça do Trabalho, até mesmo o logotipo adotado para o Congresso bem retrata a ideia de expansão, mas por pouco que essa ampliação nas decisões dos Tribunais Superiores não retorna ao tamanho original ou até, quem sabe, retrocedendo ainda mais. Vamos pontuar isso rapidamente para demonstrar que após a Emenda n. 45/04 ficou muito claro que a competência da Justiça do Trabalho não se restringe às demandas envolvendo empregado e empregador. Abrange as ações oriundas das relações de trabalho e não só os litígios específicos entre empregado e empregador do contrato de trabalho típico. Com efeito, não se trata mais apenas da Justiça do Trabalho do empregado, mas da Justiça do Trabalho em sentido amplo.

Além disso, no tema da nossa abordagem, o inciso VI do art. 114, com a nova redação, foi ainda mais enfático ao mencionar a competência da Justiça do Trabalho para processar e julgar as ações de indenização por dano moral ou patrimonial decorrentes da relação de trabalho.

Contudo, apesar do progresso do texto constitucional, pelo menos nestes primeiros anos, continuamos a perceber uma postura preconceituosa contra a Justiça do Trabalho. A competência avançou no texto constitucional, mas as resistências em aceitá-las são visíveis, o que nos leva a indagar: qual a razão de tanta resistência?

Vejam que o próprio Supremo Tribunal Federal, em um primeiro momento, no dia 9 de março de 2005, ao julgar o RE n. 438.639, entendeu que a competência para julgar as indenizações por acidente do trabalho era da Justiça Comum, mesmo depois da Emenda n. 45/2004. Essa decisão causou um grande susto e preocupação. Os fundamentos adotados pela Corte Suprema (unidade de convicção, razões de ordem prática, manutenção da jurisprudência) não eram convincentes porque contrariavam o texto expresso da Emenda n. 45/04.

A reação da Justiça do Trabalho foi imediata, a ANAMATRA se posicionou francamente contra o entendimento adotado, nós mesmos procuramos os ministros apresentando memorial e, para alívio de todos, 112 dias após o mencionado julgamento, ao julgar o Conflito de Competência n. 7.204, no dia 29 de junho de 2005, o STF teve a grandeza intelectual e científica de reconhecer o equívoco. Mudou o entendimento e consagrou definitivamente a competência da Justiça do Trabalho.

Então, para tentar entender essa Súmula 366 do STJ, vamos recordar o que aconteceu no segundo semestre de 2005. O julgamento histórico do STF foi no dia 29 de junho de 2005, mas a publicação do acórdão com todos os fundamentos da decisão só ocorreu no dia 13 de dezembro de 2005. No início do segundo semestre de 2005 o STJ tinha várias demandas para julgar envolvendo acidente do trabalho e diversos conflitos de competência. Surgiu, então, naquela Corte, a dúvida sobre qual seria a Justiça competente quando a ação, mesmo decorrente de acidente do trabalho, for ajuizada por pessoa diversa do acidentado, tais como: o cônjuge sobrevivente, filhos, pais ou aqueles que foram vítimas de danos em ricochete. Imaginem o caso da esposa que passa compulsoriamente a cuidar do marido que ficou tetraplégico num acidente de trabalho por culpa do empregador. Ela poderá ajuizar uma ação independente, em nome próprio, para reclamar a indenização pelos danos reflexos, também denominados danos em ricochete.

O tema foi levado à decisão uniformizadora da 2ª Seção do STJ. Com efeito, no dia 11 de novembro de 2005, portanto, depois do julgamento do Supremo, mas antes da publicação do acórdão respectivo, o STJ adotou entendimento contrário à competência da Justiça do Trabalho. Vejam a ementa do acórdão:

> "Ementa — Conflito de competência. Acidente do Trabalho. Morte do empregado. Ação de indenização proposta pela esposa e pelo filho do falecido. 1. Compete à Justiça comum processar e julgar ação de indenização proposta pela mulher e pelo filho de trabalhador que morre em decorrência de acidente do trabalho. É que, neste caso, a demanda tem natureza exclusivamente civil, e não há direitos pleiteados pelo trabalhador ou, tampouco, por pessoas na condição de herdeiros ou sucessores destes direitos. Os autores postulam direitos próprios, ausente relação de trabalho entre estes e o réu. 2. Conflito conhecido para declarar a competência da Justiça comum". STJ. 2ª Seção. CC 54.210, Relator: Ministro Carlos Alberto Menezes Direito, julgado em 09.11.2005.

Vejam que, surpreendentemente, prevaleceu no STJ o entendimento de que a demanda tinha natureza civil, olvidando-se os critérios técnicos para definição da competência a partir do pedido e da causa de pedir. Mesmo quando ajuizada a ação pela viúva do acidentado, o pedido é de indenização, a causa de pedir, o acidente do trabalho e a causa de pedir remota, o vínculo de trabalho; logo, não há como classificar a demanda como de natureza exclusivamente civil. Prevaleceu no caso aquela interpretação preconceituosa e retrospectiva, sem respaldo doutrinário e científico e, com certeza, contrariando a orientação ditada pela Corte Suprema. É certo que a decisão foi tomada por maioria apertada (5 x 4) uma vez que ficaram vencidos os Ministros Sebastião de Oliveira Castro Filho, Nancy Andrighi, Humberto Gomes de Barros e Ari Pargendler.

Diante da resistência demonstrada pelo STJ, estou convencido de que o melhor caminho para superar a Súmula 366 do STJ é buscar um pronunciamento explícito do STF e dirimir de vez a controvérsia.

Podemos encontrar substanciosos subsídios no histórico acórdão do Pleno do STF, quando apreciou o Conflito de Competência n. 7.204, publicado na íntegra no dia 13 de dezembro de 2005, ou seja, pouco depois do julgamento pioneiro do STJ acima referido. Já no título da ementa está registrado: *"competência judicante em razão da matéria"*. Trata-se, portanto, de competência em razão da matéria e não da pessoa. A competência foi atribuída em razão do acidente do trabalho e não de quem está postulando a reparação.

Diz mais o título da ementa: *"evolução da jurisprudência do Supremo Tribunal Federal"*. No corpo da ementa foi feito o registro de como ocorreu essa evolução:

"1. Numa primeira interpretação do inciso I do art. 109 da *Carta de Outubro*, o Supremo Tribunal Federal entendeu que as ações de indenização por danos morais e patrimoniais decorrentes de acidente do trabalho, ainda que movidas pelo empregado contra seu (ex-) empregador, eram da competência da Justiça comum dos Estados-Membros.

2. Revisando a matéria, porém, o Plenário concluiu que a Lei Republicana de 1988 conferiu tal competência à Justiça do Trabalho. Seja porque o art. 114, já em sua redação originária, assim deixava transparecer, seja porque aquela primeira interpretação do mencionado inciso I do art. 109 estava, em boa verdade, influenciada pela jurisprudência que se firmou na Corte sob a égide das Constituições anteriores".

Como se verifica, o STF acabou reconhecendo que desde a entrada em vigor da Constituição de 1988, a competência já era da Justiça do Trabalho, mas a interpretação retrospectiva impedia que o avanço fosse acolhido. Ora, a interpretação retrospectiva impede o progresso da ciência jurídica e acaba concedendo sobrevida a textos legais já superados. É como dirigir um veículo com os olhos direcionados apenas para o retrovisor. Mudam-se as leis, mas o operador jurídico resiste à mudança, muitas vezes inconscientemente. Daí porque algumas mudanças legais só entrem de fato em vigor para as futuras gerações.

No entanto, apesar do reconhecimento do equívoco, mas por uma questão de política judiciária, decidiu-se fixar a data do advento da Emenda n. 45 como o marco temporal da competência da Justiça do Trabalho. Ou seja, do ponto de vista jurídico e científico a Justiça do Trabalho já era competente para julgar essas demandas desde 1988, todavia, para não causar um grande tumulto processual, em homenagem ao valor maior da segurança jurídica, decidiu-se arbitrar um marco temporal para não surpreender os jurisdicionados. No item 5 da ementa o propósito mencionado ficou explícito:

"5. O Supremo Tribunal Federal, guardião-mor da Constituição Republicana, pode e deve, em prol da segurança jurídica, atribuir eficácia prospectiva às suas decisões, com a delimitação precisa dos respectivos efeitos, toda vez que proceder a revisões de jurisprudência definidora de competência *ex ratione materiae*. O escopo é preservar os jurisdicionados de alterações jurisprudenciais que ocorram sem mudança formal do Magno Texto".

Após a publicação do acórdão do STF, em dezembro de 2005, imaginamos que o STJ mudaria seu posicionamento. No entanto, os julgamentos posteriores continuaram atribuindo a competência à Justiça Comum, para nossa surpresa. Em 2006 procuramos alguns ministros do STJ, levando memorial, explicando os grandes transtornos que a controvérsia vinha acarretando, mas o entendimento não mudou.

A insegurança jurídica causada pelo posicionamento do STJ é enorme e ocorre numa demanda que causa intenso sofrimento para as vítimas e grande repercussão na sociedade, ou seja, aquela decorrente do acidente fatal. É mesmo desumano deixar o jurisdicionado aguardando muitos anos na expectativa de definição de qual ramo do Judiciário vai julgar sua demanda.

Resolvemos então procurar mais uma vez o STF apresentando para alguns ministros o que estava ocorrendo. Com efeito, em 2007, ocorreu o primeiro pronunciamento explícito da Corte Maior sobre o tema, conforme se verifica no acórdão transcrito a seguir:

"Ementa: Agravo regimental em Recurso Extraordinário. Constitucional. Competência em razão da matéria. Indenização por danos morais e patrimoniais, decorrentes de acidente do trabalho. Ação ajuizada ou assumida pelos dependentes do trabalhador falecido. Competência da Justiça Especial. Compete à Justiça do Trabalho apreciar e julgar pedido de indenização por danos morais e patrimoniais, decorrentes de acidente do trabalho, nos termos da redação originária do art. 114 c/c inciso I do art. 109 da Lei Maior. Precedente: CC 7.204. Competência que remanesce ainda quando a ação é ajuizada ou assumida pelos dependentes do trabalhador falecido, pois a causa do pedido de indenização continua sendo o acidente sofrido pelo trabalhador. Agravo regimental desprovido". STF. 1ª Turma, RE-AgR 503.043, Rel.: Ministro Ayres Britto, *DJ* 1º. 06. 2007.

Vejam que a ementa esclarece, mais uma vez, que a competência foi fixada "em razão da matéria" e não da pessoa que ajuizou a reclamação. Além disso, deixou explícito que a competência *"remanesce ainda quando a ação é ajuizada ou assumida pelos dependentes do trabalhador falecido, pois a causa do pedido de indenização continua sendo o acidente sofrido pelo trabalhador"*. Para dissipar quaisquer dúvidas foi registrado nos fundamentos do acórdão:

> "Se a lide está calçada na relação de trabalho, se a controvérsia depende da análise dos contornos e do conteúdo dessa relação, a competência é da Justiça Especial. (...) A causa do pedido de indenização por danos morais, deduzido pelo espólio, é o acidente do trabalho sofrido pelo trabalhador no curso de sua relação laboral com a agravante. (...) Não fosse assim, e a seguir o raciocínio da agravante, poder-se-ia chegar à espantosa conclusão de que a Justiça trabalhista, declarada pelo STF a Justiça competente para julgar pedido de indenização por danos morais e patrimoniais decorrentes de acidente do trabalho, deixaria de sê-lo quando o acidente vitimasse o trabalhador: vivo ele teria a tutela da Justiça especial; já morto, seus herdeiros deveriam recorrer à Justiça comum. Decerto que uma tal solução é inteiramente descabida".

Já no ano de 2008, novamente, o STF pronunciou no sentido da competência da Justiça do Trabalho:

> "Constitucional. Competência para julgar ações de indenização decorrentes de acidente de trabalho propostas pelos sucessores. Competência da Justiça Laboral. Agravo improvido. I — É irrelevante para definição da competência jurisdicional da Justiça do Trabalho que a ação de indenização não tenha sido proposta pelo empregado, mas por seus sucessores. II — Embargos de declaração convertidos em agravo regimental a que se nega provimento". STF. RE-ED 482.797, 1ª Turma, Rel.: Ministro Ricardo Lewandowski, DJ 27 jun. 2008.

Seguindo a linha deste entendimento, o STF continuou decidindo pela competência da Justiça do Trabalho, mesmo quando a ação foi ajuizada pela viúva, dependentes ou sucessores da vítima, como se verifica nos acórdãos seguintes: RE-ED 509.353, Ministro Sepúlveda Pertence, DJ 17.08.07; RE 503.278, Ministro Carlos Ayres Britto, DJ 03.08.07; RE-ED 553.170, Ministro Ricardo Lewandowski, DJ 11.06.08; RE-AgR 507.159, Ministro Gilmar Mendes, DJ 22.02.08; AI-ED 662.676, Ministro Gilmar Mendes, DJ 22.02.08; RE-ED 541.755, Ministro Cezar Peluso, DJ 07.03.08. Além disso, não há qualquer decisão do STF atribuindo a competência nessa hipótese à Justiça Comum.

E para nossa surpresa, mesmo depois de vários pronunciamentos do Supremo, o STJ, em novembro de 2008, adotou a Súmula 366 cujo enunciado prevê: "Compete à Justiça estadual processar e julgar ação indenizatória proposta por viúva e filhos de empregado falecido em acidente de trabalho".

Como já disse, a Súmula é equivocada e desafia os reiterados pronunciamentos do Excelso Supremo Tribunal Federal. Além disso, deixa o jurisdicionado em estado de perplexidade, pois não se sabe qual posicionamento acabara prevalecendo, do STJ ou do STF? Aliás, soube que alguns Juízes do Trabalho, após a Súmula 366, estão determinando a remessa dos autos para a Justiça Comum.

Apesar da Súmula do STJ, eu proponho que devemos resistir, pelo menos até que o STF solucione definitivamente a controvérsia. Vejam o que o STJ está dizendo com essa Súmula: a competência para julgar indenizações por acidente do trabalho é da Justiça do Trabalho, exceto quando ocorrer acidente fatal! Isso porque toda vez que ocorrer um acidente fatal, por óbvio, a reclamação será ajuizada por pessoa diversa do acidentado. Mas qual o fundamento para essa conclusão? *Data vênia*, não vislumbro fundamento jurídico aceitável, a não ser aquela interpretação retrospectiva e preconceituosa que já mencionei.

De todo modo, estou otimista no sentido de que poderemos superar o impasse a curto prazo e, neste caso, todos nós poderemos agir para acelerar a solução. Há um conflito de competência ajuizado no Supremo Tribunal Federal (n. 7.545) tratando exatamente desta questão e que foi distribuído ao Ministro Eros Grau. Como consta no sítio do STF, a Procuradoria já deu o parecer favorável à Justiça do Trabalho, o Ministro Relator já redigiu o voto e o processo já está liberado para julgamento desde setembro de 2008. A dificuldade agora é conseguir que o STF inclua rapidamente o processo em pauta para votação pelo Plenário.

Então, eu acho que todos nós, especialmente as associações e entidades aqui representadas, podemos e devemos atuar no STF no sentido de que haja o julgamento para pacificar o entendimento. Eu particularmente estou convencido que o STF, por tudo que até agora já pronunciou a respeito, vai decidir, mais uma vez, que a competência é mesmo da Justiça do Trabalho[1].

## INDENIZAÇÃO PELA PERDA DE UMA CHANCE

O outro tema indicado para este painel refere-se à indenização pela perda de uma chance. É o que vamos abordar rapidamente agora.

Inicialmente convém mencionar que a responsabilidade civil é um dos ramos do Direito que mais se desenvolveu nos últimos anos. No passado, só se percebia o dano material ou patrimonial. Demorou muito para se acolher

---

(1) De fato, as gestões foram feitas para apressar o julgamento do Conflito de Competência n. 7.545 e o STF, no dia 03 de junho de 2009, julgou, à unanimidade, que a competência para julgar as ações indenizatórias decorrentes do acidente do trabalho é da Justiça do Trabalho. Esperamos agora que o STJ cancele a Súmula 366.

a possibilidade de reparar o dano moral e o dano estético. E hoje, novas categorias de danos indenizáveis já são admitidas. O próprio Código Civil de 2002, percebendo esses novos danos, relacionou no art. 948 à indenização cabível no caso de homicídio, mas deixou a ressalva, *"sem excluir outras reparações"*. No art. 949, quando o Código trata da reparação dos danos provenientes de lesão ou outra ofensa à saúde, relacionou a indenização cabível, mas deixou a possibilidade de acréscimo: *"além de algum outro prejuízo que o ofendido prove haver sofrido"*.

Na doutrina e jurisprudência não há mais dúvidas quanto ao cabimento dos danos materiais, morais e estéticos. Mas o dano deve ser certo, atual e subsistente. Não cabe indenizar o dano incerto, hipotético ou que eventualmente poderia ocorrer. Daí porque o art. 403 do Código Civil fala na indenização do dano direto e imediato.

Mas e quando ocorre a perda real de uma chance, caberia indenização? O que seria efetivamente a perda de uma chance?

A reparação pela perda de uma chance começou a ganhar espaço na doutrina e jurisprudência e já vem obtendo respostas favoráveis nos Tribunais. No tema relacionado ao acidente do trabalho ou doença ocupacional certamente poderão aparecer postulações a respeito.

Vejam uma hipótese que vem ocorrendo com relativa frequência. Um trabalhador da área bancária transporta valores no seu veículo particular, conduzindo numerário de um posto de atendimento bancário até a agência central, acima dos limites permitidos pela legislação. No percurso foi vítima de um assalto, sofreu lesões diversas e ficou internado vários meses até obter alta hospitalar. Apesar de todo o tratamento recebido, ficaram sequelas definitivas que praticamente comprometeram sua capacidade de trabalho. Ocorre que este trabalhador bancário estava na etapa final do concurso para Procurador do Trabalho, com reais chances de ser aprovado e, em razão do acidente, ficou impossibilitado de participar dessa última etapa, perdendo o concurso tão almejado.

Não se pode garantir que esse trabalhador seria aprovado nesta última etapa da prova, mas as possibilidades de êxito eram grandes, especialmente porque já havia superado as etapas mais difíceis e concorridas do certame. O seu prejuízo maior, portanto, foi a perda de chance de continuar participando do concurso. Assim, a indenização não pode ser pelo dano (não tomar posse como procurador) mas pela perda da chance de participar do concurso, cujas principais etapas já havia superado. A reparação não é do dano, mas da perda da chance do provável êxito. Não será, portanto, do valor integral do possível dano, mas do valor percentual da chance que perdeu de obter a vantagem.

Para que fique caracterizada a perda de uma chance, será necessário que seja uma probalidade real e exeqüível e não a mera possibilidade. Alguns autores chegam a mencionar que a possibilidade seja acima de 50% para não vulgarizar e colocar em descrédito essa modalidade de indenização.

No Brasil, ficou muito conhecido um caso de perda de uma chance (ou perda de oportunidade) julgado na Bahia e apreciado posteriormente pelo Superior Tribunal de Justiça. Uma participante do programa televisivo Show do Milhão, Ana Lúcia de Freitas Matos foi superando as etapas e alcançando prêmios até acertar a pergunta que valia R$ 500.000,00. Chegou finalmente a grande pergunta, a pergunta do milhão: Qual o percentual do território nacional que a Constituição reserva aos indígenas? Foram indicadas quatro opões de respostas: 22%, 2%, 4% e 10%. Se acertasse a resposta ganharia a fabulosa quantia de um milhão de reais; se desistisse naquela etapa, ganharia R$ 500.000,00 e, finalmente, se errasse a resposta, ganharia apenas R$ 300,00. Depois de refletir por alguns instantes sobre a pergunta e as respostas indicadas, por cautela, preferiu desistir e garantir os R$ 500.000,00 na mão.

No entanto, posteriormente, quando foi analisar com mais cuidado a pergunta percebeu que não há dispositivo algum da Constituição sobre o percentual de reserva de terra aos indígenas. Descobriu que esse percentual havia sido retirado da enciclopédia Barsa. Entendeu a candidata que a pergunta foi mal formulada e retirou sua chance de ganhar o prêmio de um milhão. Decidiu, então, ajuizar uma ação indenizatória para receber o valor total do prêmio.

Ganhou na primeira e segunda instância e a empresa promotora do evento (BF Utilidades) recorreu ao STJ, postulando a improcedência do pedido ou, no máximo, que fosse deferida a indenização por perda de uma chance. E foi nesse sentido que o STJ decidiu. A chance que ela teria de acertar, se a pergunta tivesse sido formulada corretamente, seria de no mínimo 25%, visto que havia quatro opções de resposta. Então o recurso foi provido para deferir o pagamento de mais R$ 125.000,00. Vejam a ementa do acórdão respectivo:

"Recurso Especial. Indenização. Impropriedade de pergunta formulada em programa de televisão. Perda da oportunidade. 1. O questionamento, em programa de perguntas e respostas, pela televisão, sem viabilidade lógica, uma vez que a Constituição Federal não indica percentual relativo às terras reservadas aos índios, acarreta, como decidido pelas instâncias ordinárias, a impossibilidade da prestação por culpa do devedor, impondo o dever de ressarcir o participante pelo que razoavelmente haja deixado de lucrar, pela perda da oportunidade. 2. Recurso conhecido e, em parte, provido". STJ. 4ª Turma. REsp n. 788.459-BA, Relator: Ministro Fernando Gonçalves, *DJ* 13 mar. 2006.

Eu particularmente até concederia um percentual superior, quem sabe 50%, mas esse acórdão de 2006 teve o mérito de servir de paradigma para diversos outros casos que estão hoje em tramitação nos Tribunais.

Na jurisprudência há vários casos de ações envolvendo indenização por perda de chance contra advogados que perderam o prazo de recurso ou não atentaram para o cumprimento dos pressupostos recursais. Naturalmente que nesses casos, mesmo quando provada a alegação, não se defere a indenização considerando o êxito total do recurso que não foi processado ou admitido, mas defere-se um percentual das possibilidades de êxito que o cliente prejudicado teria, de conseguir a reforma da decisão.

Atualmente, já pode ser encontrado um volume considerável de casos envolvendo indenização por perda de chance, valendo mostrar algumas ementas de acórdãos recentes sobre o tema:

"Ação indenizatória. Responsabilidade civil do advogado. Obrigação de meio que não elide o dever de o causídico prestar serviço adequado aos interesses do cliente. Falha profissional dos réus configurada, em virtude da ausência de preparo do recurso, o qual acabou não conhecido, por deserto. Situação que retirou do autor a chance de ter alterada a sentença em seu favor. Dever de indenizar. Perda de uma chance. *Quantum* indenizatório que deve levar em consideração critérios como a efetiva probabilidade de a sentença recorrida ter sido alterada, que no caso, era mínima, e o valor do bem jurídico objeto da lide, também reduzido. Recurso parcialmente provido, para reduzir o valor da indenização". TJRS. 3ª Turma Recursal Cível. Recurso cível n. 71001767672, Rel.: Eugênio Facchini Neto, *DJ* 03.11.08.

"Agravo Interno. Decisão Monocrática em Apelação Cível que negou provimento ao recurso interposto pela agravante em face de sentença que a condenou ao pagamento de indenização por danos materiais e compensação por danos morais sofridos pelo agravado, em virtude de lesão ocasionada no interior de coletivo da ré, que impediu o autor de prosseguir em concurso público para Inspetor de Segurança Penitenciária (prova de capacitação física). Perda de uma chance. Responsabilidade Objetiva. Correta valoração das provas. .... Improvimento do Recurso". TJRJ. 2ª Câmara Cível. Apelação n. 2009.001.00165, Rel.: Des. Alexandre Câmara, julgado em 28 jan. 2009.

"Indenizatória por danos morais. Transporte rodoviário intermunicipal. Descumprimento contratual. Competidores de *down hill*. Campeonato gaúcho. Impossibilidade de embarque das bicicletas em ônibus da empresa requerida. Alegação de ausência de espaço no interior do veículo. Ausência de prova. Atraso na chegada ao destino. Perda de etapa classificatória. Dano moral caracterizado. Sentença de improcedência reformada. Havendo injustificado impedimento dos passageiros, competidores de *down hill*, em transportar suas bagagens pela empresa de transporte coletivo, que culminou com a perda da etapa classificatória da competição, devida é a indenização a título de danos morais, seja pela perda de uma chance de melhor colocação no campeonato, seja pelo abalo psíquico que claramente resultou do descumprimento contratual. Recurso provido. Unânime". TJRS. 1ª Turma, Recurso Cível n. 71001763796, Rel.: João Pedro Cavalli Junior, *DJ* 29 dez. 2008.

Não poderia também perder a chance de citar um acórdão mineiro de um colega do Tribunal Regional do Trabalho da 3ª Região, Desembargador Emerson Alves Laje, brilhante magistrado, cuja ementa bem sintetiza a sabedoria da decisão:

"Responsabilidade civil. Vantagem séria e real perdida pelo empregado em decorrência de ato ilícito do empregador. Perda de uma chance. Dano patrimonial indenizável. A teoria da responsabilidade civil pela perda de uma chance torna indenizável a probabilidade séria de obtenção de um resultado legitimamente esperado que é obstado por ato ilícito praticado pelo agente ofensor. Se o reclamante tinha como justa e real a probabilidade de um ganho salarial decorrente de sua promoção ao cargo de supervisor de vendas da reclamada, porque aprovado em processo seletivo interno da empresa, mas viu perdida a chance de conquistar esse resultado em razão de ato ilícito praticado pelo empregador, quando da sua dispensa, manifestamente abusiva e ilícita, faz jus à reparação patrimonial decorrente deste ilícito". (...) TRT 3ª Região. RO n. 01533-2007-112-03-00-5, Rel.: Desembargador Emerson José Alves Lage, DJ 02 out. 2008.

## DANO MORAL: QUANTIFICAÇÃO, CARÁTER PREVENTIVO E PUNITIVO

Bem, como o nosso tempo já vai adiantado, quero deixar algumas poucas palavras sobre o terceiro tema deste painel, qual seja o dano moral: quantificação, caráter preventivo e punitivo.

Sem dúvida que o arbitramento do valor da indenização pelo dano moral continua desafiando o julgador. É um momento de inquietação, quem sabe mesmo de solidão ou até de angústia. Não é fácil traduzir em valores econômicos as lesões dos direitos da personalidade, mensurar o equivalente monetário da dor, dos sofrimentos, das aflições, da perda de uma vida saudável, das diversas limitações.

Se tivéssemos parâmetros objetivos, provavelmente seria mais cômodo para o julgador, mas com certeza haveria muitas ocasiões em que a decisão seria injusta, até porque cada lesão tem toda uma história singular. O próprio STJ já fixou entendimento por intermédio da Súmula 281 de que a indenização por dano moral não está sujeita à tarifação prevista na Lei de Imprensa.

Qual o critério, portanto, que tem prevalecido? É praticamente consenso na doutrina e jurisprudência que o valor da indenização do dano moral deve ser arbitrado equitativamente pelo julgador. Pode-se invocar nesse sentido a aplicação analógica do art. 953 do Código Civil que estabelece: *"Se o ofendido não puder provar prejuízo material, caberá ao juiz fixar, equitativamente, o valor da indenização, na conformidade com as circunstâncias do caso".*

Quando o julgador vai arbitrar o valor da indenização pelo dano moral, deverá ter em mente as duas finalidades básicas da condenação: compensar a vítima e punir o infrator. Diante da primeira finalidade o pensamento estará voltado para a figura da vítima; no entanto, quando voltar o foco para a finalidade punitiva, o pensamento deverá estar direcionado para o causador do dano e sua dimensão econômica.

Há entendimentos doutrinários respeitáveis no sentido de que seria inconstitucional a finalidade punitiva da indenização pelo dano moral, visto que só caberia tal sanção na seara do Direito Penal. Entretanto, acabou prevalecendo no Brasil a corrente que defende a natureza punitiva/pedagógica dessa indenização, mormente pela influência das *punitive damages* do Direito norte-americano. Aliás, por ocasião da IV Jornada de Direito Civil, realizada em Brasília pelo Centro de Estudos Judiciários do Conselho da Justiça Federal, em 2006, foi aprovado o Enunciado 379 com o seguinte teor: "O art. 944, *caput*, do Código Civil não afasta a possibilidade de se reconhecer a função punitiva ou pedagógica da responsabilidade civil".

É oportuno mencionar que já se cogita em doutrina da reparação não patrimonial do dano moral, uma reparação *in natura*, que causaria, provavelmente, uma resposta mais eficiente do que a reparação monetária. Assim, por exemplo, em vez de fixar uma indenização punitiva elevada em favor da vítima, poder-se-ia condenar a empresa a ministrar cursos de prevenção de acidentes ou doenças ocupacionais uma vez por mês, publicar uma cartilha interna informando os direitos e deveres de segurança do empregado, debater com técnicos das entidades oficiais o mapa de risco da empresa, informando diretamente aos trabalhadores as possibilidades de adoecimento e as formas de prevenção etc. Dessa forma, a condenação teria, mais diretamente, um caráter preventivo ou pedagógico.

O pensamento atual a respeito da quantificação do valor da indenização por danos morais pode ser resumido nas conclusões seguintes:

a) a fixação do valor indenizatório obedece a duas finalidades básicas que devem ser ponderadas conforme as peculiaridades do acidente ou doença ocupacional: compensar a dor, o constrangimento ou o sofrimento da vítima e, pedagogicamente, punir o infrator;

b) na função compensatória da indenização, a análise deve estar centrada na pessoa da vítima, enquanto que, na finalidade punitiva, a observação estará voltada para a pessoa do causador do dano;

c) é imprescindível considerar o grau de culpa do empregador e a gravidade dos efeitos para a vítima do acidente ou doença ocupacional;

d) o valor da indenização pode ser agravado ou atenuado em razão das singularidades da condição pessoal da vítima;

e) o valor arbitrado não tem como objetivo servir para enriquecimento da vítima, nem de ruína para o empregador. Aliás, no art. 7º, § 3º, do Projeto de Lei n. 150 de 1999, já aprovado no Senado, ficou estabelecido que: "A capacidade financeira do causador do dano, por si só, não autoriza a fixação da indenização em valor que propicie o enriquecimento sem causa, ou desproporcional, da vítima ou de terceiro interessado";

f) o arbitramento da indenização deve ser feito com a devida prudência, mas temperado com a necessária coragem, fugindo dos extremos dos valores irrisórios ou dos montantes exagerados, que podem colocar em descrédito o Poder Judiciário e provocar a banalização do dano moral;

g) deve-se ter em conta a situação econômica das partes, especialmente para que a sanção tenha efeito prático com a necessária repercussão pedagógica na política administrativa da empresa;

h) ainda que a vítima tenha suportado bem a ofensa, permanece a necessidade da condenação, pois a indenização pelo dano moral também tem uma finalidade educativa, já que demonstra para o infrator e para a sociedade a punição exemplar daquele que desrespeitou as regras básicas da segurança, higiene e saúde do trabalhador.

Como se verifica, devem-se evitar os extremos das indenizações irrisórias ou, por outro lado, exageradas. Daí porque o STJ desde 1997 (Resp 53.321) e, mais recentemente, o TST passaram a admitir recurso para ajustar os valores arbitrados para indenização dos danos morais.

Vale mencionar alguns entendimentos recentes dos Tribunais superiores a respeito do arbitramento da reparação pelos danos morais:

"Dano moral. Proporcionalidade na fixação do *quantum debeatur*. Caráter excepcional da intervenção desta Corte. 1. Embora as Cortes Superiores venham admitindo rever o valor fixado nas instâncias ordinárias a título de indenização por danos morais, essa atividade deve ser exercida de forma parcimoniosa, visando a reprimir apenas as quantificações estratosféricas ou excessivamente módicas. 2. No caso, o valor fixado revela-se compatível com a lesão perpetrada, não se justificando a excepcional intervenção desta Corte. Agravo de Instrumento a que se nega provimento". TST. 3ª Turma. AIRR - 1091/2005-011-21-40, Rel.: Ministra Cristina Peduzzi, *DJ* 07 dez. 2007.

"Agravo de instrumento em recurso de revista — Dano moral — *quantum* fixado. O Tribunal Regional consignou que o comportamento adotado pelo empregador desrespeitou as regras insculpidas no art. 157 e incisos, da CLT, quanto à segurança e medicina no trabalho. Os parâmetros para a fixação do valor da indenização, isto é, valor justo e razoável, na verdade, são peculiares a cada caso concreto, em face da dor ou do dano causado ao trabalhador e da situação econômica do empregador. Violações não configuradas. Agravo de instrumento desprovido". TST. 1ª Turma. AIRR n. 2019/2002-006-15-40.1, Rel.: Ministro Vieira de Mello Filho, *DJ* 05 dez. 2008.

"Dano moral. Valor arbitrado. I — É sabido que a indenização por dano moral deve observar o critério estimativo, diferentemente daquela por dano material, cujo cálculo deve observar o critério aritmético. Na fixação da indenização do dano moral, a seu turno, deve o juiz se nortear por três vetores, quais sejam, a gravidade do dano causado, a estatura econômico-financeira do ofensor e o intuito inibidor de futuras ações lesivas à honra e boa fama do empregado. II — Tendo por norte as sequelas psicológicas, provenientes da doença profissional que acometera o recorrido, com irrefragável repercussão na sua intimidade profissional, a estatura econômica do recorrente e as condições culturais do empregado vitimado, tanto quanto o caráter pedagógico inerente ao ressarcimento do dano moral, sobressai a constatação de o valor arbitrado em R$ 50.000,00 revelar-se razoável e proporcional". (...). TST 4ª Turma. RR n. 485/2006-031-12-00.8, Rel.: Ministro Antônio José de Barros Levenhagen, *DJ* 17 out. 2008.

"Responsabilidade civil. Ação indenizatória. Dano moral. *Quantum* indenizatório. Razoabilidade. Não existem critérios fixos para a quantificação do dano moral, devendo o órgão julgador ater-se às peculiaridades de cada caso concreto, de modo que a reparação seja estabelecida em montante que desestimule o ofensor a repetir a falta, sem constituir, de outro lado, enriquecimento sem causa, justificando-se a intervenção deste Tribunal, para alterar o valor fixado, tão somente nos casos em que o *quantum* seja ínfimo ou exorbitante, diante do quadro delimitado em primeiro e segundo graus de jurisdição para cada feito". ... STJ. 3ª Turma. AgRg no REsp 959307/ES, Rel.: Ministro Sidnei Beneti, *DJ* 01 dez. 2008.

Antes de encerrar, gostaria de mostrar uma estatística recente sobre invalidez e morte por acidente do trabalho ou doença ocupacional no Brasil:

**EXCLUÍDOS DO MUNDO DO TRABALHO NO BRASIL POR ACIDENTE DO TRABALHO OU DOENÇA OCUPACIONAL**

| Anos | Invalidez temporária: acima de 15 dias | Invalidez Permanente | Mortes | Soma | Excluídos por dia |
|---|---|---|---|---|---|
| 2005 | 163.052 | 14.371 | 2.766 | 17.137 | 47 |
| 2006 | 149.944 | 9.203 | 2.798 | 12.001 | 33 |
| 2007 | 281.696 | 8.504 | 2.804 | 11.308 | 31 |

Diante desses números podemos fazer duas constatações importantes. Em primeiro lugar, demonstrar que a questão continua de suma importância e seriedade pelo número de vítimas, vidas e famílias envolvidas. Em segundo, que após a alteração da competência pode-se verificar que os acidentes mais graves, que acarretam invalidez permanente, sofreram uma queda acentuada nos últimos dois anos. Pode ser o princípio de uma mudança de mentalidade para que o ambiente de trabalho sirva mesmo para o trabalhador ganhar a vida e não para encontrar a morte. E eu tenho certeza de que a postura da Justiça do Trabalho, decidindo com rapidez as indenizações cabíveis, tem contribuído para melhorar as condições de segurança e saúde nos ambientes de trabalho. Muitos empregadores mudam o ambiente somente após a condenação e não após o acidente. Infelizmente.

Finalizando, eu gostaria de agradecer por esta oportunidade e pela atenção de todos e me coloco à disposição de vocês para os debates.

Muito obrigado.

*Produção Gráfica e Editoração Eletrônica:* **RLUX**
*Capa:* **FÁBIO GIGLIO**
*Impressão:* **HR GRÁFICA E EDITORA**